禅宗部

法眼録
無門関

土屋太祐
柳　幹康
訳注

大蔵出版

目次

注 …… 152

法眼録

土屋太祐　訳注

凡　例

一、本稿は『五家語録』法眼宗・金陵清涼院文益禅師の書き下しおよび注釈である。以下、書名を『法眼録』に統一する。底本は柳田聖山主編『禅学叢書』之三『四家語録・五家語録』（中文出版社、一九八三）に影印される駒澤大学所蔵嘉興大蔵経続蔵本を使用する。

一、本文は適宜段落を区切り、各冒頭に【　】で段落番号を附す。

一、本文中の「　」は会話・思惟と語句の強調、『　』は会話中（「　」内）における会話・思惟と語句の強調、〝　〟は語句の強調、〈　〉は双行注・細字、（　）は訳注者による補記を表し、注における引用文もそれに準じた。

一、本文の上欄には、底本と同系統の大正新脩大蔵経本（一九九一番、第四七巻所収）の頁数・段をアラビア数字とａｂｃで示す。

一、注釈中に引用する文献の書誌情報については、初出時に出版者と出版年次を記し、以下は略式の表記とする。詳細な書誌については注釈末尾の参考文献表にまとめる。大正蔵本、卍続蔵本は、Ｔ、Ｚの記号によって示し、書誌を省略する。

一、以下の文献については一律に「禅文研訓注本」の略称を用い、その後に冊数を記す。

入矢義高監修、景徳伝灯録研究会編『景徳伝灯録』三、京都：禅文化研究所、一九九三年。
入矢義高監修、景徳伝灯録研究会編『景徳伝灯録』四、京都：禅文化研究所、一九九七年。
景徳伝灯録研究会編『景徳伝灯録』五、京都：禅文化研究所、二〇一三年。

五家語録　法眼宗

588a

径山沙門語風円信
無地地主人郭凝之　編集

金陵清涼院文益禅師[1]

【一】師、諱《いみな》は文益《もんえき》、余杭《よこう》魯氏の子なり。[2] 七歳にして新定《しんてい》の智通《ちつう》院全偉《ぜんい》禅師に依りて落髪《らくはつ》し、[3] 弱齢《じゃくれい》にして具《ぐ》を越州《えっしゅう》開元寺に稟《う》く。[4] 属《たま》ま律匠希覚《きかく》師、明州鄮山育王寺《みんしゅうぼうざんいくおうじ》に化《け》を盛んにす。[5] 師往《ゆ》きて聴習に預かり、其の微旨《びし》を究む。復《ま》た588b傍《かたわ》ら儒典《じゅてん》を探り、文雅の場に遊ぶ。覚師、目《なづ》けて我が門の游夏《ゆうか》と為す。[6] 師、玄機《げんき》一発せるを以て、雑務倶《とも》に捐《す》て、錫《しゃく》を振《ふる》って南に邁《ゆ》く。[7] 福州《ふくしゅう》に抵《いた》りて長慶《ちょうけい》に参ず。[8] 大いには発明せず。

【二】後に紹修《しょうしゅう》[9]、法進《ほうしん》[10]と同《とも》に、三人、嶺を出《い》でんと欲す。[11] 地蔵院《じぞういん》に過《たちよ》るに、雪に阻《はば》まれ少憩す。炉に附《あた》る次《おり》、地蔵[12]問う、「此の行は何《いず》くにか之《ゆ》く。」師云く、「行脚《あんぎゃ》し去《ゆ》く。」地蔵云く、「作麼生《いかなる》か是れ行脚の事。」師云く、「知らず。」地蔵云く、「知らざる、最も親切なり。[13]」

【三】又た三人と同《とも》に『肇論《じょうろん》』を挙《こ》し、「天地と我と同根なり」[14]の処に至る。地蔵云く、「山河《せんが》大地《だいち》と上座《そなた》の自己と、是れ同か、是れ別か。」師云く、「別なり。」地蔵、両指を竪起《じゅき》す。師云く、「同なり。」地蔵、又た両指を竪起し、便《すなわ》ち起ちて去る。[15]

【四】雪霽《は》れて辞去す。地蔵、之を門送して、問うて云く、「上座《そなた》は尋常《ひごろ》、三界唯心《さんがいゆいしん》、万法唯識《まんぼうゆいしき》と説く。」乃ち庭下の片石を指して云く、「且《しばら》く道《い》え、此の石は心内に在るか、心外に在るか。[16]」師云く、「心内に在り。」地蔵云く、「行脚人《あんぎゃにん》、甚麼《なん》の来由《いわれ》を著《も》ってか片石を心頭《こころ》に安《お》く。」師窘《くる》しみて以て対《こた》うる無し。即ち包を放《お》きて席下に依り、決択せんことを求む。

【五】近《ほと》ど一月余り、日ごとに見解《けんげ》を呈し道理を説く。地蔵、之に語《つ》げて云く、「仏法は恁麼《かくのごとく》ならず。」師云く、「某甲《それがし》、詞窮《きわ》まり、理絶《た》えたり。」地蔵云く、「若《も》し仏法を論ぜば、一切見成《げんじょう》なり。[17]」師言下《ごんか》に於いて大悟《たいご》す。因って留止せんことを議するに、進師等は江表《こうひょう》の叢林《そうりん》に歴覧を期せんと欲するを以て、師に命じて同《とも》に往かしむ。[18]臨川に至りて、州《しゅう》牧《ぼく》請うて崇寿《すうじゅ》院に住せしむ。[19]

【六】開堂《かいどう》の日、茶筵《さえん》に中坐して未《いま》だ起《た》たざる時、僧正《そうじょう》、師に白《もう》して云く、「四衆《ししゅ》已に和尚の法座を囲繞《いにょう》し了《おわ》れり。[20]」師云く、「衆人《しゅうじん》却って真の善知識《ぜんちしき》に参ず。[21]」少頃《しばらく》して陞座《しんぞ》す。[22]僧問う、「大衆《だいしゅ》雲集す、請う、師の挙唱《こしょう》せんことを。」師云く、「大衆久立《きゅうりゅう》。[23]」乃ち云く、「衆人既《すで》に尽《ことごと》く此《ここ》に在れば、山僧《さんぞう》も言《ごん》無かるべからず、大衆の与《ため》に一の古人《こじん》の方便《ほうべん》を挙《こ》せん。珍重《ちんちょう》。」便ち下座《あざ》す。[24]

【七】子方《しほう》上座、[25]長慶より来《きた》る。師、長慶稜和尚の偈《げ》を挙して問うて云く、「作麼生《いかなる》か是れ『万象《ばんしょう》の中独《ひと》り身《み》を露《あらわ》す[26]』。」子方、払子《ほっす》を挙《あ》ぐ。師云く、「恁麼《かくのごと》く会《え》して又た争《いか》でか得《よか》らん。[27]」云く、「和尚の尊意は如何。」師云く、「什麼《なに》を喚びてか万象《ばんしょう》と作《な》す。」云く、「古人は万象を撥《はっ》せず。[28]」師云く、「万象の中独り身を露す、甚麼《なん》の撥不撥《はっふはつ》をか説かん。[29]」子方、豁然《かつねん》として悟解《ごげ》し、偈を述べて誠を投ず。是《これ》より諸方《しょほう》の会下《えか》、知解《ちげ》を存する者有《あ》り、翕然《きゅうぜん》として至る。
588c 始めは則ち行行如《こうこうじょ》たるも、師、微《び》以て激発するに、皆な漸《ようや》くにして服膺《ふくよう》す。海参の衆、常に千計より減ぜず。[30]

【八】上堂。大衆《だいしゅ》立つこと久しくして、乃ち云く、「秖《た》だ恁麼《かくのごとく》に便ち散じ去らば、還《は》た仏法の道理有《あ》りや。試みに説き看よ。若し無くんば、又た這裏《ここ》に来りて作麼《なにかせ》ん。若し有らば、大市の裏《うち》、人叢の処にも亦た有り、何ぞ這裏に到るを須《もち》いん。[31]諸人、各おの曾て『還源観《げんげんかん》』、『百門義海《ひゃくもんぎかい》』、『華厳論《けごんろん》』、『涅槃経《ねはんぎょう》』、諸多の策子《さくす》を看る。阿那箇《いずれ》の教の中にか這箇《こ》の時節《じせつ》有る。若し有らば、試みに挙《こ》し看《み》よ。[32]恁麼《かくかく》の経の裏《うち》に恁麼《しかじか》の語有《あ》るは是れ此の時節なりというに莫是《あらず》や。甚麼《なん》の交渉《かかわり》か有らん。[33]所以《ゆえ》に道《いわ》く、『微言、心首に滞《とどこお》らば、常に縁慮の場と為り、実際、目前に居らば、翻《ひるがえ》って名相の境と為る』と。[34]又た作麼生《いかん》が翻《ひるがえ》し去ることを得る。若也《も》し翻し去らば、又た作麼生《いかん》が正《ただ》し去ることを得る。還《は》た会《え》すや。[35]秖《た》だ恁麼《かくのごと》く策子を念ずること莫かれ。甚麼《なん》の用処《ゆうじょ》か有らん。[36]」

【九】僧問う、「如何《いかん》が披露せば、即ち道と相応《そうおう》するを得る。」師云く、「汝、幾時《いずれのとき》か披露して即ち道と相応せざる。[37]」

【一〇】問う、「六処に音を知らざる時、如何。[38]」師云く、「汝家《なんじ》が眷属、一群子。[39]」師又た云く、「作麼生《いかん》が会《え》する。恁麼《かくのごと》く来りて問わば便ち是なりと道《い》う莫かれ。汝の、六処に音を知らず、眼《げん》処に音を知らず、耳《に》処に音を知らず、と道《い》うを得ず。若也《も》し根本《こんぽん》是れ有《う》ならば、争《いか》でか解《よ》く無《なみ》し得ん。[40]古人道く、『声色《しょうしき》を離《はな》るるは声色に著《じゃく》す。名字《みょうじ》を離《はな》るるは名字に著す』[41]と。所以《ゆえ》に無想天《むそうてん》に修得して、八万大劫を経《ふ》るも、一朝に退堕せば、諸事、儼然たり。蓋《けだ》し根本真実を知らざるが為なり。[42]次第に修行し、三生六十劫、四生一百劫、是《かく》の如く直《じき》に三祇果満に到るも、他の古人は猶《な》お道《い》う、『如《し》かず、一念縁起《えんぎ》無生《むしょう》にして、彼の三乗権学《ごんがく》等の見を超ゆるには』[43]と。又た道《い》う、『弾指《たんじ》して八万門を円成し、刹那《せつな》に三祇劫を滅却す』[44]と。也《ま》た須《すべか》らく体究すべし。若《も》し此《かく》の如《ごと》くならば、多少《いくばく》の気力をか用いん。[45]」

【一一】僧問う、「指は即ち問わず、如何なるか是れ月。[46]」師云く、「阿那箇《いずれ》か是れ汝問わざる底の指。[47]」又た僧問う、「月は即ち問わず、如何なるか是れ指。」師云く、「月。」云く、「学人《それがし》、指を問えるに、和尚は甚麼《なん》の為《ため》にか月を対《こた》うる。」師云く、「汝の指を問えるが為なり。[48]」

【一二】江南国主、師の道を重んじ、迎えて報恩禅院に住せしめ、浄慧禅師と署す。[49]僧問う、「洪鐘纔《わず》かに撃つや、
589a
大衆、雲のごとく臻《いた》り、師を請ずること是《かく》の如し。[50]」師云く、「大衆の会《あつま》れるは、汝の会るに何似《いず》れぞ。[51]」

【一三】問う、「如何なるか是れ古仏《こぶつ》の家風《かふう》。」師云く、「甚麼処《いずく》か看て不足なる。[52]」

【一四】問う、「十二時中、如何《いかん》が行履《あんり》せば、即ち道と相応するを得る。」師云く、「取捨の心は巧偽と成る。[53]」

【一五】問う、「古人の伝衣するは、当《は》た何人《なんびと》をか記《き》する。」師云く、「汝、甚麼処《いずく》にか古人の伝衣を見る。[54]」

【一六】問う、「十方賢聖、皆な此の宗に入る。如何なるか是れ此の宗。」師云く、「十方賢聖、皆な入る。[55]」

【一七】問う、「如何なるか是れ仏向上人。」師云く、「方便《ほうべん》もて呼びて仏と為す。[56]」

【一八】問う、「如何なるか是れ学人《それがし》が一巻の経。[57]」師云く、「題目《だいもく》甚だ分明なり。[58]」

【一九】問う、「声色《しょうしき》の両字は甚麼人《なんぴと》か透得する。」師却って衆《しゅ》に謂いて云く、「諸上座、且《しばら》く道《い》え、這箇《こ》の僧は還《はた》透得するか。若《も》し此の僧の問処《もんじょ》を会《え》せば、声色を透《とお》るも也《ま》た難からず。[59]」

【二〇】問う、「仏知見を求むるは、何《いずれ》の路か最も径《ちか》き。」師云く、「此に過ぐる無し。[60]」

【二一】問う、「瑞草凋《しぼ》まざる時、如何。」師云く、「謾語《まんご》。[61]」

【二二】問う、「大衆雲集《うんしゅう》す、請う師の頓《とみ》に疑網を決せんことを。」師云く、「寮舎《りょうしゃ》内に商量《しょうりょう》するか、茶堂《さどう》内に商量するか。[62]」

【二三】問う、「雲《くも》開きて日《ひ》見ゆる時は、如何。」師云く、「謾語す、真箇《まこと》に。[63]」

【二四】問う、「如何なるか是れ沙門《しゃもん》の重んずる所の処。」師云く、「若し繊毫《せんごう》の重んずる所有らば、即ち沙門と名づけず。[64]」

【二五】問う、「千百億の化身《けしん》、中に於いて如何なるか是《こ》れ清浄《しょうじょう》の法身《ほっしん》。」師云く、「総《すべ》て是なり[65]。」

【二六】問う、「簇簇《そうそう》として上来す、師の意は如何。」師云く、「是れ眼《まなこ》なるか、是れ眼ならざるか[66]。」

【二七】問う、「全身是れ義、請う、師の一決せんことを。」師云く、「汝《なんじ》の義は自《おのずか》ら破れり[67]。」

【二八】問う、「如何なるか是れ古仏《こぶつ》の心。」師云く、「慈《じ》、悲《ひ》、喜《き》、捨《しゃ》を流出す[68]。」

【二九】問う、「百年の暗室、一灯《いっとう》能く破す。如何なるか是れ一灯。」師云く、「甚麼《なん》の百年をか論ぜん[69]。」

【三〇】問う、「如何なるか是れ正真の道。」師云く、「一願にも也《ま》た汝をして行かしめ、二願にも也た汝をして行かしむ[70]。」

589b

【三一】問う、「如何なるか是れ一真の地。」師云く、「地には則ち一真無し。」云く、「如何が卓立する。」師云く、「転《うた》た交渉《かかわり》無し[71]。」

【三二】問う、「如何なるか是れ古仏《こぶつ》。」師云く、「即今《そっこん》も也《ま》た嫌疑《けんぎ》無し[72]。」

【三三】問う、「十二時中、如何が行履《あんり》する。」師云く、「歩歩蹋著《とうじゃく》す[73]。」

【三四】問う、「古鏡《こきょう》未だ開かず、如何が顕照《けんしょう》する。」師云く、「何ぞ再三《さいさん》するを必《もち》いん[74]。」

【三五】問う、「如何なるか是れ諸仏《しょぶつ》の玄旨《げんし》。」師云く、「是《こ》れ汝《なんじ》も也た有り[75]。」

【三六】問う、「承《きくなら》く、教に言有り、無住《むじゅう》の本より一切法《いっさいほう》を立つ、と。如何なるか是れ無住の本。」師云く、「形は未《み》質《しっ》より興り、名は未名《みみょう》より起こる[76]。」

【三七】問う、「亡僧《もうそう》の衣は衆人唱す、祖師《そし》の衣は甚麼人《なんぴと》か唱する。」師云く、「汝、亡僧の甚麼《なん》の衣をか唱得する[77]。」

【三八】問う、「蕩子《とうし》の郷に還る時、如何[78]。」師云く、「甚麼《なに》を将《もっ》てか奉献《ぶごん》する。」云く、「一物有る無し。」師云く、「日給は作麼生《いかん》[79]。」

【三九】師、後に清涼《しょうりょう》に住す[80]。上堂して云く、「出家人《しゅっけにん》は但《た》だ時《じ》に随い節《せつ》に及ばば便《すなわ》ち得《よ》し。寒ければ即ち寒く、熱ければ即ち熱し。仏性の義を知らんと欲せば、当に時節因縁《じせついんねん》を観るべし[81]。古今の方便《ほうべん》少なからず。見ずや、石頭《せきとう》和尚、『肇論』に『万物を会《え》して己《おのれ》と為す者は、其れ唯だ聖人か[82]』と云うを看るに因《よ》りて、他家《かれ》便ち道《いわ》く、『聖人には己無く、己ならざる所靡《な》し』と[83]。一片の言語有り、喚びて『参同契《さんどうかい》』と作す[84]。末上《はじめ》に云く、『竺土大僊《ちくどだいせん》の心《しん》』と[85]。此の語に過ぐる無し。中間は也た紙《た》だ時に随いて説話《せった》するのみ。上座、今、万物を会して自己と為し去らんと欲せば、蓋《けだ》し大地に一法の見るべき無しと為《おも》わん[86]。他《かれ》又た嘱《しょく》して云く、『光陰《こういん》、虚《むな》しく度《わた》ること莫《な》かれ』と[87]。適来《さきほど》、上座に向かいて道く、『但だ時に随い節に及ばば便ち得し』と。若《も》也し時を移し候を失わば、即ち是れ虚しく光陰を度り、非色《ひしき》中に於いて色《しき》の解《げ》を作さん。上座、非色中に於いて色の解を作さば、即ち是れ時を移し候を失うなり。[88] 且《しばら》く道《い》え、色に非色の解を作すは、還《は》た当たるか当たらざるか。上座、若《も》し恁麼《かくのごと》く会せば、便《すなわ》ち是れ没交渉《もっきょうしょう》。正に是れ痴狂にして両頭に走る。甚麼《なん》の用処《ゆうじょ》か有らん。[89] 上座、但《た》だ分を守り時に随いて過ごさば好《よ》し。珍重《ちんちょう》。」

【四〇】僧問う、「如何なるか是れ清涼《しょうりょう》の家風《かふう》。」師云く、「汝《なんじ》、別処に到らば、但《た》だ道《い》え、清涼に到り来れりと。[90]」

【四一】問う、「如何が諸法《しょほう》当たること無くなり去るを得る。[91]」師云く、「甚麼《なん》の法か上座に当著する。[92]」云く、「日夕《にっせき》を争奈何《いかん》せん。」師云く、「閑言語なり。[93]」

589c

【四二】問う、「身《み》を観ること幻化《げんげ》の如く、内《うち》を観ることも亦《ま》た然《しか》る時は、如何。」師云く、「還《は》た恁麼《かくのごとく》なるを得るか。[94]」

【四三】僧問う、「国師《こくし》の侍者《じしゃ》を喚《よ》べるは、意、作麼生《いかん》。」師云く、「且《しばら》く去りて、別時に来れ。[95]」

【四四】問う、「〝急に相応《そうおう》せんことを要せば、唯だ不二《ふに》と言わん〟。如何なるか是れ不二の言。」師云く、「更に些子《しゃし》を添えて得《よ》きか。[96]」

【四五】問う、「如何なるか是れ法身《ほっしん》。」師云く、「這箇《これ》は是れ応身《おうじん》。[97]」

【四六】問う、「如何なるか是れ第一義《だいいちぎ》。」師云く、「我、你《なんじ》に向かいて道《い》わば、是れ第二義なり。[98]」

【四七】師、修《しゅう》山主に問う、「〝毫釐《ごうり》も差有らば、天地《てんち》懸隔す〟。兄《ひん》、作麼生《いかに》か会《え》する。」修云く、「毫釐も差有らば、天地懸隔す。」師云く、「恁麼《かくのごと》く会して又た争《いか》でか得《よ》からん。」修云く、「和尚は如何。」師云く、「毫釐も差有らば、天地懸隔す。」修便ち礼拝す。[99]

〈東禅斉《とうぜんせい》云く、「山主の恁麼《かくのごと》く祗対《こた》うるは、為甚麼《なにゆえ》にか肯《うべな》わざる。再び請益《しんえき》するに及びて、法眼も亦《ま》た秖《た》だ恁麼く道《い》うに、便ち得去る。且《しばら》く道え、疑訛《あやまり》は甚麼処《いずく》にか在る。若《も》し看得透《みとおし》れば、上座《そなた》に来由《らいゆ》有りと道わん。[100]」

五祖戒《ごそかい》云く、「法眼は劈脊《へきせき》に便ち打つ。[101]」

保寧勇《ほねいゆう》云く、「修山主も当時也《ま》た好《よ》し、法眼に向かいて『恁麼《かくのごと》く会して又た争《いか》でか得《よ》からん』と道うに。[102]」

径山杲《きんざんこう》云く、「法眼と修山主と糸来線去《しらいせんこ》、綿綿密密《めんめんみつみつ》として地蔵《じぞう》の門風を扶《たす》け起こすは、満目《まんもく》に光《ひかり》生ずと謂うべきも、若《も》し径山が門下なれば、更に草鞋《そうあい》を買いて行脚《あんぎゃ》して始めて得《よ》し。何《なに》が故《ゆえ》ぞ。毫釐も差有らば、天地懸隔す。甚処《いずく》にか這《こ》の消息《しょうそく》を得《え》来る。[103]」〉

【四八】因みに僧来りて参ずる次《おり》、師、手を以て簾《すだれ》を指すに、尋《つ》いで二僧有りて、斉《ひと》しく去《ゆ》きて簾を捲《ま》く。師云く、「一は得《え》、一は失《しっ》す。[104]」

〈東禅斉云く、「上座《そなた》、作麼生《いかに》か会《え》する。有るもの云く、伊《かれ》の旨《むね》を明らめずして便ち去きて簾を捲くが為に、と。亦た有るもの道《いわ》く、指さす者は即ち会す、指ささずして去く者は即ち失す、と。恁麼《かくのごと》く会するは、還《は》た可なるか不可なるか。既に恁麼く会するを許さざれば、且く上座に問わん、阿那箇《いずれ》か得、阿那箇《いずれ》か失すると。[105]」

黄龍清《おうりょうせい》云く、「法眼は鏌鎁《ばくや》手に在るが如く、殺活《せっかつ》時に臨む。二僧、既に斉しく簾を捲く。且く道え、那箇《いずれ》か得、

那箇《いずれ》か失する。還《は》た会すや。世事は但だ公道を将《もっ》て断ずるも、人心は月輪と斉しくなり難し。[106]」〉

【四九】雲門《うんもん》、僧に問う、「甚処《いずく》より来る。」云く、「江西《こうぜい》より来る。」雲門云く、「江西の一隊の老宿、寱語《ねごと》住《や》むか。[107]」僧、対《こた》うる無し。後に僧、師に問う、「知らず、雲門の意、作麼生《いかん》。」師云く、「大小《さしも》の雲門も、這《こ》の僧に勘破《かんぱ》せらる。[108]」

【五〇】僧に問う、[109]「甚処《いずく》より来る。」云く、「道場《どうじょう》より来る。」師云く、「明合《みょうごう》か、暗合《あんごう》か。」僧、語無し。[110]

【五一】師、僧をして土を取りて蓮盆《れんぼん》に添《くわ》えしむ。僧、土を取りて到る。師云く、「橋東に取るか、橋西に取るか。」云く、「橋東に取る。」師云く、「是れ真実《しんじつ》なるか、是れ虚妄《こもう》なるか。[111]」

【五二】僧に問う、「甚処《いずく》より来る。」云く、「報恩《ほうおん》より来る。」師云く、「衆僧《しゅそう》、還《は》た安らかなるか。」云く、「安らかなり。」師云く、「喫茶《きっさ》し去れ。[112]」

590a

【五三】師、僧に問う、「甚処《いずく》より来る。」云く、「泗州《ししゅう》に大聖《だいしょう》を礼拝し来る。」師云く、「今年、大聖は塔を出づるか。」僧云く、「出づ。」師却って傍僧に問うて云く、「汝道《い》え、伊《かれ》は泗州に到るか、到らざるか。[113]」

〈浮山遠《ふざんおん》云く、「這《こ》の僧、到ることは即ち泗州に到れるも、只是《ただ》、大聖を見ず。[114]」

道場全《どうじょうぜん》云く、「這の僧、見ることは即ち大聖を見しも、曾て法眼を識らず。[115]」

東禅観《とうぜんかん》云く、「這の僧、到るも也《ま》た泗州に到り、見るも也た大聖を見、識るも也た法眼を識るも、只是《ただ》、自《みずか》ら頭《こうべ》を

討《もと》めて見えず。[116]」〉

【五四】師、宝資《ほうし》長老に問う、「古人道《いわ》く、『山河《せんが》に隔礙《かくげ》無く、光明《こうみょう》処処に透《とお》る』と。且く作麽生《いかなる》か是れ処処に透る底の光明。」宝資云く、「東畔に羅《ふるい》を打《ふる》うの声。[117]」

〈帰宗柔《きすじゅう》、別して云く、「和尚、隔礙せんと擬《ほっ》す。[118]」〉

【五五】師、竹を指さして僧に問う、「還《は》た見ゆるか。」僧云く、「見ゆ。」師云く、「竹《たけ》、眼裏《げんり》に来るか、眼《まなこ》、竹辺《ちくへん》に到るか。」僧云く、「総て恁麼《かくのごとく》ならず。」師笑いて云く、「死急《しきゅう》して作麽《なにかせ》ん。[119]」

〈法灯《ほっとう》、別して云く、「当時、但だ眼《まなこ》を劈《ひら》きて師に向わん。[120]」
帰宗柔、別して云く、「和尚、秖是《ただ》、某甲《それがし》を信ぜざるのみ。[121]」〉

【五六】俗士《ぞくし》有りて画障子《がしょうじ》を献ず。師、看了《みおわ》るや、問うて云く、「汝《なんじ》は是れ手《て》巧みなるか、心《こころ》巧みなるか。」云く、「心巧みなり。」師云く、「那箇《いずれ》か是れ你《なんじ》の心。」士対《こた》うる無し。[122]

〈帰宗柔、代《か》わりて云く、「某甲《それがし》、今日、却って容易《おろそか》を成す。[123]」〉

【五七】僧問う、「如何なるか是れ第二の月。」師云く、「森羅万象《しんらまんぞう》。」云く、「如何なるか是れ第一の月。」師云く、「万象森羅《まんぞうしんら》。[124]」

【五八】上堂。「尽十方《じんじっぽう》世界は皎皎地《こうこうち》として一糸頭《いっしとう》も無し。若《も》し一糸頭有らば、即ち是れ一糸頭。[125]」

〈法灯云く、「若し一糸頭有らば、是れ一糸頭ならず。[126]」〉

【五九】師、凳子《とうす》を指さして云く、「凳子を識得せば、周匝《しゅうそう》して余り有り。[127]」

〈雲門《うんもん》云く、「凳子を識得せば、天地懸《はる》かに殊《こと》なり。[128]」

雪竇《せっちょう》云く、「沢、広ければ山を蔵し、理は能く豹を伏す。[129]」

円悟云く、「雪竇の此《かく》の如《ごと》く道《い》うは、未審《いぶか》し、是れ他《か》の語を明かすか、他の語を点ずるか。是れ褒《ほ》むるか、是れ貶《おとし》むるか。[130]」

径山杲《きんざんこう》云く、「凳子を識得せば、頭を剃り脚を洗うに好《よ》し。是《かく》の如しと雖然《いえど》も、錯《あやま》りて会《え》する者《もの》多し。[131]」〉

【六〇】師、因《ちな》みに脚を患いて、僧の問訊《もんじん》せる次《おり》、師云く、「人来《きた》る時に非ざれば動く能わず。人来るに及《およ》びては動かし得ず。且《しばら》く道《い》え、仏法中に什麼《なん》の語をか下し得る。」僧云く、「和尚、且《まず》は喜《めでた》し、較《い》ゆるを得たり。」師、肯《うべな》わず。自ら別して云く、「和尚、今日滅ずるに似たり。[132]」

【六一】僧問う、「如何なるか是れ塵劫《じんごう》来の事。」師云く、「尽《ことごと》く今に在り。[133]」

【六二】生《しょう》法師云く、「空を敲《たた》けば響《ひびき》を作《な》し、木を撃《う》たば声《こえ》無し」と。[134] 師忽《たちま》ち斎魚《さいぎょ》の声を聞きて、侍者に謂いて云く、「還《は》た聞《きこ》ゆるか。適来《さきほど》、若し聞ゆれば、如今《いま》、聞えず。如今、若し聞ゆれば、適来、聞えず。会《え》すや。[135]」

【六三】井《いど》を開くに、沙《すな》に泉眼《せんがん》を塞却《ふさ》がるるに因りて、師云く、「泉眼の通ぜざるは沙に礙《さ》えらる。道眼《どうげん》の通ぜざるは甚麼《なに》にか礙えらるる。」僧対《こた》うる無し。師自ら代わりて云く、「眼《まなこ》に礙えらる。[136]」

【六四】師、僧の土を搬《はこ》ぶを見し次《おり》、乃ち一塊の土を以て僧の担《に》の上に放《お》きて、云く、「吾、汝《なんじ》を助く。」僧云く、「和尚の慈悲を謝す。」師、肯《うべな》わず。一僧、別して云く、「和尚は是れ甚麼《なん》の心行《しんぎょう》ぞ。」師便《すなわ》ち休し去る。[137]

【六五】上堂して云く、「諸上座、時《とき》寒し、何ぞ上来するを用いん。且《しばら》く道《い》え、上来するが好《よ》きか、上来せざるが好きか。[138]或いは上座有りて道《いわ》く、『上来せざれば却って好し。什麼《なん》の処《ところ》か不是なる。更に上来するを用いて什麼をか作《せ》ん』と。[139]更に上座有りて道く、『是れ伊《かれ》も也《ま》た一向なるを得ず。又た須らく和尚の処に到りて始めて得《よ》し』と。[140]諸上座、且く道え、這《こ》の両箇《ふたり》の人、仏法中に於いて、還《は》た進趣《しんしゅ》有りや。[141]上座、実《じつ》是に得《よろ》しからず、並びに少許《わずか》の進趣も無し。古人喚《よ》びて無孔《むく》の鉄椎《てっつい》と作す。生盲生聾と異なる無し。[142]若《も》し更に上座有りて出で来りて、『彼の二人は総《すべ》て得《よろ》しからず。什麼の為にか此の如き。伊《かれ》、執著するが為に、所以《ゆえ》に得《よろ》しからず』と道わば、諸上座、総て恁麼《かく》の似《ごと》く行脚し、総て恁麼の似く商量《しょうりょう》するは、且《しばら》く什麼をか図る。[143]為復《はた》只だ唇嘴《しんし》を弄せんと要すや、為復《はた》別に図る所有りや。[144]伊の執著するを恐るというは、且く什麼にか執著する。為復《はた》理《り》に執著するか、事《じ》に執著するか、色《しき》に執著するか、空《くう》に執著するか。[145]若し是れ理ならば、理には且く作麼生《いかに》か執する。若し是れ事ならば、事には且く作麼生か執する。色に著するも空に著するも亦た然り。[146]山僧《わし》は所以《ゆえ》に尋常《ひごろ》、諸上座に向かいて道う、十方諸仏、十方善知識、時常《つね》に垂《すい》手《しゅ》し、諸上座、時常《つね》に接手《せっしゅ》す、と。十方諸仏の垂手するは時《つね》に有り。什麼《なん》の処《ところ》か是れ諸上座の時常《つね》に接手する処。[147]還《な》お会《え》する処《ところ》有らば、会取《えしゅ》せば好し。若し未だ会得せざれば、総て是《これ》なり、都来《すべ》て円取す、と道う莫かれ。[148]諸上座、傍《ぼう》家《け》に行脚するも、也《ま》た須らく審諦《しんたい》して些《いささ》かの精彩《せいさい》を著《つ》くべし。只だ少しの智慧を藉《か》りて、時光を過却する莫かれ。[149]

【六六】師、小児子《しょうにす》に謂いて云く、「子《こ》に因りて你《なんじ》の爺《ちち》を識得す。你の爺《ちち》は甚麼《なん》とか名づくる。[150]」児《に》、対《こた》うる無し。

〈法灯代わりて云く、「但だ衣袖《えしゅう》を将《もっ》て面《おもて》を掩《おお》わん。[151]」〉

師却って僧に問う、「若《も》し是れ孝順の子ならば、合《まさ》に一転語《いってんご》を下し得べし。且《しばら》く道《い》え、合に甚麼《なん》の語《ご》をか下し得べき。[152]」僧対うる無し。師代わりて云く、「他《かれ》は是れ孝順の子。[153]」

590c

【六七】師、『百法論[154]』を講ずる僧に問うて云く、「百法は是れ体《たい》と用《ゆう》をば双《ふた》つながら陳《の》べ、明門は是れ能《のう》と所《しょ》をば兼《か》ねて挙《あ》ぐ。[155] 座主《ざす》は是れ能、法座《ほうざ》は是れ所。作麼生《いかに》か兼挙を説く。[156]」

〈老宿有りて代わりて云く、「某甲《それがし》は喚《よ》びて箇の法座と作すのみ。[157]」

帰宗柔云く、「和尚の此の如きを労せず。[158]」

雪竇、老宿の語に別して云く、「和尚、半院を分ちて某甲に与えて始めて得《よ》し。[159]」〉

【六八】師、一日、李王と道を論じ罷《おわ》りて、同《とも》に牡丹の花を観る。[160] 王命じて偈《げ》を作らしむ。師即ち賦《ふ》して云く、「毳《ぜい》を擁して芳叢《ほうそう》に対す、由来《もとより》趣《おもむき》同じからず。[161] 髪は今日より白きも、花は是れ去年の紅。[162] 艶冶《えんや》は朝露に随い、馨香《けいこう》は晩風を逐う。[163] 何ぞ須《もち》いん、零落《れいらく》を待ちて、然《しか》る後《のち》に始めて空を知るを。[164]」王、頓《とみ》に其の意を悟る。[165]

【六九】師示衆《じしゅう》して云く、「這裏《ここ》に聚集すること少時にして上座の僧堂裏と為る。這裏に聚集すること少時にして上座の三門頭と為る。這裏に聚集すること少時にして上座の寮舎裏と為る。為復《はた》上座の過《あやま》ちを説くや、別に道理有りや。」会下に数尊宿有りて対《こた》う。一人道《いわ》く、「諸仏、出世するも、也《ま》た這箇《こ》の方便《ほうべん》有り。」一人云く、「今日、章義[166]を離る。」一人云く、「你道え、伊《い》は什麼処《いずく》と為るか。」一人云く、「灯を点じて上座の来るを等《ま》つこと多時たり。」一人云く、「什麼処にか聚集し来る。」

【七〇】師、門弟子に謂いて云く、「趙州云く、『力を費やすこと莫かれ』[167]と。也た大いに好き言語なり。何ぞ旧に仍《よ》り去らざらん。世間法に門有り、仏法豈《あ》に門無からん。自是《もと》より旧に仍らざるが故なり。諸仏諸祖は秖だ旧に仍る中に於いて得たり[168]。初夜の鐘の糸毫の異なること有るを見ざるが如し。与麼《かくのごとく》に恰好なるを得ば、聞く時、一声子の鬧《さわ》がしきこと無し。何を以ての故に。時節に及ぶが為なり。無心を死と云うも、且《か》つ是れ死ならず。止《た》だ一切に於いて、秖だ旧に仍らざるが為なり。忽然として非次に聞く時は、諸人尽《ことごと》く驚愕して道く、『鐘子怪鳴せり』と[169]。且く今日、孟夏漸《ようや》く熱しと道《い》うが如きは即ち不可なり。方《まさ》に一日を隔つるは、能く多少をか校《たが》えん。五月一日に向《お》いて道わば、便《すなわ》ち賺と成る。須らく知るべし、糸髪も校《たが》え得ざることを[170]。方便中に於いて上座に向かいて不是と道う時は、蓋し賺の為《ため》に所以《ゆえ》に旧に仍らざるなり。宝公云く、『暫時自ら肯《うべな》いて追尋せず』、『歴劫何ぞ曾て今日に異ならん』と。還た会すや。今日は只だ是れ塵劫なり。但だ著衣喫飯《じゃくえきっぱん》、行住坐臥《ぎょうじゅうざが》、晨参暮請《しんさんぼしん》、一切旧に仍らば、便ち無事の人為《た》るなり[171]。」

591a

【七一】師又た云く、「見道を本と為し、明道を功と為して、便ち能く大智慧力を得。若《も》し未だ此《かく》の如くなるを得ざれば、三界の愛すべき底の事、直《ただ》ちに去り尽くさしむ。纔《わず》かに繊毫《せんごう》有らば、還《な》お応《まさ》に未だ可ならざるべし[172]。秖だ汝《なんじ》が輩の睡れる時の如くは、嗔《いか》らざれば便ち喜ぶ。此れは是れ三界の昏乱、習熟の境界なり。惺惺《せいせい》ならざれば便ち昏乱す。蓋《けだ》し汝が輩の雑乱に縁《よ》りて致す所。古人は之を夾幻金と謂う。即《たと》え是れ真なるも、其れ鉱を如何せん[173]。若し覰《うかが》い得て徹骨徹髄せば、是れ汝が輩の力なり。脱《も》し未だ是《かく》の如くなる能わざれば、他《か》の什麼《なん》の楼台殿閣をか観察せん。諸聖、未だ必ずしも長《つね》に汝の手を把却せず。汝、未だ必ずしも依りて之を行わず。古今此《かく》の如きなり[174]。」

【七二】師頌《じゅ》有りて云く、[175]「理《り》極まりて情謂《じょうい》を忘る、如何ぞ喩《たとえ》の斉《ひと》しき有らん。[176]到頭霜夜《そうや》の月、任運《にんぬん》として前谿に落つ。[177]果《か》熟し猿《さる》兼ねて重く、山《やま》長うして路《みち》迷うに似たり。[178]頭《こうべ》を挙ぐれば残照《ざんしょう》在り、元《もと》より是れ住居の西。[179]」

【七三】三界唯心《さんがいゆいしん》を頌して云く、「三界唯心《さんがいゆいしん》、万法唯識《まんぼうゆいしき》。唯識唯心《ゆいしきゆいしん》、眼声耳色《げんしょうにしき》。色は耳に到らず、声、何ぞ眼に触れん。眼色耳声《げんしきにしょう》、万法成辦《じょうべん》す。万法、縁に匪《あら》ざれば、豈に如幻《にょげん》を観ん。山河大地《せんがだいち》、誰《たれ》か堅く誰か変わる。[180]」

【七四】華厳六相義《けごんろくそうぎ》[181]を頌《じゅ》して云く、「華厳の六相義、同《どう》中に還って異《い》有り。異若《も》し同に異《こと》ならば、全く諸仏の意に非ず。諸仏の意は総別のみ、何ぞ曾て同異有らん。男子《なんし》の身中に定《じょう》に入る時、女子《にょし》の身中に意を留めず。[182]意を留めざれば、名字《みょうじ》を絶す。万象《ばんぞう》明明として理事《りじ》無し。[183]」

【七五】師、覚《かく》上座に問う、「船にて来るか、陸より来るか。」覚云く、「船にて来る。」師云く、「船は甚麼処《いずく》にか在る。」覚云く、「船は河《かわ》の裏《うち》に在り。」覚退く。師、旁《かたわら》の僧に問うて云く、「你道《なんじい》え、適来《さきほど》の這《こ》の僧、眼《まなこ》を具するか、眼を具せざるか。[184]」

【七六】光孝慧覚《えかく》禅師、師の処に至る。師問う、「近ごろ甚処《いずく》をか離るる。」覚云く、「趙州《じょうしゅう》。」師云く、「承聞《きくなら》く、趙州に柏樹子《はくじゅし》の話《わ》有りと、是なるか。」覚云く、「無し。」師云く、「往来皆《み》な謂く、『僧問う、如何なるか是れ祖師西来《そしせいらい》意《い》。趙州云く、庭前《ていぜん》の柏樹子《はくじゅし》』と。上座、何ぞ無しと道《い》うを得ん。」覚云く、「先師、実に此の語無し。和尚、先師を謗《そし》ること莫《な》くんば好《よ》し。[185]」

〈径山杲云く、「若し此《こ》の語《ご》有りと道わば、覚鉄嘴《かくてつし》を蹉過《さか》す。若し此《こ》の語《ご》無しと道わば、又た法眼を蹉過す。若し両辺倶《とも》に渉らざれば、又た趙州を蹉過す。直饒《たと》い総て恁麼《かく》ならず、別に透脱《とうだつ》の一路有りとも、地獄に入ること箭射《せんしゃ》の如し。[186]」鼓山珪《くざんけい》云く、「覚鉄嘴、名、虚《むな》しくは得ず。只是《ただ》、曾て趙州を夢見ず。[187]」〉

591b
【七七】師、悟空《ごくう》禅師と火に向《あた》るに、香匙《きょうじ》を拈《と》り起《あげ》て、問うて云く、「喚《よ》びて香匙と作すを得ず。兄《ひん》、喚びて甚麼《なに》とか作す。」悟空云く、「香匙。」師、肯《うべな》わず。悟空、後《のち》二十余日にして、方《はじ》めて此の語を明らめり。[188]

【七八】師、一日上堂《じょうどう》す。僧問う、「如何なるか是れ曹源《そうげん》の一滴水《いってきすい》。」師云く、「是れ曹源の一滴水。[189]」僧、惘然《ぼうぜん》として退く。時に韶《しょう》国師、坐の側に於いて豁然《かつねん》として開悟す。[190]韶、遂に悟る所を以て師に聞《ぶん》す。師云く、「汝《なんじ》、向後《このち》、当《まさ》に国王の師とする所と為り、祖道の光大を致すべし。吾、如《し》かざるなり。[191]」国師、後に偈《げ》有りて云く、「通玄峰《つうげんほう》頂、是れ人間《じんかん》にあらず。心外《しんげ》に法無く、満目《まんもく》青山。[192]」師聞きて云く、「即《た》だ此の一偈のみにて、吾が宗を起こすべし。[193]」

【七九】霊隠清聳《りんにんせいしょう》禅師は福州《ふくしゅう》の人なり。初め師に参ず。師、雨を指さして謂いて云く、「滴滴、上座《そなた》の眼《まなこ》の裏《うち》に落在す。」清聳、初め旨を喩《さと》らず。後に『華厳《けごん》』を閲《けみ》するに因りて感悟し、師の印可《いんか》を承《う》く。[194]

【八〇】百丈道恒《ひゃくじょうどうごう》、師に参じ、因みに請益《しんえき》す、「外道《げどう》、仏に問う、有言《うごん》を問わず、無言《むごん》を問わず……」、敘語《じょご》未だ終わらざるに、師云く、「住《や》みね、住《や》みね。汝、世尊良久《りょうきゅう》の処に向《お》いて会《え》せんと擬《ほっ》する那《か》。」百丈、此《これ》より悟入す。[195]

【八一】永明道潜《ようめいどうせん》禅師は河中《かちゅう》府の人なり。[196]初めて師に参ずるに、師問うて云く、「子《そなた》、参請《さんしん》の外《ほか》に於いて、甚麼《なん》の経をか看る。[197]」道潜云く、「『華《け》厳経《ごんぎょう》』。」師云く、「総別同異成壊《そうべつどういじょうえ》の六相《ろくそう》は、是れ何の門か摂属《しょうぞく》する。[198]」潜云く、「文は『十《じゅう》地《じ》品《ぼん》』中に在り。理に拠らば、則ち世出世間《せしゅっせけん》の一切法は、皆な六相を具するなり。[199]」師云く、「空は還《は》た六相を具するか。」潜、懵然《ぼうぜん》として対《こた》うる無し。師云く、「汝《なんじ》、我に問え。我、汝に向かいて道《い》わん。」潜乃ち問う、「空は還《は》た六相を具するか。」師云く、「空。」潜、是《ここ》に於いて開悟し、踊躍《ゆやく》して礼謝《らいしゃ》す。師云く、「子、作麼生《いかに》か会《え》する。」潜云く、「空。」師、之を然《しか》りとす。[200]

【八二】異日、四《し》衆《しゅ》士《し》女《じょ》、院に入る。[201]師、潜に問うて云く、「律《りつ》中に道《いわ》く、壁を隔てて釵釧《さいせん》の声を聞くは、即ち破戒《はかい》と名づく、と。[202]金銀合雑《ごうざつ》し、朱紫駢闐《へんてん》たるを見《み》観るは、是れ破戒か、是れ破戒ならざるか。[203]」潜云く、「好箇《こうこ》の入路。[204]」師云く、「子、向後《こののち》、五百の毳徒《ぜいと》有りて、王侯の重んずる所と為る在《なり》。[205]」

【八三】文遂《ぶんすい》導師は杭州《こうしゅう》の人なり。[206]嘗て『首楞厳《しゅりょうごん》』を究む。師に謁《まみ》えて、己の所業を述ぶるに、深く経旨に符《かな》う。師云く、「『楞厳』には豈に是れ八還の義有らずや。[207]」遂云く、「是なり。」師云く、「明《みょう》は甚麼《なに》にか還《かえ》す。」云く。「明は 591c 日輪《にちりん》に還す。」師云く、「日は甚麼にか還す。」遂、懵然《ぼうぜん》として対《こた》うる無し。師、誡《いまし》めて其の注する所の文を焚《や》かしむ。此より服膺《ふくよう》し、請益《しんえき》して、始めて知解《ちげ》を忘ず。[208]

【八四】玄則《げんそく》禅師は滑州衛南《かっしゅうえいなん》の人なり。[209]初め青峰《せいほう》に問う、「如何なるか是れ学人《がくにん》の自己。」青峰云く、「丙丁童子《びょうじょうどうじ》来りて火を求む。[210]」後、師に謁《まみ》ゆ。師問う、「甚処《いずく》よりか来る。」云く、「青峰より来る。」師云く、「青峰は何の言句《ごんく》か有る。」則、前話《ぜんな》を挙《こ》す。師云く、「上座《そなた》、作麼生《いかに》か会《え》する。」則云く、「丙《ひのえ》・丁《ひのと》は火に属す。而して更に火を求む。自己を将《もっ》て自己を求むるが如し。[211]」師云く、「与麼く《かくのごと》会せば、又た争《いか》でか得《よから》ん。」則云く、「某甲《それがし》は祇《た》だ与麼《かく》なるのみ。未審《いぶか》し、和尚は如何。」師云く、「你《なんじ》、我に問え、我、你の与《ため》に道わん。」則問う、「如何なるか是れ学人の自己。」師云く、「丙丁童子来りて火を求む。」則、言下に於いて大悟す。[212]

【八五】謹《きん》禅師、[213]侍立《じりゅう》せる次《おり》、師、一僧に問うて云く、「此間《ここ》を離れてより、甚麼処《いずく》にか去《ゆ》き来る。」云く、「嶺に入り来る。」師云く、「易《やす》からず。[214]」云く、「虚《むな》しく他《か》の如許多《あまた》の山水を渉《わた》るのみ。」師云く、「如許多の山水も也《ま》た悪《あ》しからず。」其の僧、語無し。謹、此に於いて省《せい》有り。[215]

【八六】帰宗玄策《きすげんさく》禅師は曹州《そうしゅう》の人なり。[216]初め慧超《えちょう》と名づく。師に謁《まみ》えて問うて云く、「慧超、和尚に咨《と》う、如何なるか是れ仏。」師云く、「汝は是れ慧超。」超、此より悟入す。[217]
〈圜悟云く、「有る者道く、慧超は便《すなわ》ち是れ仏なり。所以《ゆえ》に法眼、恁麼《かくのごと》く答う、と。有る者道く、大いに牛に騎《の》りて牛を覓《もと》むるに似たり、と。有る者道く、問処《もんじょ》便ち是れなり、と。甚麼《なん》の交渉《かかわり》か有らん。若し恁麼く会し去らば、惟だ自己に辜負《そむ》くのみならず、亦《ま》た乃ち深く古人をも屈せん。[218]」
雪竇頌《せっちょうじゅ》して云く、「江国に春風、吹き起こらず、鷓鴣《しゃこ》は啼きて深き花の裏《うち》に在り。三級、浪《なみ》高く、魚は龍と化《け》せるに、痴人《ちじん》は猶お戽《く》む夜塘《やとう》の水。[219]」〉

【八七】挙《こ》す。[220]昔、二庵主《あんじゅ》有りて庵《いおり》に住す。旬日《じゅんじつ》相い見《まみ》えざるに、忽《たちま》ち相い会う。上庵主、下庵主に問う、「多時、相い見《まみ》えず、甚麼処《いずく》に向いてか去《ゆ》く。」下庵主云く、「庵中に在りて箇の無縫塔《むほうとう》を造る。[221]」上庵主云く、「某甲《それがし》も也《ま》た一箇を造らんと要《ほっ》す。兄に就きて塔の様子《ようす》を借取せん。[222]」下庵主云く、「何ぞ早く説《い》わざる。却って人に借り去られ了《おわ》れり。」師云く、「且《しばら》く道《い》え、是れ他《か》の様《よう》を借るか、他の様を借らざるか。[223]」

【八八】挙す。昔、一老宿《ろうしゅく》有り。因みに僧問う、「師子《しし》は兎《うさぎ》を捉うるにも亦た其の力を全うし、象《ぞう》を捉うるにも亦た其の力を全うす、と。未審《いぶか》し箇の甚麼《なん》の力をか全うす。[224]」老宿云く、「欺《あざむ》かざるの力。」師別して云く、「古人の語を会せず。[225]」

592a
【八九】挙す。昔、一老宿《ろうしゅく》有りて菴に住す。門上に於いて心字を書し、窓上に於いて心字を書し、壁上に於いて心字を書す。師云く、「門上、但だ門字を書し、窓上、但だ窓字を書し、壁上、但だ壁字を書す。[226]」〈玄覚《げんかく》云く、「門上、門字を書するを要せず、窓上、窓字を書するを要せず、壁上、壁字を書するを要せず。何が故に。字義炳然《あきらか》なればなり。[227]」〉

【九〇】挙す。昔、一老宿《ろうしゅく》有りて云く、「這《こ》の一片の田地《でんち》、分付《ぶんぷ》し来ること多時なり。我、立地《たち》て汝《なんじ》が搆《あがな》い去るを待つ。[228]」師云く、「山僧《わし》は如今《いま》、坐地《すわ》りて汝が搆い去るを待つ。還《は》た道理《どうり》有りや。那箇《いずれ》か親しく、那箇《いずれ》か疎き。試みに裁断《さいだん》し看よ。[229]」

【九一】挙す。昔、一老宿《ろうしゅく》有りて、一童子《どうじ》を畜《やしな》うに、並びに軌則《きそく》を知らず。一行脚僧《あんぎゃそう》有りて到り、乃ち童子に礼儀を教う。[230]晩間、老宿の外より帰るを見て、遂に去きて問訊《もんじん》す。老宿怪訝《いぶか》り、遂に童子に問うて云く、「阿誰《たれ》か你《なんじ》に教うる。」童云く、「堂中の某《なにがし》上座なり。[231]」老宿、其の僧を喚びて来らしめ、問う、「上座《そなた》、傍家《ぼうけ》に行脚するは、是れ甚麼《なん》の心行《しんぎょう》ぞ。這《こ》の童子、養い来りて二三年になり了《おわ》れり。幸自《さいわい》に可憐生《よきみのうえ》なるに、誰《たれ》か上座をして伊《かれ》を教壊《きょうえ》せしめん。快《はや》く束装《たびじたく》して起ち去れ。」黄昏、雨淋淋《りんりん》地なるに趁《お》い出ださる。[232]師徴《ちょう》して云く、「古人、恁麼《かくのごと》く些子《さし》の家風《かふう》を顕露《あらわ》すは甚だ怪し。且《しばら》く道《い》え、意、何《いず》くにか在る。[233]」

【九二】有る人、僧に問う、「甚麼《なん》の灯《ひ》をか点《とも》す。」僧云く、「長明灯《ちょうみょうとう》。」云く、「甚麼《いずれ》の時にか点《とも》せる。」云く、「去年点す。」云く、「長明は何《いず》くにか在る。」僧、語無し。[234]長慶代わりて云く、「若し此《かく》の如《ごと》くならざれば、公の人の謾《まどわし》を受けざることを知らんや。[235]」師別して云く、「利は君子を動かす。[236]」

【九三】泗州塔頭《たっちゅう》の侍者、時に及びて門を鎖《と》ざす。有る人問う、「既に是れ三界《さんがい》の大師なるに、甚麼《なん》の為にか弟子に鎖《と》ざさるる。」侍者対《こた》うる無し。師代わりて云く、「弟子、鎖ざすか、大師、鎖ざすか。[237]」

【九四】泗州の塔前に一僧礼拝《らいはい》す。有る人問う、「上座、日日《ひび》礼拝す。還《は》た大聖《だいしょう》を見るか。」師代わりて云く、「汝道え、礼拝は是れ甚麼《なん》の義ぞ。[238]」

【九五】昔、施主《せしゅ》の婦人《ふじん》有りて院に入り、衆僧《しゅそう》に随年銭《ずいねんせん》を行《くば》る。僧云く、「聖僧《しょうそう》の前に一分を着けよ。」婦人云く、「聖僧は年《よわい》、多少《いくばく》ぞ。」僧、対うる無し。[239]師代わりて云く、「心期満《み》つる処《とき》、即ち知らん。[240]」

592b
【九六】昔、道流《どうりゅう》有り、仏殿の前に在りて、仏を背にして坐す。僧云く、「道士《どうし》よ、仏を背にすること莫かれ。」道流云く、「大徳《だいとく》よ、本教中に道《いわ》く、仏身は法界《ほっかい》に充満すと。甚麼処《いずく》に向《お》いてか坐し得る。」僧、対うる無し。[241]師代わりて云く、「汝を識得《しきとく》す。[242]」

【九七】福州《ふくしゅう》の洪塘橋《こうとうきょう》上に僧有りて列坐す。官人《かんじん》問う、「此の中に還《は》た仏《ほとけ》有りや。」僧対《こた》うる無し。[243]師代わりて云く、「汝《なんじ》は是れ甚麼人《なんびと》ぞ。[244]」

【九八】広南《こうなん》に僧有りて菴《いおり》に住す。国主、猟に出づ。左右、菴主《あんじゅ》に報ず、「大王来《きた》れり、請う、起たんことを。」菴主云く、「但《た》だに大王の来るのみに非ず、仏《ほとけ》来るとも亦《ま》た起たず。」王問う、「仏は豈《あ》に是れ汝が師にあらずや。」菴主云く、「是なり。」王云く、「師に見《まみ》ゆるに甚麼《なん》の為にか起たざる。[245]」師代わりて云く、「未だ恩に酬《むく》ゆるに足らず。[246]」

【九九】官人、僧に問う、「名は甚麼《なん》ぞ。」云く、「無揀《むけん》。」官人云く、「忽然《もし》、一椀の沙《すな》を将《もっ》て上座に与《あた》えば、又た作麼生《いかん》。」云く、「官人の供養に謝す。[247]」師別して云く、「此は猶お是れ揀《えら》ぶ底《もの》なり。[248]」

【一〇〇】昔、高麗《こうらい》国より銭塘《せんとう》に来りて観音《かんのん》の聖像《しょうぞう》を刻む。舁《か》きて船に上《あ》ぐるに及びて、竟《つい》に動かす能わず。因りて明州開元寺《みんしゅうかいげんじ》に請じ入れて供養す。[249]後に問を設くる有り、「刹《せつ》として身を現さざる無きに、聖像、甚《なん》の為にか高麗国に去《ゆ》かざる。」長慶稜《ちょうけいりょう》云く、「身を現すこと普《あまね》しと雖も、相を観《み》ることには偏《かたより》を生ず。[250]」師別して云く、「観音を識得せる未《か》。[251]」

【一〇一】挙す。世尊纔《わず》かに生《うま》れ下《お》つるや、一手、天を指さし、一手、地を指さし、周行すること七歩して、目、四方を顧みて、云く、「天上天下《てんじょうてんげ》、唯我独尊《ゆいがどくそん》。」雲門《うんもん》云く、「我、当時《そのとき》若《も》し見ば、一棒に打殺《たさつ》して、狗子《くし》に与えて喫《く》らわしめ、天下太平を図《はか》らんと貴《ほっ》す。[252]」師云く、「雲門、気勢甚《はなは》だ大なるも、要且《ともか》く仏法の道理無し。[253]」

592c

【一〇二】挙す。障蔽魔王、諸《もろもろ》の法眷属を領して、一千年、金剛斉菩薩に随いて起処を覓《もと》め得ず。忽《たちま》ち一日、見るを得るに因りて乃ち問うて云く、「汝、当《は》た何に依りて住してか、我、一千年、汝の起処を覓め得ざる。」菩薩云く、「我、有住に依りて住せず、無住にして住し、如是にして住す。[254]」師云く、「障蔽魔王の金剛斉を見ざるは即ち従うも、只だ金剛斉の如きは、還た障蔽魔王を見るか。[255]」

【一〇三】挙す。初祖迦葉《かしょう》尊者、一日、泥を踏む次《おり》、一沙弥《しゃみ》有りて、見て乃ち尊者に問う、「何ぞ自《みずか》ら為《な》すを得ん。」祖云く、「我、若《も》し為さざれば、誰《たれ》か我の為《ため》に為さん。[256]」師云く、「我、当時《そのとき》若し見ば、拽《ひ》き来りて泥を踏ましめん。[257]」

【一〇四】六祖《ろくそ》、示衆《じしゅう》して云く、「吾、一物《いちもつ》有り、頭《かしら》無く尾《お》無く、名《な》無く字《あざな》無く、背《せ》無く面《おもて》無し。諸人《しょにん》、還《は》た識るか。」時に荷沢《かたく》神会《じんね》出でて云く、「是れ諸法《しょほう》の本源《ほんげん》、乃ち神会の仏性《ぶっしょう》なり。」祖乃ち打つこと一棒して云く、「這《こ》の饒舌《にょうぜつ》の沙弥《しゃみ》。我、喚びて一物と作すも尚お中《あた》らず、豈《あ》に況《いわ》んや本源仏性《ほんげんぶっしょう》をや。此の子、向後《このノち》、設《たと》い把《ひとつかみ》の茅《かや》の頭《こうべ》を蓋《おお》う有りとも、也《ま》た只だ箇の知解《ちげ》の宗徒《しゅうと》と成り得るのみ。[258]」師云く、「古人の人に受記《じゅき》するは終に錯《たが》わず。如今、知解を立てて宗と為すは、即ち荷沢、是れなり。[259]」

【一〇五】大徳《だいとく》有りて南岳《なんがく》に問う、「鏡の像を鋳《い》るが如きは、像成りし後、未審《いぶか》し光は甚麼処《いずく》に向かいてか去る。」南岳云く、「大徳の童子為《た》りし時の相貌の如きは何《いず》くにか在る。[260]」師別して云く、「阿那箇《いずれ》か是れ大徳の鋳成《いな》す底の像。[261]」

【一〇六】挙す。西堂智蔵《せいどうちぞう》禅師、路に天使に逢い、斎《さい》に留《とど》めらるる次《おり》、偶《たまたま》、驢子《ろす》鳴く。天使云く、「頭陀《ずだ》。」西堂頭《こうべ》を挙《あ》ぐ。天使却《かえ》って驢を指さす。西堂却って天使を指さす。天使対《こた》うる無し。[262]師別して云く、「但だ驢鳴《ろめい》を作《な》さん。[263]」

【一〇七】挙す。鄧隠峰《とういんぽう》、襄州《じょうしゅう》に在りて威儀堂《いぎどう》を破す。只だ衬衣《しんえ》を着るのみにして、砧椎《ちんつい》の辺に於いて椎《つち》を拈《と》りて云く、「道《い》い得《う》れば即ち打たず。」時に于《お》いて大衆黙然《もくねん》たり。隠峰便《すなわ》ち打すこと一下《いちげ》す。[264] 師云く、「鄧隠峰、奇怪なるは甚だ奇怪なるも、要且《ともかう》く打ち不着《あてえず》。[265]」又た云く、「其の時、一衆は偶然に出《い》づ。[266]」

【一〇八】挙す。亮《りょう》座主、馬祖《ばそ》に参ず。祖問う、「甚麼《なん》の経をか講ずる。」云く、「『心経《しんぎょう》』。」祖云く、「甚麼《なに》を将《もっ》てか講ずる。」云く、「心を将て講ず。」祖云く、「〝心は工伎児《くぎじ》の如く、意は和伎者《わぎしゃ》の如し〟、争《いか》でか解《よ》く経を講じ得ん。」亮云く、「心、既に講じ得ざれば、虚空《こくう》講じ得るに莫是《あらず》や。」祖云く、「却って是れ虚空講じ得ん。」亮、袖を払って去る。祖、乃ち召《よ》びて云く、「座主。」亮、首《こうべ》を廻《めぐ》らす。祖云く、「生より老に至るまで、只だ是れ這箇《これ》。」亮因《よ》りて省《せい》有り。[267] 師云く、「看よ他《か》の古人、恁麼《かくのごとく》に慈悲《じひ》もて人を教う。如今《いま》、作麼生《いかに》か会《え》する。頭《こうべ》を聚《あつ》めて這裏《ここ》に向《お》いて妄想《もうぞう》すること莫かれ。[268]」

【一〇九】挙す。芙蓉《ふよう》、帰宗《きす》に参じて、問う、「如何なるか是れ仏。」帰宗云く、「我、汝《なんじ》に向かいて道わば、汝、還《は》た信ずや。」芙蓉云く、「和尚の誠言、安《いず》くんぞ敢えて信ぜざらん。」帰宗云く、「即ち汝こそ便ち是れ。」芙蓉云く、「如何が保任《ほうにん》する。」帰宗云く、「一翳《いちえい》眼に在らば、空華《くうげ》乱墜す。[269]」師云く、「若《も》し後《あと》の語《ご》無くんば、何処《いずく》にか帰宗を討《たず》ねん。[270]」

593a 【一一〇】挙す。南泉《なんせん》、維那《いの》に問う、「今日、普請《ふしん》して甚麼《なに》をか作《な》す。」対えて云く、「磨《うす》を拽《ひ》く。」南泉云く、「磨は你《なんじ》の拽くに従《まか》すも、磨の中心の樹子《じく》を動著するを得ず。」維那、語無し。[271] 師代わりて云く、「恁麼《かく》なれば即ち拽かず。[272]」

【一一一】挙す。塩官《えんかん》、一日、衆《しゅ》に謂いて云く、「虚空《こくう》を鼓《こ》と為し、須弥《しゅみ》を椎《つち》と為さば、甚麼人《なんぴと》か打ち得る。」衆対《こた》うる無し。僧有りて南泉《なんせん》に挙似《こじ》す。南泉云く、「王老師《われ》は這《こ》の破鼓《はこ》を打たず。[273]」師別して云く、「王老師は打たず。[274]」

【一一二】挙す。塩官、払子《ほっす》を竪起《じゅき》して華厳《けごん》を講ずる僧に問う、「這箇《これ》は是れ第幾種の法界なるか。」座主、沈吟す。塩官云く、「思いて知り、慮《おもんぱか》りて解するは、是れ鬼家《きけ》の活計《かっけい》。日下の孤灯、果《は》たして照を失す。[275]」師代わりて掌《て》を拊《う》つこと三下す。[276]

【一一三】挙す。大慈寰中禅師《だいじかんちゅうぜんじ》、僧辞《じ》するに因りて乃ち問う、「什麼処《いずく》にか去《ゆ》く。」僧云く、「江西《こうぜい》に去く。」大慈云く、「老僧《わし》を将取《ひき》いて去《ゆ》くは、得《よ》きか。」僧云く、「但《た》だに和尚のみに非ず、更に和尚に過ぐるもの有りとも、亦た将《ひき》い去かず。[277]」師別して云く、「和尚、若し去かば、某甲《それがし》、笠子《かさ》を提げん。[278]」

【一一四】挙す。大慈、上堂して云く、「山僧《わし》は答話《とうわ》する解《あた》わず。秖《た》だ能《よ》く病《やまい》を識《し》るのみ。」時に僧有りて出づ。大慈便ち方丈《ほうじょう》に帰る。[279]師云く、「衆《しゅ》中には喚びて病と作すも、目前に在りては識らず。[280]」

【一一五】挙す。僧、大珠《だいじゅ》に問う、「如何なるか是れ仏。」大珠云く、「清譚《せいたん》し対面《たいめん》するは、仏に非ざれば誰《た》ぞ。」衆皆《み》な茫然たり。[281]師云く、「是《しか》らば即ち没交渉《もっきょうしょう》。[282]」

【一一六】挙す。新到《しんとう》有りて趙州《じょうしゅう》に謂いて云く、「某甲《それがし》、長安《ちょうあん》より来るに、一条の拄杖《しゅじょう》を横に担《にな》いて、曾て一人も撥《はっ》

593b

著《じゃく》せず。」趙州云く、「自《もと》是より大徳《そなた》の拄杖短《みじか》きのみ。」僧対《こた》うる無し。[283] 師代わりて云く、「呵呵《かか》。[284]」

【一一七】挙す。僧、趙州に問う、「承《きくなら》く、師に言有り、世界壊《え》する時、此《こ》の性《しょう》壊せず、と。如何なるか是れ此の性。」趙州云く、「四大五陰《しだいごおん》。」僧云く、「此れは猶お是れ壊する底なり。如何なるか是れ此の性。」趙州云く、「四大五陰。[285]」師云く、「是れ一箇か、両箇か。是れ壊するか、壊せざるか。且く作麼生《いかに》か会《え》する。試みに断じ看よ。[286]」

【一一八】挙す。秘魔《ひま》和尚、常に一木叉《もくしゃ》を持ち、僧の来りて礼拝《らいはい》するを見る毎《ごと》に、即ち頸《くび》を叉却《しゃきゃく》して云く、「道《い》い得《う》るも也《ま》た叉下に死し、道《い》い得《え》ざるも也た叉下に死す。速やかに道え、速やかに道え。」学徒、対《こた》うる者《もの》有ること鮮《まれ》なり。[287] 師代わりて云く、「命を乞う、命を乞う。[288]」

【一一九】挙す。徳山《とくさん》示衆して云く、「今夜は答話《とうわ》せず。問話《もんな》する者は三十棒。」時に僧有り、出でて礼拝《らいはい》するや、徳山便《すなわ》ち打つ。僧云く、「某甲《それがし》、話も也《ま》た未だ問わざるに、和尚、甚麼《なに》に因《よ》りてか某甲を打つ。」徳山云く、「汝《なんじ》は是れ甚処《いずく》の人ぞ。」云く、「新羅《しらぎ》の人。」徳山云く、「未だ船舷《せんげん》を跨《また》がざるに、三十棒を与《あた》うるに好《よ》し。[289]」師云く、「大小《さしも》の徳山も、話、両橛《りょうけつ》と作《な》る。[290]」

【一二〇】挙す。僧、雪峰に問う、「拈槌竪払《ねんついじゅほつ》は宗乗《しゅうじょう》に当たらず。未審《いぶか》し和尚は如何。」雪峰、払子《ほっす》を竪起《じゅき》す。僧乃ち頭《こうべ》を抱《かか》えて出で去る。雪峰顧《かえりみ》ず。[291] 師代わりて云く、「大衆《だいしゅ》よ、此の一員の大将を看よ。[292]」

【一二一】又た挙す。雪峰、鏡清《きょうせい》に謂いて云く、「古来老宿《ろうしゅく》有り、官人《かんじん》を引きて堂を巡りて云く、『此の一衆は尽《ことごと》く是れ仏法を学ぶ僧なり。』官人云く、『金屑《きんせつ》は貴しと雖《いえど》も……、とは、又た作麼生《いかん》。』老宿対《こた》うる無し。[293]」鏡清、代わりて云く、「比来《さきほど》は甎《かわら》を抛《なげう》て玉《ぎょく》を引く。[294]」師別して云く、「官人、何ぞ耳《みみ》を貴《たっと》び目《め》を賤《いや》しむを得ん。[295]」

【一二二】挙す。僧、夾山《かっさん》に問う、「如何なるか是れ夾山の境。」夾山云く、「猿は子を抱きて青嶂《せいしょう》の裏《うち》に帰り、鳥は花を銜《ふく》んで碧巌《へきがん》の前に落つ。[296]」師云く、「我、二十年、秪《た》だ境話《きょうわ》の会《え》を作《な》す。[297]」

【一二三】挙す。龍牙《りゅうげ》、徳山《とくさん》に問う、「学人《それがし》、鏌鎁《ばくや》の剣に仗《よ》りて師の頭《こうべ》を取らんと擬《ほっ》する時、如何。」徳山、頸《くび》を引《のば》し近前《きんぜん》して云く、「囫《カッ》。[298]」師別して云く、「汝、甚麼処《いずく》に向《お》いてか手を下す。[299]」

【一二四】挙す。投子《とうす》、僧に問う、「久しく疎山《そざん》の薑頭《きょうじゅう》を嚮《した》う、便ち是れなるに莫《あら》ずや。」僧対《こた》うる無し。[300] 師代わりて云く、「和尚を嚮重《きょうちょう》すること日《ひ》久し。[301]」

【一二五】又た挙す。僧問う、「一等《ひとしな》みに是れ水なるに、為甚麼《なにゆえ》にか海は鹹《から》く、河は淡《あわ》き。」投子云く、「天上には星、地下には木。[302]」師別して云く、「大いに相違するに似たり。[303]」

【一二六】又た挙す。僧に問う、「甚麼処《いずく》よりか来る。」云く、「東西山に祖師を礼し来る。」夾山云く、「祖師は東西山に在らず。」僧、語無し。[304] 師代わりて云く、「和尚は祖師を識る。[305]」

【一二七】白馬曇照《はくばどんしょう》禅師、常に「快活《かいかつ》、快活《かいかつ》」と云うに、臨終の時に及びて「苦《く》、苦《く》」と叫ぶ。又た云く、「閻羅王《えんらおう》

593c 来りて我を取る」と。院主《いんじゅ》問うて云く、「和尚、当時《そのかみ》、節度使《せつどし》に水中に抛向《なげこま》るとも、神色《しんしょく》動ぜず。如今、何ぞ恁地《かくのごとく》なるを得ん。」照、枕子《しんす》を挙げて云く、「汝道《なんじい》え、当時是《ぜ》なるか、如今是なるか。」院主対《こた》うる無し[306]。師代わりて云く、「此の時、但だ耳《みみ》を掩《おお》いて出で去るのみ[307]。」

【一二八】江南《こうなん》の相《しょう》、馮延巳《ふうえんし》、数僧と鍾山《しょうざん》に遊び、一人泉《いちにんせん》に至りて、問う、「一人泉、許多《あまた》の人に、争《いか》でか足るを得ん。」一僧対《こた》えて云く、「欠少《かか》しめず。」延巳肯《うけが》わず、乃ち別して云く、「誰人《たれひと》か欠少《かか》ん[308]。」師別して云く、「誰《たれ》か是れ足らざる者[309]。」

【一二九】洪州《こうしゅう》太守宋令公《そうれいこう》。一日、大寧寺《だいねいじ》の僧、陳乞《ちんこつ》して第二座《だいにざ》を請じて開堂せしめんとす。公云く、「何ぞ第一《だいいち》座《ざ》を請ぜざる。」衆、語無し[310]。師代わりて云く、「此《かく》の如くなるを労せず[311]。」

【一三〇】龍牙《りゅうげ》、翠微《すいび》に問う、「和尚の法席《ほっせき》に到りてより、毎毎《つどつど》の上堂に、一法の示誨《じげ》するを蒙《こうむ》らず。意は何《いず》くにか在る。」翠微云く、「箇の什麼《なに》をか嫌う。」龍牙、後に洞山《とうざん》に至りて、亦《ま》た是《かく》の如《ごと》く道《い》う。洞山云く、「争《いか》でか老僧《わし》を怪《とが》め得ん。」後に又た師に問う。師云く、「祖師《そし》来れり[312]。」

〈雪竇顕《せっちょうけん》云く、「両箇《ふたり》の老漢、這《こ》の僧に穿却《せんきゃく》せらる。唯だ法眼《ほうげん》有りて、他《かれ》と同参《どうさん》す。若《も》し是れ雪竇《わが》門下ならば、棒《ぼう》を喫《く》らい了《おわ》るや趁《お》い出《い》ださん[313]。」〉

【一三一】挙す。北院通《ほくいんつう》、夾山《かっさん》に問う、「『目前に法《ほう》無く、意《い》は目前に在り。是れ目前の法にあらず、耳目《じもく》の到《いた》る所《ところ》に非《あら》ず』とは、豈《あ》に是れ和尚の語にあらずや。」夾山云く、「是なり。」北院乃ち禅床《ぜんしょう》を掀倒《くつがえ》し、叉手《しゃしゅ》して立つ。夾山起来《たちあが》りて、打つこと一拄杖《しゅじょう》す。北院便《すなわ》ち下り去る。[314]師云く、「是れ他《かれ》、禅床を掀倒して、何ぞ便ち去らざる。夾山の打つこと一棒し了《おわ》るを須待《まち》て去るは、意、什麼処《いずく》にか在る。[315]」

【一三二】修《しゅう》山主、澄源《ちょうげん》禅師に問う、「乾闥婆《けんだつば》王、楽を奏《かな》でるや、直《じき》に須弥岌峇《しゅみきゅうこう》とし、海水騰波《かいすいとうは》し、迦葉《かしょう》、舞を作すを得たるは、作麼生《いかに》か会《え》する。」源云く、「迦葉は過去世に曾て楽人《がくにん》と作り来り、習気《じっけ》未だ除かず。」修云く、「須弥岌峇とし、海水騰波するは、又た作麼生か会する。」澄源休し去る。[316]師代わりて云く、「正に是れ習気なり。[317]」

【一三三】師、修《しゅう》山主に問うて云く、「仰山四門光《ぎょうさんしもんこう》に道《いわ》く、『眼《まなこ》に応ずる時は、全身耳《みみ》。耳に応ずる時は、全身眼』と。兄《ひん》、作麼生《いかに》か会《え》する。[318]」修云く、「眼裏《げんり》底は耳裏《にり》底の用《ゆう》を作し、耳裏《にり》底は眼裏《げんり》底の用《ゆう》を作す。[319]」師云く、「正に是れ精魂《せいこん》を弄《ろう》するなり。[320]」修却って問う、「和尚は如何。」師再《ふたた》び挙《こ》すること一遍す。修方《はじ》めて省《せい》す。[321]

【一三四】師、久しく長慶稜《ちょうけいりょう》に参ずるも、後、却って地蔵《じぞう》に継嗣《つげ》り。[322]長慶の会下《えか》に子昭首座《ししょうしゅそ》なる有り、平昔《へいせき》、師と
594a
古今の言句《ごんく》を商確《しょうかく》す。昭、纔《わず》かに聞くや、心中憤憤《ふんぷん》たり。一日、特に衆《しゅ》を領《ひき》て撫州《ぶしゅう》に詣《いた》り、師を責問せんとす。[323]師、知るを得て、遂に衆を挙げて出で迎え、特に礼待《れいたい》を加え、賓主《ひんじゅ》の位《くらい》上に、各おの払子《ほっす》一枝を掛く。[324]茶する次《おり》、昭、忽《たちま》ち色《いろ》を変じ声《こえ》を抗《あら》げて問うて云く、「長老の開堂するは、的《まさ》に何人にか嗣《つ》ぐ。」師云く、「地蔵。」昭云く、「何ぞ太《はなは》だ長慶先師に孤《そむ》く。某甲同《とも》に会下に在ること数十余載、古今を商量《しょうりょう》して、曾て間隔《へだて》無し。何に因りてか却って地蔵に嗣ぐ。[325]」師云く、「某甲、長慶の一転の因縁《いんねん》を会《え》せず。」昭云く、「何ぞ問い来らざる。[326]」師云く、「長慶道く、『万象《ばんしょう》の中独《ひと》り身《み》を露《あらわ》す』と。意は作麼生《いかん》。」昭、払子《ほっす》を竪起《じゅき》す。[327]師便ち叱りて云く、「首座、此は是れ当年学得する底なり。別しては作麼生《いかん》。」昭、語無し。[328]師云く、「『万象の中独り身を露す』の只如《ごと》きは、是れ万象を撥するか、万象を撥せ

ざるか。」昭云く、「撥せず。」師云く、「両箇となれり。」[329]時に於いて参随の一衆、声を連ねて道《いわ》く、「万象を撥す。」師云く、「『万象の中独り身を露す』聻《は》[330]？」昭と一衆と懡㦬《もら》として退く。[331]師指住《しじゅう》して云く、「首座、父を殺し母を殺すは、猶お懺悔《さんげ》を通ずるも、大般若を謗《そし》るは、誠に懺悔し難し。」昭、竟《つい》に対《こた》うる無し。[332]此より却って師に参じ、己見を発明して、更に開堂せず。[333]

【一三五】師、縁をば金陵《きんりょう》に被《こうむ》り、三たび大道場に坐して、朝夕に旨を演《の》ぶ。時に諸方の叢林《そうりん》、咸《み》な風化《ふうけ》に遵《したが》い、異域《いいき》にも其の法を慕う者有り、遠《とおき》を渉《わた》りて至る。玄沙《げんしゃ》の正宗《しょうじゅう》、江表《こうひょう》に中興す。師は機に調《かな》い物に順い、滞を斥《しりぞ》け昏を磨《みが》く。凡そ諸方の三昧《ざんまい》を挙《こ》し、或いは入室《にっしつ》して解《げ》を呈し、或いは叩激して請益《しんえき》するに、皆な病《やまい》に応じて薬《くすり》を与う。根《こん》に随いて悟入する者、紀《しる》すに勝《た》うべからず。周《しゅう》の顕徳《けんとく》五年戊午《つちのえうま》（九五八）七月十七日、疾《やまい》を示す。国主親《した》しく礼問を加う。閏《うるう》月五日、剃髪澡身《ていはつそうしん》し、衆《しゅ》に告げ訖《おわ》るや、跏趺《かふ》して逝く。顔貌、生けるが如し。寿《よわい》七十有四、臘《ろう》五十四。城下の諸寺院、威儀《いぎ》を具えて迎引《げいいん》す。公卿《こうけい》の李建勲《りけんくん》[334]以下、素服《そふく》し、全身を江寧《こうねい》県丹陽《たんよう》に奉じて塔を起《た》つ。大法眼《だいほうげん》禅師と諡《おくりな》し、塔を無相《むそう》と云う。後、李主《りしゅ》、報慈《ほうじ》院を剏《はじ》め、師の門人の玄覚言《げんかくごん》導師[335]に命じて開法せしめ、再び師に大智蔵《だいちぞう》大導師と諡す。

法眼録　注

【一】

1　法眼文益。五家の一つ、法眼宗の祖。法眼の称は「大法眼禅師」の諡号にもとづく。『宋高僧伝』巻一三、『禅林僧宝伝』巻四に伝を立て、『景徳伝灯録』巻二四、および巻二八、『聯灯会要』巻二六等に語を録す。

2　「余杭」は現浙江省杭州市付近。本書末に「顕徳五年戊午（九五八）」の示寂、「寿七十有四、臘五十四」とされることから、生年は唐の光啓元年（八八五）。『宋高僧伝』『景徳伝灯録』の記載も同じ。陳垣『釈氏疑年録』巻六、中華書局、一九六四、一八四頁参照。

3　「新定」は現浙江省建徳市付近。「智通院全偉」については未詳。「落髪」は剃髪。ここでは沙弥となったことを表す。

4　「弱齢」、広義には若年、狭義には弱冠と同義で二十歳を指す。ここでは後者と考えられる（張雲江『法眼文益禅師』、厦門大学出版社、二〇一〇、三六―三七頁参照。同書には法眼の事跡に関する細かな考証があり、以下、適宜参照した）。時に唐の天祐元年（九〇四）。「越州」は現浙江省紹興市。「稟具」は正規の戒壇で具足戒を受けて大僧となること。前引「臘（法臘）五十四」はここからの起算。

5　希覚律師は律学の大家。『宋高僧伝』巻一六に伝あり。同巻七・霊光寺皓端伝にも「四明阿育王寺に于《お》いて希覚律師の盛んに南山律を揚ぐるに遇う」と見える（中華書局、一九八七、一五七頁）。『宋高僧伝』によれば、希覚は開平二年（九〇八、法眼二十四歳）に永嘉へ移ったとあるので（四〇二頁）、法眼が師事したのはこれよりも前であろう。「明州」は現浙江省寧波市。「育王寺」は阿育王寺。「鄮山」は底本に「鄧山」と作るのを、『宋高僧伝』等により改める。

6　『論語』先進篇に「文学は、子遊・子夏」とあるに拠る。子游と子夏は孔子の高弟で、「文学」はひろく古典に関する学問全般をさす。法眼の儒教の学識と詩文の才は、希覚から仏門の子遊・子夏と讃えられた。かくいう希覚自身、律学のほかに外学と詩文に長じ、『易』の『会釈記』二十巻、『擬江東讒書』五巻、『雑詩賦』十五巻、『注林鼎〈金陵懐古百韻詩〉雑体四十章』などの著述をのこしたという（『宋高僧伝』希覚伝、中華書局標点本、四〇三頁。張雲江『法眼文益禅師』、三八頁参照）。

7　しかし、ひとたび悟道への契機を得て後は、儒学や詩文などの「雑務」をすべてなげうち、南方に行脚に出た。「振錫」は錫杖を振うということから、行脚の旅のこと。南に向かうという表現は、実際の地理上の意とともに、しばしば禅の本場を目指して行くという語感を帯びる。『景徳伝灯録』巻二〇・黄蘗山慧禅師章、「偶《たま》二禅者、之を接して款話し、謂く、『南方には頗る知識多し。師、何ぞ一隅に滞《とどこお》らんや』と。師此《こ》れ従《よ》り志を廻らして参尋す。」（禅文化研究所、一九九〇、四〇五頁下）。

8　長慶慧稜（八五四―九三二）、雪峰義存の法嗣。『宋高僧伝』巻一三に立伝。『祖堂集』巻一〇、『景徳伝灯録』巻一八等に語を録す。ここでは福州において慧稜に参じたとされるが、『淳熙三山志』巻三一「天成二年」の条（王暁波ほか点校『宋元珍稀地方志叢刊』甲編、四川大学出版社、二〇〇七、六八〇頁）によれば、慧稜が福州長慶院に移ったのは天成二年（九二七）で、この翌年に桂琛が示寂している。このため、法眼が慧稜に参じたのは福州ではなく、その前の住地である泉州招慶院であったとみられる（石井修道「泉州福先招慶院の浄修禅師省僜と『祖堂集』」、『駒澤大学仏教学部研究紀要』第四四号、一九八六、一七三頁、および同『中国禅宗史話』、禅文化研究所、一九八八、五二〇頁参照）。『宋高僧伝』法眼伝では「錫を振って南遊し、長慶禅師の法会に止まる」（中華書局標点本、三一三頁）とし、福州の地名を出さない。

【三】

9　撫州龍済山主紹修（生没年不詳）、地蔵（羅漢）桂琛の法嗣。『景徳伝灯録』巻二四に語を録す。「紹修」は『禅林僧宝伝』法眼章では「善修」（柳田聖山・椎名宏雄共編『禅学典籍叢刊』第五巻、臨川書店、二〇〇〇、一六頁上）、『聯灯会要』法眼章では「景修」と記す（Z一三六・八七六下）。

10　おそらく、地蔵（羅漢）桂琛の法嗣、襄州清谿山洪進（生没年不詳）のこと。『禅林僧宝伝』法眼章では「洪進」（『禅学典籍叢刊』第五巻、一六頁上）、『聯灯会要』法眼章では「法璡」とする（Z一三六・八七六下）。

11「出嶺」は、山を越えて（福建を出て）ひろく諸方遍参の旅に出る意。『雲門録』行録、「師参じ罷るや嶺を出でて遍ねく諸方に謁す。」（T四七・五七五下）。

12 当時、福州地蔵院に住していた桂琛（八六七—九二八）。それに因んで地蔵桂琛とよばれ、また後に羅漢院に住したことから羅漢桂琛ともよばれた。雪峰の法嗣である玄沙師備から法を嗣いだ。『宋高僧伝』巻一三に立伝。『景徳伝灯録』巻二一等に語を録す。桂琛と法眼の邂逅に関する諸資料の問題については、王栄国「文益禅師在閩参桂琛的年代、因由、地点与卓庵処考辨」、『世界宗教研究』、二〇〇二年第一期、および同「対謝重光先生《也談文益禅師参桂琛的地点和年代》的回応」、『世界宗教研究』、二〇〇四年第一期を参照。

13「不知最親切」、「親切」は邦語と異なり、密接・切実の意。知解無きままにあることこそ、最も「行脚」の意義に即している。『肇論』「般若無知論」、「夫れ知る所有るは、則ち知らざる所有り。聖心は無知なるを以て、故に知らざる所無し。不知の知、乃ち一切知と曰う。」（T四五・一五三上）。『祖堂集』巻一五・盤山章、「禅徳、中道を学ぶべし。地の山を擎《ささ》げて、山の高峻なるを知らざるが似《ごと》く、石の玉を含みて、玉の瑕《きず》無きを知らざるが如くあれ。若し能く是《かく》の如くならば、是れを出家と名づく。」（中華書局、二〇〇七、六六四頁。禅文研訓注本第三冊、三五—三八頁参照）。法眼と桂琛のこの問答は、のちに公案として『従容録』第二〇則に採られている。『景徳伝灯録』法眼章では「不知最親切」の語によって「豁然として開悟」したとする（禅文研本、四七九頁下）。

【三】

14『肇論』「涅槃無名論」妙存、「然れば則ち、玄道は妙悟に在り、妙悟は真に即するに在り。真に即せば即ち有無斉しく観じ、斉しく観ぜば即ち彼己二つ莫し。所以に天地と我と同根にして、万物と我と一体なり。」（T四五・一五九中）。

15 二本の指を立てること（竪起両指）は、二項の分裂と対立を象徴する。「別」といえば、むろん「天地」と「我」が二つに分かれてしまう。しかし、あらためて「同」といえば、それもまた、もとは二つだったことを前提にしてしまうではないか。【七】段、子方上座との問答で、法眼が

「万象の中独り身を露す、甚麼《なん》の撥不撥《はつふはつ》をか説かん」と言うのを参照。また【一三四】段、子昭首座との対話にも次のようにある。「師云く、『「万象の中独り身を露す」の只如《ごと》きは、是れ万象を撥するか、万象を撥せざるか。』昭云く、『撥せず。』師云く、『両箇となれり。』」万象を撥無しない、と言うのも、撥無する自己とされる万象を「両箇《ふたつ》」に見ていることの表れだ、というのであろう。なおこの則は『景徳伝灯録』に見えず、『宗門統要集』巻一〇・羅漢章（柳田聖山・椎名宏雄共編『禅学典籍叢刊』第一巻、臨川書店、一九九九、二一五頁）では桂琛と紹修の問答とし、『聯灯会要』巻二六・法眼章（Z一三六・八七六下）、『五灯会元』巻一〇・法眼章（中華書局、一九八四、六〇頁）では桂琛と法眼の問答としている。

【四】

16　貴公はひごろより、「三界唯心、万法唯識」（世界はすべて一心の所現）と言っているが、では、この庭さきの一つの石は、貴公の心の中にあるのか、外にあるのか？「三界唯心」は八十巻本『華厳経』（T一〇・一八八中）、四巻本『楞伽経』（T一六・四八九下）等、多くの経論に見える。「万法唯識」は経典に用例を見ないが、唐代には「三界唯心」と一組の仏語としてひろく行われていた。『宗鏡録』巻二、「経に云く、三界唯心、万法唯識と。」（T四八・四二三下）。同巻一一、「我聞くならく、仏は、三界唯心、万法唯識、と言えり。」（四七七上）。「片石」は石のかけらではなく、比較的大きな一個の石。『景徳伝灯録』巻八・南泉章、「又た問うて云く、弟子《それがし》の家中に一の片石有り、或る時は坐し或る時は臥す、……」（禅文研本、一一九頁下）。若き日の桂琛自身も、玄沙に参じた際、「三界唯心」と目前の「椅子」の関係を問う問答で啓発を受けている（『景徳伝灯録』巻二一、禅文研本、四一七頁上）。

【五】

17　「見成」は「現成」に同じ。現にできあがっている。この場にすでに実現している。心外・心内を論ずる余地なく、現にありありと成就している一切の事物、それが「仏法」だ。

18　行脚をやめてここに留まろうという相談をしたが、法進らがぜひとも江南の禅院をひととおり見ておきたいと主張し、法眼にも同行を求めた。ここの記述では、地蔵の下での大悟ののち、すぐ江南に向かって旅立ったように読めるが、『宋高僧伝』では「欣欣然として嚢を掛けて棲止」したといい、『景徳伝灯録』では、この後、同行者たちも地蔵の下で「契会」して「次第に記を受け、各おの一方を鎮め」、法眼のみ「独り甘蔗州に庵を卓て」たと記し、いずれも行脚の旅をその後のこととしている。また『釈氏稽古略』も法眼が大悟ののち桂琛のもとに久しくとどまったとし、それを「時に唐潞王（後唐末帝）の清泰二年（九三五）なり」と記している（T四九・八五四上）。かりにその記述によれば、法眼五十一歳の年であり、また師の桂琛の舎利が墓塔に納められ「真応禅師」と謚された年でもあったことになる（『景徳伝灯録』巻二一、禅文研本、四二〇頁上。張雲江『法眼文益禅師』、七七頁、八八頁参照）。

19 しかし「臨川」までたどりついたところで州の長官から請われ、「崇寿院」の住持となった。「臨川」は撫州のこと、現江西省撫州市。「崇寿院」は撫州曹山の寺院。『景徳伝灯録』巻二五・法安慧済章に、法眼の法を嗣いだ慧済が「初め撫州曹山崇寿院に住して第四世と為」った、と見える（禅文研本、五二〇頁下）。「州牧」は『宋高僧伝』法眼伝では「邦伯」とし、いずれも刺史を指す。

【六】

20 崇寿院の住持に着任の日、茶会の真ん中に坐ったままいっこう立つようすが見えない法眼に「僧正」がうながした、「僧俗一同、みな法座をとりまいて説法をお待ち申しております。」「開堂」は、新しい住持が着任して最初の説法を行う儀式（『禅林象器箋』巻九、柳田聖山主編『禅学叢書』之九、中文出版社、一九七九、三三六頁以下）。「茶筵」は茶湯でもてなす宴席。『明覚禅師語録』巻一、「越州の檀越、茶筵を備えて師に陞座《しんぞ》を請う。」（T四七・六七五中）。『碧巌録』第四一則・本則評唱、「投子、一日、趙州の為に茶筵を置きて相い侍《もてな》す。」（T四八・一七八下）。「中坐」は、ここではおそらく座の中央に坐る意。『勅修百丈清規』巻二、「先ず住持を請して中坐せしめ、弟子法眷の礼を行ず。」（T四八・一一二二下）。「僧正」は僧尼を統轄する僧官。唐後期以降は全国の州などに置かれるようになった（謝重光・白文固『中国僧官制度史』、青海人民出版社、一九九〇、一一二―一一五頁参照）。「四衆」は比丘、比丘尼、優婆塞、優婆夷で、出家在家のすべての仏徒。「囲繞」はまわりを取り囲むこと。

21 誰もおらぬ空っぽの法座こそ、真の善知識だ。説く者もおらず説かれる法も無い、それこそが真の説法であり聴法である。『維摩詰所説経』（『維摩経』）弟子品、「夫れ説法は無説無示、其れ聴法は無聞無得なり。」（T一四・五四〇上）。『祖堂集』巻七・雪峰章、「有る時、上堂するに、衆立つこと久し。師云く、『便ち与摩《かくのごと》く承当せば、却って最も省要するに好《よ》し。更に這《こ》の老師の口裏に到り来らしむる莫かれ。三世諸仏も唱う能わず、十二分教も載せ起《おお》せず。如今、涕唾を嚼《の》む漢は争《いか》でか会するを得ん。……』」（中華書局標点本、三四六頁。禅文化研究所唐代語録研究班「『祖堂集』巻七雪峰和尚章訳注（上）」、『禅文化研究所紀要』第三一号、二〇一一、二一三頁以下参照）。

22 そう言ったあと、しばらくしてから法座に上った。「陞座」は説法のために法座に陞《のぼ》ること。

23 「久立」は、「ながらく立ち通しでご苦労であった」というあいさつ。これまで待っていた僧衆に対して言った。

24 「みながここに勢ぞろいしておる以上、わしも一言も無しというわけにまいらぬので、先人の故事をひとつ示そう。」そう言うと、法眼はそのまま「ご苦労」と言って法座を下りた。この何も言わぬことこそが古人の方便にほかならない。「山僧」は師家の一人称。「挙す」はすでにあった出来事を第三者に語り伝えること。「珍重」は、身体を大切に、という別れ際のあいさつ。『祖堂集』巻一二・禾山章、「可《あ》に聞かずや、釈迦、座上に在りて良久《りょうきゅう》（しばし沈黙）す。衆、指帰《おしえ》を佇《ま》つ。其の時、鶖子《しゅうし》（舎利弗）出で来り、乃ち白槌《びゃくつい》して云く、『大衆、当に法王法を観るべし。』又た云く、『法王法は如是《かくのごとし》。』仏、当時《ただち》に便ち下坐《あざ》し去る。……亦《ま》た如《たと》えば闍王、迦葉《かしょう》に説法を請う。乃ち請を受けて坐に登り、良久して乃ち下る。王乃ち問う、『師、何を以てか弟子の為に説かざる。』迦葉云く、『位《くらい》崇ければ名《な》重し。』」（中華書局標点本、五五四頁）。ここに引く二つの話はいずれも説法のために法座に上りながら沈黙のまま座を下りる、というもので、前者はのちに公案として『碧巌録』第九二則、『従容録』第一則にも採られている。

【七】

25 以下、崇寿院開堂の際の「子方上座」との対論は、【一三四】段「子昭首座」との問答の異伝と思われる。

26 「万象之中独露身」は長慶慧稜がその悟解を述べた頌のなかの一句。『景徳伝灯録』巻一八・長慶章、「万象の中独り身を露《あらわ》す、唯だ人、自ら肯んじて乃《はじ》めて親し。昔時、謬《あやま》ちて途中に向《お》いて覓《もと》む。今日看《み》ば火裏の氷の如し。」（禅文研本、三五八頁上）。いっさいの事物事象のなかで、そこから超出する自己一身を体認した実感を詠んだもの。『祖堂集』巻一〇・長慶章（中華書局標点本、四九〇頁）にも録されるが、文字がやや異なる。

27 「払子を竪起する」という動作は禅籍にしばしば見られるもので、見られる対象である払子と見る主体である心の不即不離の関係に気付かせようとするもの。この払子とそれを見ているお前こそ、万象と身の関係だ。法眼は子方のこの回答を否定した。『祖堂集』巻一四・百丈章、「問う、『如何なるか是れ仏。』師云く、『汝は是れ阿誰《たれ》ぞ。』対《こた》えて云く、『某甲《なにがし》。』師云く、『汝、某甲《なにがし》を識《し》るか。』対えて云く、『分明个《ふんみょうに》。』師、払子を竪起して云く、『汝、払子を見るか。』対えて云く、『見る。』師便ち不語。」（中華書局標点本、六三七頁。小川隆『臨済録―禅の語録のことばと思想―』、岩波書店、二〇〇八、三三―三七頁、および土屋太祐「雪峰の法系と玄沙の法系」、『中国―社会と文化―』第二八号、二〇一三参照）。以下の問答には「払子の竪起」に対する当時の一般的な理解がうかがわれる。『景徳伝灯録』巻一一・香厳章、「師、僧に問う、『什麼処《いずく》よりか来る。』僧曰く、『潙山より来る。』師曰く、『和尚近日、何の言句か有る。』僧曰く、『人、如何なるか是れ西来意と問わば、和尚、払子を竪起す。』師挙《こ》するを聞きて乃ち曰く、『彼中《かしこ》の兄弟《ひんでい》、作麼《いかん》が和尚の意旨を会する。』僧曰く、『彼中《かしこ》に商量して道く、「色に即して心を明らめ、物に附きて理を顕す」と。』師曰く、『会すれば即ち便《ただち》に会するも、会せざれば什麼《なん》の死急をか著けん。』僧却って問う、『師の意は如何《いかん》。』師還《ま》た払子を挙す。」（禅文研本、一八〇―一八一頁。禅文研訓注本第四冊、二一四―二一五頁参照）。子方の回答もこれらと同様の、ある種の模範解答であったと考えてよい。

28 「撥」、撥無する。事物の存在を否定して空無に帰せしめること。「万象とは何か」という法眼の問い返しを、万象など実在しないという反語に解したうえでの反駁。万象を否定し去ることは長慶の本意ではない。

29 万象のうちに独立することは、万象を肯定したり否定したりすることとは関わりない。さきに地蔵から開示された「一切見成」の語とひびきあう。【一三四】段、子昭首座との対話をあわせ参照のこと。

30 以後、諸方の門下でなお知解をとどめている者たちが、にわかに集まってきた。みな当初は強硬な態度であったが、法眼の玄妙で精緻な啓発を受け、しだいに心服していった。門下に集う修行僧の数は常に千単位を下らなかった。「翕《きゅう》然《ぜん》」、一致して。「行行如《こうこうじょ》」は剛強のさま。「服膺《ふくよう》」は心から信奉すること。「海参」はおそらく、ひろく四海より参尋する意。

【八】

31 一言の法も聞かず、ただこのまま解散してしまったら、そこに仏法は有るか？ 無いというなら、こうして集まっていることは無意味となる。さりとて、有るといえば、ここでなくとも市街や雑踏にも仏法が有ることになり、やはりここに集まることは無用となる。どこにでも自然に有るのでなく、さりとて説法によってあらためて生み出させるのでもない、今、この場ならではの仏法現成の「時節」とは、如何なるものか？

32 諸君はこれまで、法蔵『修華厳奥旨妄尽還源観』、同『華厳経義海百門』、李通玄『華厳経合論』、『涅槃経』等、各種の経論に関する策子《ノート》を見て、しこたま学問を仕込んできたことだろう。だが、諸君がせっせと勉強してきたそれら経論のなかの、いったいドレに、かかる「時節」が表現されているか？ あるなら、それを示してみよ。「時節」は諸々の因縁が契合して仏性が現前する、絶妙にして決定的な時機。北本『涅槃経』巻二八・師子吼菩薩品に「乳中に酪《らく》有り、衆生の仏性も亦《ま》復た如是《かくのごと》し。仏性を見んと欲せば、応《ま》当《さ》に時節形色を観察すべし。是の故に我の『一切衆生悉有仏性』と説けるは、実に虚妄ならざるなり」とある（T一二・五三二上）。この句は禅籍では「欲知（見）仏性、当観時節因縁」という形で通行し、たとえば『景徳伝灯録』巻九・潙山章に次のように見える。「百丈曰く、此れは乃ち暫時の岐路なるのみ。経に云く、『仏性を見んと欲せば、当に時節因縁を観ずべし』と。時節既《すで》に至れば、迷いて忽《たちま》ち悟るが如く、忘れて忽ち憶ゆるが如く、方《はじ》めて己が物の他より得るにあらざるを省《さと》る。」（禅文研本、一三三頁上。禅文研訓注本第三冊、二四二頁参照）。

33 そう問えば、諸君はおそらく「これこれの経にこれこれの語が有るのがそれではないか」などと言うだろう。だが、そんなものは何の関係もない！「莫（是）～麼？」は、～ではないか？という推量や念押しの句型。ここはいかにも僧たちが言いそうな口ぶりを真似て諷している。「有甚麼（什麼）交渉！」は、何の交渉《かかわり》が有るか、何の交渉も無い、という反語。

34 『華厳経義海百門』、「是れに由り微言、心首に滞《とどこお》らば、恒《つね》に縁慮の場と為る。実際、目前に居らば、翻って名相の境と為る。」（T四五・六二七上）。真実を説いた言葉も、心に留めれば、分別の客体となる。真実そのものも、眼前に措定すれば、概念的対象物に反転してしまう。

35 では、真実は如何にしてそのように反転されるのか？ 反転されたものを如何に本来の真実に正しうるか？ そこが解るか（そこが解らなければならぬ）。

36 ひたすらそのように策子を読み上げても、何の役にも立たぬ！「用処」は、使いみち。修行僧がノートを所持して学習内容をためこむさまは、しばしば禅匠の嘲罵や叱責の対象であった。『景徳伝灯録』巻二八・薬山和尚語、「更に一般《あるしゅ》の底《もの》有り、只《ひたす》ら紙背上に向《お》いて言語を記持し、多く経論に惑わさる。我は曾て経論策子を看ず。」「只ら策子中の言語を記《おぼ》えて自己の見知と以為《おも》う莫《な》かれ。」（禅文研本、五七七頁下、五七八頁上）。『臨済録』示衆、「今時の学人《がくにん》の得《さと》らざるは、蓋《けだ》し名字を認めて解《げ》と為すが為《ため》なり。大策子上に死老漢の語を抄《うつ》し、三重五重の複子に裹《つつ》みて、人をして見しめず、是れ玄旨なりと道《い》い、以て保重を為す。大いに錯《あやま》れり！ 瞎屢生《かつるせい》、爾《なんじ》、枯骨上に向《お》いて什麼《なん》の汁をか覓《もと》む。」（岩波文庫、一九八九、一二〇―一二一頁）。

【九】

37 以下、上堂につづく、門下の僧たちとの問答。「如何に自己を顕し出せば、ただちに道と合致しうるか？」「顕し出しながら道と合致しなかったことが、いったいイツあったのか？」自己を顕現しながらなお道に合致せぬということが有り得るのか？ かかる問いは自己を顕し得てから発するがよい。「披露」は述べる、表す。『景徳伝灯録』巻二八・羅漢桂琛語、「我、常に道《い》う、汝若《も》し達悟する処有らば、但だ人我を去却《さ》りて披露し将ち来れ、と。」（禅文研本、五九四頁下）。

【一〇】

38 「六処」は、眼耳鼻舌身意の六根のこと。「六処不知音」は、感覚の対象となる如何なる事物も存在しない空無一物の境地。

39 お前の同類が山のようにいて、ウンザリだ。

40 このように質問しさえすればそれでいいと思ってはいけない。自分は現に六処に何も感知せず、眼にも耳にも何ら感知しない、と言うことは許さない。根本のところが有であるならば、空無の境地に至ることなどできないのだ。

41 声色（事物・現象）や名字（概念・言語）を離れようとすることは、実は声色や名字に執着することにほかならぬ。『歴代法宝記』、「論に『言説を離る』と云うは即ち言説に著し、『名字を離る』というは即ち名字に著す。」（柳田聖山『初期の禅史Ⅱ―歴代法宝記―』、禅の語録三、筑摩書房、一九七六、二九八―三〇〇頁参照）。あるいはこれが法眼の言う「古人」か。

42 だから無想天（表象作用無き境地）で無限の修行を積んだとしても――声色や名字を無化する状態をどこまでも保持していったとしても――ひとたびそこから転落すれば、あらゆる事物・事象がまざまざとそこに存在していることになる。それはおそらく、根本の真実を知らぬがゆえであろう。

43 李通玄『新華厳経論』巻一、「無功の功、功は虚しく棄てず。有功の功、功は皆な無常たり。多劫に積修するも、終に敗壊に帰す。如かず、一念縁起無生にして、彼の三乗権学等の見を超ゆるには。」（T三六・七二四上）。

44 永嘉玄覚『証道歌』の句。『景徳伝灯録』巻三〇では「弾指して八万門を円成し、刹那に阿鼻業を滅却す」（禅文研本、六二四頁下）とする。

45 もし、それら古人の語のごとくに体究すれば、いささかの気力も必要ない。すなわち、一念において無生であれば、三生六十劫や四生一百劫といった無限の修行は必要ない。

【一二】

46 「月」は悟りの当体、「指」はそれを示す言葉を譬える。『首楞厳経』巻二、「汝等、尚お縁心を以て聴法す。此の法も亦た縁にして、法性を得るに非ず。人の手を以て月を指さして人に示すが如し。彼の人、指に因りて当《まさ》に月を看るべし。若《も》し復し指を観て、以て月体と為さば、此の人、豈に唯だに月輪を亡失するのみならんや、亦た其の指をも亡ず。何を以ての故に。標する所の指を以て明月と為すが故に。」（T一九・一一一上）。

47 月を問う前にまず指のほうを示してみよ。自ら指月の一語を言いえぬ者には、月そのものを見ることはかなうまい。

48　汝が「指」を問うので、「月」という指月の語を答えたのである。月そのものと無関係に「指」のみを問うならば、どこまでいっても指月の語の次元を超えられまい。

【一二】

49　「江南国主」は南唐の先主李昪（徐知誥、生没年は八八八—九四三）。「報恩禅院」は、南唐の都、金陵（今の南京）の寺院。『宋高僧伝』巻一三・法眼伝、「江南国主李氏の始祖、知重して迎え報恩禅院に住せしめ、署して浄慧と号す。」（中華書局標点本、三一四頁）。

50　以下、報恩禅院での開堂の際の問答。「大いなる鐘の音とともに修行僧たちが雲集し、かくも荘厳かつ盛大に師の法の開示をお待ちしております。」

51　「大衆が集まったのは、汝自身が集まるのに比べてどうか?」一同のことより、汝自身のことは、どうか。

【一三】

52　どこを見て「古仏の家風」が欠けていると申すのか。「古仏の家風」は、遠い昔のものではない。今この場に自ら見出すべきものだ。

【一四】

53　『証道歌』、「妄心を捨て、真理を取る。取捨の心は巧偽と成る。」（『景徳伝灯録』巻三〇、禅文研本、六二四頁下）。二六時中、いかなる営みも道の履践ならざるは無い。そこには、どのように、このように、という取捨の余地は無い。『祖堂集』巻一二・荷玉和尚章、「問う、『十二時中、如何にせば道と相応す。』師云く、『造作する莫かれ。』」（中華書局標点本、五四六頁）。

【一五】

54　「初祖達磨から六祖慧能まで、伝法の証として袈裟が伝えられたのは、誰の得道を予言するものだったのでしょうか（本日の師の出世を予言するものだったのではありませんか）。」「おまえはいったいどこで六代の伝衣を見たのか（伝衣の伝説など妄想にすぎない。わが法の開示はありのままの真実を示すだけだ）。」

【一六】

55　十方の賢聖がみな入っている（しかし、お前は入っていない）ところだ。

【一七】

56「向上」は単に上の意。「仏向上人」は、仏のその上の人。そういう人のことをこそ、仮に「仏」と称するのだ（真の「仏」は仏の位になど止まっていない）。

【一八】

57「学人」は道を学ぶ者の意から、修行僧のこと。しばしば、僧のへりくだった一人称にも用いられる。「一巻の経」は自己の一真実の喩え。『寒山詩』、「他家は事業を学ぶも、余は一巻の経を持つのみ。……但《た》だ心《こころ》無事なれば、何の処か惺惺ならざる。」（項楚『寒山詩注』、中華書局、二〇〇〇、六四二頁）。語はおそらく『金剛般若経』の「一切諸仏、及び諸仏の阿耨多羅三藐三菩提法は皆な此の経より出づ」（T八・七四九中）をふまえる。『景徳伝灯録』巻一三・首山省念章、「問う、『一切諸仏は皆な此の経より出づ。如何なるか是れ此の経。』師曰く、『低声、低声。』僧曰く、『如何が受持す。』師曰く、『切に汚染するを得ざれ。』」（禅文研本、二五六頁上）。

58「経の題目はきわめてはっきりしている。」現にある汝自身がその「一巻の経」の題目そのものだ。なお、この一則は『景徳伝灯録』に見えない。『法眼録』は『五灯会元』に依ったものと思われる。『五家正宗賛』にも同様の問答を収める。しかし、『続刊古尊宿語要』第四集・雲蓋本和尚では睦州の語（Z一一九・一九下）、『頌古聯珠通集』巻二五の増収部分では投子の語としており（Z一一五・三〇九下）、疑問が残る。

【一九】

59声色（現実の事物・事象）を突破するとは、声色無き世界に行くことではない。現にこうして発問している当の身がそのまま声色の制約を離れていなくてはならぬ。そこが解れば声色を超えることも難しくはない（そこを解さず、この場の我が身を置き去りにして声色の突破を問うていては永遠に声色は超えられぬ）。用語は異なるが、黄檗『伝心法要』の次の語が参考になる。「問う、『如何にせば階級に落ちざるを得る。』師云く、『但《た》だ終日飯を喫して未だ曾て一粒の米をも咬著せず、終日行きて未だ曾て一片の地をも踏著せず。与麽《かくのごと》き時、人我等の相無く、終日、一切の事を離れず、諸境に惑わされず、かくて方《はじ》めて自在人と名づく。……』」（『天聖広灯録』所収本、柳田聖山主編『禅学叢書』之五、中文出版社、一九七五、三四九頁上）。

【三〇】

60 今この場でそれを問うている己自身、それがその答えだ。『景徳伝灯録』巻二一・光雲慧覚章、「問う、『言詮を仮らずして、師に径直を請う。』師曰く、『何ぞ更に商量するを待つを必《もち》いん。』」（禅文研本、四二七頁上）。『投子和尚語録』、「問う、『如何なるか是れ径截の一路。』師云く、『迂曲無し。』」（『古尊宿語要』巻一、柳田聖山主編『禅学叢書』之一、中文出版社、一九七三、一二頁下）。

【三一】

61 「正法の花が永遠に咲きほこっている時とは？」「世迷言だ。」

【三二】

62 「修行僧一同、ここに勢ぞろいしております。どうか、我々の疑義の決着をお願いいたします。」「それは寮舎のおしゃべりでしこんできた言葉か、それとも、茶堂の茶飲み話でしいれてきた言葉か？」『景徳伝灯録』巻二一・天台山雲峰光緒至徳大師章、「僧問う、『日裏には僧、像を駄し、夜裏には像、僧を駄す。未審《しら》ず此の意、如何。』師曰く、『闍梨《そなた》、豈に茶堂裏より来るに不是《あらず》や（茶堂でしこんできて、そういう観念論を弄しているのではないのか？）。』」（禅文研本、四二三頁上―下）。

【三三】

63 「煩悩の雲が開けて悟りの太陽が顕現する時は、いかに。」「世迷言だ、ほんとうに。」「雲開見日」は、本来、開悟のさまをいう。『景徳伝灯録』巻六・百丈章、「心、木石の如くにして辯別する所無く、心、行ずる所無くして、心地、空の若くなれば、慧日自ら現れ、雲開けて日出づる（雲開日出）が如くに相い似ん。」（禅文研本、九九頁上）。同巻一四・薬山章、「師一夜、山に登りて経行せるに、忽ち雲開けて月見え（雲開見月）大笑すること一声す。」（禅文研本、二七五頁上）。ただし、ここでは、それが、僧の希求する既成の聖解となりはてている。「〜箇」は副詞接尾。

【二四】

64　毛先ほどでも重んずる所があれば、もはや沙門とは呼びえない。『景徳伝灯録』巻二五・報恩院玄則章、「千仏出世するも亦た一絲毫を増さず、六道に輪迴するも也た一絲毫を減ぜず。皎皎地として現れ、絲頭の翳礙無し。古人道く、但だ纖毫《せんごう》有らば即ち是れ塵、と。」（禅文研本、五一五頁上）。『趙州録』巻中、「問う、『如何なるか是れ沙門の行。』師云く、『行を離る。』」（『古尊宿語要』巻一、『禅学叢書』之一、四六頁下）。

【二五】

65　「千百億の化身仏のうち、どれが真の清浄仏身か？」「どれもがそうだ。」千百億の化身のうち、一つとして清浄法身でないものはない。また、千百億の化身のほかに、別個の清浄法身など存在しない。

【二六】

66　「簇簇《そうそう》」は次々と群がるさま。問いの意は【二二】段、「大衆雲集《うんしゅう》す、請う師の頓《とみ》に疑網を決せんことを」に同じ。法眼の答えもおそらくそこと同じで、「それは眼あっての問いか、それともどこぞで仕入れてきた出来あいの問いか」の意。

【二七】

67　「全身まるごとが一個の〝義〟として完成しているそれがしに、然るべき決着を与えていただきたい。」「他者にそう求めた時点で、その〝義〟は自ら破綻している。」

【二八】

68　「慈悲喜捨」はいわゆる「四無量心」。『俱舎論』巻二九、「無量に四有り、一に慈、二に悲、三に喜、四に捨。無量と言うは、無量の有情を所縁と為すが故に、無量の福を引くが故に、無量の果を感ずるが故に。」（T二九・一五〇中）。『景徳伝灯録』巻一四・丹霞天然章、「〝仏〟の一字、永《とこし》えに聞くを喜ばず。阿你《なんじ》自ら看よ。善巧方便、慈悲喜捨は、外より得ず、方寸《こころ》にも著けず。」（禅文研本、二七一頁上―下）。

【二九】

69　「百年来の無明を一瞬に照破する智慧の灯とは、如何なるものか。」「百年も何もあったものではない。」その灯を他者に求めている限り、無明は百年どころか未来永劫つづくだろう。『金剛三昧経』総持品、「猶お暗室の如し。若し明灯に遇わば、暗は即ち滅せん。」（T九・三七四中）。

【三〇】

70 「正真の道」は、一にも、二にも、ただ汝をして自ら歩ましむる外ないもの。誰も代わりに教えてやることはできない。『景徳伝灯録』巻七・盤山章、「真如凡聖は皆な是れ夢言、仏及び涅槃は並《なら》びに増語為り。禅徳、且《しばら》く須らく自ら看るべし、人の替代《かわ》るもの無し。」（禅文研本、一〇七頁下。禅文研訓注本第三冊、三五—三九頁参照）。【三三】段とあわせ看よ。

【三一】

71 「一真には限定がない、〝地〟と限定すればそこに一真はない。」「ならばどのように立つのですか、つかみどころがなくなってしまうではないですか。」「そのように問えば、ますます真から遠ざかるばかりだ。」注53参照。

【三二】

72 「古仏とは？」「わざわざ〝古〟を求めるには及ばぬ。〝今〟にだって何ら嫌うべきものはない。」ことさら古今を分かつところに真の仏はない。【三一】段とあわせ看よ。「嫌疑」は『景徳伝灯録』に「嫌処」に作る。『法眼録』は『五灯会元』に依る。

【三三】

73 「二十四時間、いかに道を歩むか。」「一歩一歩踏みしめてゆく。」ことさらに「道を行ずる」ということなく、しかし一歩として真理から違《たが》うことなく、歩んでいく。『趙州録』下、「師、座主に問う、『所習は何の業ぞ。』云く、『維摩経を講ず。』師云く、『維摩経にいう、歩歩是れ道場と。座主は什麼処《いずく》に在りや。』主対《こた》うる無し。」（『古尊宿語要』巻一、『禅学叢書』之一、四九頁下）。『宗鏡録』巻九、「語黙巻舒、常に一真の道に順《したが》い、治生産業、実相の門に違《たが》わず。運用施為、念念にして未だ法界を離れず、行住坐臥、歩歩にして常に其の中に在り。」（T四八・四六二下）。

【三四】

74「いまだ開かぬ〝古鏡〟を、いかに開いてそこにものを映し出すか。」「何度もくりかえすには及ばない。」「何必〜」は「不必〜」の反語型。〜する必要はない。「古鏡」はもともと明らかなもの。それを再三開こうとする必要はない。『趙州録』巻上、「問う、『古鏡磨かざるに還た照らすか。』師云く、『前生は是れ因、今生は是れ果。』」（『古尊宿語要』巻一、『禅学叢書』之一、三四頁上）。『景徳伝灯録』巻二一・国泰瑫章、「問う、『古鏡未だ磨かざる時、如何。』師曰く、『古鏡。』僧曰く、『磨きし後は如何。』師曰く、『古鏡。』」（禅文研本、四二二頁上）。

【三五】

75「諸仏の玄旨とは？」「ほかならぬ汝自身にも有る。」「是〜」は「即〜」と同じく主題を限定的に強く提示する語法。ほかでもなく、まさに〜こそが。入矢義高「禅語つれづれ」〝即〟、『増補・求道と悦楽』岩波現代文庫、二〇一二、一四〇頁以下を参照。

【三六】

76『維摩経』観衆生品、「又た問う、『無住は孰《いず》れをか本と為す。』答えて曰く、『無住なれば則ち本無し。文殊師利、無住の本より一切法を立つ。』」（T一四・五四七下）。「形は未質より興り、名は未名より起こる」の二句は『宝蔵論』に出る（T四五・一四三中）。教理についての質問を受けたので、故意に教理的に回答した。観念的な質問には、観念的に回答せざるを得ない。

【三七】

77「唱衣」は亡僧の遺物を競売にかけること（『禅苑清規』巻七「亡僧」条、鏡島元隆・佐藤達玄・小坂機融『訳注禅苑清規』、曹洞宗宗務庁、一九七二、二四〇―二四二頁）。「亡僧の衣はみなで競売にかけるが、祖師の衣はどのような人が競売するのか。」「そういう汝はそもそも亡僧のどういう衣を競り落とせるのか。」

【三八】

78「さすらい者が故郷に帰る、という場合は如何でしょう（本来の家郷に帰着したそれがしの境地は、如何でしょう)。」「蕩子」は郷里を離れて帰らぬ者。「還郷」は自己の本来性に立ち返ることの比喩。『文選』古詩「青青河畔草」、「昔、倡家の女為《た》り、今、蕩子の婦為《た》り。蕩子行きて帰らず、空床、独り守り難し。」(上海古籍出版社、一九八六、一三四四頁)。杜甫「冬晩送長孫漸舎人帰州」、「参卿、幄に坐するを休《や》むるも、蕩子は郷に還らず。」(『全唐詩』、中華書局、一九六〇、二五七四頁)。

79 「その息子は郷里の人に何を土産として献ずるか(ならば、汝はその境地をいかにわしに示しうるか)。」「一物もありませぬ(無一物ですから示すべき境地をもちあわせませぬ)。」「ならば、日々の費えは如何にする(しかし、現に物を食って生きている生身の自己は何とする)。」日々の衣食住を離れて道はない。『景徳伝灯録』巻一九・雲門章、「実に未だ入頭の処有らざれば、且く中私《むねのうち》に独自《ひと》り参詳せよ。著衣喫飯、屙屎送尿を除却《のぞ》きて、更に什麼事《なにごと》か有らん。端《はしな》無く許多の妄想を起得して什麼《なに》をか作《せ》ん。」(禅文研本、三八二頁下)。同巻二一・金鱗報恩院宝資暁悟章、「……僧曰く、『一剣の下に活き得る底の人の只如《ごと》きは作麼生。』師曰く、『山僧は只だ二時の斎粥(一日二度の食事)を管するのみ。』」(禅文研本、四二七頁下)。

【三九】

80 金陵(現南京)の清涼院。法眼の前には、その同門である休復が住し、南唐の中主、李璟(元宗)の厚い帰依を受けていた。休復の遷化は保大元年(九四三)。

81 語は『涅槃経』に基づく。注32参照。また『大慧普覚禅師語録』(『大慧語録』)巻二八「答汪状元」第二書にも次のように見える。「大率《おおよ》そ聖人の教を設くるは、名を求めず、功を伐《ほこ》らず。春の花木に行《めぐ》るが如し。此の性を具する者は、時節因縁到来せば、各各相い知らず、其の根性に随いて大小、方円、長短、或いは青、或いは黄、或いは紅、或いは緑、或いは臭、或いは香、同時に発作す。……此れ皆な本有の性、縁に遇いて発するのみ。百丈云く、仏性の義を識らんと欲せば、当に時節因縁を観るべし。時節若し至らば、其の理、自ら彰《あらわ》る、と。」(T四七・九三三上)。

82 『肇論』「涅槃無名論」、「夫れ至人は空洞無象にして、而して万物、我が造に非ざる無し。万物を会して以て己と成す者は、其れ唯だ聖人か。」(T四五・一六一上)。

83 『祖堂集』巻四・石頭章、「肇公の『涅槃無明論』に『万象を覧じて以て己と成す者は、其れ唯だ聖人か』と云うを読むに因りて、乃ち嘆じて曰く、『聖人には己無く、己ならざる所靡し。法身は無量にして、誰か自他を云わん。円鏡虚しく其の間に鑑し、万象は体玄にして自ら現る。境智は真一にして、孰《いず》れか去来を為さん。至なるかな斯の言や。』」（中華書局標点本、一九六頁）。

84 『祖堂集』巻四・石頭章（中華書局標点本、二〇〇―二〇二頁）、『景徳伝灯録』巻三〇（禅文研本、六二一頁上―下）に全文を載せる。

85 『参同契』の冒頭に「竺土大仙の心、東西密かに相い付す」という。「竺土《インド》の大仙」は仏陀のこと。「竺土大仙の心」は、全一なる仏心。「末上」は最初の意。蒋礼鴻『敦煌変文字義通釈』「末上」の条参照（蒋礼鴻『蒋礼鴻集』第一巻、浙江教育出版社、二〇〇一、三七三―三七五頁）。

86 「為」は「謂」に通じ、事実に反してそう「思いなす」意。『景徳伝灯録』『五灯会元』は『法眼録』に同じ。慧洪『禅林僧宝伝』は「為」を「尽」に作る（『禅学典籍叢刊』第五巻、一六頁下）。万物を統一して自己となそうとすると、諸君はおそらく、一切の現象を空無に帰することだと思いなすであろう。『景徳伝灯録』巻二五・羅漢智依章、「師上堂して曰く、『尽十方世界は一微塵許《ばか》りの法の汝の与《ため》に見聞覚知と作る無し。還《は》た信ずや。此の如しと然雖《いえど》も也《ま》た須らく悟りて始めて得《よ》し。等閑と将為《おも》う莫かれ。道うを見ずや、単《た》だ自己を明らめて目前を悟らざれば、此の人は只だ一隻眼を具するのみ。還た会すや。』」（禅文研本、五〇九頁上）。

87 『参同契』の末尾に「謹んで参玄の人に白す、光陰虚しく度ること莫かれ」という。「又た嘱して云く」とは、しかし、又た逆に（一切を空無に帰するという観点とは反対に）こうも申し付けておる、ということ。

88 今この時の「時節因縁《じせついんねん》」を見失う者は、むろん「虚《むな》しく光陰《こういん》を度《わた》る」者であり、そのような者は「非色」（本来空）を「色」（実有）と思いなす迷妄に陥るだろう。そして「非色」を「色」と思いなす者は、むろん「時節因縁」を見失う者にほかならない。

89 では、逆に、諸君のように「色」（実有）を「非色」（本来空）と思いなす観点なら妥当と言えるのか？　いや、そのような見解も「没交渉」以外の何ものでもない。それはまさしく「両頭に走る」狂気の沙汰にほかならぬ。そんなものが何の役に立とう！「没交渉」は、的はずれ、見当ちがい。「両頭走」は「有」「無」両極の極端な見解に走ること。『碧巌録』第六五則・頌評唱、「如今の人、多く無に落在し、然らざれば有に落在す。只管《ひたすら》に有無の処に在りて、両頭に走る。」（T四八・一九六上）。

【四〇】

90　わが「家風」は、定義も解説も無用の、これこのとおりのもの。他所できかれたら、ただひとこと「自分は清涼に行ってきた」、そう言えば十分だ（逆にそう言いきれぬなら、清涼にまいったことにはならぬ）。『景徳伝灯録』巻一三・首山省念章、「問う、『如何なるか是れ首山の境。』師曰く、『一に衆人の看るに任す。』……」（禅文研本、二五五頁下。禅文研訓注本第五冊、一〇四―一〇五頁参照）。

【四一】

91　「いかなる事物も認識の対象として立ちはだかることの無い境地はいかにして得られますか？」「当たる」とは、諸法が認識の対象となること。『伝心法要』、「自己すら尚《な》お得べからず、何ぞ況んや更に別に法有りて情に当たるをや。」（『天聖広灯録』所収本、『禅学叢書』之五、三四六頁上）。

92　「いかなる事物がそのようであるのか？」お前に立ちはだかる法など、そもそも存在しない。『祖堂集』巻三・僧璨章、「又た問う、『唯だ願わくは、和尚、某甲《それがし》に解脱法門を教えよ。』師云く、『誰人《たれ》か汝を縛る。』対《こた》えて曰く、『人の縛る無し。』師云く、『既にして人の汝を縛る無くんば、即ち是れ解脱なり。何ぞ更に解脱を求むるを須《もち》いん。』道信、言下に大悟す。」（中華書局標点本、一一〇頁）。

93　「とはいえ、事実として迷いの中にある日常の営みは、どうすることもできませぬ。」『景徳伝灯録』巻八・南泉章、「師、衣を洗う次《つい》で、僧有りて問う、『和尚猶お這箇《これ》有るなり。』師、衣を拈起して云く、『這箇を争奈何《いかん》せん。』」（禅文研本、一二〇頁下。禅文研訓注本第三冊、一四四―一四五頁参照）。「無駄口もいいところだ。」「閑」はヒマでなく、ムダ、無意味、の意。

【四二】

94　「自己の外も内もともに空であると見るという見解は、いかがでしょうか。」「本当にそうなれるのか？　口で言うだけではいかん。」

【四三】

95 『景徳伝灯録』巻五・慧忠章、「一日、侍者を喚《よ》ぶ。侍者応諾《おうだく》す。是《かく》の如く三たび召《よ》びて皆な応諾す。師曰く、『吾、汝に辜負《そむ》けるかと将謂《おも》いきや、却って是れ汝、吾に辜負けり。』」（禅文研本、八四頁上。『無門関』第一七則・国師三喚、岩波文庫、一九九四、八二頁参照）。ふいに呼びかけられ、思わず「はい」と応える、その一瞬の活きたはたらきに自己の本分が全現していることに自ら気づけ、という問答は、唐代の禅に常見のもの（小川隆『語録のことば―唐代の禅―』、禅文化研究所、二〇〇七、第八節参照）。慧忠国師の話もその趣旨だが、僧はそのことに気づかず、あたかも人ごとのごとくにそれを師に問うている。そこで師は「ひとまず下がり、日を改めて出直して来い」と斥けた。

【四四】

96 『信心銘』、「真如法界は、他無く自無し。急に相応せんことを要せば、唯だ不二と言わん。不二なれば皆な同じ、包容せずということ無し。……」（『景徳伝灯録』巻三〇、禅文研本、六一六頁下）。分別にもとづくかかる問いこそ、その「不二」を損なう余計な添加ではないか？

【四五】

97 ことばで問われたものは、すでに全一なる法身ではありえない。『景徳伝灯録』巻二八・南泉普願和尚語、「……曰く、『報《ほう》・化《け》既に真仏に非ざれば、法身は是れ真仏なりや。』師曰く、『早に是れ応身なり。』曰く、『若《も》し恁麼《かく》なれば即ち法身も亦た真仏に非ず。』師曰く、『法身是れ真か真に非ざるか、老僧舌《した》無くして道《い》う解《あた》わず。你《なんじ》、我をして道わしむれば即ち得《よ》し。……』」（禅文研本、五九一頁下）。『趙州録』巻上、「問う、『如何なるか是れ法身。』師云く、『応身。』云く、『学人、応身を問わず。』師云く、『你但だ応身を管するのみ。』」（『古尊宿語要』巻一、『禅学叢書』之一、三七頁上）。

【四六】

98 ことばで問えば、第一義はもはや「一」（不二）ではありえない。『景徳伝灯録』巻二一・羅漢桂琛章、「僧問う、『如何なるか是れ羅漢の一句。』師曰く、『我、若し你に向かいて道わば両句と成れり。』」（禅文研本、四一八頁上）。

【四七】

99 「修山主」は龍済山主紹修。【二】段、注9に既出。「毫釐も差有らば、天地懸隔す」は『信心銘』の句（『景徳伝灯録』巻三〇、禅文研本、六一六頁上）。法眼、「毫釐も差有らば、天地懸隔す。この句を如何に解するか？」修、「毫釐も差有らば、天地懸隔す。」「そのような理解で、どうしてよろしかろう。」「では、和尚は如何に？」「毫釐も差有らば、天地懸隔す。」「毫釐も差有らば、天地懸隔す」の一句を、何事も付け加えずにそのままで、しかも身に徹して理解しなければならない。注96参照。【七八】段「曹源一滴水」、【八四】段「丙丁童子来求火」などの話にもこれと同様の考えが見られる。『趙州録』巻上、「問う、『毫釐も差有る時は如何。』師云く、『天地懸隔す。』云く、『豪釐も差無き時は如何。』師云く、『天地懸隔す。』」（『古尊宿語要』巻一、『禅学叢書』之一、三九頁下）。

100 「東禅斉」は雲居道斉（九二九—九九七）。嗣法の次第は、法眼文益—清涼泰欽—道斉。『景徳伝灯録』巻二六、『禅林僧宝伝』巻七に語を録す。「修山主の答えはなぜ許されず、法眼の同じ答えはなぜそれでよかったのか？ その問題点を看ぬくことができたら、貴公に〝来由〟ありと認めよう。」「有来由」は、然るべき悟入の資格と機縁があること。『祖堂集』巻一〇・長慶章、「（雪）峰云く、『一日、三度五度と上来するを用いず。但だ山裏の燎火底の樹橦子の如くに相い似て、身心を息却せば、遠ければ則ち十年、中なれば則ち七年、近ければ則ち三年、必ず来由有らん。』」（中華書局標点本、四八九頁。校注に従い「知」を「如」に改める）。『景徳伝灯録』巻一四・高沙弥章、「薬山又た雲巌、道吾に謂いて曰く、『適来の一箇の沙弥、却って来由有り。……』」（禅文研本、二八二頁上）。

101 「五祖戒」は五祖師戒（生没年不詳）、雲門宗の僧。嗣法の次第は、雲門文偃—双泉師寛—師戒。『天聖広灯録』巻二一に語を録す。「法眼はすかさず背骨めがけて打ったのだ。」「劈〜」は、〜めがけて。法眼の一語はオウム返しのようでいて、実は修山主の背後から痛烈な一撃を加えたものだったのだ。

102 「保寧勇」は保寧仁勇（生没年不詳）、楊岐方会の法嗣。『建中靖国続灯録』巻一四に語を録す。「その時、修山主のほうも法眼に、〝そのような理解で、どうしてよろしかろう〟と、そっくりそのままお返ししてやればよかったのだ。」「与麽」は「恁麽」に同じ。

103 「径山杲」は大慧宗杲（一〇八九―一一六三）、圜悟克勤の法嗣。径山に住した。「法眼と修山主は綿密な交渉を重ねながら師の地蔵桂琛の門風を興隆させた。そのさまは、まばゆいばかりであるが、もしわが門下であれば、ワラジを買って一から行脚をやりなおさねばならぬところだ。なぜか？〝毫釐も差有らば、天地懸隔す〟。そもそも法眼と修山主がかかる問題を立てたこと自体が、〝毫釐の差〟だったのだ。」「糸来線去」は、細い糸が幾度も行き来するように、微細かつ複雑に、幾重にもからまりあったり、交わりあったりするさま。『仏果撃節録』第七一則・評唱、「睦州は他を辨得して、一出一入し、糸来線去す。一等に是れ葛藤を打すも、不妨《はなは》だ奇特なり。」（Z一一七・四九二下）。『朱子語類』巻一一五、「正淳の病は、大概、説き得て渾淪とし、都《すべ》て曾て殻《から》子を嚼み破らず。所以に多く纏縛有りて、索性《さっぱり》せず、糸来線去して、更に直截ならず、那《か》の精密潔白底の意思無し。」（中華書局、一九九四、二七六九頁）。

【四八】

104 ある時、法眼が簾を指さしたら、二人の僧が同じように進み寄ってその簾を巻き上げた。そこで法眼は「一人はよく、一人はだめだ」と言った。『無門関』第二六則・二僧巻簾（岩波文庫本、一〇九頁）に採られる。趙州にも次のような話がある。『趙州録』巻下、「師、行脚の時、一尊宿の院に到る。纔《わず》かに門に入りて相見するや、便ち云く、『有りや、有りや。』尊宿、拳頭を竪起す。師、『水浅くして船、泊り難し』と云うや、便ち出で去る。又た一院に到る。尊宿に見ゆるや、便ち云く、『有りや、有りや。』尊宿、拳頭を竪起す。師、『能く縦《ゆる》し能く奪い、能く取り能く撮《と》る』と云うや、礼拝して便ち出で去る。」（『古尊宿語要』巻一、『禅学叢書』之一、五二頁上―下。『無門関』第一一則・州勘庵主、岩波文庫本、五九頁参照）。

105 趣旨を解さぬまま簾を巻き上げにいったがために法眼の非難を招いたのだ、という者もある。また、指さしたほう（法眼）には解っていた（得）が、指ささずに巻き上げに行ったほう（二僧）には解っていなかった（失）、という者もある。だが、そのいずれでもないとなると、いったい誰が「得」で誰が「失」であったのか。

106 「黄龍清」は霊源惟清（？―一一一七）、晦堂祖心の法嗣。『建中靖国続灯録』巻二〇、『禅林僧宝伝』巻三〇等に語を録す。「法眼は、伝説の名剣、干将莫邪の剣を手にしたごとく、その場その場に応じて殺活自在であった。二僧は同じく簾を巻き上げたが、どちらが得で、どちらが失であったか、解るか。――諺にいうではないか、〝世の事はもっぱら公正な道でさばくとはいうものの、人情に偏りがあることは避け難い〟と。」

【四九】

107 「雲門」は雲門文偃（八六四―九四九）、雲門宗の祖。江西から来た僧に雲門が「江西の老宿たちの寝言はもうやんだか」と問うた。「江西」は馬祖禅発祥の地。原文「住也未」の「～也未」は、完了形の是非疑問。もう～したか、すでに～しているか。したがって、「江西」の老宿たちがこれまで説いてきたものはすべて「寱語《ねごと》」だったということになる。

108 雲門の問いに答えられなかった僧が、後日、その意を法眼に問うたところ、法眼いわく、「さすがの雲門も、この僧に看ぬかれてしまった（この僧に対する発言でボロをだしてしまった）。」「大小～」は、さすがの～も。『雲門録』には「江西湖南」の禅を批判する語がいくつか見える。法眼は雲門のそうした批判こそ雲門の限界を示すものだと考えていたようである。待考。

【五〇】

109 『法眼録』は『五灯会元』に同じ。『景徳伝灯録』は「師問僧」に作る。

110 「明合か、暗合か」は難解。「分かっていてそう言うのか、それとも分かっておらず、偶然そう言うのか」の意か。僧の回答に対し、その答えは身に徹して理解して言っているのか、と問いただす。『趙州録』巻上、「南泉上堂す。師問う、『明頭に合するか、暗頭に合するか。』泉便ち方丈に帰る。師便ち下堂《あどう》して云く、『這《こ》の老和尚、我に一問せられて、直《じき》に言の対《こた》うべき無きを得。』首座云く、『和尚語無しと道《い》う莫《な》かれ。自《おのずか》ら是れ上座会《え》せず。』師便ち打つ。又た云く、『這《こ》の棒、合是《まさ》に堂頭老漢喫すべし。』」（『古尊宿語要』巻一、『禅学叢書』之一、三〇頁下）。『碧巌録』第三九則・頌評唱、「雪竇道く、『這《こ》の僧也《そうま》た太《はなは》だ端無《はしな》し。』且く道え、是れ明頭に合するか、暗頭に合するか。会し来りて恁麼《かくのごと》く道うか、会し来らずして恁麼く道うか。」（T四八・一七七下）。

【五一】

111 「蓮盆」は蓮の鉢植え。この一則は『汾陽無徳禅師語録』巻二にのせる次の話と相い似る。「報恩、侍者をして西橋の水を取りて、東面の蓮盆に灌《そそ》がしむ。侍者灌ぎ了るや、恩云く、『何処《いずく》にか灌ぐ。』者云く、『東面の蓮盆。』恩却って傍僧に問う、『是れ真実なるか、是れ虚妄なるか。』」汾陽はこの後に次の頌を付す。「西辺に水を取りて東辺に灌ぐ。侍者親しく行い往きて又た還る。汲使には更に心外の法無し。却って傍僧に問うは円《まど》かならざるを恐るればなり。」(T四七・六一一中。『聯灯会要』巻二六にはこれを長慶慧稜の法嗣の婺州報恩宝資の話として録す)。汾陽の頌によれば、真実か虚妄かを問われているのは、蓮盆に土ないし水を足した僧自身ではなく、実はそれを見る者のほうだという。行為それ自体でなくそれを見る者によって是非が分かれるという趣旨は、【四八】段、および注104に引く趙州の問答と通じあう。

【五二】

112 法眼が前に住していた報恩禅院から入門を求めて来た新到の僧に、法眼が問うた、「報恩禅院の一同は達者であるか。」僧、「達者です。」法眼、「よろしい、下がって茶を飲みなさい。」「喫茶去」は茶を飲みに行け、ということ。新到僧との初相見の場合には、表面的には入門の許可を意味する。ここでは言外の意として、これ以上の問答を無意味として打ち切る含みがあるようである。『趙州録』巻下、「師、二新到に問う、『上座曾て此間に到れるか。』云く、『曾て到らず。』師云く、『喫茶去。』又た那《か》の一人に問う、『曾て此間に到れるか。』云く、『曾て到る。』師云く、『喫茶去。』院主問う、『和尚、曾て到らざるもの、伊をして喫茶去せしむるは即ち且く置く。曾て到れるもの、什麼《なん》の為《ため》にか伊をして喫茶去せしむる。』師云く、『院主よ。』院主応諾す。師云く、『喫茶去。』」(『古尊宿語要』巻一、『禅学叢書』之一、五〇頁上。能仁晃道「清規から見た「喫茶去」」、『禅文化』第一六七号、一九九八参照)。

【五三】

113 「今年、泗州の大聖は塔から出るか」と問われて「出る」と答えたこの僧は、真に泗州大聖を礼拝して来たと言えるか否か（泗州大聖の真面目を己が面目となしえているか否か)。「泗州」の「大聖」とは、泗州僧伽のこと。泗州に普光王寺を建立し、景龍四年に寂して普光王寺に葬られた。後に観音菩薩の化身とされて信仰を集め、大聖僧伽和尚と称された。伝記資料に李邕「大唐泗州臨淮県普光王寺碑」(『文苑英華』巻八五八、『全唐文』巻二六三)、『宋高僧伝』巻一八・僧伽伝、『景徳伝灯録』巻二七・僧伽章等がある。牧田諦亮『中国近世仏教史研究』、平楽寺書店、一九五七、一一三〇頁参照。

114 「浮山遠」は浮山法遠（九九一―一〇六七）、臨済宗の僧。葉県帰省の法嗣。『建中靖国続灯録』巻四、『禅林僧宝伝』巻一七等に語を録す。「この僧は泗州に行ったことは行ったが、ただ、大聖には会っていない。」

115 「道場全」は無庵法全（一一一四―一一六九）、臨済宗の僧。嗣法の次第は、圜悟克勤―仏智端裕―法全。『嘉泰普灯録』巻一九等に語を録す。「この僧は大聖に会うことは会ったが、ただ、法眼に会っていない。」「識」は、直に見知っている、顔見知りである。

116 「東禅観」は東禅智観（生没年不詳）、臨済宗の僧。嗣法の次第は、大慧宗杲―仏照徳光―智観。『続伝灯録』巻三五等に語を録す。「この僧は泗州にも行き、大聖にも会い、法眼との面識もあるが、ただ、自分で自分の頭を探し当てられておらぬのだ（自分で自分の頭を見失っているのだ）。」『臨済録』示衆、「你《なんじ》の一切処に向《お》いて馳求《ちぐ》の心歇《や》む能《あた》わざるが為に、所以《ゆえ》に祖師言く、『咄哉《とっさい》！ 丈夫、頭《こうべ》を将《もっ》て頭《こうべ》を覓《もと》むとは』と。你《なんじ》言下に便自《すなわ》ち回光返照《えこうへんしょう》して、更に別に求めず、身心の祖仏と別ならざるを知りて、当下《とうげ》に無《ぶ》事《じ》なるをば、方《はじ》めて得法《とくほう》と名づくるなり。」（岩波文庫本、一二六頁）。「討頭脳（頭鼻）不見」はのちに、物事の勘所を捉えないという意の成句として用いられる。『碧巌録』第七三則・本則評唱、「只管《ひたすら》に道理を作し、話頭を識らず、頭脳を討めて見えず。」（T四八・二〇一上）。

【五四】

117 「宝資長老」はおそらく長慶慧稜の法嗣、婺州金鱗報恩宝資暁悟（生没年不詳）。『景徳伝灯録』巻二一に語を録す。「山河に隔礙無く、光明処処に透《とお》る」は丹霞天然（七三九―八二四）の頌の一句。『祖堂集』巻四・丹霞和尚章（中華書局標点本、二一六頁）。法眼からその意を問われた宝資は「東のほうで篩をふるう音がする」と答えた。ふつうの声色をふつうに見聞するはたらき、それこそが山河をも透徹する光明である。

118 「帰宗柔」は帰宗義柔（生没年不詳）、法眼の法嗣。『景徳伝灯録』巻二六に語を録す。「別云～」は、原問答で出ている解答のほかに別解を提示すること。「ことさらに光明だけを取り出して問えば、山河と光明を隔てることになる。」【三】段参照。

【五五】

119 「竹が見えるのは、竹のほうが眼のうちに来ているのか、眼のほうが竹のところに行っているのか。」法眼の問いに、僧はそのいずれにもあらずと答え、法眼はそれを、これこれ、そう死ぬほど焦ってどうするのか（そうムキになることもあるまい）と笑った。『首楞厳経』巻三、「阿難よ、汝且く此の祇陀樹林及び諸泉池を観よ。意に於いて云何《いかん》。此等は為是《はた》色に眼見を生ずるか、眼に色相を生ずるか。……」「阿難よ、汝更に聴け、此の祇陀園中、食辦じて鼓を撃ち、衆集いて鐘を撞つ。鐘鼓の音声、前後相続ぐ。意に於いて云何。此等は為是《はた》声の耳辺に来るか、耳の声処に往けるか。……」（T一九・一一五下）。なお「師笑云死急作麼」の七字、『景徳伝灯録』『五灯会元』に無く、『禅林僧宝伝』に見える。「死急」の「死」は程度を強調する副詞。

120 「法灯」は法眼の法嗣、清涼泰欽（？―九七四）。『景徳伝灯録』巻二五に語を録す。「その場で眼をカッと見開いて師のほうに向けばよかったのだ。」僧の「総て恁麼ならず」に対する別語。「劈」、『景徳伝灯録』『五灯会元』は「擘」に作る。

121 和尚、それがしが現にこうしてありありと竹を見ているという事実、それをなにかお疑いですか。

【五六】

122 「障子」は「幛子」。文字や図画の画かれた絹織物。「この見事な絵柄は手の巧みさによって画かれたものか、心の巧みさによって画かれたものか。」法眼の問いに、俗士はむろん心だと答えたが、「しからば、その心とはドレのことか」と重ねて問われ、絶句した。手のはたらきのほかに独立の「心」という観念を立てたところを突かれたのであろう。

123 「代云～」は原問答のなかで「無語」「無対」におわった人になり代わり、そこでこう答えればよかったのだ、という解を示すもの。「容易」は、軽率、粗忽。『聯灯会要』巻七・潙山霊祐章、「師兄《すひん》、切に須らく仏法を勤学すべし。

容易《おろそか》にする不得《なか》れ。」（Z一三六・五四二上）。「いやいや、ふだんはちゃんと画いておるのに、本日ばかりはイイカゲンに画いてしまいました（うっかりイイカゲンに答えてしまいました）」、俗士はそう答えればよかったのだ。

【五七】

124「第二月」は、ほんものの月のほかに見える、もう一つの月。実体の無い虚妄な幻想の譬え。『円覚経』、「一切衆生、無始より来《このかた》、種種に顚倒し、猶お迷人の四方に処を易《か》うるが如し。妄りに四大を認めて自身の相と為し、六塵縁影を自心の相と為す。彼の病目の空中花、及び第二月を見るに譬《たと》う。」（T一七・九一三中）。しかし、眼前にひろがる森羅万象に、真（第一月）と妄（第二月）の別はない。『夢中問答集』下・第六七段、「たとへば、人の指にて目をおす時、真月の外に第二の月を見るがごとし。この第二の月と云ふことは、目をおす人の前にあり。実には第二の月とて、真月の外にその形あることなし。然れば則ち、第二の月を見るを嫌へばとてこの妄月をはらひのけて、別に真月を見よといふにはあらず。ただその目をおす指をのくれば、本月の外に第二の月あることなし。」（『夢中問答集』、講談社学術文庫、二〇〇〇、一九〇頁）。

【五八】

125「世界全体は清らかで糸ひとすじほどの法も無い。しかし、もし糸ひとすじあれば、それは糸ひとすじである（とありのままに見る）。」一真実の世界には一法も存在しないが、同時に法の存在を否定することもない。「皎皎地」は、月光のごとく清く輝くさま。『景徳伝灯録』巻二五・羅漢智依章、「師上堂して曰く、『尽十方世界は一微塵許《ばか》りの法の汝の与《ため》に見聞覚知と作る無し。還《は》た信ずや。此《かく》の如しと然雖《いえど》も也《ま》た須らく悟りて始めて得《よ》し。等閑と将為《おも》う莫かれ。道うを見ずや、単《た》だ自己を明らめて目前を悟らざれば、此の人は只だ一隻眼を具するのみ。還た会すや。』僧問う、『纖塵も立てざるに、什麼《なん》の為にか好醜現前す。』師曰く、『分明に記取し、別処に人に問え。』」（禅文研本、五〇九頁上）。

126「糸一すじあれば、それは糸ひとすじでない。」法眼の語に対し、法の仮有としての側面から言いなおした。

【五九】

127「凳子」は、背もたれのない腰かけ。「凳子」の「凳子」

たるゆえんを如実に看て取れば、一個の「凳子」が全宇宙に遍満してなお余りがある。「周匝」は、ぐるりとめぐること、あまねくゆきわたること。北本『涅槃経』巻一・寿命品、「周匝遍満十二由旬。」（T一二・三六七上）。

128 『雲門広録』巻下・勘辯、「師、僧に問う、『甚処よりか来る。』僧云く、『崇寿（崇寿院の法眼のもと）より来る。』師云く、『崇寿に何の言句か有る。』僧云く、『崇寿、橙子を指さして衆に謂いて云く、「橙子を識得せば、周匝して余り有り。」』師云く、『我《われ》ならば即ち与麽《かく》ならず。』僧云く、『和尚又た如何。』師云く、『橙子を識得せば、天地懸かに殊なり。』」（T四七・五七三上）。この一則にも法眼と雲門の対抗関係がうかがわれる。注108参照。宋代には、この法眼の語と雲門の語が併せて一則の公案とされた。

129 「雪竇」は雪竇重顕（九八〇―一〇五二）、雲門宗の僧、智門光祚の法嗣。「沢が広ければ山をうちに収めることができ、道理があれば豹をも服従させることができる。」語は法眼の語と雲門の語を併せて一則としたうえでの評として、『明覚禅師語録』巻三・拈古に見える（T四七・六八五下）。「理能伏豹」については、四巻本『大慧普説』巻四「正禅人請普説」に次の例が見える。「所謂《いわゆる》〝理あれば能く豹を伏す〟なり。纔かに道理上に到らば、自然に你をして礼拝せしめん。」（『禅学典籍叢刊』第四巻、臨川書店、二〇〇〇、三〇九―三一〇頁）。ただし『祖庭事苑』巻二では「伏豹は当に伏倣に作るべし。於教の切。很戻（もとる、さからう）なり」と釈し（Z一一三・三七下）、道忠『五家正宗賛助桀』風穴沼禅師章では「〝沢広〟乃至〝伏豹〟は、反して、沢広からざれば、山を蔵すことを得ず、狸に非ざるの獣は、豹を伏すること能わずと謂う」といい（禅文化研究所、一九九一、二六五頁下）、複数の説があったことが分かる。

130 「円悟」は圜悟克勤（一〇六三―一一三五）、臨済宗の僧。五祖法演の法嗣、大慧宗杲の師。「雪竇がこのように言ったのは、法眼の語を明らかにしたものか、批評したものか。ほめたものか、おとしめたものか。」語は『仏果撃節録』第四則・評唱の一部（Z一一七・四五四下―四五五上）で、引用の範囲は『指月録』巻二二・法眼章のものと一致する（Z一四三・四九六上）。あるいは『指月録』に依ったか。

131 「〝凳子〟というものがわかれば、頭を剃るにも足を洗うにも重宝だ（腰かけはただありのままに腰かけとして使うのがいちばんだ）。しかし、そうではあるが、そこを誤解している者が多い（しかし、ただの〝そのまま禅〟の意に短絡してはならない）。」語は大慧『正法眼蔵』巻一下に見える（Z一一八・五二上）。法眼・雲門・天衣義懐の語を併せて一つの本則としている。

【六〇】

132 足を患った時、見舞いの僧に法眼がいった、「人が来る時でなければ動けぬ（不能動）。だが、いざ人が来ると、動かそうにも動かせぬ（動不得）。さあ、そこに仏法の立場からどのような一句をつけうるか。」僧、「和尚様、ご快癒おめでとう存じます。」法眼はその答えを斥け、自ら答えていった、「和尚様、今日はいくらかよくおなりのようで。」「較」は傷病が癒えること。張相『詩詞曲語辞匯釈』、中華書局、一九五三、二四四頁。蔣礼鴻『敦煌変文字義通釈』、『蔣礼鴻集』第一巻、二二九頁等参照。

【六一】

133 「無限の過去からの事柄とは。」「すべて、今、この場にある。」「塵劫」は「塵点劫」とも。無限に長い時間を表す。『景徳伝灯録』巻一九・保福従展章、「山僧、所以に口業を惜しまず、汝に向かいて道う、塵劫来の事は、只だ如今に在り、と。還た会すや。」（禅文研本、三七六頁上）。『舒州龍門仏眼和尚小参語録』、「若し一句の下に於いて見得て分明ならば、方《はじ》めて知らん、無量劫来の事は秖《た》だ今日に在りと。然れども今日の事も也《ま》た大いに委悉し難し。」（『古尊宿語録』巻三一、中華書局、一九九四、五八四頁）。

【六二】

134 「生法師」は東晋の竺道生。「敲空作響、撃木無声」の句は現存の道生の著述に見えないが、『雲門広録』巻中・室中語要にも次のように言う。「挙す。生法師云く、『空を敲けば響を作し、木を撃たば声無し』と。師、拄杖を以て空中に敲きて云く、『阿耶耶。』又た板頭を敲きて云く、『声を作すか。』僧云く、『声を作す。』師云く、『這《こ》の俗漢。』又た板頭を敲きて云く、『什麼《なに》を喚びてか声と作す。』」（T四五・五五七下）。この一段、『五灯会元』法眼章には録さず。古いものとしては『林間録』巻上（Z一四二・六〇二上）に見え、『指月録』巻二二・法眼章（Z一四三・四九六下）にも録す。

135 「斎魚」は昼食の時を知らせる木魚。『勅修百丈清規』巻八・法器章「木魚」条、「斎粥の二時、長撃すること二通す。」（T四八・一一五六上）。その音を耳にした法眼が侍者にいった、「聞こえたか。さきほど聞こえたのなら、今は聞こえない。今、聞こえたのなら、さきほどは聞こえていなかったのだ。わかるか。」おそらく『首楞厳経』巻四末の聞不聞、有声無声の議論をふまえた問い。「阿難と大衆倶《とも》に仏に白して言く、『鍾声若《も》し撃たば則ち有声と名づけ、撃ちて久しくして声銷《き》え、音と響と双《ふた》つながら絶ゆれば則ち無声と名づく。』仏、阿難及び諸大衆に語《つ》ぐ、『汝ら今、云何《いかん》が自ら矯乱を語る。』……」（T一九・一二四上）。

【六三】

136 「泉眼」（水の湧出口）は砂に塞がれている。では「道眼」は何に塞がれているのか。僧が答えられなかったので、法眼自ら答えていわく、「眼自身に塞がれているのだ。」

【六四】

137 土運びをしている僧のモッコにひと塊の土をいれて、法眼いわく、「手伝いだ。」僧、「和尚の慈悲、かたじけのう存じます。」法眼がその答えをよしとしなかったので、別の僧がいった、「和尚、いったい何のおつもりか！」法眼は黙り込んでしまった。「什麼（甚麼）心行」は、どういう料簡か、の意。往々、非難や叱責の語気を帯びる。

【六五】

138 この寒いなか、なぜ、法堂に上ってきて法を聴くのか。そうするのがよいのか、しないのがよいのか。

139 ある者はいう、もともと何の非もないのだから、わざわざ聴法する必要などない、と。『祖堂集』巻七・雪峰章、「有る時上堂して云く、『汝ら諸人、者裏《ここ》に来りて什摩をか覓む。相い鈍致せんと要《ほっ》する莫しや。』」（中華書局標点本、三四六頁。禅文化研究所唐代語録研究班『『祖堂集』巻七雪峰和尚章訳注（上）』、二一二―二一三頁参照）。

140 いっぽう、こういう者もある。そういう彼とてそれ一本槍ではだめだ。やはり和尚のところへ行って法を聴かねばならぬ、と。「一向」は同一方向に向かってゆくこと。

141 「進趣」は、進趨に同じ。上を目指して努力すること。何かを得るために進んでゆくこと。

142 両者ともいささかの「進趣」もなく、まったくよろしくない。「無孔鉄椎」のごとく手のつけようがなく、目の見えぬ者、耳の聞こえぬ者と同様である。「無孔鉄椎（槌）」は柄をつける穴のない鉄のハンマー、とりつくしまのないもの。意味づけようも使いようもないもの。『景徳伝灯録』巻一八・玄沙章、「所以に道く、大唐国内、宗乗中の事、未だ曾て一人の挙唱する有るを見ず。設《も》し人有りて挙唱せば、尽大地の人、性命を失却す。無孔鉄槌の如くに相い似たり。一時に鋒《ほこさき》を亡《うしな》い舌を結び去らん。」（禅文研本、三五四頁下）。

143 もし第三の者が、彼ら両名はいずれもだめだ、なぜかというと、執着があるからだ、と言ったとしたら、どうか。諸君がかように行脚し問答しているのは、何を得ようとしてのことか。

144 口舌を弄せんがためか、それとも他に追求するものあってのことか。

145 執着するのがいけないというが、それはいったい何への執着か。「理」に対してか「事」に対してか。「色」に対してか「空」に対してか。

146 「理」に対してだとすると、「理」にはどのように執着するのか。同じく「事」「色」「空」に対しては、どうなのか。

147 それゆえ、ひごろより言うておる。十方の諸仏・善知識は常に救いの手を垂れており、諸君は常にその手を受け取っている、と。だが、十方諸仏の垂手が常に有るのは当然として、諸君のほうが常にそれを受け取っているというのは、ドコのことか。

148 そこが解るなら自ら解ってしまうがよい。だが解らぬなら、すべて「接手」のところでないものはない、すべて丸ごと受け入れるのみ、などと言うてはならぬ。

149 あちこちへと行脚するならするで、はっきりと道理を明らめ、気合いを入れてかからねばならぬ。わずかの智慧をたのんでむなしく時を過ごしてしまってはならぬ。「傍家」は一軒一軒、軒なみに。袁賓『禅宗著作詞語匯釈』、江蘇古籍出版社、一九九〇、六頁参照。『景徳伝灯録』巻一七・雲居道膺章、「傍家に到る処、相似の語を覓む。」（禅文研本、三三九頁下）。「精彩を著く」は、気を入れる。気持ちを奮い立たせ、精力を発揮する。

【六六】

150 子を見れば親がわかるというが、汝の父は何者か。「爺《ちち》」はしばしば、いわゆる「本来人」を喩える。この生身の自己の上に、いかに本来の自己を示しうるか。『祖堂集』巻五・雲巌章、「師、尼衆に問うて曰く、『汝の嬭《ち》爺《ち》は還《な》お在りや。』対えて曰く、『在り。』師曰く、『年は多少ぞ。』対えて曰く、『年は八十。』師云く、『箇の爺有りて、年、八十に非ず、汝、還た知るや。』対えて曰く、『是れ与摩《かくのごとく》に来る底、是れなること莫しや。』師曰く、『這箇は猶お是れ児子なり。』洞山云く、『直饒《たと》い来らずとも、也た是れ児子なり。』」（中華書局標点本、二五一頁）。

151 あわせる顔もございませぬと、袖で顔をかくすのみ。本来人との対面はご遠慮させていただきます（本来人は名辞によってあらわすことができません）、という意。

152 そこで同じことを、こんどは僧に問うた。孝行息子なら、そこのところを言えねばならぬ。

153 僧が答えられなかったので、法眼自ら代わっていわく、「彼のほうこそ孝行息子にございます。」言葉を発しなかった小児子こそ、本来人を体現している。そのありのままの姿が真の主人公であって、概念化された「本来人」は副次的なものにすぎぬ。

【六七】

154 世親造、玄奘訳『百法明門論』。

155 義忠『大乗百法明門論疏』に附す窺基の「序」にいう、「大は遮詮を用て号を立て、乗は運載を以て名を得。百法は以て体用をば双陳し、明門は以て能所をば兼挙す。」（『中華大蔵経』第一〇〇冊、中華書局、一九九六、二一八頁中）。

156 「能」（主体）である座主と「所」（客体）である法座。主客の対立を超えて、その両者をいかに相即させうるか。

157 わたくしは「法座」をただ「法座」と呼ぶまでです。『景徳伝灯録』巻一九・保福従展章、「一日、長慶問う、『色を見るは便ち心を見る。還《は》た船子を見るか。』師曰く、『見る。』曰く、『船子は且く置く。作麼生《いかなる》か是れ心。』師却って船子を指す。」（禅文研本、三七五頁下）。

158 かような面倒な問題提起はご無用です。『景徳伝灯録』巻二七・諸方雑挙徴拈代別語では「帰宗柔別云」（禅文研本、五六八頁下）とし、「老宿」の語に対する別語と分かる。

159 和尚はこの寺の半分を、それがしに下さらなければなりませぬ。和尚は教理がお分かりでないようなので、住持の役を半分、私にお譲りになられた方がよいでしょう。さきの老宿の語とともに『明覚禅師語録』巻四「瀑泉集」に出る（T四七・六九六中）。『指月録』巻二二・法眼章には著語三則を合わせて録し、雪竇の著語も、「雪竇別老宿語云」としてここと一致する（Z一四三・四九七上）。

【六八】

160　慧洪『冷斉夜話』巻一「李後主亡国偈」条（張伯偉編校『稀見本宋人詩話四種』、江蘇古籍出版社、二〇〇二、一九―二〇頁）によれば、「李王」は南唐後主李煜。ただし、陶岳『五代史補』巻五「僧賦牡丹詩」条（傅璇琮ほか主編『五代史書彙編』、杭州出版社、二〇〇四、二五三四頁）はこの一段を僧「謙光」の故事とする。

161　僧衣をまとう身でこの香しき牡丹に向かえば、そこから感ずる趣はもとより俗人のそれとは異なる。「毳」は、毳衣、鳥獣の細毛で織った僧服。「芳叢」は、ここでは牡丹を指す。

162　人の髪は今日この時からもう白くなっている。いっぽう、牡丹の鮮やかな紅さは去年と何ら変わらない。

163　だが、朝露とともにあるそのあでやかな牡丹も、その芳香は、夕べの風とともに去ってゆく。「艶冶」は、なまめかしい美しさ。「馨香」は、遠くまでつたわる香り。

164　花がしぼんではじめて「空」を覚るようではだめだ。『維摩経』入不二法門品、「色即是空、色滅して空なるに非ず。色性自ら空なり。」（T一四・五五一上）。色が滅してはじめて空となるのではなく、色がそのまま空なのだと覚らねばならない。

165　注164のごとき表面上の意味の裏に、もう一層の意味が秘められていることを察知した。すなわち、咲きほこる姿がそのまま空なのだという仏教的な意味の裏に、表面的な安定や繁栄の背後で実はすでに王朝の崩壊が進んでいる、という現実的な含意があることをただちに理解した。

【六九】

166　あるいは寺名か。『景徳伝灯録』巻二五に法眼法嗣として「金陵鍾山章義禅師道欽」を録し、江南国主の請により章義道場に住したとある（禅文研本、五〇九頁下。ただし禅文研本影印の東禅寺版では「義章」とし、四部叢刊本、金蔵本等の版本では「章義」とする。東禅寺版の誤りか）。

【七〇】

167　出典未詳。類例としては以下の問答が見られる。『趙州録』巻上、「問う、『明眼の人は一切を見る。還た色を見るや。』師云く、『打却せよ。』学云く、『如何《いかん》が打ち得る。』師云く、『力を用うる莫かれ。』学云く、『力を用いざれば、如何が打ち得ん。』師云く、『若し力を用いば即ち乖《そむ》く。』」また「問う、『学人、作仏せんと擬《ほっ》する時、如何。』師云く、『太煞《はなはだ》費力生。』云く、『力を費やさざる時、如何。』師云く、『与麼《かくのごとく》ならば即ち作仏し去れり。』」（ともに『古尊宿語要』巻一、『禅学叢書』之一、三九頁上―下）。

168　趙州は「むだな力を使うな」と言ったが、なんとすばらしい言葉だろう。世間の法に入門のすべが有るのだから、仏法に無いということはない。仏法に入ることができないのは、むだな力を使って、いつも通りにしないからだ。諸仏諸祖もまた、いつも通りにすることの中で仏法を得たのだ。「仍旧」は一般には「相変わらず」の意の副詞。ここではことさらな作意や妄想を捨て、普段のままにすること。『林間録』巻上、「石頭大師『参同契』を作る。其の末に曰く、『謹んで参玄の人に白《もう》す。光陰虚《むな》しく度《わた》ること莫《な》かれ』と。法眼禅師注して曰く、『住みね、住みね。恩、大にして酬い難し。』法眼は先徳の心を見ると謂うべし。衆生の日用は妄想顛倒するを以て自ら光明を蔽《おお》う。故に多く時を遺《うしな》い候を失《うしな》う。之を虚しく光陰を度ると謂う。有道の者は他無し、能く善く其の心を用うるのみ。故に趙州曰く、『一切は但だ旧に仍る。従上の諸聖は旧に仍る中より得ざる無し』と。」（Ｚ一四八・六〇〇下）。また『禅林僧宝伝』巻四、「賛に曰く、……（文）益は旧に仍るを以て自ら処し、絶滲漏の句を以て物の為にす。」（『禅学典籍叢刊』第五巻、一七頁上。柳田聖山編『禅の文化資料編』、京都大学人文科学研究所、一九八八、三六七頁参照）。ここで慧洪は法眼の思想の核心が「仍旧」にあると見ている。

169　初更をつげる鐘の音が、ちょうどその時に鳴れば、聞く方も騒がしいとは感じない。これは正しい時間に鳴っているからである。このような自然なあり方は無心と同じようなものである。心がないのは死であると言われるが、この状態は死とは異なる。普段から、すべてにおいてありのままでないから、ありのままの状態を死んだも同然だというのだ。正しくない時間に鐘が鳴ることこそ、みなを驚かせるだろう。「無心を死と云う……」、心がなくなることは死であるという考え方は、仏典中にしばしば見られる。『大智度論』巻二八、「問うて曰く、『「心の趣向する所」とは、心は為《は》た去るか、為《は》た去らざるか。若し去らば、此れは則ち無心にして、猶お死人の若し。……』」（Ｔ二五・二六五下)。また、心のはたらきを滅した状態である滅尽定と死の関係についての議論も見られる。『中阿含』巻五八「法楽比丘尼経」、「復た問うて曰く、『賢聖、死及び入滅尽定の若《ごと》きは、何の差別か有る。』」(T一・七八九上)。『大乗義章』巻九・滅尽定義、「小乗法中にては、欲・色の両界、堪能《よ》く現に入る。無色界には非ず。何の故にか是《かく》の如き。滅定に入らば、心慮を断絶す。欲・色界中には心を滅するも色在りて、命根猶お存す。故に現に入るを得。……問うて曰く、無色にて心を滅せば即ち死す。云何《いかん》ぞ大乗は一切処に入る。釈して言く、大乗に説く、無色界に猶お形有り、故に心を滅すと雖も、命根は猶お存す、と。又た大乗中に説く、真心有りて常《じょう》にして滅せず。無色界中に滅定に入る時、心用を息《や》むと雖も心体は猶お存す、故に命終せず、と。」(T四四・六四七上)。法眼の言葉はこれらを踏まえたものであろう。

170 今日、「初夏の候、しだいに暑くなり」などとあいさつしてはいけない。たった一日ぐらいでどれほどの違いがあるというのか。しかし、五月一日にこういえば、それはやはりいかさまだ。「孟夏」は夏の初めの月、旧暦の四月。この一段はおそらく、五月一日に行われた説法であろう。

171 方便の説法において、君たちに間違いだと言う時は、つまり、君たちがいかさまをしてありのままでなくなっている、と言っているのだ。宝誌和尚も言っている、「しばらく自己を肯定して、他を追いかけてはならぬ」、「永遠の過去は今日と変わらぬ」と。著衣喫飯、行住坐臥、晨参暮請、すべて普段のままであれば、これこそ無事の人である。宝公は梁の宝誌のこと。この両句はともに『景徳伝灯録』巻二九「十二時頌」に出る(禅文研本、六〇一頁下、六〇二頁上)。この説法の最も古い記録は『禅林僧宝伝』法眼章に見える。柳田編『禅の文化資料編』、三五八—三六〇頁参照。

【七二】

172 道を見ることを根本とし、その道を明らかにしていくことを修行の手段として、大いなる智慧を獲得することができる。もしそのようにできないのであれば、この世界において欲の対象となるものをすべて除き去り、少しも残してはいけない。「見」は真理を直接認識すること。「功」は悟りに至るまでの修行としての営為。禅、特に唐代の禅宗においては作為的、有目的な修行は否定される傾向が強く、

「功」に対しても否定的な言辞が多いが、ここではそのようなニュアンスはない。『証道歌』、「仏を求めて功を施せば早晩《いつ》か成ぜん。」(『景徳伝灯録』巻三〇、禅文研本、六二三頁上。土屋昌明・衣川賢次・小川隆「懶瓚和尚『楽道歌』攷」、『東洋文化研究所紀要』第一四一冊、二〇〇一、一五四—一五五頁参照)。「見道」、「明道」して「大智慧力」を得ることが、機根のすぐれたものの本来的な修行の道であるが、それがかなわないなら、欲を抑制する地道な修行をせよ。似たような接化の例として、以下のものを挙げうる。『祖堂集』巻一〇・長慶章、「年十三にして出家し、初め雪峰に参見す。学業辛苦なるも、多くは霊利を得ず。雪峰是《かく》の如き次第を見、他に断じて云く、『我、你の与《ため》に死馬医法せん。你、還《は》た甘んずるか。』師対《こた》えて云く、『師の処分に依らん。』峰云く、『一日、三度五度と上来するを用いず。但だ山裏の燎火底の樹橦子の如くに相い似て、身心を息却せば、遠ければ則ち十年、中なれば則ち七年、近ければ則ち三年、必ず来由有らん。』」(中華書局標点本、四八九頁。校注に従い「知」を「如」に改める)。

173 たとえば、お前たちが寝ている時には、怒るか喜ぶか、心が乱れている。これは現世の朦朧、業の習気である。はっきり起きていない時は朦朧となる。これはお前たちが乱れているから起こることなのだ。『大慧語録』巻二九「答向侍郎」、「宗杲復《ま》た曰く、如《たと》えば宗杲、未だ睡り著《つ》かざる時、仏の讃する所の者は依りて之を行い、仏の訶する所の者は敢えて違犯せず。従前、師に依ると及び自ら工夫を做《な》す零砕の所得は、惺惺たる時は都《すべ》て受用することを得。床に上りて半惺半覚たる時に及びては、已《すで》に主宰と作ることを得ず。金宝を得るを夢見せば、則ち夢中に歓喜すること限り無し。人に刀杖を以て相い逼らるること、及び諸悪境界を夢見せば、則ち夢中に怕怖惶恐す。自ら念ずるに、此身尚お存するに、只是《た》だ睡り著けば已に主宰と作ることを得ず。況んや地水火風分散し、衆苦熾然たらば、如何が回換されざるを得ん。」(T四七・九三六上)。「夾幻金」は未詳。文脈から推測するに、不純物を含んだ金か。醒めている時は修行ができているが、眠ると煩悩が現れるのは、十分に習気を尽くすことができていない、不純な状態なのだ。

174 もし徹見することができれば、これこそがお前の力だ。しかし、まだそのような内面的な功夫ができていないのなら、楼台殿閣という外在的認識対象を観察してどうなるというのだ。聖人はいつもお前たちを導いてくれるとは限らないし、お前たちも必ずしもこれに従おうとしない。今も昔もこのとおりだ。「楼台殿閣」は認識の対象を言うのであろう。このような認識のはたらきから仏法を悟ろうとするものがいたことは、以下の例からもうかがえる。『景徳伝灯録』巻二六・報恩光教寺紹安章、「師有る時、示衆して曰く、『幸いに楼台有りて地に匝《めぐ》り、常に祖印を提す。諸上座の参取するを妨げず。』」（禅文研本、五三七頁下）。この一段の最も古い記録も、前の一段とおなじく『禅林僧宝伝』法眼章に出る。柳田編『禅の文化資料編』、三六〇—三六二頁参照。

【七二】

175 『碧巌録』第三四則・頌評唱（T四八・一七三中）、および第九〇則・頌評唱（T四八・二一五中）に「円成実性頌」としてこの一首を引く。そのほか、『林間録』巻下（Z一四八・六二九上）、『指月録』巻二二・法眼章（Z一四三・四九九上）に録す。

176 理の究極においては分別・言語は忘れ去られる。それにふさわしい喩えは求め難い（だが、強いて喩えれば以下の句のようになる）。「情謂」は分別・言語。『碧巌録』第九〇則・頌、「一片の虚凝、謂情を絶し……」、その評唱に「謂情とは即ち是れ言謂情塵を絶するなり。法眼の『円成実性頌』に云く、……」（T四八・二一五上—下）。

177 一晩中照り輝いていた寒々とした月も、今や気ままに前方の渓谷に沈んでゆく。月は真如の喩え。澄明な真如の光も今や西のかなたに去ろうとしている。「到頭」はおしまいまで。

178 木の実が熟し、それを取ろうとする猿がさらに重みを枝に加える。山道はどこまでもつづき、道を見失ってしまったように思われる。「果」は果報。『倶舎論』巻二、「或いは所造の業、果を得る時に至りて変じて能く熟するが故に異熟と名づく。」（T二九・九上）。「猿」は心猿のこと。業果が熟しそこに凡情が加わって、真実の道を見失ったかのごとくに思われる。「猿兼」、『林間録』『碧巌録』『指月録』に「兼猿」に作る。

179 しかし、なお月光のかすかな名残りがあり、それをたよりに気づいてみれば、なんだ、自分は、我が家の西に立っていたのだ。「元来〜」は、なんと〜ではないか、なんだ〜だったのか。はてしなき無明長夜をさまよい歩いてきたのかと思いきや、なんと己は、自らの本来の家郷に立ったまま、それに背を向けて西に沈む真如の月ばかり望みやっていたのだった。

【七三】

180 三界は唯心、万法は唯識。唯識唯心、そこには眼があり声があり耳があり色がある。だが、色は耳に到らず、声は眼にかかわらない。眼と色、耳と声、かくてはじめて万法が成立する。そのように縁によって結ばれなければ、幻のごとき現象世界は現れない。現にあるこの山河大地の世界のなかで、何が不動で何が変わりゆくものか？「三界唯心、万法唯識」については注16参照。「成辦」は、成立する、そろう。『祖庭事苑』巻六「成辦」条、「(辦は)皮覓の切、具なり。」(Z一一三・一七七下)。『大乗起信論』、「又た諸仏法は因有り縁有り、因縁具足せば乃ち成辦することを得。」(T三二・五七八下)。

【七四】

181 華厳教学上の教義で、総・別・同・異・成・壊の六相によって諸法の円融無礙なることを説明する。

182 六十巻本『華厳経』巻七・賢首菩薩品、「善女人にして正受に入り、善男子に於いて三昧より起つを現ず。」(T九・四三八下)。法蔵『華厳五教章』では十玄門のうちの秘密隠顕倶成門においてこの句を引き、「一微塵に於いて正受に入り、一切の微塵に三昧より起つ。一切の微塵に正受に入り、一毛端頭に三昧より起つ。是の如く自在にして此《ここ》に隠れ、彼《かしこ》に顕る。正受及び起定、同時秘密にして成ず」と言う(T四五・五〇六中)。鎌田茂雄『華厳五教章』、仏典講座二八、大蔵出版、一九七九、二九〇—二九三頁参照。

183 華厳の六相義においては、同の中にかえって異があるのである。異が同と別であるとすれば、それはまったく諸仏の意にそむく。諸仏の意においては総と別があるのみで、同と異の対立はない。だから善男子の身として三昧にあるとき、もはや善女人の身は念頭にない。念頭になければ、それにあたるコトバもない。かくて一切の事象がありありと現成し、そこにはもはや理と事の別もないのである。

【七五】

184 「船で来た」「その船は河にある」、ありのままにそう答えた覚上座は眼を具えているか否か。「船」とそれを見る「心」との関係を議論する問答としては、注157に引くものを挙げうる。ここは、上座の行為の是非を問うているのではなく、おそらく、ありのままの行為を肯定の面から看るか、否定の面から看るか、という問い。【四八】段および【五二】段参照。

【七六】

185 光孝慧覚（生没年不詳）、趙州従諗の法嗣。『景徳伝灯録』巻一一に「楊州城東光孝院慧覚禅師」として語を録す。ただしこの一段はそこに見えず、『宗門統要集』巻五・慧覚章、『禅林僧宝伝』巻一一・雪竇章、大慧『正法眼蔵』巻上、『聯灯会要』巻七・慧覚章、『五灯会元』巻四・慧覚章などに録される。『続集宗門統要』巻五・慧覚章（『禅学典籍叢刊』第一巻、三五四頁下—三五五頁上）は、その後の径山杲、鼓山珪の著語まで録し、『法眼録』とよく一致する。『法眼録』はこれに依ったか。また『夢中問答集』下・第八一段に次のような解説が見える。「昔、法眼《ほふげん》禅師、覚鉄嘴《かくてつし》に問ひて云はく、趙州《でうしう》和尚に庭前栢樹子の話《わ》ありと。是《ぜ》なりや否や。答へて云はく、先師にこの語なし。先師を謗《ばう》することなかれと云云。覚鉄嘴は、これ趙州の高弟なり。然るに、先師にこの語なしといへることは何ぞや。趙州の庭前栢樹子と示し給へる語の上について、とかくの解会《げゑ》を生ずる人、いかでか覚鉄嘴の意にかなはむや。ただこの公案のみ然るにあらず。宗師の示す所の余の公案も、皆以てかくのごとし。その手段のかはれるについて、解会を生ぜば、祖意をくらませる人なるべし。」（講談社学術文庫本、二一九頁）。詳しくは、小川『語録のことば』第五節参照。

186 「庭前の柏樹子」の一句、それが有ったといえば慧覚の意を見逃すこととなり、無かったといえば法眼の意を見逃すこととなる。さりとて、そのどちらでもないとすれば、趙州その人の意を見逃すこととなる。さらに、そのいずれにも関わらぬ一すじの活路を見出し得たとしても、箭のような速度で地獄ゆきとなることを免れぬ。語は『大慧語録』巻八（T四七・八四三中—下）に見える。また慧覚が「覚鉄嘴」の綽名でよばれたことは、前注の『禅林僧宝伝』などに見える。

187 「鼓山珪」は竹庵士珪（一〇八三—一一四六）、臨済宗の僧で、仏眼清遠の法嗣。『嘉泰普灯録』巻一六、『僧宝正続伝』巻六等に語を録す。「覚鉄嘴」——鉄の口——という綽名はダテではない。ただ、夢にも趙州に見えていない。

【七七】

188 「悟空禅師」は清涼休復（?―九四三）、羅漢桂琛の法嗣。『景徳伝灯録』巻二四に語を録す。注80参照。「香匙」は香をすくう匙。二人で火にあたりながら、法眼がそれを取り上げて問う、これを「香匙」と呼んではならぬとすれば、何と呼ぶか。悟空が「香匙」と答えると、法眼はそれを認めなかった。悟空は二十日余りのちに、ようやくその意を悟った。『景徳伝灯録』巻二一・羅漢章、「玄沙嘗て問うて曰く、『三界唯心、汝作麼生《いかん》が会する。』師、倚子を指して曰く、『和尚、這箇《これ》を喚びて什麼《なに》とか作す。』玄沙曰く、『倚子。』曰く、『和尚、三界唯心を会せず。』玄沙曰く、『我は這箇を喚びて竹木と作す。汝喚びて什麼とか作す。』曰く、『桂琛も亦《ま》た喚びて竹木と作す。』玄沙曰く、『尽大地に一箇の仏法を会する底の人を覓《もと》むるも得べからず。』師爾《これ》より愈《いよい》よ激励を加う。」（禅文研本、四一七頁上）。『雲門広録』巻下、「師、露柱を指して東京の僧に問う、『爾《なんじ》が郷中に還た這箇有りや。』僧云く、『有り。』師云く、『喚びて什麼とか作す。』僧云く、『喚びて露柱と作す。』師云く、『三家村裏の老翁も也た解く与麼《かくのごと》く道《い》う。』対うる無し。代わりて云く、『本色。』」（T四七・五七〇上）。『天聖広灯録』巻一六・葉県帰省章、「汝州省念禅師に参見す。師来るを見て、竹篦子《しっぺいし》を竪起して云く、『喚びて竹篦子と作すを得ず。喚びて竹篦子と作さば即ち触《ふ》る。喚びて竹篦子と作さざれば即ち背く。喚びて什麼とか作す。』師近前して掣得し、階下に擲《なげう》ちて云く、『什麼処にか在る。』念云く、『瞎。』師言下に大悟す。」（『禅学叢書』之五、四八七頁上）。

【七八】

189 「曹源の一滴水とは何ぞや。」「これが曹源の一滴水である。」「曹源一滴水」は曹渓の六祖慧能より伝わってきた滔々たる禅の流れの最初の一滴。禅の法脈の原初の一点。そのように問うお前自身が禅の原点にほかならない。

190 「韶国師」は天台徳韶（八九一―九七二）、法眼の法嗣。『宋高僧伝』巻一三に伝を立て、『景徳伝灯録』巻二五、『禅林僧宝伝』巻七等に語を録す。

191 徳韶がのちに呉越忠懿王の帰依を受け、国師と仰がれることに対する予言。

192 わが通玄峰の頂上は、人の世間を超えたところ。すべては一心の生み出せしもの、見わたすかぎりの青き山々。「通玄峰」は徳韶が住した天台山の峰の名。『宗門統要集』

巻一〇・天台徳韶章、「師後に天台通玄峰に住す。」(『禅学典籍叢刊』第一巻、二二四頁下)。

193 この一段は脚色を加えて『碧巌録』第七則の本則評唱に引かれる。小川隆『続語録のことば—《碧巌録》と宋代の禅—』、禅文化研究所、二〇一〇、一三五—一四〇頁参照。

【七九】

194 霊隠清聳(生没年不詳)、法眼の法嗣。『景徳伝灯録』巻二五に語を録す。雨の一滴一滴が貴公の眼のうちに落ちている、と法眼に言われたが解らず、のち『華厳経』を読んでその意を悟り、法眼の印可を得た。

【八〇】

195 百丈道恒(?—九九一)、法眼の法嗣。『景徳伝灯録』巻二五に語を録す。「外道問仏」の話は次のとおり。『景徳伝灯録』巻二七・諸方雑挙徴拈代別語、「外道、仏に問うて云く、『有言を問わず、無言を問わず。』世尊良久す。外道礼拝して云く、『善哉、世尊。大慈大悲、我が迷雲を開き、我をして得入せしむ。』外道去り已《おわ》りて、阿難、仏に問うて云く、『外道、何の所証を以てか得入すと言う。』仏云く、『世間の良馬、鞭影を見て行くが如し。』」(禅文研本、五六四頁下)。道恒がこの話を挙しはじめたところ、「世尊良久す」の前のところで、法眼がにわかにそのことばを遮った。「やめよ、やめよ、〝世尊が沈黙した〟というところでこの話頭を理解するつもりか(あらかじめ型にはまった予想を持ちながら話頭を念じているのではないか。そこまでいってからでは遅いぞ)。」道恒はそこから悟入した。「~那」は反問の語気を表す。「まさか……ではあるまいな」。蒋紹愚・曹広順主編『近代漢語語法史研究綜述』、商務印書館、二〇〇五、二九六頁参照。

【八一】

196 永明道潜(?—九六一)、法眼の法嗣。『景徳伝灯録』巻二五等に語を録す。「河中府」は現山西省永済市付近。

197 参禅のほかにどのような経典を読んでいるか。

198 「六相」は注181参照。

199 八十巻本『華厳経』巻三四・十地品、「又た大願を発すらく、願わくは一切菩薩行の広大無量にして、不壊不雑にして、諸波羅蜜を摂し、諸地を浄治する、総相、別相、同相、異相、成相、壊相の、所有《あらゆ》る菩薩行を皆な如実に説き、一切を教化し、其れをして受行し、心に増長を得せしめ、広大なること法界の如く、究竟なること虚空の如く、未来際を尽くし、一切の劫数に休息有る無からんことを。」（T一〇・一八一下）。

200 法眼、「しからば〝空〟にも六相があるのか。」道潜は茫然として答えられなかった。法眼、「では、その問いをお前のほうからわしに問え。お前のために言うてやろう。」道潜、「〝空〟にも六相があるのか。」法眼いわく、「空。」道潜はここで悟り、躍り上がって喜び、感謝の礼拝をした。法眼、「どう解ったのか。」道潜いわく、「空。」法眼はそれをよしとした。

【八二】

201 後日のこと、僧俗男女、さまざまの人々が寺を訪れた。「四衆」は比丘、比丘尼、優婆塞、優婆夷。「士」は在俗の男性、「女」は在俗の女性。

202 北本『涅槃経』巻三一・師子吼菩薩品、「復た菩薩有りて自ら戒浄と言う。彼の女人と身合し、嘲調戯笑せずと雖も、壁障の外に於いて遥かに女人の瓔珞環釧、種種の諸声を聞き、心に愛著を生ず。是の如き菩薩は、欲法を成就し、浄戒を毀破し、梵行を汚辱し、戒をして雑穢ならしむれば、名づけて浄戒具足と為すを得ず。」（T一二・五四九上）。「釵釧」は、かんざしとうでわ。

203 権勢ある人々のきらびやかな姿を目にすることも破戒となるか。「合雑」は多数のものが入り乱れること。「朱紫」は高位高官の人の服飾。「駢闐」は多数のものが並び連なるさま。

204 いえ、むしろ、恰好の悟入の契機です。

205 貴公は、将来、五百人もの門徒を擁し、王侯から尊崇されることとなるに相違ない。道潜がのち呉越忠懿王の帰依を受けることとの予言。道潜は王に菩薩戒を授け、「慈化定慧禅師」の号を賜った。王は道潜のために慧日永明寺（浄慈寺）を建てて住せしめた。「毳」は僧衣。「毳徒」は僧徒。句末の「在」は強調・断定の語気。

【八三】

206 金陵報慈文遂（生没年不詳）、法眼の法嗣。『景徳伝灯録』巻二五等に語を録し、そこに次のように見える。「乾徳二季、国主延入《まね》きて長慶に居らしむ。次で清涼、次で報慈大道場。雷音覚海大導師と署し、礼待すること他等に異なり。」（禅文研本、五一一頁上）。

207 『首楞厳経』巻二、「阿難。此の諸《もろもろ》の変化、明は日輪に還す。何を以ての故に。日無ければ明ならず、明の因は日に属す、是の故に日に還す。暗は黒月に還し、通は戸牖に還し、擁は牆宇に還し、縁は分別に還し、頑虚は空に還し、鬱埻は塵に還し、清明は霽に還す。則ち諸世間一切の所有は斯の類を出でず。」（T一九・一一一中）。

208 「明は何に還すか。」「太陽に還す。」「太陽は何に還すか。」文遂が答えられなかったので、法眼はそれを誡めて文遂が書いた注釈をすべて焼却させた。文遂はここから心服して虚心に教えを乞い、ようやく知的理解を捨て去ることができた。「服膺」は、深く心に刻んで、信奉すること。

【八四】

209 金陵報恩院玄則（生没年不詳）、法眼の法嗣。『景徳伝灯録』巻二五に語を録す。「滑州衛南」は現河南省滑県付近。この一段は脚色を加えて『碧巌録』第七則の本則評唱に引かれる。小川『続語録のことば』、一二二頁以降の読解を参照。

210 はじめ、青峰禅師に参じ、「それがしの自己とは何ぞや」と問うた。青峰は「丙丁童子がやって来て火を求める」と答えた。青峰は未詳。『景徳伝灯録』巻一七では白兆山竺乾院志円の語とする（禅文研本、三四三頁下）。また、入矢義高ほか訳注『碧巌録』上は石門慧徹嗣青峰義誠と注する（岩波文庫、一九九二、一二五頁）。「丙丁童子」も未詳。

211 その後、玄則は法眼に参じ、青峰の「丙丁童子来求火」の意を問われた。玄則答えていわく、「火に属する丙丁童子が、そのうえ更に火を求める。それは自己が更に自己を求める愚をいったものだ」と。十干の丙《ひのえ》・丁《ひのと》は五行では火に当たる。

212 法眼はかような理解ではダメだといったが、玄則にはそれ以上の見解がなかった。そこで法眼は同じ問いを自分に対して再度問わせた。玄則、「それがしの自己とは何ぞや。」法眼、「丙丁童子がやって来て火を求める。」玄則は言下に大悟した。道元は「たゞ仏法はもとより自己にありとしる」という「即心是仏のむね」を批判する故実として、この話を『辦道話』に引いている（道元『正法眼蔵』（一）、岩波文庫、一九九〇、四一―四四頁）。

【八五】

213 沢州古賢院謹（生没年不詳）、法眼の法嗣。『景徳伝灯録』巻二六に語を録す。

214 「ここを離れてどこへ行っていたか。」「嶺に入ってきました。」「それは、なかなか大したものだ。」「入嶺」は注11「出嶺」の反対。福建に到ること。具体的には、おそらく雪峰系統の禅に参ずることを含意する。『景徳伝灯録』巻一九・太原孚上座章、「……其の僧、後に閩川に適《ゆ》き、雪峰に挙似するに、曰く、『何ぞ伊《かれ》をして嶺に入り来らしめざる。』師聞きて乃ち趨《すみ》やかに装《たびじたく》して邁《ゆ》く。」（禅文研本、三八七頁下）。

215 「いえ、ただ、いたずらに多くの山水の間を歩きまわってきただけです。」「多くの山水の間を歩きまるのも悪くない。」僧は答えに窮したが、傍らに立っていた謹にはハッと気づくところがあった。『景徳伝灯録』巻二四・龍済紹修章、「地蔵問うて曰く、『子《そなた》、去りて未だ久しからざるに、何を以てか却《かえ》り来る。』師曰く、『事有りて未だ決せず、豈に山川を跋渉するを憚らん。』地蔵曰く、『汝、許多の山川を跋渉するも也た還って悪しからず。』師未だ旨を喩《さと》らず。」（禅文研本、四八五頁上）。

【八六】

216 帰宗玄策（?—九七九）、法眼の法嗣。『景徳伝灯録』巻二五には「廬山帰宗寺法施禅師策真」とする。「玄策」とする根拠は不明。「曹州」は現山東省曹県付近。

217 「仏とは何ぞや。」「お前は慧超だ。」慧超はここから悟入した。この一段は『碧巌録』第七則の本則に採られる。次に出る雪竇の頌と圜悟の評も『碧巌録』のその則のもの。詳しくは小川『続語録のことば』第三章参照。

218 『碧巌録』第七則・本則評唱の一部。「慧超自身が仏である、それゆえ法眼はこう言ったのだ。」「慧超の問いは、あたかも牛にまたがったまま牛を探し求めているかの如くである。」「問うておる本人がまさにそれ（仏）にほかならぬ。」そうした通説を圜悟が批判していう、「かかる理解は自身に辜負するのみならず、古人をも深く屈するものだ。」「辜負」は「孤負」とも。人の厚意やものごとのせっかくの価値を、むざむざ無にすること。「屈」はいわれなく無実の罪をきせること。

219 江南の春なれど、春の息吹は起こっておらず、うるわしき鷓鴣の声《ね》も、なお深き花の奥。浪高き龍門を突き抜けて、魚ははや龍となりて天に昇りしに、痴れ者どもは闇のなか、相もかわらず池をさらう。『碧巌録』第七則の雪竇の頌（『雪竇頌古』第七則）。「三級」の「級」、底本は「汲」に作るが、『雪竇頌古』『碧巌録』によって改める。

【八七】

220 「挙す」はすでにあった出来事を第三者に語って伝えること。そこから先人の言行を参究の課題（公案）として提起する際も「挙す」という。

221 上の庵の庵主と下の庵の庵主が、十日（旬日）ぶりにばったり顔をあわせた。上庵主、「ながらくお会いせなんだが、どちらへ行っておられた。」下庵主、「いや、ずっと庵のなかで〝無縫塔〟を造っておりもうした。」「無縫塔」は継ぎ目のない墓塔。南陽慧忠国師の次の故事にもとづき、無相の自己を喩える。『景徳伝灯録』巻五・慧忠国師章、「師、化縁将に畢わらんとし、涅槃の時至るを以て、乃ち代宗に辞す。代宗曰く、『師滅度の後、弟子将《は》た何の記する所ぞ。』師曰く、『檀越に告ぐ、一所の〝無縫塔〟を造取せよ。』曰く、『師に就きて塔様を請取せん。』師良久して曰く、『会すや。』曰く、『会せず。』師曰く、『貧道去りし後、侍者応真有りて却って此の事を知る。』」（禅文研本、八六頁上。また『碧巌録』第一八則を参照）。

222 上庵主、「それがしも一つ〝無縫塔〟を造りたいゆえ、図面をお借し願いたい。」下庵主、「なぜ早ういわれぬ。あいにく（却）別の者が借りてゆきもうした。」「様子」は、見本、手本、ひながた。前注の引用に見える「塔様」のこと。それを借せとは、無相なる自己の手本を見せてくれ、という意。「却」は、『景徳伝灯録』巻二七（禅文研本、五六五頁下）、『五灯会元』巻六（中華書局標点本、三六一頁）では「恰」（ちょうど）に作る。

223 以上の故事を「挙した」うえで、法眼がいった。さて、これは彼の「様子」を借りたという話か、借りなかったという話か。

【八八】

224 僧、「獅子はウサギを捉えるにも、象を捉えるにも、同じく全力を尽くす、と申します。その力とはいかなる力にございましょう。」北本『涅槃経』巻三三・迦葉菩薩品、「善男子、大師子の如きは香象を殺す時も皆な其の力を尽くし、兎を殺すも亦た爾《しか》りて軽想を生ぜず。諸仏如来も亦た復た是の如し。諸菩薩及び一闡提の為に、法を演説する時、功用無二たり。」（T一二・五六一上）。

225 老宿、「不欺之力——自他を偽らざる力だ。」法眼の別解、「汝は古人の語を理解せずに問うておる。」『碧巌録』ではこの老宿を雲居道膺とする。『碧巌録』第三八則・本則評唱、「又た、雲居弘覚（雲居道膺）禅師、示衆して云く、『譬えば獅子の象を捉うるにも亦た其の力を全うし、兎を捉うるにも亦た其の力を全うするが如し。』時に僧有りて問う、『未審し什麼の力をか全うす。』雲居云く、『欺かざるの力。』」（T四八・一七七上）。

【八九】

226 庵に住まうある老宿が、門にも窓にも壁にも「心」の一字を書きつけていた。その話をとりあげて法眼いわく、「門にはただ門と書き、窓にはただ窓と書き、壁にはただ壁と書けばよい。それだけの話だ。」『雲門広録』巻中、「師有る時云く、『我尋常道う、一切の声は是れ仏声、一切の色は是れ仏色、尽大地は是れ法身、と。枉《いたず》らに箇の仏法中の見を作せり。如今、拄杖を見ば但だ喚びて拄杖と作し、屋を見ば但だ喚びて屋と作す。」（T四七・五五九上）。

227 門にわざわざ門と書く必要はない。窓も壁も同じである。なぜか。書くまでもなく、その意味はもともと明らかだからだ。「玄覚」は報慈行言（生没年不詳）、法眼の法嗣。玄覚は南唐による賜号。『景徳伝灯録』巻二五に語を録す。

【九〇】

228 この一面の田畑を手放して随分になる。わしはここに立って、汝がそれを買い取ってゆくのを待っておる。おそらく玄沙の次の二つの語を綴りあわせたもの。『玄沙広録』巻中、「勁頭陀問う、『只如《たとえ》ば雪峰和尚道う、我が者《こ》の一片の田地は、一切衆生、皆な此の恩力を承く、と。知らず、雪峰の意は作麼生《いかん》。』師云く、『我、汝に向かいて道わん、一片の田地の如くに相い似たり、将《もっ》て人に売与して契書を作り、東西四至、交関約定し了《おわ》るも、只だ中心の樹子有りて猶お売らず。你且《しばら》く作麼生《いかん》。』」（Z一二六・三七八下。入矢義高監修、唐代禅語録研究班編『玄沙広録』中、禅文化研究所、一九八八、一一六頁参照。また『祖堂集』巻一九・霊雲章、中華書局標点本、八五〇頁、および入矢監修『玄沙広録』下、二五四頁をあわせ看よ）。『景徳伝灯録』巻一八・玄沙章、「汝に勧む、我、如今、立《たち》地て汝が覰じ去るを待つ、汝の功を加え行を練るを用いず。如今、恁麽《かくのごとく》ならざれば、更に何《いずれ》の時をか待たん。」(禅文研本、三五一頁下。入矢監修『玄沙広録』下、一〇二頁参照)。「一片の田地」は自己の本分の喩え。「一片」は一面、「田地」は田畑。「分付」は手渡す、ゆだねる。「立地」は二字で「立つ」の意。「坐地《すわる》」「臥地《よこたわる》」などと同じ。「搆」は「購」に通ず。

229 だが、わしは今——玄沙のように立って、ではなく——どかりと坐って、汝らがこの田地を買い取ってゆくのを待とう。さあ、この言い方に道理はあるか。玄沙の言い方とわしの言い方と、真実に対して、どちらが親密で、どちらが疎遠か。ためしにそこを裁いてみよ。『景徳伝灯録』巻二四・法眼章には次のように録す。「師上堂して衆に謂いて曰く、『古人道く、我、立地《たち》て汝が覯じ去るを待つ、と。山僧、如今、坐地《すわ》りて汝が覯じ去るを待つ。還た道理有りや。那箇か親しく、那箇か疎き。試みに裁断し看よ。』」(禅文研本、四八〇頁下)。『法眼録』は『五灯会元』巻六(中華書局標点本、三六三頁)に依ったか。

【九一】

230 ある老宿が養っていた一人の童子が、しきたり(軌則)をまったく知らなかった。そこで行脚僧が、その子に作法(礼儀)を教えた。

231 夜、老宿が外出から帰ってきたので、童子は(僧に教えられたとおり)出迎えて挨拶(問訊)した。老宿は不審に思い、「誰がそのように教えたのか」と問うた。童子は「僧堂のナニナニ上座です」と答えた。

232 老宿はその僧を呼びつけて言った、「貴公、どういう料簡で、あちこちと行脚しておる。この童子、うちで養って二三年になるが、せっかく何の不足もなかったものを、誰がかようにダメにしてくれと頼んだ！さっさと荷物をまとめて出て行け！」かくして僧は夕暮れの雨のなか、寺から叩き出されてしまった。「傍家」は注149、「什麽(甚麽)心行」は注137参照。「幸自可憐生《こうじかれんさん》」は、幸いにもともと何の不足もないよき身の上であるのに。ありのままの身で本来仏でありながら、という喩え。『景徳伝灯録』巻五・慧忠国師章、「師曰く、『幸自可憐生、箇の護身符子(「極則の事」などというお守り札)を須要《もと》めて作麽《いかんせ》ん。』」(禅文研本、八六頁上)。「教壊」は教えることによって悪くする。誤った教育でかえって人をダメにする。「束装」は旅支度をすること。「淋淋地」は雨のふるさまをいう擬態語。

233　この話をとりあげたうえで、法眼がみなに厳しく問いつめた。「古人がこのようなやりかたでわずかばかりの家風を顕現せしめるというのも、たいそうおかしなことだ。さて、その真意はドコにあったのか。」

【九二】

234　「長明灯」は昼夜を分かたず灯し続ける灯明。「いつ灯したのか?」「去年灯しました。」「(とすれば有限の始まりを持つ灯明ではないか)〝長《つね》に明るい〟というのはどこにある?」「有る人」は「長明灯」にことよせて、とぎれることのない自身の光明、すなわち見聞覚知のはたらきのことを問うている。僧はそれに答えられなかった。『臨済録』示衆、「道流《どうる》、山僧《われ》の見処に約さば釈迦と別ならず。今日多般《たはん》の用処《ゆうしょ》、什麼《なに》をか欠少《かんしょう》す。六道《むすじ》の神光、未だ曾て間歇《かんけつ》せず。若《も》し能く是《かく》の如く見《み》得れば、祇《た》だ是れ一生無事《ぶじ》の人なるのみ。」(岩波文庫本、三四頁)。『祖堂集』巻一七・福州西院大安章、「汝ら諸人、各自《おのおの》の身中に無価の大宝有り、眼の門従《よ》り光を放ちて山河《せんが》大地《だいち》を照らし、耳の門より光を放ちて一切善悪の音響を領覧し、六門より昼夜常《つね》に光明を放ち、亦《ま》た放光三昧《ほうこうざんまい》とも名づく。」(中華書局標点本、七四六頁。『景徳伝灯録』巻九・福州大安章、禅文研訓注本第三冊、二九九頁参照)。

235　長慶慧稜が無対の僧に代わる答えを提示した。「そう問うていただかなければ、貴公が人に惑わされぬ人だということがわからぬところでした。」その質問をなさらなかったら、あなたのことを、自身の活きたはたらきに気づかず、他に真理を求める輩かと見誤るところでした。『景徳伝灯録』巻一八・長慶慧稜章(禅文研本、三六〇頁下)では、「知」の前に「争」の字があり、それに従ってここも反語に解する。

236　法眼が長慶の答えとは別の代案を示した。「君子が利に動かされる。」見聞覚知の作用は対境によって惹起される反応にすぎない。僧の無対にたいする代語のかたちをとりながら、実は長慶への批判。「利」に動かされるのは本来「小人」であり、ここは諧謔の語気を含む。『論衡』対佞、「利義相い伐《う》ち、正邪相い反す。義は君子を動かし、利は小人を動かす。」(『論衡校釈』、中華書局、一九九〇、五二八頁)。

【九三】

237 「三界大師」はしばしば仏の尊称として用いられる。ここでは泗州僧伽が観音菩薩の化身として信仰されていたため（注113参照）、このように呼ばれたのであろう。この泗州僧伽の墓塔の管理をしている僧が、定時になったので門を閉ざした。そこで、ある人が問う、「三界全体の師であるはずの泗州大聖が、どうして弟子ごときの手で鍵をかけて閉じ込められてしまうのか。」僧は答えられなかった。法眼の代語、「弟子が鍵をかけるのか、大聖自身がかけるのか。」それとも、それを見る汝が鍵による内外の分別を設けているのではないか、という真の問いが言外にかくされている。

【九四】

238 泗州大聖の塔を礼拝している僧に、ある人が問う、「日々礼拝しておいでだが、して、当の泗州大聖にはお目にかかれたのか。」僧に代わっての法眼の答え、「礼拝の意味は何か。」礼拝とは他者を拝むことではない。『祖堂集』巻一一・睡龍和尚章、「問う、『学人乍《たちま》ち叢林に入る、乞う和尚、个《こ》の入路を指示されんことを。』師良久す。学人礼拝す。師云く、『汝は阿誰《たれ》をか礼拝する。』学云く、『和尚を礼拝す。』師云く、『汝若し会せば、即ち是れ汝が汝を礼拝す。汝若し会せざれば、即ち是れ老僧を礼拝す。』」（中華書局標点本、五三四頁）。

【九五】

239 外護者の妻が寺にやって来て、僧それぞれに「随年銭」をくばった。僧、「聖僧様にも一人分あげてくだされ。」婦人、「聖僧様は、おいくつでいらっしゃいます？」僧は答えられなかった。「随年銭」は年齢に応じた額を布施する金子のこと。『禅林象器箋』第二〇巻・銭財類（『禅学叢書』之九、八三七—八三八頁。ただし挙例はこの問答のみ）。「聖僧」は僧堂の中央に設けられた菩薩や羅漢の像。同第三巻・霊像類上（一四七—一四八頁）。

240 法眼の代語。「随年銭のお布施が満願となった時に、おのずと知られましょう。」しかし聖僧の齢が分からなければ満願とはならぬ、というジレンマ。聖僧の齢は、そう簡単に何歳とは決まりませぬ。『景徳伝灯録』巻二三・大梵円章、「師、因みに聖僧を見て便ち僧に問う、『此箇の聖僧、年多少ぞ。』僧曰く、『恰かも和尚と同季なり。』師之を喝して、曰く、『這《こ》れ斗を竭《つ》くすも易くは道い得ず。』」（禅文研本、四六三頁上）。

【九六】

241 道士が仏殿の前で仏に背を向けて坐った。僧がそれを咎めると、道士はいった。「そちらの経典には、仏身は法界に遍満すると説かれておる。では、いったいドコなら仏に背を向けずに坐れるのか?」僧は答えられなかった。「道流」は禅籍では道の仲間の意で修行僧を指すが（その場合は「どうる」とよむ）、ここは通常の漢語の用法で、道教徒の意。

242 法眼の代語。「これで汝という人間がわかったぞ。」法身と己を分けて考えているところで、お前の底は知れたぞ。

【九七】

243 福州の洪塘橋の上に僧たちが列をなして坐っていた。それを見たひとりの役人が問う、「この中に仏はおるか?」僧たちは答えられなかった。『宗門統要集』巻九・羅山道閑章に「陳老師《われ》（羅山の自称）、福建道の洪塘橋頭下の一寨に入りてより、未だ曾て一箇の毛頭星の現るること有るを見ず」とある（『禅学典籍叢刊』第一巻、二〇八頁下）。羅山は福州長谿の人。巌頭全豁より嗣法ののち、福州羅山に住した。本則は、あるいはその門下の僧に関する逸聞か。

244 法眼の代語。「そういうお前は何者か?」仏というものは、それを問う当人と、別のものではござらぬぞ。

【九八】

245 宋初に置かれた広南路は、およそ現在の広東、広西、海南三省に当たる。「国主」は南漢の劉氏を指すか。その「国主」が猟に出た折、庵に立ち寄った。「左右」（おつきの者）が庵主にいう、「大王のお越しである。起立して迎えられたい。」庵主、「大王のみならず、仏が来ても立ち申さぬ。」そこで王が問う、「仏は汝の師ではないのか。」庵主、「いかにも。」王、「師に会うのに立たぬという道理はあるまい。」王の発言は北朝以来の皇帝即如来の主張をふまえたもの。

246 庵主に代わっての法眼の語。「なお師のご恩に報い得ず、あわせる顔もございませぬ。」『趙州録』行状にも次のような話が見える。「二王（燕王と趙王）駕を税《と》きて焉《これ》（聖人の気象）を観ず。既に院内に届《いた》るに、師（趙州）乃ち端坐して起たず。燕王問うて曰く、『人王《にんおう》尊きか。法王《ほうおう》尊きか。』

師云く、『若し人王に在らば、人王中の尊。若し法王に在らば、法王中の尊。』燕王唯然《いぜん》たり。師良久《りょうきゅう》し中間に問う、『阿那箇《いずれ》か是れ鎮府《ちんふ》の大王。』趙王応諾すらく、『弟子なり。』〈趙州の鎮府に属するに縁りて以て知重の礼を表す。〉師云く、『老僧濫《みだ》りに山河に在りて、趨面《しゅめん》する（お目通りに参上する）に及ばず。』」（『古尊宿語要』巻一、『禅学叢書』之一、二九頁下）。

【九九】

247 「無揀」は揀択（分別）が無いという意。おそらく『信心銘』の「唯嫌揀択」にちなむ僧名。「無揀」という名なら、では、飯のかわりに砂を盛った飯椀を差し出されたら、どうするか？ 役人の問いに対し、無揀いわく、「ご供養かたじけなく存じます。」揀択なきそれがしには、飯と砂の別はございませぬ。

248 無揀の語とは別に、無揀の立場から法眼が言った言葉。「お役人のそのようなご質問は、まだ飯と砂を区別する、揀択の次元のものです。」

【一〇〇】

249 高麗から来た僧が観音像をあつらえたが、それを船に載せようとしたところ動かすことができなかったので、やむなく明州の開元寺に安置した。『景徳伝灯録』巻一八・長慶章では「高麗に僧有り、一観音像を明州に造る。船に上ぐるに衆力舁《か》き起こせず。因りて開元寺に請じ入れて供養す」（禅文研本、三六〇頁上）とする。故事の典拠は未詳。普陀山の「不肯去観音」にまつわる日本僧慧鍔の故事の異伝か（『仏祖統紀』巻四二・唐宣宗大中十二年、T四九・三八八中—下）。「銭塘」は今の浙江省杭州市、「明州」は同寧波市。

250 『法華経』観世音菩薩普門品には「無刹不現身」とある。だのに観音像はなぜ高麗に行かなかったのか？ 長慶慧稜答えていわく、「観音は普く身を現すが、その相を見るほうに偏りがある。」

251 長慶の語に対する法眼の別語。「もう観音を識得したか？」観音というものをよく見知ったうえでの設問か？ 底本原文は「識得観音来」。今、『景徳伝灯録』巻一八・長慶章（禅文研本、三六〇頁上）、『五灯会元』巻六・亡名古宿（中華書局標点本、三六三頁）等にしたがって「来」を

「未」に改める。

【一〇一】

252 釈尊は生まれ落ちたとたん、一方の手で天を、もう一方の手で地を指さし、ぐるりと七歩まわったあと、あたりを見回して言った、「天上天下、唯我独尊。」それについて雲門が言う、「もしその時、わしがそのさまを見ておったら、棒で一撃のもとに打ち殺し、イヌに食わせて天下太平をはかったのだが。」語は『雲門広録』巻中に見える（T四七・五六〇中）。

253 雲門はたいそうな気勢だが、何といっても、仏法の道理が無い点ばかりはいただけない。「要且」は、ともかく。

【一〇二】

254 この則、『奮迅王問経』巻上に述べる金剛斉菩薩と遮魔の物語に依る（T一三・九三六上—九三八上）。「我、有住に依りて住せず、無住にして住し」の底本原文は「不依有住而住、無住而住」とするが、『景徳伝灯録』巻二七・諸方雑挙徴拈代別語（禅文研本、五六四頁下）、『五灯会元』巻二・障蔽魔王（中華書局標点本、一一五頁）、『宗門統要集』巻一（『禅学典籍叢刊』巻一、一四頁下）等、みな「不依有住而住、不依無住而住」とし、こちらが本来の形であったと思われる。

255 「障蔽魔王は金剛斉菩薩が見えなかったというのはひとまずよいとして、金剛斉菩薩は障蔽魔王が見えたのか？」金剛斉が寂滅の境地に居坐って事足れりとしているのは茶番だ。大慧『正法眼蔵』巻中、「妙喜曰く、『既に起処を覓め得ざれば、一千年随従する底は是れ甚麼《なん》ぞ。金剛斉云く、「我、有住に依りて住せず、無住に依りて住せず。如是にして住す」と。互相《たがい》に熱謾《あざむ》く。法眼道く、「障蔽魔王の金剛斉を見ざるは即ち且《しばら》く従うも、只だ金剛斉の如きは還た障蔽魔王を見るか」と。恁麼《かくのごと》く批判するも也た是れ孔《あな》を看て楔を著くるなり。即今《いま》、妙喜の起処を知り得る底《もの》有ること莫しや。』随後に咄して、云く、『寐語《ねごと》して作麼《いかん》。』」（Z一一八・六七上）。

【一〇三】

256 迦葉尊者が自ら足で泥を練っているのを見て、沙弥がいう、「かようなこと、ご自身でなさらずとも。」迦葉、「自分がやらなければ、誰がかわりにやってくれる？」『十誦律』巻三四、「仏、王舎城に在り。爾の時、瓶沙王往きて竹園に詣りて観看す。王問う、『長老摩訶迦葉《まかかしょう》、今何所《いずく》にか在る。』比丘答えて言く、『大王、長老大迦葉、今、耆闍崛山上に於いて泥を蹋む。』王即ち往きて見、問うて言く、『大徳よ、何故にか自ら作す。』答えて言く、『大王よ、誰か当《は》た我が為に作す。』王言く、『我当に作す人を与うべし。』語り已るや便ち還る。……」（T二三・二五〇下）。「踏（蹋）泥」は足で泥を練り僧房を修造すること。道宣『四分律刪繁補闕行事鈔』巻下二・鉢器制聴篇、「僧坊の上座、私房の上座は、破壊有る毎に、雑事は先ず自ら手ずから作す。迦葉数数《しばしば》泥を蹋《ふ》みて僧房を泥す、云云。」（T四〇・一二七上）。

257 法眼、「わしがその場で見ておったら、拽きずってきて、存分に泥を踏ませやったのだが。」拽きずってこられるのは、迦葉尊者の「本来人」。「本来人」を後生大事にたてまつってはおかせぬぞ。ここでは、前注の故事が、本来性の自己（我）と現実態の自己（渠）の関係をめぐる問答に換骨奪胎されている。以下の問答を参照。『祖堂集』巻四・薬山章、「師、雲巌に問う、『什麼《なに》をか作《な》す。』対えて曰く、『水を担《にな》う。』師曰く、『那箇《あれ》（「本来人」）尼《は》。』対えて曰く、『在り。』師曰く、『你の来去《ゆきき》するは阿誰《たれ》の為ぞ。』対えて曰く、『渠《かれ》に替りて東西《あちこち》す。』師曰く、『何ぞ伊《かれ》（「本来人」）をして並頭《とも》に行わしめざる。』対えて曰く、『和尚、他《かれ》（「本来人」）を謾《あなど》る莫かれ。』師曰く、『合《まさ》に与摩《かよう》に道うべからず。』師代わりて曰く、『還た曾て担《に》を担《にな》えるか。』」（中華書局標点本、二二七頁。小川『語録のことば』、二〇八頁参照）。薬山は本来性の自己（我）と現実態の自己（渠）を厳密に分けようとしているが、法眼はそれと反対に両者の不可分を示そうとしている。

【一〇四】

258 六祖の説法、「わしに一つの物がある。それには始めも終わりも無く、本名も別名も無く、前も後も無い。諸君にはそれが見て取れるか？」そこで荷沢神会が進み出ていう、「それは諸法の本源、それがしの仏性にほかなりませぬ。」六祖は棒でしたたかに打ちすえていう、「このおしゃべりの小僧！一物と言うてすら当たらぬものを、まして〝本源〟〝仏性〟とは何事か！このもの、将来、一院の主となる日があろうとも、所詮、知解の徒としかなり得まい。」「吾有一物」云々の六祖の語は、唐の『曹渓大師伝』以後、諸書に見られるが、この一段と同様の文字（とくに「此の子《もの》、向後」以下）でそれを記すのは宋の『宗門統要集』以後の文献のみ。「喚びて一物と作すも」云々は南岳懐譲が六祖に参じた際の語「説似一物即不中」をふまえる。「把茅蓋頭」は一院の主となることの喩え。一門をかまえ、人の師として世に立つ意。『景徳伝灯録』巻一五・徳山章、「潙（潙山）曰く、『是《まさ》しく伊《かれ》（徳山）将来、把《ひとつかみ》の茅《かや》の頭を蓋う有りて、仏を罵り祖を罵り去らん在《ぞ》。』」（禅文研本、二八七頁上—下。禅文研訓注本第五冊、四四八—四四九頁）。同巻一七・雲居章、「洞山曰く、『闍梨《そなた》、他後《こののち》、一把の茅の頭を蓋う有らんに、忽《も》し人有りて問わば、闍梨、如何にか祇対《こた》うる。』」（禅文研本、三三七頁下）。

259 古人の予言はたえて間違いない。今、宗旨として「知見」を立てているのは確かに荷沢の一宗である。『林間録』巻上、「二一皆な知見の病を治む。而して荷沢は公然と知見を立つるは、優劣見るべし。」（Z一四八・五九三上）。

【一〇五】

260 大徳、「鏡を溶かして仏像を鋳造したら、物を映しだす鏡の光はドコへ行ってしまうのか（汚れた五蘊身の形に生まれ落ちたのち、本来の仏性の輝きはどこへ行ってしまうのか）？」南岳、「大徳どのの童子のころの姿形はドコへ行ってしまったか？（姿形は変わっても本質は変わらない）。」『首楞厳経』巻二、「仏言く、『汝今《いま》、髪は白く面《おもて》は皺《しわ》むと自ら傷《いた》む。其の面《おもて》必定して童年よりも皺まば、則ち汝、今時に此の恒河を観るは、昔の童の時と、観河の見に童耄有りや。』王言く、『不《いな》なり、世尊よ。』仏言く、『大王よ、汝の面は皺めりと雖も、而して此の見の精は、性、未だ曾て皺まず。皺む者は変と為し、皺まざるは変に非ず。変ずる者は滅を受け、彼の変ぜざる者は元より生滅無し、……』」（T一九・一一〇中—下）。「南岳」は南岳懐譲（六七七—七四四）、六祖慧能の法嗣。『景徳伝灯録』巻五等に語を録す。

261 南岳の語に対する法眼の別語。「大徳が鋳造された像とはドレのことか（そういう大徳のドコが仏性でできておるのか）？」『景徳伝灯録』巻五・南岳章はじめ諸書では、この後さらに次の問答がつづく。「曰く、『像の成りし後に只如《いた》っては、為什麼《なにゆえ》にか鑑照《うつ》さざる。』師曰く、『鑑照さずと雖然《いえど》も、他《かれ》を一点《わずか》も謾《あざむ》き得ず。』」（禅文研本、七七頁下）。

【一〇六】

262 西堂智蔵が路上で朝廷の使者と出逢い、ひきとめられて昼食の供養を受けた。その時、たまたま驢馬の鳴き声がした。そこで使者が「頭陀どの」と呼びかけると、西堂はハッと顔をあげた（器に顔をつっこむような勢いで、驢馬顔まけにガツガツと食べていたのであろう）。使者は、ほれ、と驢馬のほうを指さした。西堂は黙って、使者その人を指さした。西堂智蔵（七三五—八一四）は馬祖道一の法嗣。『景徳伝灯録』巻七等に語を録す（禅文研訓注本第三冊、一〇頁参照）。

263 西堂の応対に向けた、法眼の別語。「わしならその場で、ただ驢馬の鳴き声をしてみせる。」『景徳伝灯録』巻一〇・普化章、「嘗て暮れに臨済院に入りて生菜の飯を喫らう。臨済曰く、『這の漢、大いに一頭の驢に似たり。』師便ち驢鳴を作す。臨済乃ち休す。〈僧、法眼に問う、『未審し臨済、当時、什麼の語をか下し得る。』法眼云く、『臨済は後人に留《のこ》せり。』〉」（禅文研本、一六一頁下—一六二頁上。禅文研訓注本第四冊、一四〇頁参照）。なお、この則は『景徳伝灯録』巻六（禅文研本、九四頁上）、『五灯会元』巻三（中華書局標点本、一五八頁）では百丈惟政の機縁とされ、法眼の著語も録される。『法眼録』は『宗門統要集』系の資料、おそらくは『続集宗門統要』巻三・西堂章（『禅学典籍叢刊』第一巻、三〇二頁）に依ったものと思われる。

【一〇七】

264 鄧隠峰は襄州にいた時、礼儀を守らなかった。下着一丁で洗い場に立ち、洗濯用の椎《つち》を手にもって、大衆に迫った、「一句言い得たならば、打たんでやろう。」だが、大衆は一言もなかった。鄧隠峰はバッと椎を打ちおろした。「鄧隠峰」は五台山隠峰（生没年不詳）、馬祖道一の法嗣。『景徳伝灯録』巻八等に語を録す。俗姓の鄧にちなんで鄧隠峰と称された。「威儀堂」の字義は未詳だが、「破威儀堂」でしきたりや礼儀を破る意。南宋宝曇『大光明蔵』巻中・五台山鄧隠峰、「宝曇曰く、『……自《もと》是より父馬祖にして控制する能わず、兄南泉にして敢えて誰何する無し。往来、威儀堂を破し、少叢林（経歴が浅く規矩に習熟していない僧）の事を作す。……』」（Z一三七・八三〇頁下）。「襯衣」は下着のシャツ。「砧椎辺」は洗濯場。砧《きぬた》の上で椎でたたいて衣服を洗う。

265 鄧隠峰という人、非凡という点では確かにたいそう非凡だが、しかし、ともかく、その椎は誰にも打ち当たらぬ。鄧隠峰の要求は、然るべき相手もなしに、ヤミクモに発せられたものだ。「奇怪」はふつうと異なること。

266 大衆は偶然この場にいあわせただけだ（一句言わねばならぬ義理はない）。「偶然に出づ」は、偶然の結果、の意。『景徳伝灯録』巻一八・長生皎然章、「適来は偶然に出づ、争《いか》でか揀《えら》び得出《わけえん》。」（禅文研本、三六四頁上）。『叢林盛事』巻上、「暉《き》（自得慧暉）忽ち一頌を成して云く、……。一時の作、偶然に出づるも、人已に争いて之を誦う。」（Z一四八・七三上）。

【一〇八】

267 経論の講者である亮座主に馬祖が問う、「何の経を講ずるのか?」亮座主、「『般若心経』です。」「何によって講ずるのか?」「（『心経』ですから）むろん、心で講じます。」「しかし経には〝心は役者のごとし、意は脇役のごとし（心も意も虚像を生み出すもと）〟とあるではないか。さようなもので、どうして経を講じ得よう。」「心が講じ得ぬとなれば、虚空が講じ得るとでもいわれますか?」「うむ、むしろ虚空のほうが講じ得ような。」亮座主は話にならぬとばかり、袖を払って立ち去ろうとする。そこで馬祖が、背後からだしぬけに呼びかけた、「座主よ！」亮座主は思わず振り返る。馬祖、「生まれてから老いるまで、ただ、これあるのみ。」亮座主は、そこで、ハッと気づくところがあった。呼ばれて思わず、振り返る（廻首）、ハイと応える（応諾）、前に進み出る（近前）、そうした身心の活きたはたらきに仏性が全現している、そこに自ら気づけ、という問答は馬祖系統の禅者に甚だ多い。馬祖が「只だ是れ這箇《これ》」と言ったのも、その一点を直指したもの。詳しくは小川『語録のことば』第七節―第一〇節参照。この問答の解読も九二頁に見える。亮座主（生没年不詳）は馬祖道一の法嗣。『景徳伝灯録』巻八等に語を録す。馬祖の引く言葉は、四巻本『楞伽経』巻四、「心は工伎児為りて、意は和伎者の如し。」（T一六・五一〇下）。「生より老に至るまで、只だ是れ這箇」は、『宗門統要集』巻三（『禅学典籍叢刊』第一巻、六六頁上）、『続集宗門統要』巻三（同三一五頁上）と一致し、このうち『続集宗門統要』にのみ法眼の語が見られる。『法眼録』はこれに依ったか。東禅寺版『景徳伝灯録』（禅文研本、一二三頁下）、『五灯会元』（中華書局標点本、一七六―一七七頁）ではこの部分を「是れ什麽ぞ」とし、四部叢刊所収宋版『伝灯録』、金蔵本『伝灯録』、大正蔵本『伝灯録』ではこれを欠く。

268 古人はかように慈悲をもって人を救った。さあ、その意を今この場でいかに会得するか？ 額をよせあって、ああだこうだと妄想を弄するのはやめよ。「聚頭」は修行僧たちが集まって公案談義にふけるさま。『景徳伝灯録』巻一九・雲門章、「老和尚の口の動くを待ちて、便ち禅を問い道を問い、〝向上は、向下は〟〝如何《いかん》、若何《いかん》〟という。大巻に抄《うつ》し了るや、皮《ひ》袋《たい》裏《り》に塞在《つめこみ》て卜度《ぼくたく》し、到処《いたるところ》、火爐辺《いろりばた》にて三箇《さんにん》五箇《ごにん》と頭《こうべ》を聚《あつ》め口喃喃《べちゃくちゃ》と挙《とりあ》げ、更に道《いわ》く、『這箇《これ》は是れ公才語。這箇は是れ裏従《うちょ》り道《い》い出《い》だせるなり。這箇《これ》は是れ事上に就《つ》きて道《い》えるなり。遮箇《これ》は是れ体語、你《なんじ》屋裏の老《ち》爺《ち》老嬢《はは》を体せるなり』と。飯《めし》を喫却《くら》い了《おわ》るや、只管《ひたす》ら夢《ねごと》を説《い》いて便ち道く、『我、仏法を会《え》し了《おわ》れり』と。……」（禅文研本、三八四頁上）。

【一〇九】

269 芙蓉、「仏とは何ぞや？」帰宗、「わしが言うたら、汝はそれを信ずるか？」「和尚のまことのお言葉、どうして信ぜぬなどということがありえましょう。」「ほかならぬお前自身がそれ（仏）だ。」「では、それをどのように保持してゆけば？」「一点の翳りがあるだけで、眼中には空華が乱れ落ちる。」「芙蓉」は芙蓉霊訓（生没年不詳）、帰宗智常の法嗣。『景徳伝灯録』巻一〇等に語を録す。「帰宗」は帰宗智常（生没年不詳）、馬祖道一の法嗣。『景徳伝灯録』巻七等に語を録す。

270 「一翳眼に在らば、空華乱墜す」、その一言がなかったら、帰宗の面目はすっかり失われるところだった。「即ち汝こそ便ち是れ（即汝便是）」とは、馬祖の「即心即仏」と同様、活き身の自己がそのままで仏であるということ。それは紛れもなき事実ではあるが、しかし、ひとたびそれが既成の「聖解」として意識に点ぜられれば、たちまち無数の新たな妄想を生み出すこととなる。その点を突いたことで、帰宗は帰宗たりえたのだ。『天聖広灯録』巻九・百丈章、「本来、自知自覚の是れ自己仏なるを認めず、外に向かいて馳求して仏を覓むるに、善知識の自知自覚と説き出だすを仮りて薬と作し、箇の外に向かいて馳求する病を治むるのみ。既に外に向かいて馳求せず、病瘥《い》ゆれば、須らく薬を除くべし。若し自知自覚に執住せば、是れ禅那の病、是れ徹底の声聞なり。」（『禅学叢書』之五、四二一〇頁上）。

【二一〇】

271 南泉、「今日の普請は何をやる？」維那、「臼をひきます。」「臼をひくのはかまわぬが、中心の軸を動かしてはならぬ。」維那は答えられなかった。「南泉」は南泉普願（七四八―八三四）、馬祖道一の法嗣。『景徳伝灯録』巻八等に語を録す。「維那」は修行僧を統轄監督する役職の僧。「普請」は一山総出の作業。作務。軸を動かさずに臼を回すとは、いわば「真際を動ぜずして諸法を建立す」（吉蔵『浄名玄論』『大乗玄論』等に見える語）という道理を体現せよという意。

272 それなら、ひくのをやめにいたします。原文は「恁麼即不拽也」。文末の「～也」は文語の「～なり」ではなく、口語で「～になる、なった」。「不～也」で、「～しないことにする、～するのをやめる」。

【二一一】

273 塩官の示衆、「虚空という太鼓を須弥山というバチで打ち鳴らし得る者、それはいったい何者か（諸君のなかにそのような者はおらぬか）？」大衆は答えられなかった。ある者がその話を南泉に伝えた。南泉いわく、「わしはそんなボロ太鼓は叩かぬ。」「塩官」は塩官斉安（？―八四二）、馬祖道一の法嗣。『景徳伝灯録』巻七等に語を録す。本則もそこに収められ、禅文研訓注本第三冊、五四頁にその解釈がある。塩官の示衆の語は『宝積経』巻一〇二・縁起品の次の語にもとづく。「如是、世尊よ。我若し定に入らば、正使《たと》い人有りて大神力を具え、能く百億四天下を以て一大鼓と為し、須弥山を取りて一大槌と為し、我の定する時に於いて一大人をして我が前に住在せしめ、彼の大槌を執りて大鼓を撾《う》ち、暫くも休廃《やむ》こと無く乃《ひい》ては経劫に至るも、是の如き鼓声尚お耳に入らず。何ぞ況んや心を乱し能く我をして出でしめん。若し彼の鼓声能く定の患と為り我を牽きて起たしむとせば、永《とこし》えに是《こ》の処《ことわり》無し。」（T一一・五七五中）。『祖庭事苑』巻二「虚空為鼓」条（Z一一三・三二上）参照。

274 南泉の語に対する法眼の別語。「わしは叩かぬ。」南泉の言葉から目的語を省いている。太鼓の良し悪しの問題ではない。

【一一二】

275 華厳学を講ずる学僧に、塩官が払子をたてて問う、「これは（いわゆる四種法界ないし十種法界のうちの）何番目の法界か？」学僧は黙り込んでしまった。塩官いわく、「思慮によって解するのは、幽鬼亡霊の所業。輝く太陽の下の一本の灯火のごとく、案の定、その光は失われておる。」「鬼家」は暗黒のなかに住む、幽霊、亡霊、物の怪の類。「活計」は生計、なりわい。本則は前則同様、『景徳伝灯録』巻七・塩官章に収められる。禅文研訓注本第三冊、五〇頁参照。『景徳伝灯録』ではこの問答の前に、華厳経には何種の法界が説かれているか、と法眼が問い、僧が「広説すれば重重無尽、略説すれば四種法界」と答えるやりとり（禅文研本、一〇九頁上）が記されている。『宗鏡録』巻二八も同様の形でこの問答を録すが、僧の答えは「略して之を言わば、十種の法界有り、広くして之を言わば、重重無尽」（T四八・五八〇上）に作る。

276 答えられなかった学僧になり代わって、法眼はパン、パン、パンと手を叩いた。「拊（撫）手」は、これは愉快でたまらんという仕種。『景徳伝灯録』では、この前に保福と禾山の著語を載せる。「保福聞きて云く、『若し礼拝せば即ち和尚の棒を喫《く》らう。』」塩官の言葉をそのまま肯えばやはり思慮したことになる。「禾山代わりて云く、『某甲、和尚を煩わさず、怪《とが》むる莫かれ。』」（禅文研本、一〇九頁上）。和尚様を煩わせずともわかっております、疑わないでください。法眼の動作も禾山と同様、思慮を経ず、そのうえで塩官の言葉を否定しないもの。

【一一三】

277 大慈寰中のもとに、僧が辞去のあいさつに来た。どこへ行くかと問えば、「江西」という。「江西」はいわずと知れた馬祖禅の地。そこで大慈が「わしも連れて行ってくれぬか」と問うと、僧はいった、「和尚のみならず、和尚に勝る者でさえ、連れてはまいりませぬ。」大慈寰中（七八〇—八六二）は百丈懐海の法嗣、したがって馬祖の孫弟子。『景徳伝灯録』巻九等に語を録す。本則については禅文研訓注本第三冊、二八六頁参照。「将取」の「取」は動詞接尾辞で、動作を意図的かつ積極的に行うという気分を表す（入矢義高監修、古賀英彦編著『禅語辞典』、思文閣出版、一九九一、一九五頁参照）。

278 僧の返答に対する、法眼の別語。「和尚様がおいでになるなら、それがし、笠をおもちしてお伴いたします。」和尚が主人公となってそれがしを帯同されるということなら、喜んでお伴いたします（しかし、その逆は御免こうむります）。

【一一四】

279 大慈の示衆、「わしは汝らの質問には答えられぬ。ただ汝らの病弊を見て取ることができるだけだ。」そこで一僧が進み出ると、大慈はすぐさま居室に帰ってしまった。そうして他人様に解決を求めて出てくるところが、まさに汝の病なのだ、という意。禅文研訓注本第三冊、二八四頁参照。注270参照。また『臨済録』示衆、「如今の学者の得ざるは、病、甚処《いずく》にか在る。病は不自信の処に在り。」（岩波文庫本、三三頁）。

280 修行僧どうしではそれが「病」であると、知識としては知っているが、いざ、己が目の前にあるとわからぬものだ（自分の病となるとわからぬものだ）。

【一一五】

281 僧、「仏とは何ぞや。」大珠、「顔をあわせて清談しているのは、仏にあらずして誰であろう（こうして面と向かって問答している汝その人、それは仏以外の何者でもありえない）。」さきの帰宗の「即汝便是」と同義。しかし大衆はその意を解さず、ただ茫然としていた。「大珠」は大珠慧海（生没年不詳）、馬祖道一の法嗣。『景徳伝灯録』巻六等に語を録す。

282 法眼いわく、「もしそうなら、まったくのマトはずれだ。」大珠にそう言われて、「ああ、この自分が仏なのだ」と短絡したならば、見当ちがいもいいところだ。『祖堂集』巻五・大顛章、「石頭問う、『阿那箇《いずれ》か是れ汝の心。』対えて曰く、『即ち和尚に祇対《こた》えて言語する者、是れなり。』石頭便ち之を喝す。」（中華書局標点本、二四二頁。小川隆『語録の思想史』、岩波書店、二〇一一、第一章第二節参照）。

【一一六】

283 「新到」は新たに入門を求めて訪ねてきた行脚僧。「拄杖」は禅僧のもつ杖。しばしばその僧の境涯の象徴として提起される。新到僧、「それがし、長安の都から拄杖一本を横ざまにかついでのし歩いて参りましたが、一人としてその拄杖にぶつかる者がございませんでした（わが境涯に太刀打ちしうる者に、一人も出逢いませんでした)。」趙州、「そもそも貴公の拄杖が短かったのだ。」僧は一言もなかった。「趙州」は趙州従諗（七七八—八九七）、南泉普願の法嗣。『景徳伝灯録』巻一〇、同巻二八、『趙州録』等に語を録す。

284 無対におわった新到僧に代わって、法眼いわく、「ワッハッハッ！」ようやく一人ぶつかり申した。

【一一七】

285 僧、「世界が滅びる時も〝この性〟は滅びぬ、そうお説きになったとお聞きしております。〝この性〟とは如何なるものにございましょう。」趙州、「四大五陰。」「それはなお滅びるものにございましょう。それがしがおききしているのは滅びることのない〝この性〟のことでございます。」趙州、「四大五陰。」『景徳伝灯録』巻二八・趙州和尚語では、この問答の前段として趙州の次の語を記す。「未だ世界有らざる時に、早に此の性有り。世界壊する時、此の性壊せず。一たび老僧を見てより後は、更に是れ別人ならず、只だ是れ一箇の主人公なるのみ。這箇、更に外に向かいて物を覓むるを用いて作麼《いかんせ》ん？ 正に恁麼《かくのごと》き時、頭を転じ脳を換うる（キョロキョロと己の外にさがし求める）莫かれ。若し頭を転じ脳を換うれば即ち失却せん。」（禅文研本、五九二頁上）。

286 法眼いわく、「この性」と「四大五陰」は一つのものか、二つのものか。それは滅びるものか、滅びぬものか。そこをどう解するか、ひとつ判定してみよ。

【一一八】

287 秘魔和尚は常に木のサスマタを手にもち、僧がやって来て礼拝するたび、その首根っこをサスマタでしたたかに押さえつけて迫った、「言えても、言わなくても、このサスマタの下に死ぬことになる。さあ、はよう言え、はよう言え！」しかし、答える者はほとんどいなかった。「秘魔和尚」は五台山秘魔巌和尚。『祖堂集』巻一五は馬祖道一の法嗣とし、『景徳伝灯録』巻一〇およびそれ以降の灯史は馬祖に嗣いだ永泰寺霊湍の法嗣とする。『宋高僧伝』巻二一・秘魔巌常遇伝によれば、生没年は八一七—八八八。ただし同一人物か否か定かでない。「死す」とは煩悩からの解脱の比喩。『明覚禅師語録』巻一、「挙す。保福示衆して云く、『此の事は撃石火閃電光の如くして、搆《いた》り得るも、搆り得ざるも、未だ喪身失命を免れず。』……」（T四七・

六七二下）。『圜悟心要』巻上、「若し此の事を論ぜば、撃石火の如く閃電光に似たり。明《あ》かし得るも明かし得ざるも未だ喪身失命を免れず。只だ明かし得ざるが如きは喪身失命するも則ち固《もと》より是なり。明かし得るは什麼《なに》に因りてか也《ま》た喪身失命する。多少の人、此《ここ》に到りて疑著す。殊に知らず、及得尽して方《はじ》めて命根断ずる処に到り、心肝五臓を換却し向上と斉等《ひと》しきことを。」（Z一二〇・七二二下）。『景徳伝灯録』巻六・馬祖章、「百丈問う、『如何なるか是れ仏法の旨趣。』師云く、『正に是れ汝が身命を放ずる処。』」（禅文研本、八九頁下）。北本『涅槃経』巻三・名字功徳品、「此の経は是の如し、一切の諸結、煩悩、及び諸魔性を降伏し、然る後、大般涅槃に於いて身命を放捨せんと要す。是の故に名づけて大般涅槃と曰う。」（T一二・三八五上）。

288 答えられなかった僧たちに代わって、法眼いわく、「お助け！ お助け！」

【一一九】

289 徳山の示衆、「今夜は質問に答えない。質問する者には罰棒三十を下す。」そこへ一人の僧が進み出て礼拝した。徳山はすかさずそれを打ちすえた。僧、「問いのことばも発しておりませぬのに、なぜ、打たれます。」徳山、「どこの出身だ。」僧、「新羅です。」徳山、「（新羅から旅立とうと）船べりを跨ぐ前に、すでに三十棒ものだ。」師に教えを乞う以前、心のうちに聖なる何ものかを希求する一念を起こした時点で、汝はすでに罰棒をくらうべきであったのだ。詳しくは小川隆「鉄酸餡—問答から公案へ 公案から看話へ—」（『臨済宗妙心寺派教学研究紀要』第八号、二〇一〇）参照。徳山宣鑑（七八〇—八六五、一説に七八二—八六五）、龍潭崇信の法嗣。『景徳伝灯録』巻一五等に伝あり。『祖堂集』巻七・雪峰章、「便ち与摩《かくのごとく》に承当せば、却って最も省要するに好し。更に這《こ》の老師の口裏に到り来らしむる莫かれ。……汝に向かいて道う、『未だ門を干《また》がざる以前、早に汝と共に商量し了れり』と。」（中華書局標点本、三四六頁。禅文化研究所唐代語録研究班『『祖堂集』巻七雪峰和尚章訳注（上）』、二一三頁以下参照）。

290 法眼がこの話を評していう、「さすがの徳山も、話が二つに折れてしまうておる。」発問を禁じながら、自分のほうが言詮に落ちてしまっている。「大小」は注108参照。「両橛と作る」は、まっ二つになること。『祖堂集』巻五・徳山章、「南泉、便ち刀を以て（猫を）斬りて両橛と作す。」

（中華書局標点本、二七六頁。入矢・古賀『禅語辞典』、四七五頁参照）。『大慧語録』巻一四「秦国太夫人請普説」、「衆中に商量して道く、『某甲、話も也た未だ問わず』、便ち打つに好きに、徳山打たずして却って問う、『爾《なんじ》は是れ甚処《いずく》の人か』と。這裏は便ち是れ話両橛と作り、龍頭蛇尾たる処』と。且喜すらくは没交渉。」（T四七・八七二中）。『続集宗門統要』巻七・徳山章、「丹霞淳云く、『諸方尽く道う、「這の僧纔《わず》かに出づるに、徳山便ち打つも、末後に却って道く、『未だ船舷を跨がざるに、三十棒を与うるに好し』と。是れ話両橛と作る処、龍頭蛇尾たる処」と。若し与麼《かくのごとく》に会せば、大いに盲人の象を摸《も》づるに似る……。』」（『禅学典籍叢刊』第一巻、四四五頁下）。法眼の評がひろく定着し、宋代には俗説と化していたことがうかがわれる。

【二二〇】

291 僧、「槌を持ち上げたり払子を竪てて見せることは第一義に関わりないとすれば、師はどのようになさいますか。」そこで雪峰は払子を竪てて見せた。僧は頭を抱えて出ていった。雪峰はそれに見向きもしなかった。「雪峰」は雪峰義存（八二二―九〇八）、徳山宣鑑の法嗣。『景徳伝灯録』巻一六等に語を録す。「竪払」は注27参照。「頭を抱える」は、もうどうしようもない、という失望の身振り。『雲門広録』巻上、「問う、『如何ぞ四恩三有に報得し去る。』師云く、『頭を抱えて蒼天を哭《こく》す。』」（T四七・五四五下）。

292 無言だった雪峰に代わって（したがって頭を抱えて退出した僧を指して）、法眼いわく、「諸君、この偉大なる名将を見よ！」

【二二一】

293 雪峰が弟子の鏡清に一つの故事を話した。「むかし、ある老僧が一人の役人を案内して僧堂のなかを見て回りながら言った、このものたちはみな〝仏法〟を学ぶ僧でございます、と。すると、役人が言った、〝金の屑は貴いものではあるが……〟という点は如何なりますか。老僧は答えられなかった。」「鏡清」は雪峰の法嗣、龍冊道怤（八六八―九三七）。『景徳伝灯録』巻一八等に語を録す。官人の引く語は「金屑は貴しと雖も、眼に落つれば翳《かげ》を成す」という成句の下の句を省いたもの。重点は伏せられた下の句のほうにある。すなわち、貴き「仏法」も心に点ぜられれば却って病となるのではないか、という批判の婉曲な提示。この話は『祖堂集』雪峰章にことほぼ同様の形で見えるが、のちには臨済と王常侍の話として『臨済録』に編入されている（岩波文庫本『臨済録』、一六五頁。小川『臨済録―禅の語録のことばと思想―』、一五二―一五五頁参照）。なお「金屑」の下の句には、「肉眼裏に著し得ず」（『祖堂集』巻一一・保福章、中華書局標点本、五〇三頁）、「眼裏に著し得ず」（『祖堂集』巻一六・南泉章、中華書局標点本、七一三頁）などの言い方もある（禅文化研究所唐代語録研究班『「祖堂集」巻七雪峰和尚章訳注（上）』、二三八頁参照）。

294 答えられなかった老宿に代わって、鏡清いわく、「いや、さきほどの語は、貴公のよき言葉を引き出すための捨石として言ったものです。」「抛磚引玉」は、無価値なものを手段として優れたものを引き出す意。

295 鏡清の語に別して（したがって老宿に代わって）法眼いわく、「どうして、耳を貴んで目を貶められるのです。」「貴耳賤目」は、自分の目で見たものをないがしろにして他人の言葉を盲信する意。「金屑」云々の成句など信奉するより、ご自身の目でこの僧たちの姿をよくご覧くだされ。

【一一二】

296 僧、「夾山の境や、如何に。」夾山、「猿が子を抱いて切り立った青き嶂のうちに帰ってゆき、鳥は花をくわえて碧の巌の前に落とす。」「夾山の境」という語は、夾山という山の景色風光と、そこに住する夾山禅師の悟境という、二重の意を含む。「夾山」は夾山善会（八〇五―八八一）、船子徳誠の法嗣。『景徳伝灯録』巻一五等に語を録す。

297 夾山のこの句をとりあげて、法眼いわく、「わしは二十年来、これを景色の話として理解しておった。」目に見える風景の描写と思いなしてはならぬ、という意。

【一一三】

298 龍牙が徳山にいう、「それがし干将莫邪の名剣に手をかけて師の首を取ろうとする（名剣のごとく鋭きわが悟境をもって師の境涯を奪取する）場合は、如何ですか。」徳山、首をのばして龍牙のほうに進み寄り、ひとこと「カッ！」「龍牙」は龍牙居遁（八三五―九二三）、洞山良价の法嗣。『景徳伝灯録』巻一七等に語を録す。「𡆢」は擬音語。首が斬り落とされる音。ほれ、この首が欲しくばもってい け。本則は『景徳伝灯録』巻一五・徳山章で以下のように録される（『伝灯録』では徳山の「囫」の語がない。『法眼録』は『五灯会元』に依ったか）。「龍牙問う、『学人、鏌鎁の剣に仗りて師の頭を取らんと擬する時、如何。』師、頸を引《のば》す。法眼別して云く、『汝、什麼処に向《お》いてか手を下す。』龍牙曰く、『頭落ちたり。』師微笑す。龍牙、後に洞山に到りて前語を挙す。洞山曰く、『徳山、什麼をか道う。』云く、『徳山、語無し。』洞山曰く、『語無しと道《おも》う莫かれ。且く徳山の落つる底の頭を将て老僧に呈似せよ。』龍牙過《あやま》ちを省して懺謝す。有る人、師に挙似す。師曰く、『洞山老人、好悪を識らず。這箇《こ》の漢《おとこ》死し来ること多少の時なるに、救い得て什麼の用処か有らん。』」（禅文研本、二八八頁上）。

299 徳山の語に別して、法眼いわく、「さあ、どこに手を下す。」徳山はすんなり首を差し出したのではない。実は、取れるものなら取ってみよ、という真意が秘められていたのだ。

【一二四】

300 投子が（おそらく新到の）僧に問う、「疎山の薑頭の評判、ながらく聞き及んでおる。貴公がまさにそのお人ではないか。」僧は一言もなかった。「投子」は投子大同（八一九―九一四）、翠微無学の法嗣。『景徳伝灯録』巻一五等に語を録す。「疎山の薑頭」は、疎山で名うての修行僧であったようだが、具体的なことは未詳。しかし、この僧はそれとは無関係であったらしい。「薑頭」は寺院で生姜を管理する役職。『禅林象器箋』第七巻・職位類中（『禅学叢書』之九、二九〇頁）参照。ただし挙例はこの問答のみ。禅文研訓注本第五冊、五〇七―五〇八頁参照。「久嚮」はながらくその名声を慕ってきた、ということ。

301 無対に終わった僧に代わって、法眼いわく、「こちらこそ、ずいぶん長い間、和尚の名声をお慕いしておりました。」「嚮重」は敬い慕う。

【一二五】

302 僧、「同じく水であるのに、なぜ、海のは塩からく、河のは淡水であるのか。」同じ本質であるのにその表れ方が異なるのはなぜか。投子、「天には星、地には木。」

303 投子の語に対する法眼の別語、「たいへん違っているようではある。」

【一二六】

304 「いずれより参った。」僧、「東山西山に祖師を礼拝して参りました。」「祖師はさようなところにはおられぬ。」僧は何も答えられなかった。「夾山云く」とされる部分は、前後の文脈からすれば投子の語でなければ不自然。『景徳伝灯録』巻一五・投子章および『五灯会元』巻五・投子章はいずれも「師」に作り、投子の語とする。「夾山」はおそらく誤り。「東西山」は、禅宗の四祖道信、五祖弘忍の塔のある蘄州黄梅県の双峰山と馮茂山。『太平寰宇記』巻一二七・蘄州・黄梅県、「慈雲塔、県西北四十里双峰山に在り。第四祖道信大師寂滅の所。大暦九年、勅して諡《おくりな》して大医和尚と号し、塔は慈雲と号す。法雨塔、県東北二十六里馮茂山に在り。第五祖弘忍大師寂滅の所。大暦元年、勅して諡して大満和尚と号し、塔は法雨と号す。」（中華書局、二〇〇七、二五〇九頁）。ただし、道信、弘忍の居住地に関して、初期の資料には種々異なる記載がある（椎名宏雄「東山法門形成の背景」、『宗学研究』第一二号、一九七〇参照）。

305 無語であった僧に代わって、法眼いわく、「和尚は祖師を、よくご存じのようでいらっしゃる。」「東西山にいない」と言えば、「他のどこかにいる」ことが含意され、結局は祖師（によって代表される真実）を実体視することになる。祖師というものは、特定の位置や方角によっては規定され得ぬものだ。

【一二七】

306 白馬曇照はひごろ「愉快、愉快！」といって暮らしていたのに、いざ、臨終の時となると、「苦しい、苦しい！」と叫び、また「ああ、閻魔大王がつかまえに来た！」ともいった。院主（寺の事務長）が問う、「昔、節度使に水中に投げ込まれた時にも顔色ひとつ変えられませんでしたのに、今、どうしてこのようなありさまに。」曇照は枕をとりあげて詰問した、「昔がよかったのか、今がよいのか。」院主は答えられなかった。病に苦しむ現実性の姿と本来性の主人公は異なることがない。『景徳伝灯録』巻一五・徳山章、「師、疾に因りて、僧有り問う、『還た病まざる者有りや。』師曰く、『有り。』曰く、『如何なるか是れ病まざる者。』師曰く、『阿邪《アイヤー》！ 阿邪《アイヤー》！』」（禅文研本、二八八頁下。禅文研訓注本第五冊、四六七頁参照）。白馬曇照（生没年不詳）は南泉普願の法嗣。『景徳伝灯録』巻一〇等に語を録す。節度使に水に投げ込まれたという話については未詳。

枕をもちあげて、とは、言わねばこの枕を投げつけるというかまえ。今わの際の最後の力をふりしぼっての詰問。

307 院主の無対に代わって、法眼いわく、「わしならば、その場では、ただ耳をふさいで立ち去るのみだな。」かつて顔色を変えなかったのも、いま「苦しい」と言うのも、どちらも自然に徹したありようであれば、そこに「どちらが正しいか」などという分別的な思考は無用です。和尚様のそのようなお言葉は聞きとうございません。

【一二八】

308 「江南」は南唐のこと。馮延巳（九〇三―九六〇）は、南唐の中主李璟につかえ、九四六年（南唐保大四年）以降、何度か宰相の位に就いている。夏承燾『唐宋詞人年譜』「馮正中年譜」（『夏承燾集』第一冊、浙江教育出版社・浙江古籍出版社、一九九七）参照。馬令『南唐書』巻二一（『五代史書彙編』、五三九三頁以下）、陸游『南唐書』巻一一（『五代史書彙編』、五五四九頁以下）に伝あり。「鍾山」は現南京の東郊にある山の名で、「一人泉」はその頂上にある泉。柄杓一つしか容れることができず、わずかに一人の飲用にしか供し得ないが、しかし、いくら汲んでも尽きることがないという（『景定建康志』巻一七・山川志一・山阜・鍾山の条参照。王暁波ほか点校『宋元珍稀地方志叢刊』甲編、八〇八頁）。数人の僧とともにそこを訪れた馮延巳が問う、「一人泉で、かくも多くの者に、どうして足りよう。」一僧、「欠かせはいたしませぬ（不教欠少）。」馮延巳はその答えを認めず、別にこういった、「誰がそれでこと欠きましょう（誰もが充足しております）。」ここは「一人泉」に事よせつつ無尽蔵の真理を如何に受用するかということが問われている。一僧の答えは真理を人為的に作り出すものと捉えており、馮延巳はそれを本来あるものとして表現しなおしている。

309 馮延巳の語に並置する法眼の別語、「足らぬ者とは誰のことでしょう（不足を問題にしている者がそもそも問題なのではないか）。」本来あるものなら、なぜ、わざわざ不足を問題にする必要があろう。

【一二九】

310 ある日、大寧寺の僧たちが第二座の僧に開堂を乞うた。宋令公が問う、「どうして第一座に乞わぬのか。」僧たちは答えられなかった。「令公」は中書令の尊称。「宋令公」はおそらく南唐の宋斉丘のこと。九四三年（南唐保大元年）に中書令となり、また九四二年から九五五年まで断続的に鎮南節度使に任じられた（朱玉龍編著『五代十国方鎮年表』、中華書局、一九九七、四四六―四四八頁）。伝は馬令『南唐書』巻二〇（『五代史書彙編』、五三八七頁以下）、陸游『南唐書』巻四（『五代史書彙編』、五四九四頁以下）。『景徳伝灯録』巻二六・廬山化城寺慧朗章に「江南の相、宋斉丘、開堂を請う。師升座して曰く、『今日、令公、山僧を請じて……』」（禅文研本、五三〇頁上）、また『宋高僧伝』巻一三・廬山円通院縁徳伝に「国老宋斉丘なる者有り、礼するに師道を以てす」（中華書局標点本、三一六頁）と見える。「大寗寺」については未詳。「陳乞」は、陳情する、懇請する。『大慧宗門武庫』、「院成るや、遂に陳乞して積翠の南禅師を請じて住持せしむ。」（T四七・九五三下）。

311　大衆の無語に代わって、法眼いわく、「そこまでの必要はございませぬ。」「第一座」を「本来人」、「第二座」を現実態の自己と見立てての回答。注257に引く『祖堂集』薬山章の例を参照。

【一三〇】

312　龍牙、「師の門下に投じてより、毎回の上堂において何一つお教えにあずかっておりませぬ。これは如何なる意にございましょう。」翠微、「何を嫌うか（何の欠ける所があって教えを求めるのか。法など説かずとも何ら問題ないではないか）。」龍牙はついで洞山の下にゆき、また同じようにいった。洞山、「どうしてわしを咎め得よう（わしを咎めるいわれなど無いではないか。法など説かずとも何ら問題ないではないか）。」龍牙はさらに法眼に同じことを問うた。すると法眼いわく、「祖師がいらした！」ここでは龍牙本人が翠微・洞山・法眼の三者につづけて問うた記述になっているが、年代的に無理がある。『景徳伝灯録』巻一七・龍牙章では、龍牙自身の問答は最初の翠微に対するもののみで、洞山の語は他の僧が龍牙の語を挙して問うたのに対する答え、法眼の語はさらに後年の別語となっている。本則の原型は雪竇の語録『明覚禅師語録』（T四七・六八四下）に見えるが、そこではある僧が翠微と洞山に、さらに別の僧が法眼に問うたことになっており、語にも異同がある。『宗門統要集』（『禅学典籍叢刊』第一巻、一五二頁上）が本則に近いが、「毎毎」を「毎沐」とし『明覚禅師語録』と一致する。『法眼録』は『続集宗門統要』（『禅学典籍叢刊』第一巻、四三二頁上）に依ったとみられる。「翠微」は翠微無学（生没年不詳）、丹霞天然の法嗣。『景徳伝灯録』巻一四等に語を録す。「怪」は、怪しむではなく、責める、咎める。法眼の語の原文「祖師来也」の「也」は、口語的用法。新しい事態の出現を表す。「来也」は「来たぞ」。太田辰夫『中国語史通考』、白帝社、一九八八、二一六頁参照。

313「翠微と洞山はこの僧に鼻面を引き回されるばかりで、法眼だけがこの僧と同じ境地だ。しかし、もしわしの門下に来たならば、棒をくらわせて追い出すところだが。」「穿却」は「穿却鼻孔」の略。鼻に縄を付けられ相手に引き回される。『大慧語録』巻二、「圜悟和尚の忌日、師、香を拈じて云く、『這箇の尊慈、平昔《かつて》強項《きょうこう》にして、気は諸方を圧し、……殊に知らず、不孝の子に断貫索を将て鼻孔を穿却せらるるを。鼻孔の索頭、既に径山の手裏に在らば、伊《かれ》をして生かしめんと要するも也た径山に由り、伊をして死なしめんと要するも也た径山に由る。……』」（T四七・八一七下）。「同参」は修行仲間。

314【一三一】

「目前に〝法〟は無い。しかし〝意〟は目前に在る。それは目前の〝法〟でなく、目や耳で捉えられるものではない（不是目前法非耳目所到）。」夾山のこの語をとりあげて、北院通が問う、これは確かに師のお言葉にございますな。夾山、いかにも。北院はその答えを確かめたうえで（乃）、夾山の坐っていた禅床をひっくり返し、その傍らに叉手して立った（かの一句を取り除いたうえで、弟子として恭しく仕える姿勢を示した）。転げおちた夾山は、起ち上がるや、北院を拄杖でしたたかに打ちすえた。北院はただちに下がった。北院通（生没年不詳）は洞山良价の法嗣。『景徳伝灯録』巻一七等に語を録す。夾山の語は以下の上堂等に見える。『景徳伝灯録』巻一五・夾山章、「僧問う、『如何なるか是れ法身。』師曰く、『法身に相無し。』曰く、『如何なるか是れ法眼。』師曰く、『法眼に瑕《きず》無し。』師又た曰く、『目前に法無し、意は目前に在り。是れ目前の法にあらず、耳目の到る所に非ず。』」（禅文研本、三〇二頁上。禅文研訓注本第五冊、六四〇頁参照）。「他《かれ》（祖師）は只だ汝に無法本より是れ道と指示せるのみ。道に一法無く、仏の成る可き無く、道の得《う》可き無く、法の捨《す》つ可き無し。故に云く、目前に法無し、意は目前に在り。他は是《そ》れ目前の法にあらず、と。若し仏祖の辺に向《お》いて学ばば、此の人未《いま》だ眼目有らず、皆な所依の法に属して自在を得ざればなり。」（禅文研本、三〇二頁下。禅文研訓注本第五冊、六四三頁参照）。

315　この話を評して法眼いわく、「彼（北院）は、なぜ、禅床をひっくり返してすぐに立ち去らなかったのか？　夾山に棒で打たれ、そのうえではじめて立ち去った意味は、いったいどこにあったのか？」夾山の件の語は、絶対視されてはならぬものだが、さりとて一方的に否定し去って、それで終わりというものでもない。その否定の立場もさらに否定を受けねばならなかったのだ。

【一三二】

316　修山主、「乾闥婆王が音楽を演奏すると、須弥山は雷《いかずち》のごとく鳴動し、大海には波が逆巻き、そして迦葉尊者が舞い踊ったという。それを如何に解するか？」澄源、「迦葉は前世に楽士だったことがあり、その時の惰性が抜けきっていなかったのだ。」修山主、「なら、須弥山が鳴動し、大海に波が逆巻いた、というほうはどうなるか？」澄源は答えられなかった。「澄源禅師」は禾山無殷（八八四—九六〇）で、かつて江西の翠巌院に住したことがある。九峰道虔の法嗣で、澄源は南唐による賜号。『景徳伝灯録』巻一七等に語を録す。乾闥婆王の故事は『大樹緊那羅王所問経』巻一（T一五・三七〇下—三七一上）に出るが、禅門にはやや異なった形の伝承があったらしい。『宗門統要集』巻一・大覚世尊釈迦文仏章（『禅学典籍叢刊』第一巻、九頁上）参照。この一段は『景徳伝灯録』巻二七・諸方雑挙徴拈代別語にも録されるが、『法眼録』は『宗門統要集』系の資料に依ったとみられる。「岌峇」は雷が激しく鳴り響くさまを表す擬音語。『景徳伝灯録』巻二七では「須弥振動」に作る。「直得～」は、その結果～という状態・ありさまにまで至る。「曾作楽人来」の「来」は「現代語の〝来着〟に相当し、過去のことを回想する語気。現時点でその動作・状態は存在していない。」（太田『中国語史通考』、二一八頁）。「習気」は過去の業の潜在的な余力、余勢。

317　休し去った澄源に代わって、法眼いわく、「それこそまさに、過去世からの惰性というものだ。」

【一三三】

318 法眼が修山主に問う、仰山の「四門の光」に「眼で見る時は全身が耳、耳で聞く時は全身が眼」とあるのは、どういう意味か？ 仰山「四門光」については未詳。文脈から推すに、「四門」は二つの眼と二つの耳、「光」は見聞覚知の作用を指す。

319 修山主答えていわく、眼のなかのものが耳のはたらきをなし、耳のなかのものが眼のはたらきをなす、ということだ。六根がそれぞれの作用をなすのでなく、六根全体でまるごと一つの作用をなしているのだという見解。『宗門統要集』巻七・雲巌章、「師（雲巌）、因みに道吾問う、『大悲菩薩、許多《かくもおお》くの手眼を用いて什麼をか作《な》す。』師云く、『人の夜中背手《うしろで》に枕子《まくら》を摸《さぐ》るが如し。』吾（道吾）云く、『我会也《われえせり》！ 我会也《われえせり》！』師云く、『尓《なんじ》什麼《いか》生なる会をか作《な》す。』吾云く、『偏身《へんしん》是れ手眼なり（体じゅうに眼があるのだ）。』師云く、『道うことは即ち太《はなは》だ道うも、只だ八九成《わり》を得たるのみ。』吾云く、『師兄《すひん》は作麼生《いかん》。』師云く、『通《つう》身《しん》是れ手眼なり（体全体がまるごと一箇の眼なのだ）。』」（『禅学典籍叢刊』第一巻、一四九頁下―一五〇頁上）。

320 法眼いわく、それこそ「精魂を弄す」というものにほかならぬ。「弄精魂」は身心の生理的作用を発揮する。いわゆる「作用即性」説を批判する語。詳しくは小川『語録の思想史』、二〇二―二〇四頁参照。

321 修山主が、では、貴公はどうなのかと問い返すと、法眼は最初の問いをもう一度くりかえした。修山主はそこではじめて、ハッと何かを察知した。語句を理解したのではなく、その語を聞いている自身のうえの何物かを感知したのであろう。【七八】段「曹源一滴水」の公案と同様の手段と考えられる。

【一三四】

322 法眼は長らく長慶慧稜に師事したが、最後は地蔵に嗣法した。以下の一段は、前出【七】段「子方上座」との問答の異伝。諸書の間で子方に関する記録と子昭に関する記録に錯綜があり、同一人に関する記録が二系統に分かれて伝承されたものらしい。たとえば『景徳伝灯録』はさきの「子方」との対論のみを録し、『禅林僧宝伝』は以下の一段を「子方」との問答として録す。『禅林僧宝伝』巻四・法眼章、「益（文益）臨川の崇寿に住するや、僧子方なる者問うて曰く、『公久しく長慶に親しめるに、乃《かえ》って地蔵に嗣ぐは、何の意なる哉！』益曰く、『長慶の〝万象の中独り身を露す〟と説けるを解せざるを以ての故に。』子方、払子を挙して之に示す。益曰く、『万象を撥するか、万象を撥せざるか？』子方曰く、『万象を撥せず。』益曰く、『〝独り身を露す〟は？』子方曰く、『万象を撥す。』益云く、『〝万象の中〟は？』子方、是に於いて旨を悟り、歎じて曰く、『我幾《あやう》く枉《いたずら》に此の生を度《わた》らんとせり。』」（『禅学典籍叢刊』第五巻、一六頁上）。いずれにせよ、「万象之中独露身」をめぐる子方ないし子昭との問答には、法眼の禅と長慶の禅、ひいては玄沙―地蔵系の禅と雪峰直系の禅の、分岐と対立の所以を示そうとする意図が含まれているようである。詳しくは土屋「雪峰の法系と玄沙の法系」（『中国―社会と文化―』第二八号）参照。なお、以下「子昭」との対論は『宗門統要集』巻一〇・法眼章（『禅学典籍叢刊』第一巻、二二二頁上）に出るものが最も早いが、『景徳伝灯録』巻二四・龍済山主紹修章にすでに次のような近似の問答が見える。「……師（紹修）未だ旨を喩《さと》らず、乃ち問うて曰く、『古人の〝万象の中独り身を露す〟と道うは、意旨、如何。』地蔵曰く、『汝道え、古人は万象を撥するか、万象を撥せざるか。』師曰く、『撥せず。』地蔵曰く、『両箇となれり（両箇也）。』師駭然として沈思し、而して却って問うて曰く、『未審《いぶか》し、古人は万象を撥するか、万象を撥せざるか。』地蔵曰く、『汝、什麼を喚びてか万象と作す。』師方《はじ》めて省悟す。再び地蔵を辞して法眼に覲《まみ》ゆ。法眼の語意、地蔵の開示と前後一なるが如し。」（禅文研本、四八五頁上）。

323　長慶の門下に子昭首座なる者があった。かつては日ごろから法眼と古今の問答について商量しあった仲であった。法眼が長慶の法を嗣がず、地蔵の法を嗣いだという話を耳にするなり、憤懣やるかたなく、ある日、わざわざ一衆を率いて撫州（臨川）に非難しにやって来た。「平昔」は、以前の意と日ごろからの意をあわせもつ。「商確」は討論し検討すること。

324　法眼はそれを知り、特に一門をあげて出迎えて、格別に礼遇した。主人である法眼と客である子昭と、その双方の座席の上に払子を掛けた。払子は説法の主人公であることの象徴で、通常は住持のみがもつ。

325　茶の接待の際、子昭が突如、色をなし、声を荒げて言った、「貴公は開堂にあたって、いったい誰の法を嗣いだのか！」法眼、「地蔵である。」子昭、「長慶先師の恩を無にするにもほどがある！それがし、ともに長慶門下にあって数十年余り、古今の問答を商量して、たがいに何のへだたりも無かった。だのに、なぜ、地蔵の法を嗣ぐ！」「的〜」は副詞。つまるところ。「孤」は孤負（辜負）。人の厚意や恩、物事の価値などを無にすること。

326 法眼、「それがしは長慶の一つの話について得心がゆかなかったのです。」子昭、「ならば、問うてみよ。」「転」は量詞。

327 法眼、「長慶は〝万象の中独り身を露す〟と言われた。その意や、いかに。」子昭は払子をぐっと立ててみせた。「万象之中独露身」は、あらゆる事物事象のなかで、そこから超出する自己一身をあらわす。子昭は払子を立てることで、払子を見る主体に気づかせようとしている。注26、27参照。

328 法眼はそれを叱咤して言った、「首座どの、それは当時学んだものでござろう。それとは別の（師から学び得たものでなく自分自身の）ものは、どうか！」子昭は答えられなかった。

329 法眼、「〝万象の中独り身を露す〟と言うが、それは〝万象〟を否定し去るということか、否定しないということか？」子昭、「否定しない。」法眼、「両箇也——二つになってしまった。」「撥」は、撥無する。事物の存在を否定して空無に帰せしめること。「両箇也」の「也」は前出の口語的用法。〜になる、なった。万象と自身と、二つのものが対立的に実在することになってしまった。

330 そこで子昭についてきた僧たちが、「否定し去る！」と何度もくりかえし言った。法眼が問い返す、「しからば〝万象の中独り身を露す〟ということは、どうなる。」「〜聻？」は「〜は？」現代中国語の語気詞「呢」と等しく、文脈に支えられて、主要部の省略された承前疑問文を作る（太田辰夫『中国語歴史文法』、朋友書店、二〇一三、三六三—三六六頁）。注322引用の『禅林僧宝伝』を参照。

331 子昭らの一同は何も答えられず、恥じ入ってひきさがった。「懡儸」、一般には「懡儸」に作り、恥じる意。

332 法眼は子昭をとがめて言った、「首座どの、親殺しの罪にはまだしも懺悔の余地があるが、大いなる般若を誹謗する罪には実に懺悔のしようもないぞ。」子昭は最後まで一言もなかった。「指住」は責問、詰難の意。袁賓『禅宗著作詞語匯釈』、二五四—二五五頁、江藍生・曹広順『唐五代語言詞典』、上海教育出版社、一九九七、四四九頁参照。

333 子昭はこののち法眼の門下に転じ、自己独自の見解を究明し、自ら開堂することはしなかった。「己見」は、他からの借り物でない「自己の見解」。さきの「当年学得底」と対比した表現。『景徳伝灯録』巻一〇・香厳下堂義端章、「兄弟、縦《たと》い種種の差別の義路を学得すとも、終に自己の見解に代え得ず。畢竟、著力して始めて得し。空しく他《か》の巧妙の章句を記持せば、即ち転《うた》た煩乱を加え去らん。」（禅文研本、一五二頁下）。

【一三五】

334 馬令『南唐書』巻一〇（『五代史書彙編』、五三二八頁以下）、陸游『南唐書』巻九（『五代史書彙編』、五五三九頁以下）に伝あり。両書に拠れば、李建勲は法眼よりも早く、保大十年（九五二）に没しており、記述に疑問が残る。

335 報慈行言（生没年不詳）、法眼の法嗣。玄覚は南唐による賜号。『景徳伝灯録』巻二五に伝あり。

【参考文献表】

参考文献表は原典と論文・著書に分け、原典は書名の、論文・著書は著者名の五十音順に配列する。

原典

『景定建康志』、王暁波・李勇先・張宝見・荘剣点校『宋元珍稀地方志叢刊』甲編、成都：四川大学出版社、二〇〇七年。

『景徳伝灯録』、京都：禅文化研究所、一九九〇年。

『古尊宿語要』、柳田聖山主編『無著校写宋本古尊宿語要』、『禅学叢書』之一、京都：中文出版社、一九七三年。

『五家語録』、柳田聖山主編『四家語録・五家語録』、『禅学叢書』之三、京都：中文出版社、一九八三年。

『五家正宗賛助桀』、無著道忠撰、京都：禅文化研究所、一九九一年。

『五代史補』、傅璇琮・徐海栄・徐吉軍主編『五代史書彙編』、杭州：杭州出版社、二〇〇四年。

『五灯会元』、北京：中華書局、一九八四年。
『宗門統要集』、柳田聖山・椎名宏雄共編『禅学典籍叢刊』第一巻、京都：臨川書店、一九九九年。
『朱子語類』、北京：中華書局、一九九四年。
『淳熙三山志』、王暁波・李勇先・張宝見・荘剣点校『宋元珍稀地方志叢刊』甲編、成都：四川大学出版社、二〇〇七年。
『正法眼蔵』（一）―（四）、道元著、水野弥穂子校注、岩波文庫、一九九〇―一九九三年。
『舒州龍門仏眼和尚小参語録』、『古尊宿語録』、北京：中華書局、一九九四年。
『雪嶠禅師語録』、『明版嘉興大蔵経』第二五冊、台北：新文豊出版公司、一九八七年。
『全唐詩』、北京：中華書局、一九六〇年。
『禅林象器箋』、柳田聖山主編『禅林象器箋・葛藤語箋・禅林句集辨苗』、『禅学叢書』之九、京都：中文出版社、一九七九年。
『禅林僧宝伝』、柳田聖山・椎名宏雄共編『禅学典籍叢刊』第五巻、京都：臨川書店、二〇〇〇年。
『宋高僧伝』、北京：中華書局、一九八七年。
『宋史』、『二十四史』所収本、北京：中華書局、一九九七年。
『続集宗門統要』、柳田聖山・椎名宏雄共編『禅学典籍叢刊』第一巻、京都：臨川書店、一九九九年。
『続文献通考』、杭州：浙江古籍出版社、二〇〇〇年影印万有文庫本。
『祖堂集』、北京：中華書局、二〇〇七年。
『太平寰宇記』、北京：中華書局、二〇〇七年。
『大慧普説』、柳田聖山・椎名宏雄共編『禅学典籍叢刊』第四巻、京都：臨川書店、二〇〇〇年。
『大乗百法明門論疏』、『中華大蔵経』第一〇〇冊、北京：中華書局、一九九六年。
『通志』、北京：中華書局、一九八七年影印万有文庫本。
『天聖広灯録』、柳田聖山主編『宋蔵遺珍宝林伝・伝灯玉英集』、『禅学叢書』之五、京都：中文出版社、一九七五年。

『南唐書』、馬令撰、傅璇琮・徐海栄・徐吉軍主編『五代史書彙編』、杭州：杭州出版社、二〇〇四年。

『南唐書』、陸游撰、傅璇琮・徐海栄・徐吉軍主編『五代史書彙編』、杭州：杭州出版社、二〇〇四年。

『夢中問答集』、川瀬一馬校注・現代語訳、講談社学術文庫、二〇〇〇年。

『無門関』、岩波文庫、一九九四年。

『文選』、上海：上海古籍出版社、一九八六年。

『臨済録』、岩波文庫、一九八九年。

『冷斎夜話』、張伯偉編校『稀見本宋人詩話四種』、南京：江蘇古籍出版社、二〇〇二年。

『論衡校釈』、北京：中華書局、一九九〇年。

論文・著書

石井修道「泉州福先招慶院の浄修禅師省僜と『祖堂集』」、『駒澤大学仏教学部研究紀要』第四四号、一九八六年。

石井修道『中国禅宗史話―真字「正法眼蔵」に学ぶ―』、京都：禅文化研究所、一九八八年。

入矢義高『増補・求道と悦楽』、岩波現代文庫、二〇一二年。

入矢義高監修、唐代禅語録研究班編『玄沙広録』上―下、京都：禅文化研究所、一九八七―一九九九年。

入矢義高監修、古賀英彦編著『禅語辞典』、京都：思文閣出版、一九九一年。

入矢義高・溝口雄三・末木文美士・伊藤文生訳注『碧巌録』上―下、岩波文庫、一九九二―一九九六年。

袁賓『禅宗著作詞語匯釈』、南京：江蘇古籍出版社、一九九〇年。

王栄国「文益禅師在閩参桂琛的年代、因由、地点与卓庵処考辨」、『世界宗教研究』、二〇〇二年第一期。

王栄国「対謝重光先生《也談文益禅師参桂琛的地点和年代》的回応」、『世界宗教研究』、二〇〇四年第一期。

太田辰夫『中国語歴史文法』、京都：朋友書店、二〇一三年新装再版。

太田辰夫『中国語史通考』、東京：白帝社、一九八八年。

小川隆『語録のことば―唐代の禅―』、京都：禅文化研究所、二〇〇七年。

小川隆『臨済録―禅の語録のことばと思想―』、東京：岩波書店、二〇〇八年。

小川隆『続語録のことば―《碧巌録》と宋代の禅―』、京都：禅文化研究所、二〇一〇年。

小川隆「鉄酸餡―問答から公案へ 公案から看話へ―」、『臨済宗妙心寺派教学研究紀要』第八号、二〇一〇年。

小川隆『語録の思想史―中国禅の研究―』、東京：岩波書店、二〇一一年。

夏承燾『唐宋詞人年譜』、『夏承燾集』第一冊、杭州：浙江教育出版社・浙江古籍出版社、一九九七年。

鏡島元隆・佐藤達玄・小坂機融『訳注禅苑清規』、東京：曹洞宗宗務庁、一九七二年。

鎌田茂雄『華厳五教章』、仏典講座二八、東京：大蔵出版、一九七九年。

項楚『寒山詩注』、北京：中華書局、二〇〇〇年。

江藍生・曹広順『唐五代語言詞典』、上海：上海教育出版社、一九九七年。

椎名宏雄「東山法門形成の背景」、『宗学研究』第一二号、一九七〇年。

椎名宏雄『宋元版禅籍の研究』、東京：大東出版社、一九九三年。

謝重光・白文固『中国僧官制度史』、西寧：青海人民出版社、一九九〇年。

朱玉龍編著『五代十国方鎮年表』、北京：中華書局、一九九七年。

蔣紹愚・曹広順主編『近代漢語語法史研究綜述』、北京：商務印書館、二〇〇五年。

蔣礼鴻『敦煌変文字義通釈』、『蔣礼鴻集』第一巻、杭州：浙江教育出版社、二〇〇一年。

鈴木哲雄「諸本対照金陵清涼院文益禅師語録」上―下、『愛知学院大学文学部紀要』第二七―二八号、一九九七―一九九八年。

禅文化研究所唐代語録研究班「『祖堂集』巻七雪峰和尚章訳注（上）」、『禅文化研究所紀要』第三一号、二〇一一年。

張雲江『法眼文益禅師』、厦門：厦門大学出版社、二〇一〇年。

張相『詩詞曲語辞匯釈』、北京：中華書局、一九五三年。

陳垣『釈氏疑年録』、北京：中華書局、一九六四年。

土屋太祐『北宋禅宗思想及其淵源』、成都：四川出版集団巴蜀書社、二〇〇八年。

土屋太祐「玄沙師備の昭昭霊霊批判再考」、『インド哲学仏教学研究』第一六号、二〇〇九年。

土屋太祐「玄砂師備の三句の綱宗」、『東洋文化研究所紀要』第一五四冊、二〇〇八年。

土屋太祐「雪峰の法系と玄沙の法系」、『中国―社会と文化―』第二八号、二〇一三年。

土屋昌明・衣川賢次・小川隆「懶瓚和尚『楽道歌』攷」、『東洋文化研究所紀要』第一四一冊、二〇〇一年。

能仁晃道「清規から見た「喫茶去」」、『禅文化』第一六七号、一九九八年。

能仁晃道『訓読五灯会元』、京都：禅文化研究所、二〇〇六年。

牧田諦亮『中国近世仏教史研究』、京都：平楽寺書店、一九五七年。

柳田聖山「禅籍解題」、世界古典文学全集 第三六巻B『禅家語録Ⅱ』、東京：筑摩書房、一九七四年。

柳田聖山『初期の禅史Ⅱ―歴代法宝記―』、禅の語録三、東京：筑摩書房、一九七六年。

柳田聖山編『禅の文化資料編』、京都：京都大学人文科学研究所、一九八八年。

柳田聖山「四家録と五家録」、『柳田聖山集』第二巻『禅文献の研究』上、京都：法蔵館、二〇〇一年。初出：『松ヶ岡文庫研究紀要』第一四号、二〇〇〇年。

柳田聖山「法眼文益と法眼宗」、『柳田聖山集』第三巻『禅文献の研究』下、京都：法蔵館、二〇〇六年。

柳田聖山「清涼注同安十玄談」、『柳田聖山集』第三巻『禅文献の研究』下、京都：法蔵館、二〇〇六年。

無門関

柳　幹康　訳注

凡例

一、大正新脩大蔵経第四八巻所収（二〇〇五番）『無門関』が底本とする寛永九年刊本を底本に用いた。参照の便を図り訓読文の上欄に大正蔵の頁・段を附記した。

一、書き下し中、〈　〉は原文にもとからある注記等、（　）は引用者による注記、〔　〕は引用者による補記、〔＝　〕は原文に対する校改をそれぞれ表す。

一、訓読・解釈にあたり先行の訳注等を適宜参照したが、最終的には自身の判断に基づいている。また訓読は取意を主としており、伝統的な訓読法とは必ずしも一致しない。

一、字体は原則として新字体を用いる。ただし訓読において「余」と「餘」、「辨」と「辯」など書き分けが必要な場合は旧字のままとした。また踊り字は適宜それが指す字に改めた。

一、底本では「着」と「著」が混在しているが、大正蔵にならい全て「著」に改めた。異同については解題末尾の対照表を参照。

一、本稿では以下の略号を用いる。

K：「基本典籍叢刊」シリーズ　禅文化研究所、一九九〇―九五年刊行。

T：『大正新脩大蔵経』　大蔵出版、一九二四―三四年刊行・一九六〇―七九年再刊。

Z：『卍続蔵経』 新文豊出版、一九七六年影印。

【馬祖】：入矢義高『馬祖の語録』、禅文化研究所、一九八四年。二〇一六年筑摩書房より再刊。

【臨済】：入矢義高『臨済録』、岩波書店、一九八九年。

【碧上】：入矢義高・溝口雄三・末木文美士・伊藤文生『碧巌録（上）』、岩波書店、一九九二年。

【碧中】：入矢義高・溝口雄三・末木文美士・伊藤文生『碧巌録（中）』、岩波書店、一九九四年。

【碧下】：入矢義高・溝口雄三・末木文美士・伊藤文生『碧巌録（下）』、岩波書店、一九九六年。

【景三】：入矢義高監修・景徳伝灯録研究会編『景徳伝灯録 三』、禅文化研究所、一九九三年。

【景四】：入矢義高監修・景徳伝灯録研究会編『景徳伝灯録 四』、禅文化研究所、一九九七年。

【景五】：景徳伝灯録研究会編『景徳伝灯録 五』、禅文化研究所、二〇一三年。

【禅典】：柳田聖山・椎名宏雄『禅学典籍叢刊』第一巻、臨川書店、一九九九年。

292a

禅宗無門関《ぜんしゅうむもんかん》

〔習菴《しゅうあん》の序〕

無門と説道《い》わば、尽大地の人得入《とくにゅう》せん。有門と説道《い》わば、阿師《あし》の分無けん。[1] 第一《も》し強いて幾箇《いくつか》の注脚を添《そ》うるは、大いに笠上に笠を頂くに似《に》たり。[2] 硬《かたくな》に習翁《それがし》が賛揚せんことを要《もと》むるは、又た是れ乾竹に汁を絞るなり。[3] 這些《これら》の哮《ほまれ》を著《つ》け得て、本より習翁《それがし》の一擲《いってき》一擲するを消《もちい》ず。[4] 一滴をして江湖に落ちしむること莫《なか》れ、千里の烏騅《うすい》も追不得《おいつきえず》。[5]

紹定《しょうてい》改元七月の晦《みそか》　習菴陳塤写《しゅうあんちんけんしる》す。[6]

292b

〔表文《ひょうぶん》〕[7]

紹定《しょうてい》二年正月初五日　恭《うやうや》しく天基《おかみ》の聖節《せいせつ》に遇《あ》う。[8] 臣僧《しんそう》慧開　預《あらかじ》め元年十二月初五日に於て仏祖の機縁四十八則を印《いん》行・拈提《ねんてい》して、今上《きんじょう》皇帝の聖躬《おんみ》の万歳、万歳、万万歳を祝延《ねが》う。皇帝陛下、恭《かしこま》りて願わくは、聖明は日月に斉《ひと》しく、叡筭《みよ》は乾坤《あめつち》に等しく、八方は有道《ゆうどう》の君を歌い、四海は無為の化《け》を楽しまんことを。[9]

慈懿《じい》皇后《こうごう》功徳報因佑慈《ゆうじ》禅寺《ぜんじ》[10]、前住持伝法の臣僧慧《え》開《かい》謹んで言《もう》す。

〔自序〕

禅宗無門関

仏の語りし心を宗《おおもと》と為《な》し、無門を法門と為す。[11] 既に是れ無門なれば、且《しばら》く作麼生《いか》に透《とお》らん。[12] 豈《あ》に道《い》うを見ずや、門従《よ》り入る者は家珍《かちん》に不是《あら》ず、縁従《よ》り得る者は始終成壊《じょうえ》すと。[13] 恁麼《か》く説話《い》わば、大いに風無きに浪《なみ》を起こし、好《よ》き肉に瘡《きず》を剜《えぐ》るに似《に》たり。[14] 何ぞ況んや言句《ごんく》に滞り、解会《げえ》を覓《もと》むるをや。棒を掉《ふ》りて月を打ち、靴を隔てて痒《かゆき》を爬《か》く、甚《なん》の交渉《かかわり》か有らん。[15]

慧開《それが》し紹定戊子《しょうていぼし》の夏、東嘉《とうか》の龍翔《りゅうしょう》に衆《しゅ》に首たり。衲子《のっす》の請益《しんえき》するに因《ちな》みて、遂《かく》て古人の公案を将《もっ》て門を敲《たた》く瓦子《がす》と作《な》し、機に随い学者を引導《みちび》く。竟爾《つい》に抄録するに、覚えず集と成る。初めより前後を以て叙列《なら》べず、共に四十八則と成る。通じて無門関と曰う。[16]

若《も》し是れ箇《こ》の漢ならば、危亡を顧みず、単刀もて直《じき》に入り、八臂《はっぴ》の那吒《なた》も、他《かれ》を攔《さえぎ》るとも住《とど》めえざらん。縦使《たと》い西《さい》天《てん》の四七と東土の二三も、只だ風に望んで命を乞うを得るのみならん。[17] 設或《も》し躊躇《ためら》わば、也《ま》た窓を隔てて馬騎《ばき》を看《み》るに似《に》て、眼を眨得《またた》き来るや、早已《つと》に蹉過《すれちが》わん。[18]

頌《じゅ》[19]に曰《いわ》く、「大道無門、千差有路。[20] 此の関を透得《とおりえ》ば、乾坤《けんこん》に独歩せん」と。[21]

仏祖機縁四十八則

目録

292c

目録終

無門関

参学比丘《さんがくびく》　弥衍《みえん》　宗紹《しゅうしょう》編

293a

〔第一則〕　趙州狗子《じょうしゅうくす》

趙州《じょうしゅう》和尚、[22] 因《ちな》みに僧問う、「狗子《いぬ》に還《は》た仏性《ぶっしょう》有り也無《や》」と。州云《いわ》く、「無」と。[23]

無門曰《いわ》く——参禅は須《すべから》く祖師の関を透《とお》るべし、妙悟は心路を窮《きわ》めて絶するを要す。[24] 祖関透《とお》らず、心路絶《ぜっ》せずんば、尽《ことごと》く是れ依草附木《えそうふもく》の精霊《しょうりょう》ならん。[25] 且《しばら》く道《い》え、如何《いかなる》か是れ祖師の関。只《た》だ者《こ》の一箇の無字、乃ち宗門の一関なり。遂《かく》て之を目《なづ》けて禅宗無門関と曰《い》う。[26] 透得過《とおりう》る者は、但《た》だ親《みずか》ら趙州に見《まみ》ゆるのみ非《なら》ず、便《すなわ》ち歴代の祖師と手を把《と》りて共に行き、眉毛厮《あ》い結んで、同一眼に見、同一耳に聞く可《べ》し。[27] 豈に慶快ならざらんや。関を透《とお》らんと要する底《もの》有るに莫《あら》ず麼《や》[28]。三百六十の骨節《こっせつ》、八万四千の毫竅《けあな》を将《もっ》て、通身に箇《こ》の疑団を起こして箇《こ》の無字に参じ、昼夜提撕《ていぜい》せよ[29]。虚無《こむ》の会《え》を作《な》すこと莫《なか》れ、有無《うむ》の会《え》を作《な》すこと莫《なか》れ[30]。如《あたか》も箇《こ》の熱鉄丸《ねってつがん》を呑了《のみこ》むが相似《ごと》く、吐《は》くも又《ま》た吐不出《はきいだせず》[31]、従前の悪知悪覚《あくちあっかく》を蕩尽し、久久に純熟せば、自然に内と外と一片《ひとつ》に打成《な》らん[32]。唖子《あし》の夢を得るが如く、只《た》だ自知することを許《みと》むるのみ。驀然《まくねん》として打発せば、天を驚し地を動じ、関将軍の大刀を奪得《うばいと》りて手に入るるが如く、仏に逢《お》うては仏を殺し、祖に逢《お》うては祖を殺し[33]、生死《しょうじ》岸頭《がんとう》に於いて大自在を得、六道四生中に向《お》いて遊戯《ゆげ》三昧《ざんまい》ならん[34]。且《しばら》く作麼生《いかに》か提撕《ていぜい》せん[35]。平生の気力を尽くして、箇《こ》の無字を挙げよ。若し間断せずんば、好《はなは》だ法燭の一たび点ぜば便《すなわ》ち著《つ》くに似《に》ん[36]。

頌に曰く——狗子仏性《ぶっしょう》、全提正令《ぜんていしょうれい》[37]。纔《わずか》に有無に渉《わた》らば、喪身失命せん[38]。

〔第二則〕百丈野狐《ひゃくじょうやこ》

百丈《ひゃくじょう》和尚[39]、凡《およ》そ参の次《つい》で一老人有り、常に衆に随いて法を聴き、衆人退けば老人も亦《ま》た退く。忽《ふ》と一日退かず。師遂《かく》て問う、「面前に立つ者は復《は》た是れ何人ぞ」と。老人云《いわ》く、「諾《だく》。某甲《それが》し非人なり。過去迦葉仏《かしょうぶつ》の時に於いて曾《かつ》て此の山に住す。因《ちな》みに学人問う、『大修行底《てい》の人、還《は》た因果に落つ也無《や》』と。某甲《それが》し対《こた》えて云く、『因果に落ちず』と。五百生野狐身《やこしん》に堕せり。今ま請う和尚、一転語を代われ、野狐を脱せんと貴《ほっ》す」と[40]。遂《かく》て問う、「大修行底《てい》の人、還《は》た因果に落つ也無《や》」と。師云く、「因果を昧《くらま》さず」と。老人言下《ごんか》に於いて大悟し、礼を作《な》して云く、「某甲《それが》し已《すで》に野狐身を脱せり。住みて山後に在り。敢えて和尚に告ぐ、乞うらくは亡僧の事例に依れ」と[41]。師、維那《いのう》をして白槌《びゃくつい》して衆に告げしむ、「食後に亡僧を送る」と。大衆言議《ごんぎ》すらく、「一衆皆《み》な安く、涅槃堂にも又た人の病む無し、何が故にか是の如くなる」と。食後に只だ見る、師の衆を領《ひき》いて山後巌下に至り、杖を以て一の死せし野狐を挑出して、乃ち依りて火葬せるを[42]。師晩《ばん》に至りて上堂し、前の因縁を挙す。黄檗《おうばく》[43]便《すなわ》ち問う、「古人錯《あやま》りて一転語を祇対《こた》え、五百生野《や》

293b
狐身《こしん》に堕す。転転錯《あやま》らずんば、合《まさ》に箇《こ》の甚麼《なに》にか作《な》るべき」と。師云く、「近前来《ちこうよ》れ、伊《なんじ》が与《ため》に道《い》わん」と。黄檗遂《かく》て近前《ちかづ》き、師に一掌を与う。師手《て》を拍《う》ち笑いて云く、「胡《えびす》の鬚《ひげ》の赤きかと将謂《おも》いきや、更に赤き鬚の胡有るとは」と。[44]

無門曰《いわ》く——因果に落ちず、為甚《なんすれ》ぞ野狐に堕する。因果を昧《くらま》さず、為甚《なんすれ》ぞ野狐を脱する。若し者裏《ここ》に向《お》いて一隻眼を著得《つけえ》ば、便《すなわ》ち知得《し》らん、前百丈の風流五百生を贏得《かちえ》たるを。[45]

頌に曰く——不落と不昧と、両采一賽《りょうさいいっさい》なり。不昧と不落と、千錯万錯《せんしゃくばんしゃく》なり。[46]

〔第三則〕　倶胝竪指《ぐていじゅし》

倶胝《ぐてい》和尚[47]、凡《およ》そ詰問有れば、唯だ一指を挙ぐるのみ。後に童子有り、因《ちな》みに外人問《と》う、「和尚、何の法要をか説く」と。童子も亦《ま》た指頭《ゆび》を竪《た》つ[48]。胝聞《き》きて、遂《かく》て刃を以て其の指を断つ。童子痛《いた》みを負い、号哭《なきさけ》びて去る。胝復《ま》た之を召《よ》び、童子首《こうべ》を廻《めぐ》らす。胝却《かえっ》て指を竪起《た》つ、童子忽然《ふ》と領悟《さと》る[49]。胝将《まさ》に順世《みまか》らんとするに、衆に謂いて曰《いわ》く、「吾れ天龍の一指頭の禅を得たり、一生受用不尽《つかいつくせず》」と。言い訖《おわ》りて示滅《みまか》る[50]。

無門曰く——倶胝幷《なら》びに童子の悟る処、指頭上に在《あ》らず。若し者裏《ここ》に向《お》いて見得《みえ》ば、天龍、倶胝幷《なら》びに童子と同じく、自己と一串に穿却《つらぬ》かん。[51]

頌に曰く——倶胝鈍置《どんち》す老天龍、利刃単提《たんてい》して小童を勘す。[52] 巨霊《これい》手を擡《もた》ぐるに多子《くだくだしき》無し、分破す華山の千万重。[53]

〔第四則〕　胡子無鬚《こすむしゅ》

或庵《わくあん》[54]曰《いわ》く、「西天《さいてん》の胡子《えびす》、因甚《なんすれ》ぞ鬚《ひげ》無き」と。[55]

無門曰く――参は須く実参なるべし、悟は須く実悟なるべし。[56] 者箇《こ》の胡子《えびす》、直に須く親《みずか》ら見《まみ》ゆること一回にして始めて得《よ》し。[57] 親《みずか》ら見《まみ》ゆと説くも、早《つと》に両箇《ふたつ》と成れり。[58]

頌に曰く――痴人の面前にて、夢を説く可《べ》からず。[59] 胡子《えびす》に鬚《ひげ》無し、惺惺《せいせい》に懵《もう》を添《そ》う。[60]

293c

〔第五則〕香厳上樹《きょうげんじょうじゅ》

香厳《きょうげん》和尚[61]云《いわ》く、「如《たと》えば人樹《き》に上り、口に樹枝を銜《くわ》え、手は枝を攀《よ》じず、脚《あし》は樹を踏まず。樹下に人有り、西来意《せいらいい》を問う。対《こた》えずんば即ち他《かれ》の所問に違う。若し対《こた》えば又《ま》た身を喪《うしな》い命を失わん。正に恁麼《かくのごと》き時、作麼生《いかに》か対《こた》えん。[62]

無門曰《いわ》く――縦《たと》い懸河《けんか》の辨《べん》有るも、惣《すべ》て用不著《もちいえず》。一大蔵教を説得《ときう》るも、亦《ま》た用不著《もちいえず》。[63] 若《も》し者裏《ここ》に向《お》いて対得著《こたええ》ば、従前の死路頭《しろとう》を活却《かっきゃく》し、従前の活路頭《かつろとう》を死却《しきゃく》せん。[64] 其或《あるい》は未だ然らずんば、直に当来を待ちて弥勒《みろく》に問え。[65]

頌に曰く――香厳真《まこと》に杜撰《ずさん》にして、悪毒尽限《かぎ》り無し。[66] 衲僧《のうそう》の口を啞却《ふさぎさ》り、通身に鬼眼を迸《ほとばし》らしむ。[67]

〔第六則〕世尊拈花《せそんねんげ》

世尊《せそん》[68]、昔し霊山会上《りょうぜんえじょう》に在りて花を拈《と》りて衆に示す。是《こ》の時衆皆《しゅうみ》な黙然《もくねん》たり。[69] 惟《た》だ迦葉《かしょう》尊者のみ顔を破《ほころ》ばせ微笑《ほほえ》む。[70]

世尊云《いわ》く、「吾に正法眼蔵《しょうぼうげんぞう》、涅槃《ねはん》妙心《みょうしん》、実相無相《じっそうむそう》、微妙《みみょう》の法門有り、不立文字《ふりゅうもんじ》、教外《きょうげ》別伝《べつでん》、摩訶迦葉《まかかしょう》に付嘱《あた》う」と。[71]

無門曰《いわ》く――黄面《おうめん》の瞿曇《くどん》、傍若無人、良を圧して賤と為し、羊頭を懸げて狗肉を売る。多少《いかほど》の奇特《きとく》かと将謂《おも》う。[72] 只如《たとえ》ば当時《そのか》み大衆都《み》な笑わば、正法眼蔵、作麼生《いかに》か伝えん。設使《も》し迦葉笑《わら》わずんば、正法眼蔵、又た作麼生《いかに》か伝えん。[73] 若《も》し正法眼蔵に伝授有りと道《い》わば、黄面の老子《おやじ》、閭閻《りょえん》を誑謼《たぶらか》す。若し伝授無しと道《い》わば、為甚麼《なんすれ》ぞ独《ひと》り迦葉のみを許《みと》むる。[74]

頌に曰く――花を拈起来《とりあぐ》るに、尾巴《びは》已《すで》に露《あらわ》る。[75] 迦葉は顔を破《ほころ》ばせ、人天《にんでん》は措《お》く罔《な》し。[76]

294a

〔第七則〕 趙州洗鉢《じょうしゅうせんぱつ》

趙州《じょうしゅう》、[77] 因《ちな》みに僧問《と》う、「某甲《それが》し乍入叢林《さにゅうそうりん》、乞う師、指示せよ」と。州云《いわ》く、「粥を喫《くら》い了也未《おわれりや》」と。[78] 僧云く、「粥を喫い了也《おわれり》」と。州云く、「鉢盂《はち》を洗いに去《ゆ》け」と。其の僧省《せい》有り。[79]

無門曰《いわ》く――趙州は口を開きて胆《きも》を見《あらわ》し、心肝を露出《あらわ》す。[80] 者《こ》の僧は事を聴くこと真ならず、鐘《かね》を喚《よ》びて甕《かめ》と作《な》す。[81]

頌に曰く――只《た》だ分明《ふんみょう》極まるが為に、翻《かえ》って得る所をして遅からしむ。早《つと》に灯は是れ火なりと知らば、飯は熟《たきあが》りて已《すで》に多時ならん。[82]

〔第八則〕 奚仲造車《けいちゅうぞうしゃ》

月庵《げつあん》和尚、[83] 僧に問う、「奚仲《けいちゅう》、車を造《つく》ること一百輻、両頭を拈却《とりさ》り、軸を去却《のぞきさ》る。甚麼辺《いずく》の事をか明かす[84]」と。

無門曰《いわ》く――若《も》し直下に明得《あきらめえ》ば、眼は流星に似《に》、機《はたらき》は掣電《いなびかり》の如《ごと》し。[85]

頌に曰く――機輪の転ずる処、達者も猶お迷う。四維上下《しゆいじょうげ》、南北東西。[86]

〔第九則〕 大通智勝《だいつうちしょう》

興陽譲《こうようじょう》和尚[87]、因《ちな》みに僧問《と》う、「大通智勝仏、十劫も道場に坐するに、仏法現前《げんぜん》せず、仏道を成ずるを得ざる時如何《いかん》」と。[88] 譲曰《いわ》く、「其の問甚《はなは》だ諦当《たいとう》なり」と。[89] 僧云《いわ》く、「既《すで》に道場に坐するに、為甚麼《なんすれ》ぞ仏道を成ずるを得ざる」と。[90] 譲曰く、「伊《かれ》の仏と成らざるが為なり」と。[91]

無門曰く――只だ老胡《ろうこ》の知るを許《みと》むるのみにして、老胡の会《え》するを許《みと》めず。[92] 凡夫若《も》し知らば即ち是れ聖人なり、聖人若《も》し会せば即ち是れ凡夫なり。[93]

頌に曰く――身を了ずるは心を了じて休するに何似《いずれ》ぞ、心を了得《りょうとく》せば身は愁えず。若《も》也し身と心と倶《とも》に了了《あきらか》ならば、神仙何《なん》ぞ更に侯に封ずるを必《もち》いん。[94]

294b

〔第十則〕 清税孤貧《せいぜいこひん》

曹山《そうざん》和尚[95]、因《ちな》みに僧問《と》うて云《いわ》く、「清税《それが》し孤貧《こひん》なり、乞う師賑済《しんさい》せよ」[96] と。山云く、「税闍梨《ぜいじゃり》」と。[97] 税応諾《おうだく》す。[98] 山曰《いわ》く、「青原白家の酒、三盞《せん》も喫《の》み了《おわ》りて、猶《な》お道《い》う、未だ唇を沾《うるお》さず」[99] と。

無門曰く――清税の輸機《しゅき》、是れ何の心行ぞ。[100] 曹山眼《まなこ》を具《ぐ》し、深く来機を辨ず。[101] 是の如しと然雖《いえど》も、且《しばら》く道《い》え、那裏《いずく》か是れ税闍梨の酒を喫《の》む処。[102]

頌に曰く――貧は范丹《はんたん》に似、気は項羽《こうう》の如し。[103] 活計無《な》しと雖も、敢えて与《とも》に富を闘《たたか》わしむ。[104]

〔第十一則〕　州勘庵主《しゅうかんあんじゅ》

趙州《じょうしゅう》、[105]一庵主《あんじゅ》の処に到りて問う、「有り麼《や》、有り麼」と。主拳頭《こぶし》を竪起《た》つ。[106]州「水浅《あさ》し、舡《ふね》を泊《と》むる処に不是《あら》ず」と云いて、便《すなわ》ち行く。[107]又た一庵主の処に到りて云《いわ》く、「有り麼、有り麼」と。主亦《ま》た拳頭《こぶし》を竪起《た》つ。州「能く縦《はな》ち能く奪い、能く殺し能く活かす」と云いて、便《すなわ》ち礼を作《な》す。[108]

無門曰《いわ》く——一般《おなじ》く拳頭《こぶし》を竪起《た》つるに、為甚麼《なんすれ》ぞ一箇《ひとり》を肯《うべな》い、一箇《ひとり》を肯わざる。且《しばら》く道《い》え、誵訛《むつかし》き甚処《いずく》にか在る。[109]若し者裏《ここ》に向《お》いて一転語を下得《くだしえ》ば、便《すなわ》ち見ん、趙州の舌頭《した》に骨無く、扶起《おこ》すと放倒《たお》すと大自在を得るを。[110]是の如しと雖然《いえど》も、趙州却《かえっ》て二庵主に勘破《みぬか》るるを争奈《いかんせ》ん。[111]若し二庵主に優劣有りと道《い》わば、未だ参学の眼を具せず。若し優劣無しと道《い》わば、亦《ま》た未だ参学の眼を具せず。[112]

頌に曰く——眼は流星、機は掣電《いなびかり》。[113]殺人の刀、活人の剣。[114]

〔第十二則〕　巌喚主人《がんかんしゅじん》

瑞巌彦《ずいがんげん》和尚、[115]毎日自《みずか》ら主人公と喚《よ》び、復《ま》た自ら応諾《おうだく》して、乃ち云《いわ》く、「惺惺著《せいせいじゃく》」、「喏《だく》」、「他時異日、人の瞞《だます》を受くること莫《なか》れ」、「喏、喏」と。[116]

無門曰《いわ》く——瑞巌の老子《おやじ》自《みずか》ら買い自ら売り、許多《あまた》の神頭・鬼面を弄出《い》だす。何が故ぞ聻《や》。一箇は喚ぶ底《もの》、一箇は応ずる底《もの》。一箇は惺惺の底《もの》、一箇は人の瞞を受けざる底《もの》。[117]認著《みと》めば依前《やは》として還り不是《しからず》。若《も》し他《かれ》に傚《なら》わば、惣《すべ》て是れ野狐《やこ》の見解《けんげ》なり。[118]

頌に曰く——学道の人真《しん》を識《し》らず、只だ従前より識神を認むるが為なり。無量劫来生死《むりょうごうらいしょうじ》の本、痴人《ちじん》は喚《よ》びて本来人《ほんらいにん》と作《な》す。[119]

294c

〔第十三則〕 徳山托鉢《とくさんたくはつ》

徳山《とくさん》[120]、一日鉢《はつ》を托《ささげ》て堂に下り、雪峰《せっぽう》に問わる、「者《こ》の老漢《おやじ》、鐘未《いま》だ鳴らず、鼓未《いま》だ響かざるに、鉢を托《ささげ》て甚処《いずく》に向《むか》ってか去《ゆ》く」と。山便《すなわ》ち方丈に回《かえ》る[121]。峰、巌頭《がんとう》に挙似《とりあ》ぐ。頭云《いわ》く、「大小《さしも》の徳山も、未だ末後《まつご》の句を会《え》せず」と[122]。山聞《き》きて、侍者をして巌頭を喚《よ》び来らしむ。問うて曰《いわ》く、「汝、老僧《わし》を肯《うべな》わざる那《か》」と。巌頭密《ひそ》かに其の意を啓《もう》す、山乃《すなわ》ち休し去る[123]。明くる日陞座《しんぞ》、果《は》たして尋常《つねひごろ》と同じからず。巌頭、僧堂の前に至りて、掌を拊《う》ちて大笑して云く、「且喜《うれし》や、老漢《おやじ》の末後の句を会するを得たるは。他後《のち》天下の人、伊《かれ》を奈何《いかん》ともせず」と[124]。

無門曰く——若《も》し是れ末後の句ならば、巌頭と徳山と倶《とも》に未だ夢にも見ざる在《ぞ》[125]。撿点将来《しらべきた》れば、好《はなは》だ似《に》たり一棚《いっぽう》の傀儡《かいらい》に[126]。

頌に曰く——最初の句を識得《し》らば、便《すなわ》ち末後の句を会《え》せん。末後と最初と、者《こ》の一句に不是《あら》ず[127]。

〔第十四則〕 南泉斬猫《なんせんざんみょう》

南泉《なんせん》和尚[128]、東西堂の猫児《ねこ》を争《あらそ》うに因《よ》りて、泉乃《すなわ》ち提起《とりあ》げて云《いわ》く、「大衆よ、道得《いいえ》ば即ち救う、道不得《いいえず》んば即ち斬却《きりす》て也《ん》」と[129]。衆対《こた》うる無し、泉遂《かく》て之を斬る。晩に趙州《じゅうしゅう》[130]外より帰る。泉、州に挙似《とりあ》ぐ。州乃《すなわ》ち履《はきもの》を脱ぎて、頭上に安《お》いて出づ[131]。泉云く、「子《そな》た若《も》し在《お》らば、即ち猫児を救得《すくいえ》たるを」と[132]。

無門曰《いわ》く——且《しばら》く道《い》え、趙州草鞋《わらじ》を頂く、意作麼生《いかん》。若し者裏《ここ》に向《お》いて一転語を下得《くだしえ》ば、便《すなわ》ち見ん、南泉の令の虚《むなし》

295a

く行ぜざりしことを。[133] 其或《あるい》は未だ然らずんば、険《あやう》し。
頌に曰く――趙州若《も》し在《お》らば、倒《さかしま》に此の令を行ぜん。刀子《かたな》を奪却《うばいさ》りて、南泉も命を乞わん。[134]

〔第十五則〕　洞山三頓《とうざんさんとん》

雲門《うんもん》[135]、因《ちな》みに洞山《とうざん》[136]の参ずる次《おり》、門問《と》うて曰《いわ》く、「近《ちか》ごろ甚処《いずく》をか離るる」と。山云く、「査渡《さと》」と。門曰く、「夏甚処《げいずく》にか在る」と。山云《いわ》く、「湖南の報慈《ほうず》」と。門曰く、「幾時《いくとき》か彼《かしこ》を離るる」と。山云く、「八月二十五」と。門曰く、「汝に三頓の棒を放《ゆる》す」と。[137] 山明日《みょうじつ》に至り却《かえ》って上りて問訊《たず》ぬ、「昨日和尚《おしょう》の三頓の棒を放《ゆる》すを蒙《こうむ》る、不知《は》た過甚麼処《とがいずく》にか在る」と。[138] 門曰く、「飯袋子《はんたいす》。江西湖南、便《すなわ》ち恁麼《か》く去《ゆ》く」と。[139] 山此《ここ》に於いて大悟す。

無門曰く――雲門当時《そのかみ》便《すなわ》ち本分の草料《まぐさ》を与えて、洞山をして別に生機《さんき》の一路有らしめ、家門をして寂寥《じゃくりょう》を致さざらしむ。[140] 一夜是非《ぜひ》海裏《かいり》に在りて著到《とりつ》き、直に天の明るくなるを待ちて再《ふたた》び来りて、又た他《かれ》の与《ため》に注破《ときつく》す。[141] 洞山直下《じきげ》に悟去《さとりさ》るも、未だ是れ性燥《はや》からず。[142] 且《しばら》く諸人に問う、洞山の三頓の棒、喫《くら》う合《べ》きか喫《くら》う合《べ》からざるか。若し喫《くら》う合《べ》しと道《い》わば、草木叢林も皆な棒を喫《くら》う合《べ》し。[143] 若し喫《くら》う合《べ》からずと道《い》わば、雲門又《ま》た誑語《でたらめ》を成す。[144] 者裏《ここ》に向《お》いて明得《あきらめえ》ば、方《はじ》めて洞山の与《ため》に一口の気を出ださん。[145]

頌に曰く――獅子、児《こ》に教う、迷子の訣、前《すす》み跳躑《と》ばんと擬《ほっ》するや早《つと》に身を翻す。[146] 端《はし》無くも再び叙《の》ぶ当頭著《とうとうじゃく》、前の箭《や》は猶お軽く後の箭は深し。[147]

〔第十六則〕　鐘声七条《しょうせいしちじょう》

雲門《うんもん》[148]曰《いわ》く、「世界は恁麼《かく》も広闊《ひろ》し、因甚《なんすれ》ぞ鐘声裏《しょうせいり》に向《お》いて七条を披《き》る」と。[149]

無門曰く――大凡《およ》そ禅に参じ道を学ぶは、切に忌む声に随い色を逐《お》うを。[150]縦使《たと》い声を聞きて道を悟り、色を見て心を明かすも、也《ま》た是れ尋常《つきなみ》なり。殊《こと》に知らず、衲僧家《のうそうけ》の声に騎《の》り色を蓋《おお》い、頭頭上に明らめ、著著上に妙なるを。[151]是の如しと然雖《いえど》も、且《しばら》く道《い》え、声、耳畔に来《きた》るか、耳、声辺に往《ゆ》くか。直饒《たと》い響と寂と双《ふたつなが》らに忘るるも、此に到りて如何《いかに》か話会《わえ》せん。[152]若し耳を将《もっ》て聴かば応に会すること難かるべし、眼処に声を聞きて方始《はじ》めて親《ちか》し。[153]

頌に曰く――会せば則ち事同一家《どういっけ》、会せずんば万に別れ千に差《たが》う。会せずんば事同一家《どういっけ》、会せば則ち万に別れ千に差う。[154]

〔第十七則〕　国師三喚《こくしさんかん》

国師[155]三《み》たび侍者《じしゃ》を喚《よ》ぶに、侍者三《み》たび応《こた》う。国師云《いわ》く、「吾れ汝に辜負《そむ》くかと将謂《おも》いきや、元来《なん》と却《かえっ》て是れ汝じ吾に辜負《そむ》けるとは」と。[156]

無門曰《いわ》く――国師三《み》たび喚《よ》ぶに、舌頭《した》地に堕《お》つ。[157]侍者三《み》たび応《こた》うるに、光を和《やわら》げ吐出《はきいだ》す。[158]国師年老《とし》い心孤《こ》にして、牛頭《ごず》を按《あん》じて草を喫《くら》わしむ。[159]侍者未《いま》だ肯《あ》えて承当《うけが》わず。美食も飽《あ》きし人の飡《さん》に中《あた》らず。[160]且《しばら》く道《い》え、那裏《いずく》か是れ他《かれ》の辜《そ》負《む》く処。国清《きよら》かにして才子貴《たっと》く、家富んで小児嬌《おご》る。[161]

295b
頌に曰く――鉄枷無孔《てっかむく》、人の担《にな》わんことを要す、[162]累《わざわい》児孫に及ぶこと等閑《なみ》ならず。門を撐《ささ》え幷《なら》びに戸を拄《ささ》えんと欲得《ほっ》せば、更に須く赤脚《はだし》にて刀山《とうせん》に上るべし。[163]

〔第十八則〕　洞山三斤《とうざんさんぎん》

洞山《とうざん》和尚[164]、因《ちな》みに僧問《と》う、「如何《いかなる》か是れ仏」と。山云《いわ》く、「麻三斤《まさんぎん》」と。[165]

無門曰《いわ》く——洞山老人些《いささか》の蚌蛤《はまぐり》禅に参得《さんじえ》たり、纔《わずか》に両片を開くや、肝腸《はらわた》を露出《あらわ》す。[166] 是の如しと然雖《いえど》も、且《しばら》く道《い》え、甚処《いずく》に向《お》いてか洞山に見《まみ》えん。[167]

頌に曰く——麻三斤を突出す、言は親《ちか》く意は更に親《ちか》し。来りて是非を説く者は、便《すなわ》ち是れ是非の人。[168]

〔第十九則〕　平常是道《びょうじょうぜどう》

南泉《なんせん》[169]、因《ちな》みに趙州《じょうしゅう》[170]問う、「如何《いかなる》か是れ道」と。泉云《いわ》く、「平常心《びょうじょうしん》是れ道」と。[171] 州云く、「還《は》た趣向《むか》う可《べ》き否《や》」と。[172] 泉云く、「向わんと擬《ほっ》せば即ち乖《そむ》く」と。[173] 州云く、「擬《ほっ》せずんば、争《いかで》か是れ道なるを知らん」と。[174] 泉云く、「道は知にも属せず、不知にも属せず。知は是れ妄覚、不知は是れ無記なり。[175] 若し真に不疑の道に達せば、猶《な》お太虚の廓然《かくねん》として洞豁《とうかつ》なるが如し、豈に強いて是非す可《べ》けん也《や》」と。[176] 州言下《ごんか》に於いて頓悟す。

無門曰《いわ》く——南泉、趙州に発問せられて、直に得たり、瓦解氷消《がげひょうしょう》・分疎不下《ぶんそふげ》なることを。[177] 趙州縦《たと》い悟り去るも、更に参ずること三十年にして始めて得《よ》し。[178]

頌に曰く——春に百花有り秋に月有り、夏に涼風有り冬に雪有り。若し閑事《よそごと》の心頭《こころ》に挂《か》くる無くんば、便《すなわ》ち是れ人《じん》間《かん》の好《よ》き時節なり。[179]

〔第二十則〕　大力量人《だいりきりょうにん》

松源《しょうげん》和尚[180]云《いわ》く、「大力量の人因甚《なんすれ》ぞ脚《あし》を擡《もた》げ起こしえざる」と。又た云く、「口を開きて舌頭上に在《あ》らず」と[181]。

無門曰《いわ》く――松源謂《い》う可《べ》し、腸《はらわた》を傾《かたむ》け腹を倒《さかしま》にすと。只だ是れ人の承当《うけが》うを欠く[182]。縦饒《たと》い直下に承当《うけが》うも、正に好《よ》
295c
し、無門の処に来りて痛棒を喫《くら》うに。何が故ぞ聻《や》。真金を識《し》らんと要せば、火裏に看《み》よ[183]。

頌に曰く――脚《あし》を擡《もた》げては踏翻《けたお》す香水海、頭《こうべ》を低《た》れては俯視《みおろ》す四禅天。一箇の渾身処《ところ》の著《つ》くる無し。請う、一句を続けよ[184]。

〔第二十一則〕　雲門屎橛《うんもんしけつ》

雲門[185]、因《ちな》みに僧問《と》う、「如何《いかなる》か是れ仏」と。門云《いわ》く、「乾屎橛《かんしけつ》」と[186]。

無門曰《いわ》く――雲門謂《い》う可《べ》し、家は貧にして素食を辨《べん》じ難く、事は忙《せわ》しうして草書するに及ばずと[187]。動《やや》もすれば便《すなわ》ち屎橛《しけつ》を将《も》ち来り、門を撑《ささ》え戸を拄《ささ》う。仏法の興衰、見る可《べ》し[188]。

頌に曰く――閃電光、撃石火。眼を眨得《またた》かば、已《すで》に蹉過《すれちが》わん[189]。

〔第二十二則〕　迦葉刹竿《かしょうせっかん》

迦葉《かしょう》[190]、因《ちな》みに阿難《あなん》[191]問うて云《いわ》く、「世尊、金襴の袈裟を伝えし外《ほか》、別に何物《なに》をか伝う」と[192]。葉喚《よ》びて云く、「阿難よ」と。難応諾《おうだく》す[193]。葉云く、「門前の刹竿《はたざお》を倒却《た》お著《せ》」と[194]。

無門曰《いわ》く――若し者裏《ここ》に向《お》いて一転語を下得《くだしえ》て親切ならば、便《すなわ》ち見ん、霊山の一会儼然《げんぜん》として未だ散ぜざるを。[195] 其或《あるい》は未だ然らずんば、毘婆尸仏《びばしぶっ》早《つと》に心を留むるも、直に而今《いま》に至るまで妙を得ず。[196]

頌に曰く――問う処、答う処の親《ちか》きに何如《いかん》。幾人か此《ここ》に於いて眼に筋を生ずる。兄は呼び弟は応《こた》えて家醜を揚《あ》ぐ。陰陽に属せず別に是れ春。[197]

296a

〔第二十三則〕 不思善悪《ふしぜんあく》

六祖、[198] 因《ちな》みに明上座趁《お》うて大庾嶺《だいゆれい》に至る。[199] 祖、明の至るを見、即ち衣鉢を石上に擲《な》げて云《いわ》く、「此の衣は信を表す。力もて争う可《べ》けん耶《や》。君の将去《もちさ》るに任す」と。[200] 明遂《かく》て之を挙げんとするに、山の如く動かず、踟蹰《ためら》い悚慄《おのの》く。明曰《いわ》く、「我れ来りて法を求む、衣の為には非ざるなり。願わくは行者《あんじゃ》、開示せよ」と。[201] 祖云く、「善を思わず、悪を思わず、正に与麼《かくのごと》き時、那箇《いずれ》か是れ明上座本来《ほんらい》の面目」と。[202] 明当下《たちどころ》に大悟し、遍体汗《あせ》流る。泣涙《なみだ》し礼を作《な》し問うて曰く、「上来《さきほど》の密語・密意の外《ほか》、還《は》た更に意旨有り否《や》」と。[203] 祖曰く、「我れ今汝が為に説くは、即ち密に非ざるなり。汝じ若し自己の面目を返照せば、密は却《かえっ》て汝が辺に在らん」と。[204] 明云く、「某甲《それが》し黄梅に在りて衆に随うと雖も、実に未だ自己の面目を省《かえりみ》ず。今ま入処を指授するを蒙《こうむ》る、人の水を飲みて冷暖自知するが如し。今ま行者、即ち是れ某甲《それがし》の師なり」と。[205] 祖云く、「汝じ若し是《かく》の如くならば、則ち吾と汝と同じく黄梅を師とす。善自《しか》と護持《たも》て」と。[206]

無門曰く――六祖謂《い》う可《べ》し、是《こ》の事急家《きゅうけ》より出でて老婆心切《ろうばしんせつ》なりと。[207] 譬如《たとえ》ば新しき茘支《れいし》、殻を剥《は》ぎ了《おわ》り、核《さね》を去《と》り了《おわ》りて你《なんじ》が口裏に送在《おく》り、只だ你《なんじ》が嚥一嚥《ひとのみす》るを要するがごとし。[208]

頌に曰く――描《えが》くも成らず画《えが》くも就《な》らず、賛するも及ばず生受《わずら》うを休《や》めよ。[209] 本来の面目《めんぼく》処の蔵《かく》す没《な》し、世界壊《え》する時渠《か》れ朽ちず。[210]

〔第二十四則〕 離却語《りきゃくご》言《げん》

風穴《ふけつ》和尚、[211]因《ちな》みに僧問う、「語と黙と離微《りび》に渉《わた》る、如何にか不犯に通ぜん」と。[212] 穴云《いわ》く、「長《とこしなえ》に憶《おも》う江南三月の裏《うち》、鷓鴣《しゃこ》の啼《な》く処《ところ》百花香《かんば》し」と。[213]

無門曰《いわ》く――風穴、機掣電《いなびかり》の如し、路を得て便《すなわ》ち行く。[214] 争奈《いかん》せん、前人の舌頭《した》を坐して断ちきれざるを。[215] 若《も》し者裏《ここ》に向《お》いて見得《みえ》て親切ならば、自ずから出身の路《みち》有らん。[216] 且《しばら》く語言三昧を離却《はなれさ》りて、一句を道将《いいも》ち来れ。[217]

頌に曰く――風骨を露《あらわ》さざるの句、[218]未だ語らざるに先に分付《いいつ》く。歩を進めて口喃喃《ぶつぶつ》、知んぬ君の大いに措《お》くこと罔《な》きを。[219]

〔第二十五則〕 三座《さんぞ》説法《せっぽう》

仰山《きょうさん》和尚、[220]夢に弥勒《みろく》の所に往《ゆ》きて第三座に安《あん》ぜらるるを見る。一尊者有り白槌《びゃくつい》して云《いわ》く、「今日第三座《だいさんぞ》の説法に当たる」と。[221] 山乃《すなわ》ち起ちて白槌して云く、「摩訶衍《まかえん》の法、四句を離れ、百非を絶す。諦聴《よくきけ》、諦聴」と。[222]

無門曰《いわ》く――且《しばら》く道《い》え、是れ法を説くか、法を説かざるか。[223] 口を開かば即ち失す、口を閉ざさば又た喪《うしな》う。開かず閉じざるは、十万八千。[224]

頌に曰く――白日青天、夢中に夢を説く。[225] 捏怪《ねっかい》捏怪、一衆を誑謔《たぶらか》す。[226]

296b

〔第二十六則〕　二《に》僧巻簾《そうけんれん》

清涼大法眼《しょうりょうだいほうげん》[227]、僧斎前《さいぜん》に上参するに因《ちな》みて、眼《げん》手を以て簾《すだれ》を指す。時に二僧有り、同じく去《ゆ》きて簾を巻く。眼曰《いわ》く、「一は得て一は失す」と[228]。

無門曰く——且《しばら》く道《い》え、是れ誰か得て誰か失する[229]。若し者裏《ここ》に向《お》いて一隻眼を著得《つけえ》ば、便《すなわ》ち知る、清涼国師の敗闕《しくじ》りし処を[230]。是の如しと然雖《いえど》も、切に忌む、得失裏に向《お》いて商量するを[231]。

頌に曰く——巻起《まきあ》ぐれば明明として太空に徹す、太空すら猶《な》お未だ吾が宗に合せず[232]。争《いかで》か似《し》かん空従《よ》り都《すべ》て放下し、綿綿密密《めんめんみつみつ》風を通ぜざらんには[233]。

〔第二十七則〕　不是《ふぜ》心仏《しんぶつ》

南泉《なんせん》和尚[234]、因《ちな》みに僧問《と》うて云《いわ》く、「還《は》た人の与《ため》に説かざる底《てい》の法有り麼《や》[235]」と。泉云く、「有り」と。僧云く、「如何《いかなる》か是れ人の与に説かざる底の法」と。泉云く、「心に不是《あら》ず、仏に不是《あら》ず、物に不是《あら》ず[236]」と。

無門曰《いわ》く——南泉、者《こ》の一問を被りて、直に得たり、家私を揣尽《はかりつく》して郎当《おちぶる》ること少なからざるを[237]。

頌に曰く——叮嚀《ねんごろ》なるは君の徳を損う、無言は真に功有り。任従《たと》い滄海《そうかい》変ずるも、終に君が為に通ぜじ[238]。

〔第二十八則〕　久響龍潭《きゅうきょうりゅうたん》[239]

龍潭《りゅうたん》[240]、徳山《とくさん》の請益《しんえき》して夜に抵《いた》るに因《ちな》みて、潭云《いわ》く、「夜深《ふ》けぬ、子《そな》た何ぞ下去《くだりさ》らざる」と[241]。山遂《かく》て珍重《いとまごい》して、簾《すだれ》を掲《あ》げて出づ。外面《そと》の黒《くら》きを見て、却回《かえ》りて云く、「外面黒《そとくら》し」と。[242] 潭乃《すなわ》ち紙燭《ししょく》を点《とも》して度与《わた》す。山接《う》けんと擬《ほっ》するや、潭便《すなわ》ち吹滅《ふきけ》す。山此《ここ》に於いて忽然《ふ》と省有り、便《すなわ》ち礼を作《な》す。[243] 潭云く、「子《そな》た箇《こ》の甚麼《なん》の道理をか見る」と。山云く、「某甲《それがし》今日従《よ》り去《の》ち天下の老和尚の舌頭《した》を疑わざら也《ん》」と。[244] 明日に至り龍潭堂《どう》に陞《のぼ》りて云く、「可中《も》し箇《こ》の漢有りて、牙は剣樹の如く、口は血盆に似て、一棒に打つも頭を回《めぐ》らさずんば、他時異日《いずれのひ》孤峰頂上に向《お》いて吾が道を立つる在《ぞ》」と。[245] 山遂《かく》て疏抄を取り、法堂の前に於いて一炬の火を将《もっ》て提起《かか》げ、「諸の玄辨を窮《きわ》むるも、一毫を太虚に致《お》くが 296c 若《ごと》し。世の枢機を竭《つ》くすも、一滴を巨壑に投ずるに似たり」と云うや、疏抄を将《もっ》て便《すなわ》ち焼く。是《ここ》に於いて礼辞《いとまごい》す。[246]

無門曰《いわ》く——徳山未《いま》だ関を出でざる時、心は憤憤《ふんぷん》、口は悱悱《ひひ》たり。得得《とくとく》と南方に来り、教外別伝の旨を滅却《ほろぼしさ》らんと要《ほっ》す。[247] 澧《れい》州に到るに及び、路上に婆子《ばす》に問うて点心を買わんとす。婆《ば》云く、「大徳《おんみ》、車子《くるま》の内は是れ甚麼《なん》の文字ぞ」と。山云く、「金剛経の抄疏なり」と。婆云く、「只如《たとえ》ば経中に『過去心は得可《べ》からず、見在《げんざい》心は得可《べ》からず、未来心は得可《べ》からず』と道《い》う、大徳那箇《いずれ》の心をか点ぜんと要《ほっ》する」と。徳山者《こ》の一問を被《こうむ》りて、直に得たり、口匾檐《てんびんぼう》に似るを。[248] 是の如しと然雖《いえど》も、未だ婆子の句下に向《お》いて死却《ころしさ》るを肯ぜず。遂《かく》て婆子に問う、「近処《ちかく》に甚麼《なん》の宗師か有る」と。婆云く、「五里外に龍潭和尚なる有り」と。[249] 龍潭に到るに及び敗闕《しくじり》を納尽《おさめつく》す。謂《い》う可《べ》し、是れ前言、後語に応ぜずと。[250] 龍潭は大いに似たり、児《こ》を憐んで醜《みにく》きを覚えず、他《かれ》に些子《いささか》の火種有るを見て、郎忙《あたふた》と悪水を将《もっ》て驀頭《まっこう》より一澆《ひとかけ》に澆殺《けしつく》すに。[251] 冷地《れいち》に看来《みきた》らば、一場の好笑なり。[252]

頌に曰く——名を聞くは面《おもて》を見るに如《し》かず、面を見るは名を聞くに如かず。[253] 鼻孔《はな》を救得《すくいえ》たりと雖然《いえど》も、眼睛《まなこ》を瞎却《つぶ》せるを争奈《いかん》せん。[254]

〔第二十九則〕 非《ひ》風《ふう》非《ひ》幡《ばん》

六祖[255]、風の刹幡《はた》を颺《あ》ぐるに因《ちな》みて、二僧有りて対論す。[256]一は云《いわ》く、「幡《はた》動く」と。一は云《いわ》く、「風《かぜ》動く」と。往復して曾《かつ》て未だ理に契《かな》わず。祖云《いわ》く、「風の動くに不是《あら》ず、幡の動くに不是《あら》ず。仁者《おんみ》らの心《こころ》動く」と。二僧悚然《しょうぜん》たり。[257]

無門曰《いわ》く——風の動くに不是《あら》ず、幡の動くに不是《あら》ず、心の動くに不是《あら》ず、甚処《いずく》にか祖師に見《まみ》えん。[258]若《も》し者裏《ここ》に向《お》いて見得《みえ》て親切ならば、方《はじ》めて知る、二僧は鉄を買いて金を得、祖師は忍俊不禁《こらえきれ》ず一場の漏逗《しくじり》なるを。[259]

頌に曰く——風と幡と心と動く、一状に領過《しょうび》く。[260]只だ口を開くを知るのみにして、話の堕せるを覚えず。[261]

297a

〔第三十則〕即心即仏《そくしんそくぶつ》

馬祖《ばそ》[262]、因《ちな》みに大梅《だいばい》[263]問う、「如何《いかなる》か是れ仏」と。祖云《いわ》く、「即《ほかなら》ぬ心こそ是れ仏なり」と。[264]

無門曰《いわ》く——若し能く直下《たちどころ》に領略得去《のみこみえ》ば、仏の衣を著《き》、仏の飯を喫《くら》い、仏の話を説《と》き、仏の行《あゆみ》を行《あゆ》まん、即ち是れ仏なり。[265]是の如しと然雖《いえど》も、大梅多少《いかほど》の人を引きてか定盤星《めもり》を錯認《みあやま》らしむる。[266]争《いかで》か知道《し》らん、箇《こ》の仏の字を説かば、三日も口を漱《そそ》ぐを。[267]若し是れ箇《こ》の漢ならば、「即《ほかなら》ぬ心こそ是れ仏なり」と見説《き》くや、耳を掩《おお》いて便《すなわ》ち走《たちさ》らん。[268]

頌に曰く——青天白日、切《せっ》に尋覓《もと》むるを忌《い》む。更に如何と問わば、贓《ぬすみしもの》を抱きて屈《ぬれぎぬ》と叫ぶ。[269]

〔第三十一則〕趙州勘婆《じょうしゅうかんば》

趙州《じょうしゅう》[270]、因《ちな》みに僧、婆子《ばす》に問う、「臺山の路《みち》、甚処《いずく》に向いてか去《ゆ》く」と。婆云く、「驀直《まっすぐ》に去《ゆ》け」と。僧纔《わずか》に行くこと三五歩なるに、婆云く、「好箇《いっぱし》の師僧、又た恁麼《かくのごと》く去《ゆ》く」と。[271]後ち僧有り、州に挙似《とりあ》ぐ。州云く、「我の去《ゆ》きて你《なんじ》が与《ため》に這《こ》の婆子を勘過《しらぶ》るを待て」と。明日《みょうじつ》便《すなわ》ち去《ゆ》き、亦《ま》た是の如く問う、婆も亦た是の如く答う。州帰《かえ》りて衆に謂《い》いて曰《いわ》く、「臺山の婆子、我れ你《なんじ》が与《ため》に勘破《みやぶ》り了也《おわんぬ》」と。[272]

無門曰く――婆子は只だ解《よ》く坐して帷幄《いあく》に籌《はか》るのみ、要且《つまるとこ》ろ賊に著《かか》りて知らず。[273] 趙州老人は善《よ》く営を偸《ぬす》み塞を劫《おびやか》すの機を用うるも、又且《ま》た大人の相無し。[274] 撿点《しらべ》将来《きた》れば、二《ふた》り倶《とも》に過《とが》有り。且《しばら》く道《い》え、那裏《いずく》か是れ趙州の婆子を勘破《みやぶ》る処。[275]

頌に曰く――問既《すで》に一般《おなじ》なれば、答も亦《ま》た相い似たり。飯裏に砂《いさご》有り、泥中に刺《いばら》有り。[276]

〔第三十二則〕 外道問仏《げどうもんぶつ》

世尊《せそん》、[277] 因《ちな》みに外道問《と》う、「言有るを問わず、言無きを問わず」と。世尊拠座《こざ》す。外道賛歎《さんたん》して云《いわ》く、「世尊大慈《だいじ》大悲《だいひ》、我が迷雲を開きて、我をして得入せしむ」と。乃ち礼を具して去る。[278] 阿難尋《つ》いで仏に問う、「外道何《なん》の証する所有ってか賛歎して去る」と。[279] 世尊云く、「世の良馬の鞭影《べんえい》を見て行くが如し」と。[280]

無門曰《いわ》く――阿難は乃ち仏弟子なるも、宛《な》お外道の見解に如《し》かず。且《しばら》く道《い》え、外道と仏弟子と相い去ること多少《いくばく》ぞ。[281]

297b

頌に曰く――剣刃《けんにん》上に行き、氷稜《ひょうりょう》上に走《ゆ》く。[282] 階梯《かいてい》に渉らず、懸崖《がけ》より手を撒《はな》つ。[283]

〔第三十三則〕 非心非仏《ひしんひぶつ》

馬祖、[284] 因《ちな》みに僧問《と》う、「如何《いかなる》か是れ仏」と。祖曰《いわ》く、「心に非ず仏に非ず」と。[285]

無門曰く――若《も》し者裏《ここ》に向《お》いて見得《みえ》ば、参学の事畢《おわ》らん。[286]

頌に曰く――路《みち》に剣客に逢《あ》わば須く呈すべし、詩人に遇《あ》わずんば献ずること莫《なか》れ。[287] 人に逢わば且《しばら》く三分を説くべし、未だ全て一片を施す可《べ》からず。[288]

〔第三十四則〕　智《ち》不《ふ》是《ぜ》道《どう》

南泉[289]云《いわ》く、「心は仏に不是《あら》ず、智は道に不是《あら》ず」と。[290]

無門曰《いわ》く——南泉謂《い》う可《べ》し、老いて羞《はじ》を識《し》らず、纔《わずか》に臭口《しゅうく》を開くや、家醜《かしゅう》外に揚ぐと。[291] 是の如しと然雖《いえど》も、恩を知る者は少し。[292]

頌に曰く——天晴《は》れて日《ひ》頭出で、雨下《ふ》りて地上湿《うるお》う。[293] 情を尽《つ》くして都《すべ》て説了《ときおわ》る、只だ信不及《しんじきれざ》るを恐る。[294]

〔第三十五則〕　倩女離《せんじょり》魂《こん》

五祖[295]、僧に問うて云《いわ》く、「倩女《せんじょ》魂《たましい》離る、那箇《いずれ》か是れ真底《まことのもの》」と。[296]

無門曰《いわ》く——若《も》し者裏《ここ》に向《お》いて真底《まことのもの》を悟《さと》り得《え》ば、便《すなわ》ち知る、殻を出でて殻に入るは旅舎《はたご》に宿《やど》するが如くなるを。其或《あるい》は未だ然らずんば、切に乱りに走ること莫れ。驀然《たちま》ち地水火風《からだのようそ》一散し、湯に落ちし螃蟹《かに》の七手八脚《じたばた》するが如くならん。那時《そのとき》「道《い》わず」と言うこと莫れ。[297]

頌に曰く——雲月は是れ同じ、渓山は各《おのお》の異なり。[298] 万福万福《ごきげんよう》、是れ一なるや是れ二なるや。[299]

〔第三十六則〕　路逢達道《ろほうたつどう》

五祖[300]曰《いわ》く、「路に達道の人に逢《あ》わば、語黙を将《もっ》て対せざれ。且《しばら》く道《い》え、甚麼《なに》を将てか対する」と。[301]

無門曰く――若し者裏《ここ》に向《お》いて対得《こたえ》て親切ならば、慶快なるを妨げず。其或《あるい》は未だ然らずんば、也《ま》た須く一切処に眼を著《つ》くべし。[302]

297c

頌に曰く――路に達道の人に逢《あ》わば、語黙を将《もっ》て対せざれ。腮《あご》を攔《つかみ》て劈面《まっこう》から拳《なぐ》る、直下《じきげ》に会《え》せば便《すなわ》ち会せ。[303]

〔第三十七則〕　庭前柏樹《ていぜんはくじゅ》

趙州[304]、因《ちな》みに僧問《と》う、「如何《いかなる》か是れ祖師西来《せいらい》の意」と。州云《いわ》く、「庭前の柏樹子《はくじゅし》」と。[305]

無門曰《いわ》く――若し趙州が答えし処に向《お》いて見得《みえ》て親切ならば、前に釈迦無く後に弥勒無し。[306]

頌に曰く――言は事を展《の》ぶる無く、語は機に投ぜず。言を承くる者は喪《うしな》い、句に滞る者は迷《みうしな》う。[307]

〔第三十八則〕　牛過窓櫺《ぎゅうかそうれい》

五祖[308]曰《いわ》く、「譬如《たとえ》ば水牯牛《すいこぎゅう》の窓櫺《そうれい》を過ぐるに、頭角四蹄都《すべ》て過ぎ了《おわ》るも、因甚麼《なんすれ》ぞ尾巴《びは》は過不得《すぎえざ》る」と。[309]

無門曰く――若し者裏《ここ》に向《お》いて顚倒《さかしま》に一隻眼を著得《つけえ》て、一転語を下得《くだしえ》ば、以て上は四恩に報い下は三有を資《たす》く可《べ》し。[310]
其或《あるい》は未だ然らずんば、更に須く尾巴《びは》を照顧《み》て始めて得《よ》し。[311]

頌に曰く――過去《すぎさ》らば坑塹《あな》に堕《お》ち、回来《かえりきた》らば却《かえっ》て壊るることを被る。[312]　者些《これら》の尾巴子《びはす》、直に是れ甚だ奇怪なり。[313]

〔第三十九則〕　雲門話堕《うんもんわだ》

雲門《うんもん》[314]、因《ちな》みに僧問《と》う、「光明寂《しず》かに照らし河沙《かしゃ》に遍《あまね》し」と。一句未《いま》だ絶せざるに、門遽《にわ》かに曰《いわ》く、「豈に張拙《ちょうせつ》秀才の語不是《ならず》や」と。僧云く、「是《しか》り」と。門云《いわ》く、「話堕《わだ》せ也《り》」と。[315] 後来《の》ち死心拈《ねん》じて云く、「且《しばら》く道《い》え、那裏《いずく》か是れ者《こ》の僧の話堕《わだ》せし処」と。[316]

無門曰く——若し者裏《ここ》に向《お》いて雲門の用処《ゆうじょ》の孤危《こき》、者《こ》の僧の因甚《なんすれ》ぞ話堕せるを見得《みえ》ば、人天の与《ため》に師と為るに堪えん。若也《も》し未だ明らめずんば、自《みずか》らも救不了《すくいえず》。[317]

頌に曰く——急流に釣《つりばり》を垂る、餌《えさ》を貪ぼる者は著《つ》く。[318] 口《くち》縫纔《わずか》に開くや、性命《いのち》喪却《うしな》わん。[319]

〔第四十則〕　趯倒浄瓶《てきとうじんびん》

潙山《いさん》和尚[320]、始めて百丈の会《え》中に在りて典座《てんぞ》に充《あ》たるに、百丈将《まさ》に大潙の主人を選ばんとして、乃ち請いて首座《しゅそ》と同じく衆に対して下語《あぎょ》せしむ、出格《ひいで》し者往《ゆ》く可《べ》しと。[321] 百丈遂《かく》て浄瓶《じんびん》を拈《と》りて地上に置き、問いを設けて云《いわ》く、「喚《よ》びて浄瓶と作《な》すを得ざれ。汝じ喚《よ》びて甚麽《なん》とか作《な》す」と。[322] 首座乃《すなわ》ち云く、「喚《よ》びて木楔《きぎれ》と作《な》す可《べ》からず」と。[323] 百丈却《かえっ》て山に問う。山乃ち浄瓶を趯倒《けたお》して去る。[324] 百丈笑《わら》いて云く、「第一座、山子《さんす》に輸《ま》却け也《り》」と。因《よ》りて之に命じて開山と為す。[325]

無門曰《いわ》く——潙山一期の勇、争奈《いかん》せん、百丈の圏圚《わな》を跳《と》び出でえざることを。[326] 撿点将来《したべきた》れば、重きに便なるも軽きに便ならず。[327] 何が故ぞ聻《や》。[328] 盤頭《かぶりもの》を脱得《ぬぎえ》て鉄枷《てつのかせ》を担起《にな》う。[329]

頌に曰く——笊籬《ざる》幷《なら》びに木杓《ひしゃく》を颺下《なげす》て、当陽《まっこう》からの一突周遮《ひとつきくだくだしき》を絶す。[330] 百丈の重関も攔不住《さえぎりおおせず》、脚尖趯出《あしさきけいだ》して仏麻《あさ》の如し。[331]

〔第四十一則〕 達磨《だるま》安心《あんじん》

達磨《だるま》[332]面壁《めんぺき》す。二祖[333]雪に立ちて臂《うで》を断ちて云《いわ》く、[334]「弟子《それが》し心未《いま》だ安らかならず、乞う師、心を安んぜよ」と。磨云く、「心を将《も》ち来れ。汝が与《ため》に安んぜん」と。祖云く、「心を覓《もと》むるに了《つい》に得可《べ》からず」と。磨云く、「汝が為に心を安んじ竟《おわ》んぬ」と。[335]

無門曰《いわ》く——欿歯《けっし》の老胡、十万里海《うみ》を航《わた》りて特特と来る、謂《い》う可《べ》し、是れ風無きに浪《なみ》を起こすと。[336] 末後に一箇《ひとり》の門人を接得するに、又た却《かえっ》て六根不具。[337] 咦《いい》、謝三郎、四字を識《し》らず。[338]

頌に曰く——西来の直指、事は嘱《しょく》するに因《よ》りて起こる。叢林を撓聒《さわが》すは、元来《なん》と是れ你《なんじ》。[339]

〔第四十二則〕 女子出定《じょししゅつじょう》

298b 世尊《せそん》[340]、昔し因《ちな》みに文殊《もんじゅ》、諸仏の集《つど》う処に至り、諸仏各《おのおの》の本処に還《かえ》るに値《あ》う。惟《た》だ一女人有り、彼《か》の仏坐に近づき三昧に入る。文殊乃《すなわ》ち仏に白《もう》さく、「云何《いかん》が女人は仏坐に近づくを得て、我は得ざる」と。仏、文殊に告ぐらく、「汝じ但《た》だ此の女を覚《さま》し、三昧従《よ》り起たしめ、汝じ自ら之に問え」と。[341] 文殊、女人を遶《めぐ》ること三匝《めぐり》、指を鳴らすこと一下して、乃ち托して梵天に至り其の神力を尽くすも、出だすこと能わず。[342] 世尊云《いわ》く、「仮使《たと》い百千の文殊も亦《ま》た此の女人を定より出だし得ず。下方に一十二億河沙の国土を過ぎて罔明《もうみょう》なる菩薩有り、能く此の女人を定より出ださん」と。[343]

須臾《たちま》ち罔明大士、地従《よ》り湧出《わきい》で、世尊を礼拝す。世尊、罔明に勅して、却《かえっ》て女人の前に至り指を鳴らすこと一下せしむ。女人、是に於いて定従《よ》り出づ。[344]

無門曰《いわ》く——釈迦の老子《おやじ》、者《こ》の一場の雑劇を做《な》す、小小に通ぜず。[345] 且《しばら》く道《い》え、文殊は是れ七仏の師なるに、因甚《なんすれ》ぞ女人を定より出だし得ざる。罔明は初地の菩薩なるに、為甚《なんすれ》ぞ却《かえっ》て出だし得る。[346] 若し者裏《ここ》に向《お》いて見得《みえ》て親切ならば、業識忙忙《ごっしきぼうぼう》、那伽大定《ながだいじょう》。[347]

頌に曰く——出得《いだしうる》と出不得《いだしえざる》と、渠《かれ》と儂《われ》と自由を得。神頭并《なら》びに鬼面、敗闕《しくじり》当に風流。[348]

〔第四十三則〕 首山竹篦《しゅざんしっぺい》

首山《しゅざん》和尚、[349] 竹篦《しっぺい》を拈《と》りて衆に示して云《いわ》く、「汝等《なんじら》諸人、若《も》し喚《よ》びて竹篦と作《な》さば則ち触《おか》す、喚《よ》びて竹篦と作《な》さずんば則ち背く。汝ら諸人、且《しばら》く道《い》え、喚《よ》びて甚麼《なん》とか作《な》す」と。[350]

無門曰《いわ》く——喚《よ》びて竹篦と作《な》さば則ち触《おか》す、喚びて竹篦と作さずんば則ち背く。語有《あ》るを得ざれ、語無《な》きを得ざれ。速《すみ》やかに道《い》え、速やかに道え。[351]

頌に曰く——竹篦を拈起《とりあ》げて、殺活《さっかつ》の令を行《ぎょう》ず。[352] 背くと触《おか》すと交《こもご》も馳《は》せ、仏祖も命を乞う。[353]

〔第四十四則〕 芭蕉拄杖《ばしょうしゅじょう》

芭蕉《ばしょう》和尚、[354] 衆に示して云《いわ》く、「你《なんじ》に拄杖子《つえ》有らば、我れ你《なんじ》に拄杖子《つえ》を与えん。你《なんじ》に拄杖子《つえ》無くんば、我れ你《なんじ》が拄杖子《つえ》を奪わん」と。[355]

無門曰《いわ》く――扶《たす》けては断橋の水《かわ》を過《わた》り、伴《ともな》いては無月の村に帰る。[356] 若し喚《よ》びて拄杖《つえ》と作《な》さば、地獄に入ること箭《や》の如し。[357]

頌に曰く――諸方の深と浅と、都《すべ》て掌握中《てのうち》に在り。天を撑《ささ》え幷《なら》びに地を拄《ささ》えて、随処に宗風を振う。[358]

〔第四十五則〕 他《た》是《ぜ》阿《あ》誰《すい》

東山演師《とうざんえんし》祖《そ》[359]曰《いわ》く、「『釈迦・弥勒は猶《な》お是れ他《かれ》の奴《やっこ》』、且《しばら》く道《い》え、他《かれ》は是れ阿誰《たれ》ぞ」と。[360]

無門曰く――若《も》し他《かれ》を見得《みえ》て分暁《あきらか》ならば、譬《たと》えば十字街頭に親爺《しんや》に撞見《であ》うが相似《ごと》く、更に別人に問うて、是と不是とを道《い》うを須《もち》いず。[361]

頌に曰く――他《た》の弓は挽《ひ》くこと莫《なか》れ、他《た》の馬は騎《の》ること莫れ。他《た》の非は辨《べん》ずること莫れ、他《た》の事は知ること莫れ。[362]

〔第四十六則〕 竿頭進歩《かんとうしんぽ》

石霜《せきそう》和尚[363]云《いわ》く、「百尺竿頭《ひゃくしゃくかんとう》、如何《いかに》か歩を進めん」と。又た古徳云く、「百尺竿頭に坐する底《てい》の人、得入すと雖然《いえど》も、未だ真と為さず。百尺竿頭に須く歩を進めて、十方世界に全身を現ずべし」と。[364]

無門曰《いわ》く――歩を進得《すすみえ》て身を翻得《ひるがえしえ》ば、更に何処《いずく》をか嫌いて尊と称せざる。[365] 是の如しと然雖《いえど》も、且《しばら》く道《い》え、百尺竿頭如何《いかに》か歩を進めん。嗄《さ》。[366]

頌に曰く――頂門の眼を瞎却《つぶ》し、定盤星《めもり》を錯認《みあやま》る。[367] 身を拚《す》て能く命を捨《す》て、一盲、衆盲を引く。[368]

〔第四十七則〕 兜《と》率三関《そつさんかん》

兜《と》率悦《そつえつ》和尚、[369] 三関を設けて学者に問う、「草を撥《はら》い玄に参ずるは、只だ性を見んと図るのみ。即今《ただいま》上人《おんみ》、性甚処《いずく》にか在る」[370]、「自性を識得《しりえ》て、方《はじ》めて生死を脱す。眼光《がんこう》落つる時、作麼生《いかに》か脱せん」[371]、「生死を脱得《ぬけえ》て、便《すなわ》ち去処を知る。四大《しだい》分離して、甚処《いずく》に向かいてか去《ゆ》く」と。[372]

無門曰《いわ》く——若《も》し能く此の三転語を下得《くだしえ》ば、便《すなわ》ち以て随処に主と作《な》り、縁に遇《お》うて宗に即す可《べ》し。[373] 其或《あるい》は未だ然らずんば、麁飡《そさん》は飽き易く、細嚼《さいしゃく》は飢え難し。[374]

頌に曰く——一念普《あまね》く観ず無量劫《むりょうごう》、無量劫の事即《すなわ》ち如今《いま》。[375] 如今《いま》箇《こ》の一念を覰破《みやぶ》らば、如今《いま》覰《み》る底の人を覰破《みやぶ》らん。[376]

〔第四十八則〕 乾峰一路《けんぽういちろ》

乾峰《けんぽう》和尚、[377] 因《ちな》みに僧問う、「十方薄伽梵《じっぽうばぎゃぼん》、一路涅槃門《いちろねはんもん》。未審《いぶかし》路頭《みち》、甚麼処《いずく》にか在《あ》る」と。[378] 峰拄杖《つえ》を拈起《とりあ》げ劃一劃《かくいっかく》して云《いわ》く、「者裏《ここ》に在り」と。[379] 後に僧、雲門に請益《しんえき》す。門扇子《せんす》を拈起《とりあ》げて云く、「扇子𨁝跳《とびあが》るや、三十三天に上り、帝釈の鼻孔《はな》を築著《つ》く、東海の鯉魚《こい》打すること一棒せば、雨盆《ぼん》の傾くが似《ごと》し」と。[380]

無門曰《いわ》く——一人は深深たる海底に向《お》いて行き、土を簸《あ》げ塵を揚《あ》ぐ。一人は高高たる山頂に於いて立ち、白浪《しらなみ》天を滔《つ》く。把定《つかむ》と放行《はなつ》と各《おのお》の一隻手を出だして宗乗を扶竪《ささえおこ》す。[381] 大いに似たり、両箇《ふたり》の馳子《ちす》の相い撞著《でくわ》して、世上応《まさ》に直底《じきてい》の人無かるべしとするに。正しき眼もて観来《みきた》らば、二大老惣《み》な未だ路頭《みち》を識《し》らざる在《ぞ》。[382]

頌に曰く——未だ歩を挙げざる時に先に已《すで》に到り、未だ舌を動ぜざる時に先に説き了《おわ》る。[383] 直饒《たと》い著著《ひとつひと》つ機先に在るも、更に須く向上《こうじょう》の竅《かなめ》有るを知るべし。[384]

〔後序〕

従上《じゅうじょう》の仏祖の垂示《すいじ》せし機縁、款《かん》に拠って案を結《けっ》し、初めより剰語《じょうご》無し。[385] 脳蓋《のうがい》を掲翻《かか》げ眼睛《がんぜい》を露出《むきいだ》す。[386] 肯《あ》えて諸人の直下《じきげ》に承当《うけが》い它《ほか》従《よ》り覓《もと》めざるを要す。若《も》し是れ通方の上士ならば、纔《わずか》に挙著《とりあ》ぐるを聞くや、便《すなわ》ち落処《らくしょ》を知らん。了《つい》に門戸の入る可《べ》き無く、亦《ま》た階級の升《のぼ》る可《べ》き無し。臂《うで》を掉《ふ》り関を度《わた》りて、関吏を問わず。[387] 豈《あ》に見ずや、玄沙《げんしゃ》は「無門は解脱の門、無意は道人の意」と道《い》い、又た白雲は「明明と知道《し》るに、只だ是れ者箇《これ》なるのみ、為甚麼《なんすれ》ぞ透不過《とおりえざ》る」と道《い》うを。[388] 恁麼《か》く説話《と》くも也《ま》た是れ赤土に牛の嬭《ちち》を搽《ぬ》るなり。[389] 若《も》し無門関を透得《とおりえ》ば、早《つと》に是れ無門《それがし》を鈍置《ないがしろに》す。若し無門関を透不得《とおりえず》んば、亦《ま》た乃ち自己に辜負《そむ》く。[390] 所謂《いわゆ》る涅槃の心は暁《あきら》め易く、差別の智は明らめ難し。[391] 差別の智を明得《あきらめえ》ば、家国自《おの》ずから安寧ならん。[392]

時に紹定《しょうてい》改元解制《かいせい》の前五日楊岐《ようぎ》八世の孫、無門比丘慧開《えかい》、謹んで識《しる》す。[393]

無門関巻終

禅箴《ぜんしん》[394]

299b 規に循《したが》い矩を守るは、縄無きに自《みずか》ら縛る。[395] 縦横無碍《むげ》なるは、外道の魔軍。[396] 心を存して澄寂《す》ましむるは、黙照邪禅《もくしょうじゃぜん》。[397] 恣意に縁を忘るるは、深き坑《あな》に堕落《お》つ。[398] 惺惺不昧は、鎖を帯び枷《かせ》を担う。[399] 善を思い悪を思い、地獄と天堂。[400] 仏見と法見、二の銕囲山《てっち》[401]。念起《お》こらば即ち覚せとは、精魂を弄ぶ漢[402]。兀然《ごつねん》と習定するは、鬼家の活計[403]。進まば則ち理を迷《みうしな》い、退かば則ち宗に乖《そむ》く。進まず退かずんば、有気の死人[404]。且《しばら》く道《い》え、如何にか履践《ふみおこな》わん。努力せよ、今生にて須《すべから》く了却《あきら》むべし。永劫に餘殃《よおう》を受けしむること莫《なか》れ[405]。

黄龍三関《おうりょうさんかん》[406]

我が手、仏手に何似《いずれ》ぞ。枕頭《まくら》の背後《うら》に摸得《さぐりえ》たり。覚えず大笑して呵呵《かか》。元来《なん》と通身《つうしん》是れ手なるとは[407]。

我が脚、驢の脚に何似《いずれ》ぞ。未だ歩を挙げざる時に踏著《ふみつ》く。四海に横行するに一任《まか》す。倒《さかしま》に楊岐《ようぎ》の三脚に跨《またが》る[408]。

人人に箇《こ》の生縁有り、各各《おのおの》の機先に透徹す。那吒《なた》は骨を折りて父に還《かえ》す、五祖は豈に爺《おやじ》の縁を藉《か》りんや[409]。

仏手と驢脚と生縁と、仏に非ず道に非ず禅に非ず。怪《とが》むること莫《なか》れ、無門の関の険にして、衲子《のっす》の深き冤《うらみ》を結尽《むすびつ》くせりと[410]。


瑞巌近日《ちかご》ろ無門有り、縄床《いす》に掇《あ》向りて古今を判ず。凡聖の路頭《みち》倶《とも》に截断す、幾多《いかほど》の蟠蟄《ばんちつ》か雷音を起こす[411]。

無門首座を請じて立僧とす。山偈もて謝を奉る。紹定庚寅《こういん》季春。無量宗寿書す[412]。

〔孟珙《もうこう》の跋〕

達磨《だるま》西より来り、文字を執《と》らず、人心を直指し、性を見て仏と成らしむ。箇《こ》の直指と説くも、已《すで》に是れ迂曲《くだくだ》し。更に仏と成ると言わば、郎当《おちぶる》こと少なからず。既に是れ無門なるに、因甚《なんすれ》ぞ関有らん。老婆心切《ろうばしんせつ》にして、悪声《あくせい》流布す。無庵《それが》し一語を贅せんと欲して、又た四十九則と成る。其間《そこ》些子《いささか》の諸訛《むつかしき》、眉毛を剔起《はねあげ》て薦取《うけとめ》よ。淳祐乙巳《いっし》夏、重刊[413]。

検校少保寧武軍節度使、京湖安撫制置大使、兼屯田大使、兼夔《き》路策応大使、兼知江陵府漢東郡開国公、食邑二千一百戸、食実封陸佰戸　孟珙《もうこう》跋す。[414]

299c

〔跋〕

無門老禅、四十八則の語を作《な》して、古徳の公案を判断す。大いに似たり、油餅《ゆへい》を売る人、買家《かうもの》をして口を開きて接し了《おわ》り、更に呑吐不得《のむもはくもあたわざ》らしむるに。[415] 是の如しと然雖《いえど》も、安晩《それが》し渠《かれ》の熱炉に就《つ》きて熬上《やきあ》げ、再び一枚を打して、大衍の数に足成《た》らしめ、却《かえっ》て前に仍《よ》りて送《おく》似らんと欲す。[416] 未だ知らず、老師何処従《いずくよ》りか牙《は》を下さん。如《も》し一口に喫得《くらいえ》ば、光を放ち地を動ぜん。若《も》し猶お未だしくんば、也《ま》た見在《げんざい》の四十八箇に連ねて、都《すべ》て熱き沙《すな》と成り去らん。速やかに道《い》え、速やかに道え。[417]

第四十九則語

経に云《いわ》く、「止《や》みなん、止みなん、説くを須《もちい》ず。我が法、妙にして思い難し」と。[418]

安晩曰《いわ》く――法は何従《いずくよ》りか来り、妙は何従りか有る。説く時又《ま》た作麼生《いかん》。豈に但だ豊干《ぶかん》のみ饒舌《じょうぜつ》ならんや、元《もとよ》り是れ釈迦も多口なり。這《こ》の老子《おやじ》、妖怪を造作《つく》り、千百代の児孫をして葛藤に纏倒《からめと》られ、未だ頭の出づるを得ざらしむ。[419] 這《こ》般の奇特《よ》き話靶《はなしのたね》の似《ごと》きは、匙《さじ》もて挑不上《すくいえず》、甑《こしき》もて蒸不熟《むしえず》。多少《いかほど》の錯認《みあやまり》し底《もの》か有らん。[420] 傍人問《と》うて云く、「畢竟《つまるとこ》ろ如何《いかな》る結断をか作《な》す」と。安晩、十指爪を合して曰く、「止みなん、止みなん、説くを須《もちい》ず。我が法、妙にして思い難し」と。却《かえっ》て急ぎ難思の両字上に去《お》いて箇《こ》の小円相子を打《な》し、衆人に指示《しめ》すらく、大蔵の五千巻、維摩の不二門総《すべ》て裏許《うち》に在りと。[421]

頌に曰く——火は是れ灯なりと語らば、頭を掉《ふ》りて譍《こた》えず。惟《た》だ賊のみ賊を識《し》る、一たび問わば即ち承く。[422]

淳祐丙午《へいご》季夏初吉、安晩居士、西湖の漁荘に書す。[423]

〔刊記一〕

旧板磨滅《まめつ》せる故に、重ねて工に命じて梓《あずさ》を鋟《きざ》ませ畢《おわ》る。這《こ》の板、武蔵州兜率《とそつ》山広園禅寺に置くなり。[424]

応永乙酉《いつゆう》十月十三日　幹縁比丘　常牧。[425]

〔刊記二〕

此の集終《つい》に真本を見ず、故に往々に之を求めて得る。仍《よ》りて工に命じて重刊せしむ。

寛永九年壬申九月　中野市右衛門刊行。[426]

無門関　注

〔習菴の序〕

1 「門が無いといえば、あらゆる人が入ることになってしまう。さりとて門が有るといえば、ダメ坊主には資格が無いことになってしまう」。関門が無いというのであれば、誰でも入れることになるが、実際には悟入できぬ者もいる。また関門が有るといえば、鈍根の出家者はその門に入れないことになってしまうが、現実には彼らも出家の生活を営んでいる。門が有るとも無いともいえないことを示す。

「説道」は二字で「説く」の意、口語。「道」は実義の無い接尾辞で、一字の動詞の後に加えられる。「阿師《あし》」は出家者を軽んじた呼び方。『景徳伝灯録』巻六「江西道一禅師」、「……師云く、『是れ什麼《なん》ぞ』と。亦た対《こた》うる無し。師云く、『這《こ》の鈍根の阿師《あし》』と」（K九〇上、【馬祖】一〇三頁）。

2 「もしも強いて幾らかのよけいな注釈を加えたりすれば、笠の上に更に笠を戴くようなもので、なんとも無様なことになる」。「第一」は強調の副詞であるが、ここは強調から命令を経て仮定に転じた用法。「必ず」→「必ず～せよ、ならば…」→「もしも…ならば」。衣川賢次「禅学札記」（『花園大学文学部研究紀要』四八、二〇一六年）参照。以下この序文に注釈を加えるにあたり同論文を適宜参照したが、繁を避けて一々注記しない。

3 「それでもなお私に褒めるよう強要するなら、ひからびた竹を絞って汁を取ろうというものだ」。「乾竹に汁を絞る」は不可能なことの喩え。

4 「こんなにも名声をあげておられるのだから、もとより私が『一擲』してその真価を問う必要もない」。「這些」は多数をいう修飾語（太田辰夫『中国語歴史文法』、江南書院、一九五八年、一四四頁）、「著哮」は「名声をあげる」の意、「得」は様態補語を構成し理由を表す。「一擲」は「真価を問う」、東晋孫綽の故事を踏まえる。『世説新語』「文学篇」八六、「孫興公天台賦《てんだいふ》を作りて成り、以て范栄期に示して云く、『卿《けい》、試みに地に擲《な》げよ、要《かなら》ずや金石の声を作《な》さん』と。范曰く、『恐らく子《そなた》の金石、宮商《きゅうしょう》の中声に非ず』と」(徐震堮『世説新語校箋』、中華書局、一九八四年、一四四頁)。なお「擲地金声」は序文でよく用いられる常套句。『臨済録』林泉老人従倫撰「序」、「地に擲《な》げて金声四海《しかい》に聞こえ、定めて知る、珠玉価《あたい》酬《むく》い難きを」(T四七・四九五上)。「一擲一擲」は「擲一擲」というに同じく、試みに投げてみるの意と考えられる。

5 「一滴たりとも世間に漏らさぬように。千里を駆ける名馬とて追いつけないのだから」。「江湖」は川(長江)と湖(洞庭湖)、転じてひろい世間の意。「烏騅《うすい》」は項羽(前二三二—前二〇二)の愛馬、一日に千里を駆けたという。『史記』巻七「項羽本紀」、「吾《わ》れ此の馬(=烏騅)に騎《の》ること五歳、当たる所敵《てき》無し、嘗《かつ》て一日に行くこと千里……」(中華書局標点本、三三三六頁)。ここは言語が一旦発せられれば、いかにしても取り返しがつかぬという比喩。「一言已《すで》に出づれば、駟馬《しば》(四頭だての馬車)も追い難し」と同義。

6 「紹定改元七月」は一二二八年七月三〇日。「習菴陳塤《しゅうあんちんけん》」(一一九七—一二四一)、姓は陳、名は塤、字は和仲、習庵と号す。『宋史』巻四二三「列伝」に立伝(中華書局標点本、一二六三八頁)。

〔表文〕

7 「表文」は皇帝に献上する文章。『大唐大慈恩寺三蔵法師伝』巻八、「翌日法師《ほうし》自ら徒衆を率《ひきい》て等しく朝堂に詣《いた》り表を奉り謝を陳《の》ぶ〈表文、失われり〉」(T五〇・二六六中)。西尾賢隆「無門関の表文」(『東方』一九七、一九九七年)は無門が踏まえた古典を調査し、表文を現代語訳したうえで「無門は帝室との繋がりを通して天下の禅林に『無門関』を頒布したいという願いをも秘めていた」と述べる。

8 「一二二九年一月五日、かたじけなくも皇帝陛下ご誕生の聖日に巡りあいました」。この時の皇帝は理宗(一二〇五—一二六四、在位一二二四—一二六四)。

9 「臣僧無門慧開(一一八三—一二六〇)は、あらかじめその前年の一二月五日、仏祖が悟った機縁四八則(本書『無門関』)を印刷・拈提して、今上皇帝陛下の玉体のとしなえに安泰ならんことをお祈り申し上げます。皇帝陛下、謹んで願わくは、その尊い知恵は日月のように光輝き、ご政道は天地に等しく永遠で、八方の者は有徳の君を言祝ぎ、天下の民は無為の教化を楽しみますように」。

10 理宗が生母慈懿皇后の恩に報いるために建立した寺。

〔自序〕

11 「仏が語った心を根本とし、無門を法門とする」。馬祖(後注262参照)による『楞伽《りょうが》経』の取意で、仏が説き示した心が宗《おおもと》であり、無門が法門であるとの意。『景徳伝灯録』巻六「江西道一禅師」、「一日衆《しゅう》に謂《い》いて曰く、『汝等《なんじら》諸人、各《おのお》の自心是れ仏、此の心即ち是れ仏心なりと信ぜよ。達磨大師、南天竺国従《よ》り来り、躬《みずか》ら中華に至りて、上乗一心の法を伝えて、汝等を開悟せしむ。又た楞伽経文を引きて以て衆生の心地を印するは、汝らが顚倒《あやま》りて自ら信ぜざるを恐るればなり。此の心の法各各《おのおの》の之れ有り。故に楞伽経に云く、仏の語りし心を宗《おおもと》と為《な》し、無門を法門と為すと。……』と」(K八八下—八九上、【馬祖】一七頁)。

12 「現に無門であるところを、いかに通るというのか」。仏心は空であり、そこに「門」という相は無い。よって本来「通る」「通らない」ということ自体が有り得ない。『宗鏡録』巻一、「洪州馬祖大師云《いわ》く……『無門を法門と為す』とは、本性の空なるに達せば、更に一法も無し。性は自ら是れ門にして、性に相の有ること無く、亦た門の有ることも無し。故に『無門を法門と為す』と云う」(T四八・四一八中)。

13 「門から入るものは自分の家の宝ではなく、縁から得たものは始めと終わりとがあり生滅するもの、有限にして無常なるものというではないか」。『碧巌録』第五則「雪峰尽大地」本則評唱、「巌頭《がんとう》喝して云く、『你《なん》じ道《い》うを見ずや、門従《よ》り入る者は家珍に不是《あら》ずと。須く是れ自己の胸中より流出し、天を蓋《おお》い地を蓋って、方《はじ》めて少分の相応有るべし』と」(【碧上】九六頁、T四八・一四五上)。『明覚禅師語録』巻一「雪峰和尚塔銘幷序」、「夫れ縁従《よ》り有る者は、始終成壊《じょうえ》す。縁従《よ》り得るに非ざる者は、歴劫常堅《じょうけん》なり」(T四七・六七三中)。

14 「このように言うこと自体、風が無いところにわざわざ波を起こし、せっかくの健康な体を傷つけて台無しにしてしまうようなものだ」。本来無事のところにわざわざ余計な事を設けることの喩え。『聯灯会要』巻一八「福州鼓山宗逮禅師」、「縦使《たと》い空を談じ有を説き、古を挙げ今を論じ、意句交《こもご》も馳せ、主賓互《たが》いに換わるも、正に是れ風無きに浪《なみ》を起こし、好《よ》き肉に瘡《きず》を剜《えぐ》るなり」(Z一三六・七三四上)。

15 「言挙げすることすら良くないのだから、ましてその言葉にとりつき概念で理解しようとするなど論外である。それは棒で月を打とうしたり、靴ごしに足を掻こうとするようなもので、真理にとどかぬ愚行にほかならない」。『円悟仏果禅師語録』巻一五「法語・示曾待制」、「馬大師嘗《かつ》て楞伽経の『仏の語りし心を以て宗《おおもと》と為《な》し、無門を法門と為す』を挙《こ》して、乃ち云く、『諸人、仏の語りし心を識《し》らんと要《ほっ》す麼《や》。只だ爾《なんじ》が如今《い》ま語る、便《すなわ》ち是れ心なり。心便《すなわ》ち是れ仏なり。故に仏の語りし心は乃ち是れ宗《おおもと》なりと云うなり。此の宗、無門乃ち是れ法門なり。古人太殺《はなは》だ老婆《おせっかい》にして泥を挖《ひ》きて水に渉る。一たび挙するや便《すなわ》ち透《とお》るが若《ごと》きも、猶《な》お些子《しゃし》を較《へだ》つ。或は義理を窮研《きわむ》るも、卒《つい》に摸索不著《さぐりえず》』と」（T四七・七八四上）。「棒で月を打つ」「靴ごしに足を掻く」は、いずれも見当違いの愚かな行為を喩える。『碧巌録』第八二則「大龍堅固法身」本則評唱、「此の事、若《も》し言語上に向《お》いて覓《もと》めば、一《ひとえ》に棒を掉《ふ》りて月を打つが如し、且得《さて》も没交渉《まとはずれ》なり」（【碧下】一〇一頁、T四八・二〇八中）。『石渓心月禅師語録』巻中「秉払・清涼冬節秉払」、「大いに靴を隔てて痒《かゆき》を抓《か》くに似たり。一錯百錯、錯如今《いま》に到る」（Z一二三・八七下）。

16 「一二二八年の夏、浙江省温州の龍翔寺で首座をつとめた際、門をたたく瓦石として示した公案を後に集めたところ、思いがけず順不同の四八則となった。それが本書『無門関』である」。「請益《しんえき》」は教えを請うこと。『碧巌録』第九則「趙州東西南北」本則評唱、「久参の先徳にも、見て未だ透《とお》らず、透りて未だ明らめざる有り。之を請益《しんえき》と謂《い》う。若《も》し見得透《みとお》して請益せば、却《かえっ》て語句上に周旋《めぐ》りて凝滞《とどこお》り無《な》有きを要す」（【碧上】一四四頁、T四八・一四九中）。門をたたくための瓦石とは、月をさす指と同じく、真理を示すための手段を喩える。『嘉泰普灯録』巻二五「太平仏鑑懃禅師」、「他《か》の古人只《た》だ是れ一期の病に対して方（処方箋）を施し、機に随いて薬を発するのみ、遂《かく》て如許多《あまた》の葛藤《ことば》の路門有り。月を標《しる》す指頭《ゆび》、門を敲《たた》く瓦子《がれき》の如し。意は只だ是れ扣《たた》くを仮《か》りて門を開き、標《しる》すに因《よ》りて月を見せしむるのみ。儻《も》し門開《ひら》きて、月現《あらわ》るるを得ば、瓦子と指頭と何の用か之れ有らん。所以に諸仏世《よ》に出で、宜《よろしき》に随いて法を説き、広く多門を設く。空拳を握りて、以て悲啼《かなしみな》くの子を止むるが如し。学道の兄弟《ひんでい》、若《も》し省悟無くんば、設《た》使《と》い智は流水の如く、辯は懸河の若《ごと》く、倒《さかしま》に一大蔵教を念得《よみう》るも、這《こ》の事上に於いて転《うた》た没交渉《まとはずれ》なり。参は須く実参なるべし、悟は須く実悟なるべし。教を研窮《きわ》め底まで徹し去れ」（Z一三七・三五二上）。

17 「もしいっぱしの男であれば、危険を顧みず、一刀をひっさげて直に入るであろう。さすれば怪力の持ち主であるナタ太子にも止められず、インド二八代・中国六代の祖師たちも威風におされて命乞いするだろう」。大悟した後の天下無双・闊達自在なさまを形容する。第一則「趙州狗子」、「驀然《まくねん》として打発せば、……関将軍の大刀を奪得《うばいと》りて手に入るるが如く、仏に逢《お》うては仏を殺し、祖に逢《お》うては祖を殺し……」。

18 「そこに躊躇《ためら》いを生ずれば、疾駆する馬を窓ごしに見るがごとく、またたく間に真理は過ぎ去ってしまうだろう」。分別に渉った瞬間に真理から外れてしまうことを喩える。『天聖広灯録』巻一六「汝州実応禅院省念禅師」、「若《も》也し眼目定動《まなこちらり》ともせば、即ち千里万里ならん。何が故にか此の如くなる。窓を隔てて馬騎《ばき》を看《み》るが如し、議せんと擬《ほっ》せば即ち没交渉《まとはずれ》ならん」（Z一三五・七四三下）。

19 「頌」、梵語 gāthā、音訳に偈陀・伽陀、意訳に頌・偈頌など。もとはインドの韻文で、一定の字数に揃えて漢訳された。中国の僧が作成したものも同様に偈頌と呼ばれる。漢詩と異なり必ずしも押韻するわけではない。

20 「大いなる道は無門であるが、あらゆる道がそれに通じている」。悟るべき心は空であり、入るべき門は分別を絶した無門であるが、無門であるがゆえに一切の現象に通じている。『法演禅師語録』巻下「偈頌・示学徒四首」、「空門に路有り人皆《み》な到《いた》り、到る者は方《はじ》めて知る、滋味の長なることを。心地は閑草木を生ぜざるも、自然と身より白毫《びゃくごう》光《こう》を放たん」（T四七・六六六下）。

21 「この無門という関門を通りぬけることができれば、なにものにも執われず大地乾坤《けんこん》を闊歩しえよう」。「乾坤《けんこん》に独歩」は分別に落ちることなく自在に闊歩することをいう。『禅宗頌古聯珠通集』巻一八「祖師機縁」、「驀直《まっすぐ》に去《ゆ》け。驀直に去け。指頭《ゆび》を逐《お》わず、旧路を行かず。大丈夫の漢、乾坤《けんこん》に独歩す」（Z一一五・二一二下）。

〔第一則〕趙州狗子

22 趙州従諗《じょうしゅうじゅうしん》（七七八—八九七）、南泉普願《なんせんふがん》（後注128参照）の法嗣。『景徳伝灯録』巻一〇（K一五三上、【景四】五六頁）に語を録す。語録が『古尊宿語録』巻一三・一四「趙州真際禅師語録」（Z一一八・三〇四上）に収められ、その訳注に秋月龍珉『趙州録』（筑摩書房、一九七二年）が

ある。『無門関』には本則のほか、第七則「趙州洗鉢」、第一一則「州勘庵主」、第一四則「南泉斬猫」、第一九則「平常是道」、第三一則「趙州勘婆」、第三七則「庭前柏樹」に言行が採られている。本則の一次出典は『法演禅師語録』巻下「偈頌・自述真賛二首」（T四七・六六六中）、『大慧普覚禅師語録』巻二六「書・答富枢密」（T四七・九二一下）、『月林師観禅師語録』「月林和尚住平江府蠡口聖因禅院語録」（Z一二〇・四八五上）。二次出典は『趙州録』巻上（秋月前掲書一三〇頁）、『宗門統要集』巻四（六裏：【禅典】七四頁上）、『古尊宿語録』巻四七「東林和尚雲門庵主頌古」（Z一一八・八〇三下）。出典を記すにあたり石井修道「書評 西村恵信訳注『無門関』」（『花園大学文学部研究紀要』二八、一九九六年）を参照した。以下同様。

23 「『イヌに仏性は有りますか』と僧がたずねたところ、趙州は『無』とこたえた」。「狗子」は犬、「子」は実義のない接尾辞。「還～也無」は当時の口語で、「～か？」という是非疑問。「還」は疑問文に軽く添えられる発問の辞、「也無」は「麼」と同じく句末につく疑問の助辞。第二則「百丈野狐」、「還《は》た因果に落つ也《や》無」。狗子の仏性をめぐる問答は、古くは『景徳伝灯録』巻七「京兆興善惟寛禅師」（K一一二下、【景三】七一頁）にも見えるように趙州に限られたものではなかったが、大慧宗杲（一〇八九―一一六三）が趙州無字の公案を多用したことから、宋代以降趙州の言葉として広く知られるようになった。趙州無字の問答が宋代に公案化する過程については、平野宗浄「狗子無仏性の話をめぐって」（『禅学研究』六二、一九八三年）を参照。

24 「禅に参じるには、歴代の祖師の関門を通らなければならない。妙《たえ》なる悟りのためには、心の分別の流れを断ち切る必要がある」。この句は、『無門慧開禅師語録』巻下「告香普説」（Z一二〇・五一八下）にも見える。「祖師の関」は五祖《ごそ》法演《ほうえん》（一〇二四？―一一〇四）や圜悟《えんご》克勤《こくごん》（一〇六三―一一三五）をはじめ、禅門でしばしば用いられる言葉。悟るために突破しなければならない関門をいう。『円悟仏果禅師語録』巻六「上堂」、「一種の機、衆流を截《た》たば、祖師の関を透過《とおりすぎ》ん」（T四七・七四〇下）。

25 「祖師の関を通らず、心の分別の流れを断たないのであれば、すべて草木にとりすがる幽霊のようなものだ」。「依《え》草附《そうふ》木《もく》の精霊《しょうりょう》」は草木にとりつく幽霊の意、何かに依存する者を喩える。『臨済録』「示衆」、「你《なんじ》ら諸方の道流、試みに物に依らずして出で来れ、我れ你と共に商量《しょうりょう》せんと要《ほっ》す。

十年五歳、並びに一人《いちにん》も無し。皆な是れ依草附葉《えそうふよう》、竹木《ちくぼく》の精霊《しょうりょう》、野狐《やこ》の精魅《しょうみ》にして、一切の糞塊上《ふんかいじょう》に向《お》いて乱咬《らんこう》す」（【臨済】九八頁、T四七・五〇〇中―下）。

26 「しからばまずは言うてみよ、そもそも祖師の関とはいかなるものか。ただこの無の一字、これこそが宗門における関門なのだ。そこでこれを禅宗無門関と名づける」。「且」は語気を弱める副詞、「まあ、とりあえず」の意。「遂」は前後をつなぐ副詞、「そこで」の意。「無門」は馬祖（後注262参照）が提示する『楞伽経』の取意に由る。前注11参照。

27 「この関門を通りぬけることができた者は、無字の公案を出した趙州と直接対面できるだけでなく、歴代の祖師たちと同じ境界に立ち、彼らと手をとってともに歩み、まゆ毛までぴたりと合致して、同一の眼で見、同一の耳で聞くことができるだろう」。無の関門を通りぬけられれば、歴代の祖師と同じ世界に生きることができる。「透得過」は可能補語、「透《とお》る」という動作をして「過ぎる」という結果に到れることをあらわす。その否定形は「透不過」で、「通ろうとしても通りぬけることができない」。「手を把《と》りて共に行」くとは、同じ働きを発揮することをいう。『円悟仏果禅師語録』巻七「上堂」、「若し能く内に己見を忘れ、外に法空を了ぜば、内外一如、虚凝澄寂とならん。則ち全心即《すなわ》ち仏、全仏即《すなわ》ち心、諸仏と手を把《と》りて共に行き、祖師と同じく得、同じく用いん」（T四七・七四五中）。「眉毛厮《あ》い結」ぶとは、同じように看《み》てとることをいう。『大慧普覚禅師語録』巻二六「書・答江給事」、「直に渠《かれ》の将来《もちきた》るを候《ま》ち、自《た》だ山僧《わし》と説話《はな》すを要して、方始《はじ》めて渠《かれ》と共に眉毛厮《あ》い結んで理会《りえ》せん在《ぞ》」（T四七・九二〇下）。「同一眼に見、同一耳に聞く」は一心同体になる意。『大慧普覚禅師語録』巻一四「普説」、「遮裏《ここ》に若し南泉を識得せば、方《はじ》めて三句に使われず、便《すなわ》ち能く三句を使得《つかいえ》ん。既に三句を使得《つかいう》れば、始《はじ》めて南泉と同一眼に見、同一耳に聞き、同一鼻に嗅《か》ぎ、同一舌に嘗《あじわ》い、同一身に觸《ふ》れ、同一意にて思い、更《まった》く差別無からん」（T四七・八七〇中）。

28 「その関門を突破しようとする者がいるのではないか」。君たちは関門を突破したいだろうと、修行者たちに呼びかける。「底」は代名詞・形容詞・動詞に後置して、それを名詞化する。日本語の「の」に近い。

29 「三百六十の骨と八万四千の毛孔を挙げて、全身まるごと疑いのかたまりとなり、ただひとつの無字に参じて、昼となく夜となくこれを引っさげよ」。内側も外側も含め、全身全霊でもって、常に無字に参じろとの意。「三百六十の骨節《こっせつ》、八万四千の毫竅《けあな》」は、すべての骨とすべての毛穴の意、全身を指す。『禅林疏語考証』巻二「祈恩門・保身弱多病」、「骨節毛孔。江湖集註に、人身《にんしん》八万四千の毛竅《けあな》と三百六十の骨節《こっせつ》を具うと」（Z一一二・八四二下）。「疑団」は四六時中疑いぬくことで、全身がまるごと疑いのかたまりとなった状態。『禅関策進』「処州白雲無量滄禅師普説」、「行住坐臥、通身是《こ》れ箇《こ》の疑団。疑い来り疑い去り、終日獃椿椿地《がいとうとうち》にして……」（藤吉慈海『禅関策進』、筑摩書房、一九七〇年、六一頁。T四八・一一〇〇上）。「提撕《ていぜい》」はもと「手でつかんで引っぱる」意、そこから「注意を促す」「指導する」などの意が派生するが、禅門ではしばしば「公案をしっかり持って離さない」の意味で用いられる。『大慧普覚禅師語録』巻一九「法語・示清浄居士」、「趙州の狗子《いぬ》に仏性無しの話、喜怒静鬧の処にも亦《ま》た須く提撕《ていぜい》せよ」（T四七・八九一中）。

30 「虚無の無であるとか、有無の無であるといった理解をしてはいけない」。趙州がこたえた「無」とは、そもそも分別の次元で捉えられるものではない。『無門慧開禅師語録』巻下「告香普説」、「挙起《とりあぐ》る処に向《お》いて承当《うけが》うを得ざれ、意根下に向《お》いて卜度《おしはか》るを得ざれ、有無の無と作《な》すを得ざれ、無無の無と作《な》すを得ざれ」（Z一二〇・五一八下）。

31 「真っ赤に焼けた鉄のかたまりを呑みこんだようなもので、吐きだそうにも吐きだすことができない」。「如～相似」は口語で「～のように」の意。禅籍において「熱鉄丸」は、（1）心が極度に集中した状態、（2）地獄で受ける罰、のふたつの意味でよく用いられる。ここでは前者。『大慧普覚禅師語録』巻二四「法語・示成機宜」、「直に心を用うる処《ところ》無く、口を開く処《ところ》無く、方寸《こころ》の中《う》ち如《あたか》も一団の熱鉄の相似《ごと》き時を得ば、放却《はなつ》こと莫要《なか》れ、只だ這裏《ここ》に就《つ》きて箇《こ》の話頭《はなし》を看《み》よ」（T四七・九一二上）。「吐不出」は可能補語の否定形で、「吐こうとしても吐きだせない」の意。前注27参照。

32 「それまでの誤った認識を根絶やしにし、ただ『無字』のみとなってその状態をたもてば、いずれ内と外とが自ずとひとつに成るだろう」。一切の分別を捨て「無字」一色となれば、内外の区別も自然と消失する。「打成」の「打」は一音節の動詞を二音節化するために前置するもので実義はない。「打成」で「なる」の意。

33 「関将軍の大刀を奪い取ってふるうようなもの。仏に出会えば仏を斬り殺し、祖師に出会えば祖師を斬り殺し、なににも執われることがない」。「関将軍」は三国時代、劉備に仕えた関羽。人並み外れた武勇で世に名を轟かせた。『三国志』巻三六蜀書六「関張馬黄趙伝」、「関羽と張飛と、皆な万人の敵と称す、世の虎臣たり」（中華書局標点本、九五一頁）。「仏に逢《お》うては仏を殺し、祖に逢《お》うては祖を殺し」は、望ましいものも含めて、一切の分別を断ち切ること。『臨済録』「示衆」、「道流、你《なん》じ如法《にょほう》に見解せんと欲得《ほっ》せば、但《た》だ人の惑を受くること莫《なか》れ。裏《うち》に向い外に向って、逢著《でくわ》さば便《すなわ》ち殺せ。仏に逢うては仏を殺し、祖に逢うては祖を殺し、……始めて解脱を得《え》、物と拘《かかわ》らず、透脱《とうだつ》自在なり」（【臨済】九六—九七頁、T四七・五〇〇中）。

34 「生死の崖っぷち、六道四生の輪廻の世界のまっただ中で、自由自在になることができる」。「向」は口語、文語の「於」と同じく場所をみちびく介詞。第一八則「洞山三斤」、「甚処《いずく》に向《お》いてか洞山に見《まみ》えん」。

35 「ではどのように無字をひっさげるのか」。「作麼生《そもさん》」は口語の疑問詞で、文言の「如何」にあたる。第一四則「南泉斬猫」、「趙州草鞋《わらじ》を頂く、意作麼生《いかん》」。

36 「途切れることなくずっと無字に参じてゆけば、忽然と大悟するであろう。ロウソクに火をぽんとつければ、たちまちぱっと明かりがともるように」。「好」は後続の「似」を強めている。「一〜、便…」は、二つの動作が間髪を容れず緊密に連動して起こることを表す。なおこの一段と同様の趣旨は、すでに『大慧普覚禅師語録』巻一七「普説」に説かれている。「但《た》だ時時に提撕《ていぜい》せよ。妄念の起こる時、亦《ま》た心を将《もっ》て止遏《とど》むるを得ざれ。動を止めて止に帰せば、止は更に弥《いよい》よ動かん。只だ動の止まる処に就《つ》きて、箇《こ》の話頭《はなし》を看《み》よ。便是《たと》い釈迦の老子《おやじ》、達磨大師の出来《いできた》らんも、也《な》お只だ是れ這箇《これ》なるのみ。『僧、趙州に問う、狗子《いぬ》に還《は》た仏性有り也《や》無。州云く、無』。爾《なんじ》ら措大家《しょせい》、多く穿鑿《うが》ち説道《ものい》うを愛す、『這箇《これ》は有無の無に不是《あら》ず、乃ち是れ真無の無なり、世間虚豁の無に属せず』と。恁麼《か》く説く時、還《は》た他《か》の生死に敵得《かなわ》ん也《や》無。既に他《か》の生死に敵《かな》い不得《えざ》れば、則ち未《しか》だ是らざる在《ぞ》。既然《すで》に未《しか》だ是らざれば、須是《すべから》く行くも也《ま》た提撕《ていぜい》し、坐するも也《ま》た提撕すべし。喜怒哀楽の時、応用酬酢の時、総《すべ》て是れ提撕の時節なり。提撕し来り提撕し去るに、滋味没《な》く、心頭《こころ》は恰如《あたか》も一団の熱鉄を頓するが相似《ごと》し。那《か》の時便《すなわ》ち是れ好処、放捨《はなちすつ》るを得ざれ。忽然《ふ》と心華発明《はつみょう》し、十方の刹を照らさば、便《すなわ》ち能く一毛端に於いて宝王刹を現じ、微塵裏に坐して大法輪を転ぜん」（T四七・八八六上）。また『無門慧開禅師語録』巻下「告香普説」にも以下のようにある。「『僧、趙州に問う、狗子に還《は》た仏性有り也《や》無。州云く、無』の只如《ごと》きは、諸方拈《ねん》ずる者甚《はなは》だ多く、提撕《ていぜい》する者少なからず。這《こ》の一箇の無子、単《ひと》つ提《ひっさ》げ独《ひと》り弄《あつか》え。這《こ》の一箇の無字に参ずるに、仏と成る底《もの》は雨点《あまつぶ》の如し。信不及《しんじきれざ》る者虚《むなし》く時光を度《わた》らん。禅に参ずるに別に華巧無し、祇《た》だ是れ通身に箇《こ》の疑団を起こすことを要するのみ。昼三夜三、切に間断すること莫《なか》れ。久久に純熟して、自然に内と外と一片《ひとつ》に打成《な》らば、便《すなわ》ち虚空と一片《ひとつ》に打成《な》らん。便《すなわ》ち山河大地と一片《ひとつ》に打成《な》らん。便《すなわ》ち四維上下と一片《ひとつ》に打成《な》らん。豈に道《い》うを見ずや、尽大地は是れ学人の自己、尽大地は是れ箇《こ》の解脱門、尽大地は是れ沙門の一隻眼、尽大地撮来《つまみきた》らば粟米粒の如しと」（Z一二〇・五一五下）。

37 「狗子の仏性をめぐる公案、この仏の正しき法令を余すことなく現せ」。「全提正令」は、仏の正しい教えを完全に体現すること。『宏智禅師広録』巻二「泗州普照覚和尚頌古」、「寥寥たり冷坐少林、黙黙たり全提正令」（T四八・一八下）。

38 「有無に関わったとたん、身を失い命を失う」。「纔～、（便）…」で、「～するやいなや、たちまち…」と、前後の緊密な結びつきを表す。『無門関』「後序」、「若《も》し是れ通方の上士ならば、纔《わずか》に挙著《とりあ》ぐるを聞くや、便《すなわ》ち落処《らくしょ》を知らん」。『無門慧開禅師語録』巻下「小参」（Z一二〇・五二一上）では、「趙州狗子」の話をとりあげたうえで、「無無無無無、無無無無無。無無無無無、無無無無無。」という無字だけからなる頌を提示している。

〔第二則〕百丈野狐

39 百丈懐海《ひゃくじょうえかい》（七四九―八一四）、馬祖（後注262参照）の法嗣。『景徳伝灯録』巻六（K九七下）、『聯灯会要』巻四（Z一三六・四九三下）等に語を録す。本則の一次出典は『宗門統要集』巻三（二八表―裏：【禅典】五八頁上―下）。二次出典は『聯灯会要』巻四「洪州百丈懐海禅師」（Z一三六・四九五上―下）。本則については、小川隆・池上光洋・林鳴宇・西尾勝彦「金沢文庫本『正法眼蔵』の訳注研究（一）」（『駒澤大学禅研究所年報』一二、二〇〇一年）一三二―一三六頁、小川隆「禅宗語録入門読本15・16 百丈野狐（上）（下）」（『禅文化』二二四・二二五、二〇一二年）を参照。

40 「いつも百丈の説法を聞いている老人がいたが、ある日説法が終わっても立ち去らなかった。それを訝り尋ねたところ、はるか昔に同寺に住していた者だという。『大いに修行した人でも因果に落ちるのか』という質問に対して、『因果に落ちない』と答えたために、五百回もの生を狐として送ることになった。そこで百丈に、狐の身を脱するための一句を代わりに言ってほしいとお願いした」。「諾」は「はい」という返事。「某甲」は謙遜した一人称。「非人」は人ならざるもの。「過去迦葉仏」は釈尊の前に出現したと伝えられる仏で、過去七仏の第六に当たる。「一転語」はひとつの言葉、「転」は量詞。『景徳伝灯録』巻一四「鄂州百顔明哲禅師」、「昨日二闍梨に対《こた》えて一転語するも稔《みの》らず、今ま二闍梨の道《い》わんことを請う」（K二八三上、【景五】四一六頁）。「貴」は「～したい」という意の助動詞。

41 「老人が『大いに修行した人でも因果に落ちるのか』とたずねると、百丈は『因果をくらまさない』とこたえた。それを聞くと老人は大悟していった、『おかげで狐の身を脱することができた。骸が山にあるので、それを僧侶として弔って欲しい』」。「亡僧の事例」は、亡くなった僧侶を葬る際の作法。

42 「維那《いのう》に命じて、亡くなった僧侶を食後に弔うと皆に伝えさせた。それを聞いた修行僧たちは、病人もいないのに不思議なことだと訝しんだ。食後、百丈は皆をひきいて山の巌の下にいき、杖で狐の骸を取りだすと、それを火葬に付したのであった」。「維那《いのう》」は禅院においては僧の綱紀を取り締る役（『禅林象器箋』「第七類 職位門・維那」参照）。「白槌《びゃくつい》」は大衆に告げるにあたり、槌を打ち鳴らすこと。『禅苑清規』巻七「亡僧」、「……日に至りて維那《いのう》……白槌《びゃくつい》すること一下して云く、『大衆よ、粥の後〈或は斎の後〉鍾声を聞かば、各《おのおの》の威儀を具せ、普請して亡僧を送る……』と」（鏡島元隆・佐藤達玄・小坂機融『訳註 禅苑清規』、曹洞宗宗務庁、一九七二年、二三八頁。Z一一一・九一二下）。「涅槃堂」は病気の僧を収容するための建物（『禅林象器箋』「第二類 殿堂門・延寿堂、涅槃堂」参照）。「只だ見る」は、思いがけぬ事態が眼前で展開するさまを描写する際に用いられる。

43 黄檗希運《きうん》（生没年不詳）、百丈懐海（前注39参照）の法嗣。『景徳伝灯録』巻九（K一三六下、【景三】一七一頁）、

『聯灯会要』巻七（Z一三六・五四六下）等に語を録す。語録に『伝心法要』『宛陵録』があり、その訳注に入矢義高『伝心法要・宛陵録』（筑摩書房、一九六九年）がある。

44 「その晩、百丈は先の因縁を話した。黄檗はすかさず尋ねた、『古人は答えを間違えたために五百生もの間野狐《やこ》の身となりました。もし一語一語すべて間違えることがなければ何になったでしょうか』。百丈はいう、『近くに来なさい、君のためにいってやろう』。黄檗は近づくと、百丈を平手で打った。百丈は手を叩き笑っていう、『かの外国人のヒゲは赤いとばかり思っていたが、なんとここにも赤い鬚の外国人がいたとは』」。百丈の最後の言葉は、平手打ちを食らわせた黄檗を活きた仏だと褒める語。「伊」は三人称代名詞だが、ここでは二人称に転用されている。一次出典の『宗門統要集』および二次出典の『聯灯会要』は、それぞれ「伊」を「你《なんじ》」「汝」に作る。なお時代は下るが、「伊」を二人称に転用する例は金・元代に多く見える。呂叔湘著・江藍生補『近代漢語指代詞』（学林出版社、一九八五年）一八頁参照。「転転」は「語」の量詞「転」を重ねたもので、「ひとつひとつみなことごとく」の意。「赤き鬚の胡《えびす》」は「赤いヒゲの外国人」の意で、釈尊を指す。『希叟紹曇禅師広録』巻七「賛・出山相」、「六年雪凍《ゆきこお》るも死せず、明星を見て便《すなわ》ち悟れりと説く。山を走出《あるきい》で来りて一の窖《ほこり》も無し、人に喚《よ》びて赤き鬚の胡と作《な》さる」（Z一二二・三二一下）。「将謂」は二字で「おもう」、事実に反して「〜かと思う」「〜とばかり思い込む」の意。「胡《えびす》の鬚《ひげ》の赤きかと将謂《おも》いきや、更に赤き鬚の胡有るとは」は、かの胡人（釈尊）のヒゲのみが赤いとばかり思っていたが、なんとここにも赤いヒゲのやり手がいたの意、黄檗を褒める語。『密菴和尚語録』「頌賛・一口吸尽西江水」、「西江一吸にして了《つい》に餘《あま》す無し、突出す堂堂たる大丈夫。尽く道《い》う世間の胡の鬚《ひげ》は赤しと、須く知るべし更に赤き鬚の胡有りと」（T四七・九七六下）。

45 「『因果に落ちず』でどうして狐に身をやつしたのだろう。『因果を昧《くらま》さず』でどうして狐の身を脱したのだろう。ここで真理を看《み》ぬく眼をつけることができれば、狐となった老人が五百生の風流を勝ちえたことがわかるだろう」。「一隻眼」はひとつの眼の意、ここでは物事の核心を看てとる眼を指す。「隻」は量詞。『法演禅師語録』巻上「次住海会語録」、「若し人会得《えとく》せば、儞《なん》じ一隻眼を具すと許《みと》む」（T四七・六五五上）。「前百丈」は先に百丈に住していた老人を指す。「風流」は諸相に拘わらず、分別を超越して洒脱であること。第四二則「女子出定」、「……神頭幷《なら》びに鬼面、敗闕《しくじり》当に風流」。

46 「『落ちず』と『くらまさず』とは二つだけど同じようなもの。『落ちず』と『くらまさず』とどちらも大間違い」。「落ちず」と「くらまさず」とのどちらかが正解という問題ではない。「両采一賽」の「采（彩とも書く）」は、双六で振った目の点数の種類。「賽」は一回の筒の振り出し（【景四】三四〇頁）。「両采一賽」のほか「数采一賽」という表現も見え、複数のものが同じ様子であることをいう。『円悟仏果禅師語録』巻七「上堂」、「……師乃《すなわ》ち云く、『好日は多く同じ、数彩一賽。……』と」（T四七・七四六上）。「千錯万錯」は間違いだらけの意。どちらかを選ぶというような分別の心を動かせば、それでもう大間違いである。『建中靖国続灯録』巻五「漢陽軍鳳棲仲卿禅師」、「議せんと擬《ほっ》せば則ち身を喪《うしな》い命を失う、思《おも》量わば則ち千錯万錯」（Z一三六・九四上）。

〔第三則〕倶胝竪指

47 倶胝《ぐてい》、天龍《てんりゅう》の法嗣。ともに唐代の人（生没年不詳）。倶胝が庵に住していたところ、ひとりの尼僧がやってきた。頭に笠をかぶり、手に錫杖を持ち、倶胝の周りを三度回ると、「言うことができれば笠をとりましょう」と三度いう。倶胝はそれにこたえられなかった。その十日後にやってきた天龍和尚に教えを請うたところ、天龍は指を一本たててみせた。これにより倶胝は大悟したという。『景徳伝灯録』巻一一（K一九七上、【景四】三一〇頁）等に語を録す。本則の一次出典は『宗門統要集』巻五（六裏：【禅典】九六頁下）。

48 「倶胝は質問があれば、いつも指を一本たてるのみであった。ある時ひとりの童子が、外からやってきた人に倶胝の教えを尋ねられ、同様に指をたててみせた」。「指頭」はゆび、「頭」は実義をもたない接尾辞。

49 「それを聞いた倶胝は童子の指を刀で切り落としてしまった。童子が泣きさけんで立ち去ろうとしたとき、倶胝はその名前を呼んだ。童子が振りかえると、倶胝は指をたててみせた。そこで童子は悟った」。

50 「倶胝は死に臨み修行僧たちに次のようにいった。『私は天龍の一指の禅を得た。一生それを使ったが、使い切ることができなかった』」。

51 「倶胝と童子が悟ったところは指にあったのではない。もしここで看《み》てとることができれば、天龍・倶胝・童子がみな自分自身と串刺しになっていることが分かるだろう」。指そのものにはない「一指頭の禅」、その勘所を看取できれば、自分もまた天龍・倶胝・童子らと同じ世界に生きていることが分かる。『仏果克勤禅師心要』巻上終「示許奉議」、「仏法に多子《くだくだしき》無し。如《たと》えば倶胝《ぐてい》は一指を竪《た》つ、打地《だち》は只《た》だ地を打つのみ、鳥窠《ちょうか》は布の毛を吹く、無業《むごう》は莫妄想《まくもうぞう》、中邑《ちゅうゆう》は哆哆和和《たたわわ》、古堤《こてい》は無仏性、骨剉《こつざ》は一生只《た》だ箇《こ》の骨剉を道《い》うのみ。只だ信得及《しんじき》れたるが為に、所以《ゆえ》に一生受用不尽《もちいてつきず》。若《も》し疑著《うたが》わば便《すなわ》ち異見・差別有らん、向上有らん、向下有らん。豈に能く坐得断《たちきりえ》んや。……」（Z一二〇・七二三上―下）。

52 「倶胝は老天龍を蔑ろにし、鋭い刃を一本ひっさげて童子の境界を確かめた」。倶胝は「一指頭の禅」と口にすることで師の天龍を蔑ろにし、刀によって弟子の童子を接化した。言葉により「指」を提示する一方で、刀で切り落とすことで「指」を否定した。「鈍置《どんち》」は蔑ろにする意、本来言葉にできないものを口にしたことを指す。『大慧普覚禅師語録』巻二一「法説・示妙浄居士」、「……多言多語ならば返《かえっ》て相い鈍置す。且《しばら》く葛藤《ことば》を截断《た》て」（T四七・九〇一上）。

53 「巨霊《これい》が手を持ち上げるのに何ら面倒なことはない。千万重もの華山を分破した」。「巨霊」は神話に見える黄河の神で、巨大な一つの山を華山と岳山のふたつに引き裂き、その間に河流を通したという（『捜神記』巻一三、中華書局、汪紹楹校注本、一五九頁）。ここでは一本の指で修行僧の分別の山を破壊する倶胝を喩える。偈の後半二句は雪竇の頌を踏まえる。『碧巌録』第三二則「臨済仏法大意」頌評唱、「……『巨霊《これい》手を擡《もた》ぐるに多子《くだくだしき》無し、分破す華山の千万重』。巨霊神に大神力有り、手を以て太華を擘開《きりひら》き、水を放って黄河に流入せしむ。定上座の疑情、山の堆《うずたか》く岳の積《つも》れるが如きも、臨済に一掌せられて、直に瓦解氷消するを得たり」（【碧中】三〇頁、T四八・一七二上）。

〔第四則〕 胡子無鬚

54 或庵師体《わくあんしたい》（一一〇八―一一七九）、圜悟克勤《えんごこくごん》―護国景元《ごこくけいげん》の法を嗣ぐ。『続伝灯録』巻三一（T五一・六八二中）、『嘉泰普灯録』巻二〇（Z一三七・二八五上）等に語を録す。本則の出典は未詳。

55 「インドの胡人《えびす》（達磨）にどうしてヒゲが無いのか」。達磨といえばヒゲがあると決まっているのに、さてその達磨にヒゲが無いのはなぜか。「西天」は「インド」、「胡子」は「外国人」の意、達磨を指すものと考えられる。『無準師範禅師語録』巻一「仏鑑禅師初住慶元府清涼禅寺語録」、「西天《さいてん》の胡子《えびす》は髭鬚《ひげ》没《な》く、黄面《おうめん》の瞿曇《くどん》（釈尊）は頂骨無し」（Z一二一・八五五上）。『古林清茂禅師拾遺偈頌』巻上「送允維那帰四明」、「西天《さいてん》の胡子《えびす》、真旦《しんたん》（中国）に来る」（Z一二三・五三七上）。

56「参ずるのであれば実の参でなければならない。悟るのであれば実の悟でなければならない」。禅門で修行する以上は、言葉・分別に陥ることなく、自身に本来そなわる仏心をしかと看《み》てとらねばならぬ。『円悟仏果禅師語録』巻一三「小参」、「若《も》し道を見了《おわ》らば、更に言句を用いて作麼《いかんせ》ん。若し言句を用いずんば、爾《なん》じ作麼生《いかに》か見ん。這裏《ここ》に到らば、参は須く実参なるべし、悟は須く実悟なるべし。頂《いただき》に透《とお》り底に透り、古に亘《わた》り今に亘り、自己の庫蔵《くら》を打《ひ》開《ら》き、自己の家財を運出《はこびいだ》して拯済《すく》わ令《し》む。只だ外辺《そと》に向いて尋覓《もと》むること莫《なか》れ」（T四七・七七二中）。

57「この胡人には一度しっかりと、自分自身で会ってみなければならない」。「者箇《しゃこ》」は「これ」の意。「直須～始得」は「～しなければならない」の意。「親」は「自分で直接」の意。

58「『直接会った』といってしまえば、もうとっくにふたつになってしまっている」。直に見《まみ》えるべきは、「私」に対立する客体としての「胡人」ではない。

59「愚か者の前で夢物語を話してはいけない」。なぜなら愚者が聞けば事実と誤認してしまうからである。『聯灯会要』巻一七「饒州薦福道行禅師」、「仏は三乗十二分教、頓・漸・偏・円を説く。痴人の面前にて夢を説くを得《え》ざれ。祖師は西より来り、人心を直指し、性を見て仏と成らしむ。臨済は三玄、洞山は五位。痴人の面前にて夢を説くを得ざれ」（Z一三六・七〇九上）。

60「胡人にヒゲが無いと言えば、はっきりしているところにぼんやりしたものを加えることになる」。ヒゲが無い達磨というのは他人のことではない。その明々白々の事実に対して、更になにか言挙げすれば、カレとワレとがふたつになってしまう。

〔第五則〕香厳上樹

61 香厳智閑《きょうげんちかん》（？―八九八）、潙山霊祐《いさんれいゆう》（後注320参照）の法嗣。本則の一次出典は『明覚禅師語録』巻三「拈古」（T四七・六八五下）、『大慧普覚禅師語録』巻一四「普説」（T四七・八七二上）、『正法眼蔵』巻二之下（Z一一八・一〇二下）。二次出典は『景徳伝灯録』巻一一「鄧州香厳寺智閑禅師」（K一八〇下、【景四】二一三頁）、『宗門統要集』巻五（一八表：【禅典】一〇二頁上）、『聯灯会要』巻八「鄧州香厳智閑禅師」（Z一三六・五六六下）。

62 「（枝にかじりついたまま）答えなければ彼の問いにそむくことになる。さりとて答えようと口を開けば、とたんに落ちて命を失ってしまう。まさにこのような時、どう答えるのか」。小川隆『語録のことば―唐代の禅―』（禅文化研究所、二〇〇七年）六頁には以下のようにある。「ここで重要な点は、香厳和尚が『どうするか』ではなく、『どう答えるか』と問うていることであろう。沈黙によって『道』を守りとおすという選択は、すでに禁じられている。語と黙の二律背反を突破して、『道』を損なうことなく敢えて一句を言うこと、それのみがここで許され且つ要求されていることに外ならない」。二律背反の打破を求める同様の問いは、本書において以下のものが見られる。第二四則「離却語言」、「語と黙と離微《りび》に渉《わた》る、如何にか不犯に通ぜん」。第二五則「三座説法」、「口を開かば即ち失す、口を閉ざさば又た喪《うしな》う」。第四〇則「趯倒浄瓶」、「喚《よ》びて浄《じん》瓶《びん》と作《な》すを得ざれ。汝じ喚《よ》びて甚麼《なん》とか作《な》す」。第四三則「首山竹篦」、「若《も》し喚《よ》びて竹篦《しっぺい》と作《な》さば則ち触《おか》す、喚《よ》びて竹篦と作《な》さずんば則ち背く。汝ら諸人、且《しばら》く道《い》え、喚《よ》びて甚麼《なん》とか作《な》す」。

63 「たとえ立て板に水の弁舌を振るおうと全く役に立たないし、大蔵経すべてを説きえようとも何の役にも立ちはしない」。「懸河の辨」とは流れ落ちる滝の水のように流暢な弁舌。だがいくら巧みに説いたところで、口を開いたその時点で既に分別の次元に堕ちている。『景徳伝灯録』巻二五「天台山徳韶国師」、「仮饒《たと》い答話は簡にして辨は懸河の如くなるも、只だ箇《こ》の顛倒《あやまり》の知見を成得《なしう》るのみ」（K五〇二下）。「一大蔵教」は大蔵経、言葉で説かれた一切の教えを指す。真理は言葉の次元にないため、いくら言葉を費やそうと、それを説き尽くしえない。『黄龍慧南禅師語録』、「若《も》し此の事を論ぜば、神通修証の能く到るに非ず、多聞智慧の談ずる所に非ず。三世諸仏も只だ自ら知ると言うのみ。一大蔵教も詮註不及《ときつくせず》」（T四七・六三〇上）。

64 「ここで答えることができれば、従来の死んだ道を活かし、活きた道を殺すことができるだろう」。なにものにも執われない自由な境界が得られることをいう。『天如惟則禅師語録』巻五「仏事・宗上座鎖龕」、「……宗上座、活句を死却し、死句を活却す。仏祖の牢関、你《なんじ》を鎖《しば》り不住《とどめえず》」（Z一二二・八八三下）。

65 「もしもそうでないなら、弥勒が教えてくれるまで待っているがいい」。弥勒は現在兜率《とそつ》天にいる菩薩で、五六億七千万年後に降下成仏し一切衆生を救済するとされる。その弥勒に教えてもらえというのは、今生で悟る見込みがないと相手を詰る禅の常套句。『大慧普覚禅師語録』巻四「住径山能仁禅院語録」、「諸人、還《は》た信得及麼《しんじうや》。若《も》し信得及《しんじえ》ば、霊山の一会儼然《げんぜん》として未だ散ぜず。若し信不及《しんじえず》んば、直に当来を待ちて弥勒に問え」（T四七・八二七下）。

66 「香厳のやりようはあまりに身勝手で、そのやり口はこの上なくひどい」。修行者を答えられない状況に追い込んだ上で「答えよ」と迫る香厳の悪辣な手腕をいう。「杜撰」は恣意的でデタラメなこと。『筠州洞山悟本禅師語録』「重集洞山悟本大師語要自序」、「杜撰《ずさん》の輩妄《やからみだ》りに凡情を以て古語を改易《か》うるなり」（T四七・五一八下）。「悪毒」は一切の分別を粉砕する手厳しい接化を形容する。『無門慧開禅師語録』巻下「法孫天龍長老思賢請」、「悪毒《おそろし》き鉗鎚《けんつい》を秉《と》り、情塵《はからい》の窠臼《かた》を砕く。仏祖は気を飲み声を呑み、魔外は風を望み手を拱《こまぬ》く」（Z一二〇・五二六下）。

67 「修行僧の口を塞ぎ、鬼眼を体中にぎょろつかせる」。答えようにも答えられない状況に追い込まれた修行僧は、全身を眼にして異様な眼光を発するばかり。「啞却」は口を塞いで物を言わさないこと。『続伝灯録』巻二八「臨安府霊隠瞎堂遠禅師」、「……口を啞却《ふさぎさ》り一生開不得《あかざ》らしむるかと将《おも》謂う。二十年の後又《ま》た業風に吹かれて濯錦江頭《たくきんこうとう》に去《ゆ》き、葛藤堆裏《かっとうたいり》に箇《こ》の焦尾の白額《とら》に逢著《でくわ》す」（T五一・六六一上）。「鬼眼」は奇怪な目つき。『大慧普覚禅師語録』巻二四「法語・示冲密禅人」、「正に是れ業識《ごっしき》の鬼眼睛を弄するなり」（T四七・九一五中）。

〔第六則〕世尊拈花

68 「世尊」、梵語は bhagavat（bhaga は幸運・繁栄、vat は〜を有する）、「福徳ある者」「聖なる者」の意、仏の十号のひとつ。音訳は「婆伽婆《ばぎゃば》」「薄伽梵《ばぎゃぼん》」。仏教の開祖釈迦牟尼《しゃかむに》を指す。本書では本則のほか、第三二則「外道問仏」、第四二則「女子出定」に「世尊」の言行が採られている。本

則の一次出典は『宗門統要集』巻一（六裏：【禅典】七頁上）。二次出典は『聯灯会要』巻一「釈迦牟尼仏」（Z一三六・四四〇下）。

69「霊山《りょうぜん》で開かれた法会の席で世尊が花を手に取り聴衆に示したところ、みな黙ってしまった」。「霊山」は釈尊が説法した場として知られる「霊鷲山《りょうじゅせん》」のこと、マガダ国の首府ラージャグリハ（王舎城）付近に位置する。「在〜上」は「〜で」の意。「上」は名詞に後続して、それを場所化する。第三則「倶胝竪指」、「指頭上に在《あ》らず」。

70「ただ迦葉尊者だけが、にっこりと微笑んだ」。迦葉は「摩訶《まか》迦葉《かしょう》（Mahākāśyapa）」のこと。禅門において西天初祖に立てられる。本書では、本則の他、第二二則「迦葉刹竿」にその言行が採られる。迦葉を世尊の後継者とする見方はインドにもあるが、「世尊拈花」の話は中国における創作。この話は当時『大梵天王問仏決疑経』なる中国撰述経典に収められていたらしい。一一八八年成立の『人天眼目』巻五「宗門雑録・拈花」には以下のようにある。「王荊公、仏慧泉禅師に問うて云く、『禅家の謂《い》う所の世尊拈花、出づるに何の典にか在《あ》る』と。泉云く、『蔵経も亦《ま》た載せず』と。公曰く、『余頃《ちかご》ろ翰苑に在りて、偶《たま》ま大梵天王問仏決疑経三巻を見る。因《よ》りて之を閲《み》るに、経文の載する所甚《はなは》だ詳《くわ》し。梵王、霊山に至り、金色の波羅花《はらか》を以て仏に献じ、身を舎《す》てて床座と為し、仏に請いて衆生の為に法を説かしむ。世尊、座に登りて花を拈《と》り衆に示す。人天百万悉《み》皆な措《お》く罔《な》し。独《ひと》り金色頭陀《ずだ》のみ有りて、顔を破《ほころ》ばせ微笑《ほほえ》む。世尊云く、吾に正法眼蔵、涅槃妙心、実相無相有り、摩訶大迦葉に分付《あた》うと。此の経、多く帝王の仏に事《つか》え請問するを談ず。所以に秘蔵せられ世に聞く者無し』と」（T四八・三二五中）。ただし「拈華微笑」の話自体は『大梵天王問仏決疑経』の成立以前から禅門で流布していた。石井修道「拈華微笑の話の成立をめぐって」（『三論教学と仏教諸思想』、春秋社、二〇〇〇年）参照。

71「私に正法眼蔵、涅槃《さとり》の妙《たえ》なる心、実相無相、微妙《すばらし》き法門がある、文字を立てず、教の外で別に伝えるものだ。それをいま、迦葉に托す」。皆が黙り込むなか、ひとり微笑んだ迦葉にたいして、釈尊は仏法の核心を伝えると宣言した。「正法眼蔵」は「正法の眼がおさめられた蔵」。『正法眼蔵』「重刻正法眼蔵序」、「正法眼蔵とは、言い難きなり。喩を以て明かさんことを請う。譬如《たとえ》ば浄眼の森羅を洞見す。之を取るに無窮、之を用うるに無尽、故に名づけて蔵と曰う」（Z一一八・一上）。「不立文字、教外別伝」は、「言葉を（真理として）立てない、経典の外で別に伝えてきたものがある」の意。

72 「黄色い顔の瞿曇は、傍若無人で、良民を賤民に貶め、羊頭を懸げて狗肉を売っている。どれだけすごいことかと思ったら！」。「瞿曇」は釈尊の姓Gautamaの音訳。なぜ「黄面」というかは未詳、「蓋《けだ》し面の金色なるが故か」（『虚堂録犂耕』K二九上）。「良を圧して賤と為す」は、良民を賤民におとしめる意。『資治通鑑』巻二八三「後晋・斉王・天福八年」胡三省の注、「良人の子女を買いて奴婢と為す、之を『良を圧して賤と為す』と謂う、律の禁ずる所なり」（中華書局標点本、九二四六頁）。本来だれもが仏であるのに、花を提示したことで、人はみな本来仏であるにもかかわらず、それが分からぬ者を迷える衆生に転落させてしまった。『天聖広灯録』巻二四「鼎州梁山第三世善冀禅師」、「問う、『和尚、幾時《いつ》か仏と成る』と。師云く、『且《しばら》く良を圧して賤と為すこと莫《なか》れ』と。進みて云く、『和尚、為什麽《なんすれ》ぞ肯《あ》えて承当《うけが》わざる』と。師云く、『好事は無きに如《し》かず』と」（Z一三五・八四七下）。

73 「もし全員が笑ったら、正法眼蔵をどう伝えたか。逆に迦葉すらも笑わなかったら、正法眼蔵をどう伝えたか」。

74 「もしも正法眼蔵に伝授が有ると言うのであれば、それは黄色い顔のオヤジが人々をバカにしているのだ。さりとて伝授が無いのであれば、どうして迦葉だけを認めたのだろうか」。正法眼蔵の受け渡しが有るといっても無いといっても、おかしなことになってしまう。「閭閻《りょえん》」は本来、村里の入り口と内部の門、転じて村落ないし村人の意。「誑謼《おうこ》」は騙すこと。第二五則「三座説法」、「……夢中に夢を説く……一衆を誑謼《たぶらか》す」。

75 「花を持ち上げた時点で、もう尻尾は丸見えだ」。「尾《び》巴《は》」の「巴」は実義を持たない接尾辞。「尾巴を露（出）す」は、馬脚をあらわす意。『続古尊宿語要』巻四「松源岳禅師語」、「達磨は九年面壁、賊《ぬすみしもの》と和《とも》に捉《とら》敗う。盧行者《ろあんじゃ》（六祖慧能）は字を識《し》らず、尾巴《びは》を露出《あらわ》す」（Z一一九・四一上）。

76 「ところがそこで迦葉が笑ったために、人天はみな手のつけようが無くなってしまった」。「人天」は六道のうちの人間と天。「措《お》く罔《な》し」は「処置に困り慌てる」意。第二四則「離却語言」、「……歩を進めて口喃喃《ぶつぶつ》、知んぬ君の大いに措《お》くこと罔《な》きを」。

〔第七則〕趙州洗鉢

77 趙州従諗《じょうしゅうじゅうしん》（七七八―八九七）、前注22参照。本則の一次出典は『雲門匡真禅師広録』巻中「室中語要」（T四七・五五四中）、『大慧普覚禅師語録』巻六「再住径山能仁禅院語録」（T四七・八三四中）。二次出典は『宗門統要集』巻四（七表：【禅典】七四頁上）、『正法眼蔵』巻一之上（Z一一八・八上）、『大慧普覚禅師語録』巻三「住径山能仁禅院語録」（T四七・八二一下）、『聯灯会要』巻六「趙州観音従諗禅師」（Z一三六・五三二上）。本則については小川注62所掲書一〇八―一一一頁を参照。

78 「『叢林（僧堂）に入ったばかりです、ご教示を』という僧に対して、趙州は『朝飯は食べたかね』とたずねた」。「乍入叢林」は定型表現、「乍」は「～したばかり」。

79 「新米の僧が『食べました』とこたえると、趙州は『食器を洗いに行きなさい』とかえした。僧はハッと気づくところがあった」。「了也」は完了をあらわす。「了也未」はその疑問形、「もう～したか」。

80 「趙州は口を開くや、はらわたをさらけ出した」。肝心《かんじん》要《かなめ》の一句を口にし、真理の全体をあまさず表した。第一八則「洞山三斤」、「纔《わずか》に両片を開くや、肝腸《はらわた》を露出《あらわ》す」（後注166参照）。

81 「この僧はちゃんと理解することができず、鐘《かね》を甕《かめ》とよんでいる」。鐘《かね》と甕《かめ》とは似て非なるもの。『雪巌祖欽禅師語録』巻二「普説」、「縦使《たと》い一知半見有るとも、也《ま》た是れ口耳の沿習《ならい》、訛謬《あやまれ》る語言《ことば》、驢鞍橋《ろばのくらぼね》を認めて阿爺《おやじ》の下頷《したあご》と作《な》し、鹿を指して馬と為し、鐘《かね》を喚《よ》びて甕《かめ》と作《な》すなり」（Z一二二・五三〇上―下）。

82 「あまりにも明らかであったがために、かえって理解が遅くなってしまった。初めから分かっていたのなら、もうとっくにご飯が炊きあがっていただろうに」。頌の前半二句は『大慧普覚禅師語録』巻一「住径山能仁禅院語録」（T四七・八一二上）に、後半二句は『白雲守端禅師広録』巻一「江州円通崇勝禅院語録」（Z一二〇・四〇七下）にそれぞれ見える。最初の「粥を喫《くら》い了也未《おわれりや》」の一言ですでに仏法が端的に示されていたのだが、あまりに端的であったため、僧はそれを単なる日常的な質問と勘違いしてしまった。そこに仏法が現前していることに気づいていさえいれば、「粥を喫い了也《おわれり》」だの「鉢盂《はち》を洗いに去《ゆ》け」だのと遠回りをせずに済んだものを。

〔第八則〕奚仲造車

83 月庵善果《げつあんぜんか》（一〇七九―一一五二）、五祖法演《ごそほうえん》（後注295参照）―開福道寧《かいふくどうねい》の法を嗣ぐ。『聯灯会要』（巻一七、Ｚ一三六・七一一上）等に語を録す。語録に『月菴果和尚語』がある（『続古尊宿語要』巻三、Ｚ一一八・九九六下）。本則の一次出典は未詳、二次出典は『嘉泰普灯録』巻一七「潭州大潙月庵善果禅師」（Ｚ一三七・二五二上）。

84 「（車の発明者と伝えられる）奚仲は、百輻の車をこしらえたが、左右の車輪を取り除き、軸を取り外してしまった。さて、何を明かしたのだろうか」。左と右の車輪を除けば、真ん中かと早合点する者もいるだろうが、それをも取りさってしまった。本則を収める『嘉泰普灯録』巻一七「潭州大潙月庵善果禅師」には、月庵が次のように続けたとある。「拄杖《つえ》を以て一円相を打《な》して曰く、『且《しばら》く定盤星《めもり》を錯認《みあやま》ること莫《なか》れ』と」（Ｚ一三七・二五二上）。引用文中の「定盤星《めもり》を錯認《みあやま》ること莫《なか》れ」（語義は後注266参照）は、「両頭（左右）」や「軸（中間）」が実在すると見誤ってはならぬの意。『偃渓広聞禅師語録』巻上「慶元府応夢名山雪竇資聖禅寺語録」、「霊利《すぐれ》し漢、両頭に赴かず、中間に住せず」（Ｚ一二一・二七〇下）。「奚仲」は車の発明者と伝えられる人物。『説文』、「車、輿輪《くるま》の総名なり。夏后時の奚仲の造《つく》る所なり」。

85 「もしすぐさま会得することができるのであれば、眼は流星のようで、機は電光のようだ」。流れ星・稲光とは、示唆された真理を一瞬で見ぬく俊敏な働きの喩え。『松源崇岳禅師語録』巻下「秉払普説」、「行脚の道人、眼は流星に似て、機は掣電《いなびかり》の如し。聊《わずか》に挙著《とりあ》ぐるを聞くや、骨に徹し髄に徹するも、亦た未《ま》だ性燥《せっかち》と為さず。何ぞ況んや言を尋ね句を逐《お》い、意根下に卜度《おしはか》るをや。甚《なん》の瞥脱《みぬ》く処か有らん。……」（Ｚ一二一・六一三上）。

86 「機輪が回転する処では、仏法に通達した人であってもなお迷う。上に下に、四方八方」。頌の上二句は、『明覚禅師語録』巻二「明覚禅師後録」の「機輪の転ずる処、作者も猶お迷う。千眼頓《とみ》に開かば、君と相見《あいまみ》えん」（Ｔ四七・六八一下）に基づく。「機輪」は個々人が本来もつ霊妙な働きを輪に喩えたもの。それは二項対立に陥らず、上・下、東・西・南・北、東南・南西・北東・西北（四維）すべての方向に自在に転がっていく。『碧巌録』第六五則「外道問仏有無」頌評唱、「機輪曾《かつ》て未だ転ぜず、転ぜば必ず両頭《ふたつ》に走る。機は乃ち千聖の霊機、輪は是れ従本已来《もとより》諸人の命脈なり。……機輪便《すなわ》ち阿轆轆《ごろごろ》地と転ず。亦《ま》た転じて有に向かわず、亦た転じて無に向かわず、得・失に落ちず、凡・聖に拘らず、二辺《にへん》一時に坐断《ざだん》す」（【碧中】二九八頁、T四八・一九六上）。

〔第九則〕大通智勝

87 興陽清譲《こうようしんじょう》（生没年不詳）、芭蕉慧清《ばしょうえせい》（後注354参照）の法嗣。本則の一次出典は『景徳伝灯録』巻一三「郢州興陽清譲禅師」（K二五〇下、【景五】一六頁）、『宗門統要集』巻六（二九裏：【禅典】一二九頁下）。二次出典は『聯灯会要』巻一一「郢州興陽清譲禅師」（Z一三六・六一五上）。

88 「大通智勝仏は十劫もの長きにわたり悟りの場に坐しておられたが、仏法は現れず仏道も成就しなかった。これはいかなることでしょう」。大通智勝仏の話は『法華経』巻三「化城喩品」に見える。「大通智勝仏、寿《よわい》五百四十万億那由他劫なり。其の仏本《も》と道場に坐し、魔軍を破り已《おわ》りて、阿耨多羅三藐三菩提《あのくたらさんみゃくさんぼだい》を垂得するも、諸の仏法現れて前に在らず。是の如く一小劫乃至《ないし》十小劫、結加趺坐して身心動《どう》ぜざるも、諸の仏法猶《な》お前に在らず」（T九・二二中）。「劫」は梵語kalpaの音写。時間の単位で、一説に四三億二千万年。

89 「おぬしの問いはツボをしっかりと押さえておる」。「諦当」はぴたりと当たる意。

90 「悟りの場に坐しているのに、どうして仏道を成就することができないのでしょう」。

91 「（仏になれないのではなく）仏にならないからだ」。「伊」は三人称代名詞。ここは大通智勝仏を指す。

92 「かの外国人は、知っているとはいえても、会得しているとは認められぬ」。「老胡」は天竺・西域の人。釈尊ないし達磨を指す。「許」は「〜だと認める」。釈尊ないし達磨は知っていると認められても、会得しているとは認められぬ。もとは雪竇が徳山托鉢の公案（『無門関』第一三則所収）を評した語（『明覚禅師語録』巻三「拈古」T四七・六九一中）。また『碧巌録』第四一則「趙州大死底人」頌評唱には以下の例が見える。「只だ這《こ》の大死底の人の却《かえ》って活《い》きる処、古仏も亦《ま》た曾《かつ》て到らず、天下の老和尚も亦た曾て到らず。任是《たと》い釈迦の老子《おやじ》、碧眼の胡僧なるも、也《ま》た須く再参して始めて得《よ》し。所以《ゆえ》に道《い》う、『只だ老胡の知るを許《みと》むるのみにして、老胡の会するを許《みと》めず』と」（【碧中】一一三頁、T四八・一七九中)。

93 「凡夫が知れば、それでもう聖人であり、聖人が会得すれば、たちまち凡夫となる」。仏道を知って仏と成ることを低次とし、仏道を知らず凡夫のままにあることを高次とする禅的逆説をいう。「仏道」を知ると凡夫も「仏」に成ってしまう。「仏道」を知らずということを会得できれば、仏も凡夫たりうる。『碧巌録』第六二則「風穴若立一塵」本則評唱、「南泉、衆に示して云く、『黄梅七百の高僧尽《ことごと》く是れ仏法を会する底《てい》の人なるに、他《かれ》の衣鉢を得ず。唯だ盧《ろ》行者《あんじゃ》のみ有って、仏法を会せず、所以に他の衣鉢を得たり』と。又た云く、『三世の諸仏、有るを知らず。狸奴《やまねこ》と白牯《うし》と却《かえっ》て有るを知る』と」(【碧中】二六九頁、T四八・一九三中―下)。

94 「体をさとるのは、心をさとるのと比べてどうか。心をさとれば、体を憂うことはなくなるだろう。しかし身と心とがともにはっきりとしていれば、神仙を諸侯に取立てることなど必要ない」。この頌は『応菴曇華禅師語録』巻一〇「偈頌・行者求頌」(Z一二〇・八九二下)をそのまま借用したもの。「何似」はふたつのものを比較した結果を尋ねるもので、しばしば後者が前者に優ることを含意する。「神仙を更に諸侯に封ずる」とは、本来仏であるものを更に「仏」にしようとする喩え。身は心が現じた相であり、心は本来無相であって、そのままで仏である。したがって更に仏になりようがない。『臨済録』「示衆」、「問う、『大通智勝仏、十劫も道場に坐するに、仏法現前《げんぜん》せず、仏道を成ずるを得ず。未審《いぶか》し此の意如何《いかん》。乞う師、指示せよ』と。師云く、『……仏道を成ずるを得ずとは、仏応《まさ》に更に仏と作《な》るべからざるなり。……』と」(【臨済】一三〇―一三一頁、T四七・五〇二上―中)。

〔第十則〕清税孤貧

95 曹山本寂《そうざんほんじゃく》(八四〇―九〇一)、洞山良价《とうざんりょうかい》(八〇七―八六九)の法嗣。本則の一次出典は未詳。二次出典は『明覚禅師語録』巻四「瀑泉集」(T四七・六九六中)、『聯灯会要』巻二二「撫州曹山本寂禅師」(Z一三六・七九五上)、『松源崇岳禅師語録』巻上「明州香山智度禅院語録」(Z一二一・五九二下)。

96 「わたくしは貧しく身よりがありません。どうぞ先生、おめぐみください」。この言葉について小川注62所掲書七四―七五頁は次のように述べている。「……四字四字で平仄の整ったこのセリフは、いかにも型どおりの口上ふうであって、さし迫った切実さとは無縁のもののように思われる。ことさらにへ、り、く、だ、っ、たこの一言は、すべてを捨て去ったわが無一物の境涯、そこに加えうるものがあるなら加えてみよという、むしろ傲岸で挑発的な意を含んだものと看るべきであろう」。清税の伝記は未詳、『景徳伝灯録』など別本では、「税」を「鋭」に作る。「賑済《しんさい》」は、恵まれない者に金銭や品物を与えて救う意。『諸経要集』巻三「引証縁」、「諸の徒囚を救い、貧乏に賑済《しんさい》す」（T五四・一九下）。「孤貧《こひん》」は貧しく寄る辺がない意。禅籍において、何ら持つ物のない貧しさは、しばしば空という高い境界に比せられる。『円悟仏果禅師語録』巻九「小参」、「……歳は暮れ年は窮《きわま》り、家は残い戸《そこな》は破る。世諦（世俗の真理）を以て之を観《み》ば、是れ意に称わざる境界なり。道の眼を以て之を観ば、却《かえっ》て是れ好《よ》き箇《こ》の消息なり。豈に見ずや、香厳道《い》わく、『去年の貧は未だ是れ貧ならず、今年の貧にして始めて是れ貧なり。去年の貧は錐を卓《たっ》るの地有り、今年の貧は錐すらも也《ま》た卓《たっ》る無し』と。又た古徳有りて道《い》わく、『富貴は即ち易し、貧窮は即ち難し』と」（T四七・七五五上）。

97 「曹山は『税どの』と呼びかけた」。「闍梨《じゃり》」は「阿闍梨《あじゃり》耶《や》（ācārya）」のことで、本来は弟子を教導する師匠の意。ただし禅籍では「上座」や「大徳」などとともに、よそから来た修行僧を丁寧に呼ぶ際に用いられる。『景徳伝灯録』巻七「婺州五洩山霊默禅師」、「……後《の》ち初めて石頭に参ぜし時……召《よ》びて云く、『闍梨、闍梨』と。師首《こうべ》を廻《めぐ》らす。……」（K一〇九下、【景三】五七頁）。

98 「清税は『はい』とこたえた」。呼ばれて「はい」とこたえるところ、そこに本分事が現前している。第二二則「迦葉刹竿」、「葉喚《しょうよ》びて云く、『阿難よ』と。難応諾《おうだく》す。葉云く、『門前の刹竿《はたざお》を倒却《た》お著《せ》』と」（後注194参照）。

99 「青原白家の名酒を三杯も飲んでおきながら、まだ脣も潤していないと言うとは」。「応諾」によって仏としての活きた働きを十全に発揮しておきながら、自分でそのことに気づかずに貧しいなどと口にするとは、何という言いようか。青原白家の酒は当時の銘酒。「青原」を『景徳伝灯録』『曹山録』は「泉州」に作る。『旧唐書』巻四〇「志・地理・江南道」、「天宝元年、泉州を改め清源郡と為す。乾元元年、復して泉州と為す」（中華書局標点本、一五九九頁）。「白」は酒屋の姓。『五家正宗賛助桀』「曹洞宗・洞山悟本」、「一山曰く、白とは酒を沽《う》る者の姓なり」（K五七九上）。「盞」は「さかずき」、ここでは量詞として用いている。数量は通常動詞の後に置くが、ここでは動詞の前に出すことで量の多さを強調している。「三杯も」。「了」は完了を表す助動詞。

100 「清税の下手に出た策略は、どういうつもりであったのか」。「輪機」はわざと弱みを見せて相手を誘い込む策略。『従容録』第一四則「廓侍過茶」頌、「輪機の謀主に深意有り〈兵を埋して闘を掉《いど》む〉」（K二七上、T四八・二三六上）。「心行」は、心のはたらき。『明覚禅師語録』巻四「瀑泉集」、「税闍梨応諾《おうだく》す、是れ什麼《なん》の心行《しんぎょう》ぞ」（T四七・六九六中）。

101 「一方の曹山は物事を見抜く眼をそなえており、やって来る者の機根（能力）をしっかりと見抜いていた」。清税の下手に出た発言を聞いて、清税が自分で立てた「孤貧」に安住し誇示していることを、曹山はちゃんと見抜いていた。

102 「とはいえまずは言うてみよ。税闍梨が酒を飲んだというのは、いったいどこのことなのか」。清税の本分事はどこに現れていたのか。「然雖」は「雖然」と同じく、二字で「いえども」という逆接の接続詞。第三四則「智不是道」、「是の如しと然雖《いえど》も、恩を知る者は少し」。「那裏是〜」というように疑問詞を主題として出すのは、言及された既知のものに対し改めて説明を求める問い方。第一七則「国師三喚」、「那裏か是れ他《かれ》の辜負《そむ》く処」（彼が厚意を無にしたところは、さてどこだったのか）。

103 「貧しさは范丹《はんたん》のようで、気宇は項羽《こうう》のようである」。清税は貧しさを誇示しつつ果敢に曹山に挑戦した。「范丹」（一一二―一八五）、字は史雲、東漢の人、『後漢書』巻八一「独行列伝」に立伝。俗謡で「甑《こしき》の中に塵生ずるは范史雲、釜の中に魚生ずるは范莱蕪」（中華書局標点本、二六八九頁）と歌われるほど貧しい生活を送ったが、それに思い悩むことなく泰然自若としていた。このことから「范丹」は、貧しくても操を曲げない賢士の象徴となる。「項羽」（前二三二―前二〇二）、名は籍、字は羽。秦末楚の人で、『史記』巻七「項羽本紀」に立伝。みずから「力は山を抜き、気は世を蓋《おお》う」（中華書局標点本、三三三頁）と歌った。

104 「生計も立たないと言いながら、ちゃんと富を争っている」。『景徳伝灯録』巻三〇「牧護和尚歌」、「活計一銭も無しと雖も、敢えて君王と富を闘わしむ」（K六二九下）の転用。「孤貧」といいながらその実「応諾」によって自らの豊かな働きを十全に発揮し、曹山とやりあっているではないか。

〔第十一則〕州勘庵主

105 趙州従諗《じょうしゅうじゅうしん》（七七八―八九七）、前注22参照。本則の一次出典は『正法眼蔵』巻三之上（Z一一八・一〇七下）。二次出典は『宗門統要集』巻四（九裏：【禅典】七五頁下）、『聯灯会要』巻六「趙州観音従諗禅師」（Z一三六・五二七下）、『円悟仏果禅師語録』巻一七「拈古」（T四七・七九四上）。

106 「趙州に『有るか、有るか』と問われて、庵主は拳をたてて見せた」。拳をたてる動作は仏法の核心を端的に提示する所作としてしばしば用いられる。『円悟仏果禅師語録』巻八「小参」、「……拳を竪起《た》てて云く、『還《は》た見ゆ麽《や》。諸仏は之を以て世に出で、祖師は之を以て西より来り、歴代の宗師は之を以て物に接し生を利し、天下の老師は之を以て衲子《のっす》を鉗鍵《きた》う。……』と」（T四七・七五一上）。

107 「『水深が浅くて船を停めることができぬ』というや、すぐさま立ち去った」。副詞「便」は前後の関係が緊密であることを表す。

108 「『放つも奪うも殺すも活かすも、自由自在だ』というや、すぐさま礼拝した」。放と奪、殺と活が自在というのは、すぐれた禅匠の手並を形容する。『宗門拈古彙集』巻三四、「能く擒《とら》え能く縦《はな》ち、能く殺し能く活かす、保福作家《やりて》と謂《い》う可《べ》し」（Z一一五・九一一上）。

109 「おなじように拳をたてたのに、どうして一人を肯定し一人を否定したのか。さて、理解しがたい所はどこであろう」。「誵訛《ごうか》」は複雑で分かりにくいこと。『碧巌録』第七則「法眼答慧超」頌評唱、「雪竇《せっちょう》是れ作家《やりて》なれば、古人の咬《か》み難く嚼《か》み難く、透《とお》り難く見難き、節角《まがり》て誵訛《むつかし》き処に於いて、頌出《うたいいだ》して人をして見せしむ、不妨《なかなか》に奇特《すぐれ》たり」（【碧上】一二八頁、T四八・一四七下）。

110 「もしもここで適切な一語をつけることができれば、趙州の舌に骨が無く、起こすも倒すも自由自在であることが看てとれるだろう」。「一転語」はひとつの言葉。「舌に骨が無い」とは、一見相反する表詮《ひょうせん》（肯定的言語表現）と遮詮《しゃせん》（否定的言語表現）を自由に用いて真理を示す優れた言語運用をいう。『平石如砥禅師語録』「平石和尚天童禅寺語録」、「『即《ほかなら》ぬ心こそ即ち仏なり』『心に非ず、仏に非ず』

『心に不是《あら》ず、仏に不是《あら》ず、物に不是《あら》ず』、馬大師舌《し》頭《た》に骨無し。与麼《しかる》も也《ま》た得《よ》し、不与麼《しからざる》も也《ま》た得《よ》し、与麼《しかる》と不与麼《しからざる》と総《すべ》て得《よ》し」（Z一一二・三八三下）。

111 「そうとはいえ、趙州のほうが逆にふたりの庵主に看ぬかれてしまった点はいかんともしがたい」。自由自在に言葉を用いているようではあるが、視点を転じれば、ふたりの庵主に振りまわされて言葉を弄したともいえる。『円悟仏果禅師語録』巻一七「拈古」、「……只管《たと》い舌《し》頭《た》、趙州の口裏に在りと道《い》うも、殊《こと》に知らず、自己の性命の已《すで》に他人に属せるを」（T四七・七九四中）。

112 「ふたりの庵主の間に優劣が有るといえば、参禅学道の眼をもっているとはいえぬ。さりとてふたりの庵主の間に優劣が無いといおうと、やはり参禅学道の眼をもっているとはいえぬ」。表詮と遮詮の表面的な差異に執われて、ふたりの庵主の間に優劣の差が有るか無いかなどと分別をはたらかせるようでは、真理を看ぬく眼をもっているとはとてもいえない。『円悟仏果禅師語録』巻一二「小参」、「有る者道《い》わく、『趙州は先に前の庵主の会せざるを知る、所《ゆ》以《え》に船を泊《と》むる処に不是《あら》ずと道《い》い、先に後の庵主の会するを知る、所以《ゆえ》に能殺能活と道《い》う』と。有る底《もの》道《い》わく、『舌《し》頭《た》、趙州の口裏に在り、渠《かれ》の与《あたう》と奪《うばう》とに任《まか》す』と。斯《かく》の如き見解総《すべ》て是れ邪徒の情識の卜度《おしはかり》にして、真正の宗眼を得ず。……」（T四七・七六八中）。

113 「眼は流星のようで、機は電光のようだ」。言葉に滞ることなく真理を一瞬で看ぬく俊敏な働きの喩え。前注85参照。

114 「殺人の刀」は一切を否定する遮詮、「活人の剣」は一切を肯定する表詮の喩え。その両方を兼ね備えなければならない。『円悟仏果禅師語録』巻一四「法語・示華蔵明首座」、「人を殺すは須く是れ殺人の刀なるべし、人を活かすは須く是れ活人の剣なるべし。既に人を殺得《ころしう》れば、須く活得《いかしう》べし、既に活得《いかしう》れば、須く殺得《ころしう》べし。若《も》し只だ孤単《ひとつ》のみならば、則ち偏《かたよ》り堕《お》ち也《ん》」（T四七・七七八中）。

〔第十二則〕巌喚主人

115 瑞巌師彦《ずいがんしげん》（生没年不詳）、巌頭全豁《がんとうぜんかつ》（後注122参照）の法嗣。『景徳伝灯録』巻一七（K三四一下）、『宋高僧伝』巻一三（T五〇・七八六上）等に語を録す。本則の一次出典は『大慧普覚禅師語録』巻二九「書・答李宝文」（T四七・九三五下）。二次出典は『宗門統要集』巻九（四六表：【禅典】二一〇頁上）。

116 「瑞巌は毎日、自分で自分を『主人公』とよび、『はい』と返事をしてから次のように言っていた。『しっかりしろよ』、『はい』。『誰かに騙されるようなことがあってはいかんぞ』、『はい、はい』」。「応諾」は「はい」と返事する意。「惺惺」はしっかりと目覚めている状態。『大慧普覚禅師語録』巻六「再住径山能仁禅院語録」、「中秋上堂《じょうどう》。人は有心に月を看《み》、月は無心に人を照らす。有と無と一片《ひとつ》に成りて、方《はじ》めて惺惺たるを得」（T四七・八三四下）。「著」は文末につき、命令の語気を表す（太田辰夫『中国語史通考［普及版］』、白帝社、一九九九年、二二五頁）。第二二則「迦葉刹竿」、「門前の刹竿《はたざお》を倒却《た》お著《せ》」。

117 「瑞巌の爺さんは自分で買い自分で売り、多くの神頭・鬼面をひねり出している。どうしてだろうか。ひとつは喚ぶもの、一つは応えるもの。ひとつははっきりしているもの、ひとつは騙されないもの」。ひとりで二役を演じて、自問自答するさまをいう。「神頭・鬼面」は、劇で用いる面。瑞巌が演じる二役の喩え。『禅宗頌古聯珠通集』巻三、「神頭と鬼面と三臺を舞う」（Z一一五・二七上）。「聻《にい》」は、文末について疑問を表す。

118 「実体視すればやはりだめ。瑞巌をまねようものなら、みな野狐の見解である」。瑞巌が演じる二つの役を実体あるものと勘違いしてはいけないし、それをまねてもいけない。「認著」は有りもしないものを実体だと思いなすこと。『臨済録』「示衆」、「你《なん》じ箇《こ》の夢幻の伴子《つれそい》を認著《みと》むること莫《なか》れ」（【臨済】六一頁、T四七・四九八下）。「野狐」は仏法を見る眼を持たぬ修行僧を罵る言葉。『臨済録』「示衆」、「……皆な是れ依草附葉《えそうふよう》、竹木の精霊《もののけ》、野狐の精魅《あやかし》にして、一切の糞塊《くそのかたまり》上に向《お》いて乱りに咬《か》む。瞎漢《かつかん》め、枉《いたず》らに他《か》の十方の信施を消《つい》やし、我は是れ出家児なりと道《い》いて、是の如き見解を作《な》す」（【臨済】九八頁、T四七・五〇〇下）。

119 「仏道を学ぶ人が真実を知らないのは、昔から識神を実体視しているからに他ならない。無量劫より生死の本、愚か者はそれを本来人などとよんでいる」。瑞巌が演じた二役は識神が現出した幻に過ぎない。それを実体視したり、本来の自己などと見誤ったりすれば、生死の世界から抜け出すことは永遠にできない。これは長沙景岑の頌をそのまま引いたもので、一次出典の『大慧普覚禅師語録』も本則に続きこの頌を引く。『景徳伝灯録』巻一〇「湖南長沙景岑禅師」、「客有り来りて謁す。師召《よ》びて曰く、『尚書』と。其の人応諾《おうだく》す。師曰く、『尚書の本命に不是《あら》ず』と。対《こた》えて曰く、『即今《ただいま》の秖対《こた》うるを離却《はなれさり》て別に第二の主人有る可《べ》からず』と。師曰く、『尚書を喚《よ》びて至尊と作《な》すは、得《よ》ろしき麼《や》』と。彼云く、『恁麼《かくのごと》くなれば、惣《すべ》て秖対《こた》えざる時、弟子《それがし》の主人に莫是《あら》ず否《や》』と。師曰く、『但《た》だ秖対《こた》うると秖《こ》対《た》えざる時のみに非ず、無始《むし》劫来《ごうらい》是れ箇《こ》の生死の根本なり』と。偈有りて曰く、『学道の人真《しん》を識《し》らず、只だ従来より識神を認むるが為なり。無始劫来生死《しょうじ》の本、痴人は喚《よ》びて本来身と作《な》す』と」（K一四八上、【景四】一二一頁）。

〔第十三則〕徳山托鉢

120 徳山宣鑑《せんかん》（七八〇―八六五）、龍潭崇信《りゅうたんすうしん》（後注240参照）の法嗣。『景徳伝灯録』巻一五（K二八六下、【景五】四四四頁）、『聯灯会要』巻二〇（Z一三六・七五五下）等に語を録す。本書では本則の他、第二八則「久響龍潭」にその言行が採られている。本則の一次出典は『宗門統要集』巻八（二七裏―二八表：【禅典】一七八頁下）。二次出典は『景徳伝灯録』巻一六「鄂州巌頭全豁禅師」（K三〇七下）、『古尊宿語録』巻四七「東林和尚雲門庵主頌古」（Z一一八・八〇六上）、『正法眼蔵』巻一之下（Z一一八・五二上）、『聯灯会要』巻二一「福州雪峰義存禅師」（Z一三六・七八二上）。

121 「徳山が鉢を捧げて食堂にやってきたところ、弟子の雪峰に『このオヤジは鐘も太鼓も鳴っておらぬのに、鉢を捧げてどこに行くつもりだ』といわれた。そこで徳山は居室に帰った」。本来であれば鐘や太鼓が鳴ってから食事に行くべきところ、徳山はその合図の前に食堂へやって来た。「托」は下から両手で捧げ持つ動作。「雪峰」は雪峰義存《せっぽうぎそん》（八二二―九〇八）、徳山の法嗣。「方丈」は、禅院の住持の居室。

122 「雪峰が巌頭にその話をしたところ、巌頭は『さすがの徳山も、最後の一句が分かっていない』といった」。「巌頭」は巌頭全豁《がんとうぜんかつ》（八二八―八八七）、徳山の法嗣。雪峰と巌頭は、ともに行脚をしていた仲。『正法眼蔵』巻二之下、「……二人鼇山《ごうざん》に到り雪に阻《はば》まる。巌頭は毎日秖《た》だ打睡《ねむ》る。雪峰は一向《た》だ坐禅す。峰喚《よ》びて云く、『師兄《すひん》、且《しばら》く起きよ。只管《た》だ打睡《ねむる》とは』と。頭便《すなわ》ち喝して曰く、『眠《ねむり》を喫《くら》い去れ。毎日牀上恰《あたか》も箇《こ》の七村裏の土地に似《に》たり。佗時後日《のち》、人家の男女を魔魅《まどわ》し去《さ》らん在《ぞ》』と。峰自《みずか》ら胸を点《てん》じて云く、『某甲《それがし》し遮裏《ここ》、未だ穏《おだやか》ならざる在《なり》。敢えて自ら謾《あざむ》かず』と。……」（Z一一八・九四下―九五上）。「挙《こ》似《じ》」は話題を提示すること。「末後の句」は、最後のぎりぎりの一句。『古尊宿語録』巻二八「舒州龍門仏眼和尚語録」、「此の如しと雖然《いえど》も、更に須く向上の事と末後の句と有るを知るべくして、始《はじ》めて参を罷《お》うるを得ん」（Z一一八・五二三上）。引用文中「向上」については、後注384参照。

123 「徳山は話を聞くと、巌頭を呼びよせてたずねた、『お前はワシを認めないのか』。すると巌頭はこっそりとその意図を話した。すると徳山は黙ってしまった」。巌頭の意図を知ると、徳山は何も言わなくなった。「那」は文末につく疑問の語気詞。

124 「次の日説法したところ、徳山の様子はやはり普段と違っていた。巌頭は僧堂の前に至ると、手を打って大笑いしていった、『めでたいことだ、オヤジが最後の一句を理解することができた。今後だれも彼のことを、どうすることもできない』と」。「陞座」は法堂の座に陞《のぼ》り説法すること。「且喜」は「めでたいことだ」の意。

125 「最後の句となると、巌頭も徳山も夢にも思わないところである」。文末の「在」は、強調・断定の語気詞。第四八則「乾峰一路」、「……惣《み》な未だ路頭《みち》を識《し》らざる在《ぞ》」。

126 「調べてみれば、一場の操り人形劇によく似ている」。本則は、徳山・雪峰・巌頭の三人で演出した劇のようなものだ。役者箇々人の優劣を論じるのではなく、劇全体の話を理解しなければならない。本則全体を劇と看《み》なす発想は、第四二則「女子出定」にも見える。「釈迦の老子《おやじ》、者《こ》の一場の雑劇を做《な》す」。「傀儡」は操り人形、それらは操り手により動かされたものに過ぎない。『碧巌録』第三八則「風穴鉄牛機」頌評唱、「但《た》だ看《み》よ、棚頭《たな》に傀儡《かいらい》を弄《ろう》するを、抽牽《ひ》くは全て裏頭《うち》の人に藉《よ》る」（【碧中】九一頁、T四八・一七七中）。「将（来）」は動詞の後について、方向性を表す口語表現。第二四則「離却語言」、「一句を道将《いいも》ち来れ（おぬしの方から一句を言うてみよ）」。

127 「最初の句が分かれば、最後の句も分かる。最後と最初と、この一句ではない」。前半二句は、黄龍死心（一〇四四―一一一五）の語を踏まえたもの（『五灯会元』巻一九「潭州龍牙智才禅師」Z一三八・七七二下）。最初の句も最後の句も、分かり難いものではない。ただ本則の主題たる一句は、最初の句でも最後の句でもない。背後で劇を演出した者の真意を見てとることが肝要である。

〔第十四則〕南泉斬猫

128 南泉普願《なんせんふがん》（七四八—八三四）、馬祖道一《ばそどういつ》（後注262参照）の法嗣。『景徳伝灯録』巻八（K一一七上、【景三】一〇八頁）等に語を録す。本則の一次出典は『宗門統要集』巻三（六裏・【禅典】四七頁下）。二次出典は『景徳伝灯録』巻八「池州南泉普願禅師」（K一一八上、【景三】一二〇頁）、『聯灯会要』巻四「池州南泉普願禅師」（Z一三六・四九一上）。

129 「東西両堂の修行僧が一匹の猫をめぐって争っていたところ、南泉はその猫をつかみあげて言った、『皆の者、ここで然るべき一句を言えれば救ってやる。言えなければ斬って捨てるぞ』」。文末の「也」は文言の「矣」にあたり、新たな状況の出来を表す。『景徳伝灯録』巻八「池州南泉普願禅師」、「恁麽《しから》ば即ち去《ゆ》かざら也《ん》」（K一一八下、【景三】一二五頁）。

130 趙州従諗《じょうしゅうじゅうしん》（七七八—八九七）、南泉普願の法嗣。前注22参照。

131 「南泉は帰ってきた趙州に猫のことを話した。趙州は草鞋を脱いで頭に載せ出て行った」。「言えるかどうか」と修行僧に迫った話を南泉はしたが、それを聞いた趙州は何かを言うのでもなければ、黙りこむのでもなく、草鞋を頭にのせて立ち去った。

132 「もしもその場に君がいたなら猫を救うことができたろうに、と南泉は言った」。趙州の対応を認めつつ、自身の措置を嘆いた。

133 「まずは言うてみよ、趙州が草鞋を頭にのせた意図は何であったのか。ここで適切な一語を言うことができれば、南泉の令がうわべだけでなかったことが見てとれるだろう」。「一転語」はひとつの言葉。

134 「趙州がその場にいたのであれば、逆にこの令を行なったであろう。（趙州は南泉の）刀を奪い取り、南泉のほうが命乞いしたことだろう」。ここでいう令とは、「言えれば活かし、言えなければ殺す」という殺活の令。第四三則「首山竹篦」、「竹篦を拈起《とりあ》げて、殺活の令を行《ぎょう》ず。背くと触《おか》すと交《こもご》も馳《は》せ、仏祖も命を乞う」（後注352参照）。趙州の所作は「ではご自身ならばその場で如何なる一句を言われましたか」と、逆に南泉に迫ったものだというのだろう。

〔第十五則〕洞山三頓

135 雲門文偃《ぶんえん》（八六四—九四九）、雪峰義存（前注121）の法嗣。『景徳伝灯録』巻一九（K三七九下）、『聯灯会要』巻

二四（Z一三六・八二六上）等に語を録す。語録に『雲門匡真禅師広録』（T四七・五四四下）がある。本書では本則のほか、第一六則「鐘声七条」、第二一則「雲門屎橛」、第三九則「雲門話堕」、第四八則「乾峰一路」にその言行が採られている。本則の一次出典は『景徳伝灯録』巻二三「襄州洞山守初大師」（K四五九下―四六〇上）、『宗門統要集』巻一〇（一六表―裏：【禅典】二一七頁下―二一八頁上）。二次出典は『明覚禅師語録』巻三「拈古」（T四七・六八六下）、『碧巌録』第一二則「洞山麻三斤」（【碧上】一八八頁、T四八・一五三中）、『聯灯会要』巻二六「襄州洞山守初禅師」（Z一三六・八六四下）。

136　洞山守初（九一〇―九九〇）、雲門文偃の法嗣。『景徳伝灯録』巻二三（K四五九下）に語を録す。本書では本則のほか、第一八則「洞山三斤」にその言行が採られている。

137　「おまえを三たび打つのを勘弁してやろう」。どこから来たのか、どこに居たのか、いつ出発したのか、という一見とりとめのない会話の後に、「本当なら棒でぶったたいてやるところだ」と雲門は洞山を詰った。「頓」は動作を数える量詞。『虚堂録犂耕』、「頓とは一次《ひとたび》の義なり、杖の数を謂うに非ざるなり、或は杖四十を一頓と為し、或は杖六十を一頓と為すは、罪の軽重に依るなり。然るに三頓六十棒の語を見るに、一頓必ず二十棒と為るは柱に膠するの説（融通のきかない理解）なり」（K九六下）。

138　翌日になり先の応答のどこに問題があったのかを訊ねた。「不知」は発問の辞。『景徳伝灯録』巻二四「金陵清涼文益禅師」、「僧、師に問う、『不知《は》た雲門の意作麼生《いかん》』と」（K四八二下）。

139　「この穀潰しめ、江西・湖南とそうやってふらついておる」。「飯袋子《はんたいす》」は飯をつめこむ袋。正しい見解を持たない修行者は、ムダ飯食らいとしばしば罵倒される。『雲門匡真禅師広録』巻上「対機三百二十則」、「……進みて云く、『過什麼処《とがいずく》にか在る』と。師云く、『我に九十日の飯銭を還《かえ》し来《きた》れ（ここでムダに食った一安居分の飯代を返せ）』と」（T四七・五五〇下）。

140　「雲門はその時本当の食料を洞山に直接与え、それまでとは異なる活きた働きの道を開かせ、家門がつぶれるのを防いだのであった」。「本分の草料」は修行者を自ら悟らせる接化をいう。『大慧普覚禅師語録』巻三〇「書・答聖泉珪和尚」、「人情を容《い》るるを得ざれ、伊《かれ》と共に草に落つるを得ざれ。直に之を似《しめ》すに本分の草料を以てし、伊《かれ》をして自ら悟り自ら得せしめて、方《はじ》めて是れ尊宿の人の為にする体裁《ありよう》なり」（T四七・九四二中）。「生機《さんき》」は言葉にとらわれない活きた働き。『円悟仏果禅師語録』巻一三「小参」、「此に到りて須是《すべから》く生機《さんき》の一路有って始めて得《よ》し。若し是の如くならずんば、爾《なん》じ若し仏と道《い》わば則ち仏に著《つ》き、爾じ若し祖と道《い》わば則ち祖に著《つ》かん」（T四七・七七二中）。「家門」は家族の意で、法が受継がれていく系譜を指す。『従容録』第五五則「雪峰飯頭」示衆、「氷は水より寒く、青は藍より出づ。見師《し》に過ぎて、方《はじ》めて伝授するに堪《た》う。子を養うに父に及ばずんば、家門は一世に衰《おとろ》えん」（K九四上、T四八・二六二上）。

141
「洞山は一晩、是非という分別の海中で執着し、翌日あらためて参じたところ、雲門は懇切丁寧にすっかり説明してくれた」。「注破」はあますところなく説明する意、「破」は動詞に後置し、その動作が徹底的に行われることを示す。『法演禅師語録』巻中「舒州白雲山海会演和尚語録」、「白雲《それが》し眉毛を惜しまず、爾《なんじ》が与《ため》に注破《ときつく》さん」（T四七・六六一中）。

142
「すぐさま悟ったとしても性急とはいえない」。本当に優れた者であれば最初から悟っているのであり、接化をうけて悟るようではまだ速いと言えない。『建中靖国続灯録』巻一九「廬山開先華蔵禅院広鑑禅師」、「上堂して云く、『一鎚にして便《すなわ》ち成るも、猶《な》お鈍鉄《のろま》と為す。千割するも不断、豈に是れ神鋒ならんや。良き馬は尚お鞭の影を待たずして行く、上士は又た何ぞ言詮《ことば》を仮《か》りて暁悟《さとら》んや。霊亀は已《すで》に周遮《くだくだしき》に渉《わた》り、問答は一場の狼藉《でたらめ》ならん』と。禅床を撃《う》つこと一下す」（Z一三六・二七七下）。

143
「棒をくらうべきであるといえば、草や木などもすべて棒をくらうべきだということになってしまう」。洞山が打たれるべきだというのであれば、罪を犯しようもない草木までもが同様に打たれなければならぬことになってしまう。

144
「さりとて棒をくらうべきでないといえば、雲門は嘘を言ったことになってしまう」。「誑語《おうご》」は虚言のこと。『大慧普覚禅師語録』巻二九「書・答向侍郎」、「……方《はじ》めて知る、黄面《おうめん》の老子《おやじ》の説く所、是れ真語・実語・如語にして、誑語せず、妄語せず、人を欺かず、真に大慈悲なるを」（T四七・九三六上）。

145
「ここではっきりと分かれば、洞山のために鬱憤をはらしてやることができよう」。棒はくらうべきでもなく、くらわないべきでもないということの意味を理解することができれば、「汝に三頓の棒を放《ゆる》す」と言われてまごついた洞山を救ってやることができる。「気を出だす」とは、いきどおりを解消する意。『大慧普覚禅師語録』巻七「住江西雲門菴語録」、「当時《そのかみ》惜しむ可《べ》し、放過して却《かえっ》て成不了《なりおおせざ》る底《てい》の公案。只今《いま》古人の為に気を出だす底《もの》有るに莫《あら》ず麼《や》」（T四七・八四〇下）。

146 「親獅子は、迷子を導く秘訣を子に教えるが、前に跳ぼうとした刹那には、もう身を翻している」。『正法眼蔵』巻三之上（Z一一八・一一〇上）に見える明招和尚の偈の借用。「迷子の訣（真理に迷った子どもを導く秘訣）」は分別を捨てさせる接化の喩え。『無門慧開禅師語録』巻下「真賛・日本覚心長老請」、「迷子の訣を用い、紅炉の雪飛《と》ぶ。一喝鋒《ほこさき》に当たり、崖は崩れ石は裂く」（Z一二〇・五二六下）。「前《すす》み跳擲《と》ばんと擬《ほっ》するや早《つと》に身を翻す」は獅子のすばやく凄まじい動き。『石渓心月禅師語録』巻中「臨安府霊隠景徳禅寺小参」、「如《たと》えば窟を出づる獅子、前《すす》み跳擲《と》ばんと擬《ほっ》するや早已《つと》に身を翻し、哮吼《ほ》えること一声して、壁立千仞。甚《なん》の近傍《ちかづ》く処か有らん。更に什麼《なに》をか説かん。……」（Z一二三・一〇二上—下）。

147 「偶発的に再度のべた真正面からの一手。前の矢はまだ浅かったが、後の矢は深く刺さった」。最後の句は雪竇の頌の借用（『碧巌録』第九三則「大光師作舞」頌、【碧下】一九九頁、T四八・二一七上）。ここでいう一手とは、二日目に洞山が深い考えなしに正直に尋ねた「過ちがどこにあったのでしょうか」という問いを指す。また前の矢は前日に雲門が発した「罰棒ものだが見逃してやろう」という言葉を指し、後の矢は翌日の「穀潰しめ、いつまでほっつき歩いとる」という言葉を指す。翌日の問いをうけて雲門が放った後の矢は、前の矢とはうってかわって洞山に深々と突き刺さり、あちこちに移動したり留まったりという分別の息の根をとめた。『大慧普覚禅師語録』巻一七「普説」、「……這箇《こ》れ教中（『首楞厳経』巻六、T一九・一二八中）に之を『流に入りて所を亡《ほろぼ》す、入る所既《すで》に寂すれば、動静の二相、了然《つい》に生ぜず』と謂《い》う。纔《わずか》に箇《こ》の入処を得るや、便《すなわ》ち定相を亡了《ほろぼしさ》る。定相既《すで》に亡せば、有為に堕《お》ちず、無為に堕ちず、動静の二相了然《つい》に生ぜず、便《すなわ》ち是れ観音の理に入るの門なり。他《か》れ既に悟了すれば、便《すなわ》ち自己の庫蔵《くら》を打開《ひら》き、自己の家珍を運出《はこびいだ》す。……又た見ずや、雲門、洞山に問う、『近《ちかご》ろ甚処《いずく》をか離るる』と。……問〔＝門〕曰く、『飯袋子《はんたいす》。江西湖南、便《すなわ》ち恁麼《か》く去《ゆ》く』と。洞山忽《ふ》然と大悟す。更に消息の通ず可《べ》き無く、亦《ま》た道理の拈出《ひねりいだ》す可《べ》きも無し。只《た》だ礼拝する而已《のみ》。既に悟了すれば、便《すなわ》ち自己の庫蔵《くら》を打開《ひら》き、自己の家珍を運出《はこびいだ》す。……」（T四七・八八二下）。

〔第十六則〕鐘声七条

148 雲門文偃《うんもんぶんえん》（八六四―九四九）、前注135参照。本則の一次出典は『古尊宿語録』巻四七「東林和尚雲門庵主頌古」（Z一一八・八〇六下）。二次出典は『雲門匡真禅師広録』巻上「対機三百二十則」（T四七・五五三上）。

149 「世界はこうも広大であるのに、どうして鐘の音のなかで七条袈裟を着るのか」。世界は本来無辺際・無分節であるのに、鐘の音で「袈裟を着る時間」などと切り分けるのは、どういうわけなのか。二次出典の『雲門匡真禅師広録』では「鐘の鳴るを聞くに因《ちな》んで」と記されている（T四七・五五三上）。

150 「そもそも禅に参じて仏道を学ぶには、声や色に付き従うことをきつく戒めるものだ」。「声」と「色」は聴覚と視覚の対象として、本来無相の世界から切り取られたもの。それらに振りまわされるのであれば、分別の世界から脱することはできない。『碧巌録』第九則「趙州東西南北」本則評唱、「大凡《おおよ》そ禅に参じ道を問うは、自己を明究《あきら》むるなり。切に忌む、言句を揀択《えらぶ》を。何が故ぞ。見ずや、趙州挙《こ》して道《い》わく、『道に至るに難《むつかしき》無し、唯だ揀択《えらぶ》を嫌うのみ』と」（【碧上】一四三頁、T四八・一四九上）。

151 「声を聞いて道を悟り、色を見て心を明かすといっても当然のことである。（そんなことに感心する者は）禅僧が声に乗り色を覆い、ひとつひとつにおいて明らめ、ひとつひとつにおいて見事であることを知らないのだ」。「声を聞いて道を悟り、色を見て心を明かす」は雲門文偃が拈提した語。『雲門匡真禅師広録』巻中「室中語要」、「古を挙して云く、『声を聞きて道を悟り、色を見て心を明かす』と。師云く、『作麼生《いかなる》か是れ声を聞きて道を悟り、色を見て心を明かす』と。乃ち云く、『観世音菩薩、銭を将《も》ち来りて餬餅を買う』と。手を放下《おろ》して云く、『元来《なん》と秖《た》だ是れ饅頭なるのみとは』と」（T四七・五五四上）。本来すべて心なのだから、声や色の感受で心を悟るのは当たり前のことだ。禅僧たるもの、さらに一歩すすんで声・色を自由に使役するような気概が必要だ。『建中靖国続灯録』巻五「杭州承天伝宗禅師」、「上堂して云く、『声を聞きて道を悟るも、猶お是れ響に聴《したが》うの流《たぐい》なり。色を見て心を明かすも、何ぞ眼中に屑《くず》を著《お》くに異ならん。……若《も》し是れ衲僧家《のうそうけ》ならば、喝して白雲を散らし、衝《つ》きて碧落を開き、身を三界に横《よこた》え、独《ひと》り大方を歩まん。若し是の如くならずんば、徒《いたずら》に丈夫と為れり』と。……」（Z一三六・九三上）。

152 「いまはひとまず言うてみよ、声が耳のところにやってくるのか、耳が声のところにいくのか。響（有音）と寂（無音）とを絶したといっても、この問題をどう理解するのかね」。『首楞厳経』巻三、「此等為是《は》た声、耳辺に来るか、耳、声処に往《ゆ》くか」（荒木見悟『楞厳経』、筑摩書房、一九八六年、一九八頁。T一九・一一五下）を踏まえる。「話会《わえ》」は理解する意。

153 「耳で聴いて理解し難いのであれば、眼で声を聞けばぴたりと一致するだろう」。洞山良价の偈頌の転用。言葉を介した分析ではなく、万物の直観によってこそ、眼前の一切が真理を説示していることに気づける。『正法眼蔵』巻二之上、「……巌云《いわ》く、『豈に見ずや、弥陀経に云く、水鳥樹林悉《ことごと》く皆く仏を念じ法を念ず、無情草木互《たが》いに笙歌《しょうか》を奏づ』と（T一二・三四四中）。洞山此《ここ》に於いて省有り、乃ち頌を述べて曰く、『也大奇《すばらしや》、也大奇。無情説法、不思議なり。若し耳を将《もっ》て聴かば終に会すること難し、眼処に声を聞きて方《はじ》めて知るを得ん』と」（Z一一八・七七上）。

154 「理解すれば同じ、理解しなければバラバラ。理解しなければ同じ、理解すればバラバラ」。この頌は『法演禅師語録』巻上「次住海会語録」、「会せば即ち事同一家《どういつけ》、会せずんば万に別れ千に差《たが》う」（T四七・六五五下）を踏まえる。正反対の前後二句を提示する意図は、「分別を超えよ」ということだろう。二律背反をつきつけて、分別を超えさせんとする例は、本書に多く見える（前注62参照）。

〔第十七則〕国師三喚

155 南陽慧忠《なんようえちゅう》（？—七七五）、六祖慧能（後注198参照）の法嗣。本則の一次出典は未詳。二次出典は『景徳伝灯録』巻五「西京光宅寺慧忠禅師」（K八四上）、『雲門匡真禅師広録』巻中「室中語要」（T四七・五五六下）、『宗門統要集』巻二（一四裏：【禅典】三二頁上）。

156 「自分がお前の気持ちにそむいているとばかり思っていたが、なんだ、お前のほうが自分の好意を無にしていたのか」。小川注62所掲書七三頁は国師の発言を次のように敷衍している。「お前が開悟の機縁を得られぬのを、師たる自分のせいだ、相いすまぬことだと思うておった。だが『呼べば答えるもの』に気づかせようと、三度も呼んでやったのに、それでも何も気がつかぬか。お前のほうこそ、よほど、わしに相いすまぬではないか」。「将謂」は、事実に反して「〜かと思う」（前注44）。しばしば「元来（なんと）」とともに用いられる。『臨済録』「行録」、「我れ是れ箇《こ》の人なりと将謂《おも》いきや、元来《なん》と是れ黒豆揞《つま》みの老和尚なるとは」（【臨済】一九六頁、T四七・五〇五中）。「辜負《こふ》」は「相手の気持ちに背く」の意。『無門関』「後序」、「若し無門関を透不得《とおりえず》んば、亦《ま》た乃ち自己に辜負《そむ》く」。

157 「国師は三回も呼んだせいで舌が地に落ちてしまった」。「舌頭《した》地に堕《お》つ」は真理に悖る発言の報い。『正法念処経』巻五〇「観天品」、「語の刀自《みずか》ら舌を割く、何ぞ云わんや舌堕《お》ちずと。若し妄語言説せば、則ち実功徳を失す」（T一七・二九三下）。

158 「輝きをやわらげて言葉を発する」。仏としての働きを鈍らせ、本質を突かぬ言葉を発する。自分が仏であることに無自覚な侍者を詰る語。『古尊宿語録』巻三五「大随開山神照禅師語録」、「問う、『光影を離れて、如何《いかなる》か是れ師の性』と。師云《いわ》く、『光を和《やわら》げ吐出《はきいだ》す』と。進みて云く、『鬼語すること莫《なか》れ』と。師便《すなわ》ち打つ」（Z一一八・六一一下）。

159 「国師は年をとり心細くなったために、牛の頭を押しつけて草を食べさせようとするような愚挙に出た」。機根の熟していない侍者をむりやり悟らせようとする国師の老婆心切を皮肉る。「牛頭《ごず》を按《あん》じて草を喫《くら》わしむ」とは、その気の無い者にむりやりさせることを指し、それが徒労に終わることを含意する。『碧巌録』第七六則「丹霞問甚処来」頌評唱、「一《ひとえ》に似たり、牛頭《ごず》を按《あん》じて草を喫《くら》わしむるに。須く是れ他《かれ》の自ら喫《くら》うを等《ま》ちて始めて得《よ》し。那裏《なん》ぞ他の頭を按じて喫《くら》わしめんや」（【碧下】五六頁、T四八・二〇四上）。

160 「どんなに美味の食事でも満腹の人は欲しがらない」。国師の老婆心切に慣れきった侍者はその真意を呑みこもうとしない。『正法眼蔵』巻一之下、「僧問《と》う、『国師三《み》たび侍者を喚《よ》ぶ、意旨如何《いかん》』と。曰く、『児を憐んで醜きを覚えず』と。云く、『国師、侍者に辜負《そむ》く、意旨如何《いかん》』と。曰く、『美食も飽きし人の餐に中《あた》らず』と。云く、『侍者、国師に辜負《そむ》く、意旨如何《いかん》』と。曰く、『粉骨砕身するも未だ酬《むく》ゆるに足らず』と」（Z一一八・三二上）。

161 「国がおさまると頭の良い者ばかりが高い位につき、家に金があるとガキがのさばる」。当時の諺。国師の老婆心切に甘えきった侍者を揶揄する。

162 「孔の無い鉄の首かせを人に担わせようとする」。孔が無く解きようのない鉄の首かせとは、固定観念化した「仏法」の喩え。「それを担わせようとする」とは、侍者に「仏法」をむりやり悟らせようとする国師の所行を擬える。『五灯全書』巻八四「霊巌鎣方遠禅師」、「……儲曰《いわ》く、『諸仏未《いま》だ世に出でず、祖師未《いま》だ西より来らず、還《は》た仏法の商量する有り也無《や》』と。師曰く、『枷上に杻《かせ》を著《つ》く』と。儲曰く、『項上の鉄枷《てっか》を卸却《おろしさ》りて、一句を道将《いいき》来《た》れ』と。師復《ま》た喝するに、儲便《すなわ》ち打つ」（Z一四一・七二二下）。

163 「後代の児孫にひどい迷惑をかけた。門戸を支えようとすれば、裸足で刀の山に登ることになろう」。国師が押しつけんとした「仏法」なるものを大事にして、それを代々伝えようなどと思うのであれば、地獄の苦しみを受けるハメになる。「刀の山」は、悪業を犯した者をさいなむ地獄の山。『大方広仏華厳経』巻三七「入不思議解脱境界普賢行願品」、「亦た地獄の一切衆生の所有《あらゆ》る号叫《なきさけ》び悲歎《かなし》むの声を聞き、或は灰河を見、或は鑊湯を見、或は刀山を見、或は剣樹を見、或は猛火焰熾洞然を見、或は揚波沸水騰注を見る、種種に逼迫《せま》り、諸の苦悩を受く」（T一〇・八三四下）。

〔第十八則〕洞山三斤

164 洞山守初（九一〇―九九〇）、前注136参照。本則の一次出典は『景徳伝灯録』巻二二「随州双泉師寛禅師」（K四五四上）、『碧巌録』第一二則「洞山麻三斤」（【碧上】一八二頁、T四八・一五二下）、『円悟仏果禅師語録』巻一九「頌古」（T四七・八〇二中）、『大慧普覚禅師語録』巻一三「普説」（T四七・八六三下）、『聯灯会要』巻二六「襄州洞山守初禅師」（Z一三六・八六七上）。

165 「仏とは何ぞやと修行僧が質問したところ、洞山は『三斤の麻』と答えた」。

166 「洞山爺さんはいささか蚌蛤《はまぐり》禅を実践しておった。二枚貝を開いたとたん、はらわたが丸見えだ」。両脣を開けた途端に「麻三斤」という肝心要《かんじんかなめ》の一句を吐いた洞山を喩える。

167 「とはいえまずは言うてみよ。どこで洞山に相見するのか」。洞山の真意はどこにあるのか。

168 「『麻三斤』を吐き出した。言葉も親《ちか》しいが意図のほうがもっと親《ちか》しい。やって来て是非を説く人は、とりもなおさず是非の人」。後半二句は五祖法演の語の転用（『嘉泰普灯録』巻一一「嘉州九頂清素禅師」Ｚ一三七・一八五下）。洞山が口にした『麻三斤』という言葉はなかなかに的を射たものだが、真意は射られた的のほうにある。もしも「麻三斤」という言葉が指す真理を見ずに「麻三斤」の言葉についてあれこれと詮議するのであれば、それは分別する人にほかならない。言葉に拘泥するのではなく、言葉が指し示す仏法の核心を看てとることこそが肝要である。『註心賦』巻二、「四句に堕落《おちい》らば皆《み》な辺見と成り、若《も》し一法を見ば尽く百非に処《お》る。若し能く心宗を頓了せば、見網より自然《おのず》と迥出《とびい》で、処に随いて道を得、念を挙せば皆な宗とならん」（Ｚ一一一・五四下）。本則と類似するものに第二一則「雲門屎橛」と第三七則「庭前柏樹」がある。

〔第十九則〕平常是道

169 南泉普願《なんせんふがん》（七四八―八三四）、前注128参照。本則の一次出典は『宗門統要集』巻四（一四表：【禅典】七七頁下）。二次出典は『趙州録』巻上（秋月注22所掲書二二頁）、『景徳伝灯録』巻一〇「趙州東院従諗禅師」（Ｋ一五三上―下）、『円悟仏果禅師語録』巻一九「頌古」（Ｔ四七・八〇三下）、『大慧普覚禅師語録』巻一六「普説」（Ｔ四七・八七九中）、『聯灯会要』巻六「趙州観音従諗禅師」（Ｚ一三六・五二五下―五二六下）、『松源崇岳禅師語録』巻上「明州香山智度禅院語録」（Ｚ一二一・五九三下）。

170 趙州従諗《じょうしゅうじゅうしん》（七七八―八九七）、南泉の法嗣。前注22参照。

171 「ありのままの心が道である」。禅思想の基調を端的に示す馬祖（後注262参照）の語。『景徳伝灯録』巻二八「江西大寂道一禅師語」、「衆に示して云く、『道は修するを用いず、但《た》だ汚染《おぜん》すること莫《なか》れ。何をか汚染と為す。但有《あらゆ》る生死の心、造作趣向は皆な是れ汚染なり。若し直に其の道を会せんと欲せば、平常心《びょうじょうしん》是れ道なり。謂《いうこころ》は、平常心とは造作無く、是非無く、取捨無く、断常無く、凡無く聖無し……』と」（Ｋ五七六上―下、【馬祖】三三二頁）。

172 「そのありのままの心は志向できますか」。「趣向」は、目標と定めてそれに向かうこと。『大宝積経』巻九九「無畏徳菩薩会」、「菩薩、心を発して阿耨多羅三藐三菩提《あのくたらさんみゃくさんぼだい》に趣《しゅ》向《こう》す」（Ｔ一一・五五〇下）。

173 「向かおうとしたとたん外れてしまう」。志向すべき対象として捉えてしまえば、たちまちありのまま（平常）から外れ、分別に転落してしまう。『臨済録』「示衆」、「無事是れ貴人、但《た》だ造作すること莫《なか》れ、秖《た》だ是れ平常なれ。你《なん》じ外に向って傍家《のきなみ》に求過して脚手を覓《もと》めんと擬《ほっ》す、錯《あやま》り了《おわ》れり。秖だ仏を求めんと擬《ほっ》するも、仏は是れ名句なり。……法とは是れ心法。心法は形無くして十方に通貫し、目前に現用す。人信不及《しんじきれず》、便乃《すなわ》ち名を認め句を認め、文字中に向《お》いて仏法を意度せんと求む。天地懸《はる》かに殊《ことな》り」（【臨済】四六―四七頁、T四七・四九七下―四九八上）。「擬」は「〜しようとする」の意、しばしば「即」「便」等と呼応する（衣川賢次「古典の世界 禅の語録を読む(1)」、『中国語』三九四、一九九二年）。第二八則「久響龍潭」、「山接《う》けんと擬《ほっ》するや、潭便《すなわ》ち吹滅《ふきけ》す」。

174 「志向しないのであれば、どうしてそれが道であると知れましょうか」。

175 「道というのは、『知』『不知』という分別に渉らない。『知』といったところで、それは誤った分別であるし、『不知』といってもぼんやりと呆けているに過ぎない」。道に達するには、「知」「不知」の二項に渉る分別から離れねばならない。『大慧普覚禅師語録』巻一六「普説」、「南泉道《い》わく、『道は知にも属せず、不知にも属せず』と。圭峰は之を霊知と謂《い》い、荷沢は之を知の一字、衆妙之門と謂う。黄龍死心云く、『知の一字、衆禍之門、圭峰・荷沢を見んと要《ほっ》せば則ち易し、死心を見んと要《ほっ》せば則ち難し』と」（T四七・八七九中）。「無記」は本来 avyākṛta の訳語で、「（無益な問いが）回答されないこと」「（善とも悪とも）区別されないこと」。ただし禅籍では「ぼんやりとした心理状態」の意でも用いられる。『禅宗永嘉集』「奢摩他頌」、「無記とは、善悪等の事を縁ぜずと雖も、然れども倶《とも》に真心に非ず。但《た》だ是れ昏住《くらくしず》むなり」（T四八・三九〇中）。

176 「疑うことのない道に本当に達することができれば、それは虚空のごとくからりとしていて際限が無いのだから、どうして是や非という分別を差しはさむことができようか」。「不疑之道」を『祖堂集』は「不擬之道（趣向しない道）」に作る（巻一八「趙州和尚」K六五六）。

177 「南泉は趙州に質問され（言葉で説明したことで、せっかくのありのままの心が）跡形もなく崩れしまい、言い訳ができなくなってしまった」。「直得」はある結果に行き着いたことを示す。第二七則「不是心仏」、「者《こ》の一問を被りて、直に得たり、家私を揣尽《はかりつく》して郎当《おちぶる》こと少なからざるを」。「分疎不下」は、「分疎《いいわけ》しようにもしきれない」の意。

178 「趙州は悟ったとはいえ、更に三十年禅に参じなければならない」。悟れば修行は終わりなのではなく、悟った後の修行こそが本物の修行である。『宗鏡録』巻一五、「如《たと》えば学人有り本浄和尚に問うて云く、『師還《は》た修行す也無《や》』と。対《こた》えて云く、『我れ修行するは汝と別なり。汝は先に修して而る後ち悟る。我は先に悟りて而る後ち修す』と」（T四八・四九六中）。悟った後の修行とは、日常の営為の全てを仏事として行い、仏として生きることであろう。第三〇則「即身即仏」、「若《も》し能く直下《たちどころ》に領略得去《のみこみえ》ば、仏の衣を著《き》、仏の飯を喫《くら》い、仏の話を説《と》き、仏の行《あゆみ》を行《あゆ》まん、即ち是れ仏なり」。

179 「春には沢山の花があり、秋には月があり、夏には涼風があり、冬には雪がある。もしもつまらぬ事柄を心にかけることがなければ、それでもう人の世の良き時節なのである」。後半二句は惟岳（?―一一〇一―?）の語（『建中靖国続灯録』巻二八「東京浄因惟岳仏日禅師」Z一三六・三八四下）。また本則の頌とほぼ同じものが訥堂梵思（生没年不詳、圜悟克勤の法嗣）・照堂了一（一〇九二―一一五五）のものとして『禅宗頌古聯珠通集』に収録されている（巻五「大乗経偈之餘」Z一一五・五三上、巻三一「祖師機縁」Z一一五・三八七下）。四季により自然は各種の様相を見せるが、平常心でありさえすれば、みな一様に素晴らしい時節である。差別相に渉らぬ仏心を詠う。

〔第二十則〕大力量人

180 松源崇岳《しょうげんすうがく》（一一三九―一二〇三）、密庵咸傑《みったんかんけつ》の法嗣。『大明高僧伝』巻八（T五〇・九三二中）、『五灯会元続略』巻三上（Z一三八・九四一下）等に語を録す。語録に『松源崇岳禅師語録』（Z一二一・五七〇上）がある。本則の一次出典は『松源崇岳禅師語録』「塔銘」（Z一二一・六三一上）。

181 「優れた力量を持つ人がどうして脚を持ち上げることができないのか」「口を開いても舌のうえにはない」。行為しつつ一切の分別に渉らぬ達道の人を指す。『伝心法要』、「但《た》だ終日飯《めし》を喫《くら》いて、未だ曾《かつ》て一粒米をも咬《か》著まず。終日行《ゆ》きて、未だ曾て一片地をも踏《ふ》著まず。与麼《かくのごと》き時人我《にんが》等の相無し、終日一切《いっさい》の事を離れず、諸境に惑わされずして、方《はじ》めて自在人と名づく」（入矢注43所掲書九〇頁、T四八・三八四上）。

182 「松源は『内臓を傾けて腹をひっくり返した』と評することができる。ただ、それを受け取る人がいなかった」。「腸《はらわた》を傾《かたむ》け腹を倒《さかしま》にす」は、語りうる一切の言葉を吐き出す意。『無明慧性禅師語録』「南康軍廬山棲賢宝覚禅寺語録」、「……腸《はらわた》を傾け腹を倒《さかしま》にするは、楔《くさび》に為《よ》りて楔を出だす。我が口を啞却《ふさぎさ》り舌を禿却《とりさ》るも、明明たる万里に一条の鉄」（Z一二一・六四〇上）。

183「すぐさま受け取ろうとも、私のところに来てぶっ叩かれるがよい。本物の金であることを確かめるためには、火の中にいれて看なければならぬ」。松源の言葉の真意を悟ったとしても、その真価を確かめるために我が鉗鎚を受ける必要がある。「真金を識《し》らんと要《ほっ》せば、火裏に看《み》よ」とは、金の質を見きわめるために鍛錬することをいう。『禅宗頌古聯珠通集』巻二〇「祖師機縁」、「真金を識《し》らんと要《ほっ》せば須く火に入るべし、再三煅煉《たんれん》して精麤《よしあし》を見る」（Z一一五・二二五下）。

184「脚をあげては世界中の海をひっくり返し、頭を垂れては全世界を見下ろす。その身体は、どこにも置き場がない……一句を続けてみなさい」。前三句を提示し、それに続く最後の一句をつけよと修行者に求める。その力量を「火裏に看《み》」てやるというのだろう。

〔第二十一則〕雲門屎橛

185 雲門文偃《うんもんぶんえん》（八六四—九四九）、前注135参照。本則の一次出典は『古尊宿語録』巻四七「東林和尚雲門庵主頌古」（Z一一八・八一三上）、『聯灯会要』巻二四「韶州雲門文偃禅師」（Z一三六・八三三上）、『松源崇岳禅師語録』巻下「頌古」（Z一二一・六二一上）。

186「仏とは何ぞやと修行僧が質問したところ、雲門は『乾いたクソ』と答えた」。「乾屎橛《かんしけつ》」は乾燥した棒状の大便。入矢義高「乾屎橛」（『自己と超越』、岩波書店、一九八六年、二〇一二年増補版）参照。

187「雲門については『家が貧しくて粗末な食事すら用意しがたく、仕事は忙しくて走り書きする暇すらない』と評せる」。接化の仕方に余裕がないことをいう。『続古尊宿語要』巻四「松源岳禅師語・小参」、「家は貧にして素食を辨《べん》じ難く、事は忙《せわ》しうして草書するに及ばず。手に信《まか》せ拈来《とりきた》る、拍拍是《こ》れ令」（Z一一九・四三下）。

188「ともすれば乾いたクソをもってきて門戸を支えようとする。仏法の盛衰が看てとれよう」。よりにもよって「乾いたクソ」なんかで修行僧を接化し後継者を得ようというのだから、仏教の趨勢が看てとれるではないか。「門を撐《ささ》え戸を拄《ささ》う」とは、後継者を得て禅門を存続させる意。第一五則「洞山三頓」、「雲門当時《そのか》み便《すなわ》ち本分の草料《まぐさ》を与えて、洞山をして別に生機《さんき》の一路有らしめ、家門をして寂寥《じゃくりょう》を致さざらしむ」。

189「稲光が閃き、打たれた石から火花が飛び出る。眼を瞬いたその刹那には既にすれ違っている」。前二句は保福従展（?—九二八）の語。『聯灯会要』巻二四「漳州保福従展禅師」、「衆に示して云く、『此の事、撃石火の如く、閃電光に似たり。搆得《とりうる》も搆不得《とりえざる》も、未だ身を喪《うしな》い命を失うを免れず』と」（Z一三六・八三五上）。これを承けて圜悟は以下のように述べている。『円悟仏果禅師語録』巻二「上堂」、「未だ議せんと擬《ほっ》せざるも已《すで》に蹉過《すれちが》えり。正に議せんと擬《ほっ》するに関山を隔《へだ》つ。撃石火、閃電光、搆得《とりうる》も搆不得《とりえざる》も、未だ身を喪《うしな》い命を失うを免れず」（T四七・七二〇中）。また無門と同時代の道冲（一一六九—一二六〇）に次の語がある。『痴絶道冲禅師語録』巻下「径山痴絶和尚法語・示法嗣知客」、「衲僧の門下、正令全提す。如《あたか》も撃石火、閃電光、旱地《ひでり》の奔雷《かみなり》、懸崖《がけ》の落石の相似《ごと》し。未だ曾《かつ》て眼を眨《またた》かざるも、早是《つと》に蹉過《すれちが》えり」（Z一二一・五四二上）。乾《かん》屎橛《しけつ》が示す真理を一瞬で見てとらねばならない。さもなくば稲光や火花が一瞬で消え去るのと同様、それを看てとる契機もたちまち失われてしまう。本則と類似するものに第一八則「洞山三斤」と第三七則「庭前柏樹」がある。

〔第二十二則〕迦葉刹竿

190 摩訶迦葉《まかかしょう》、前注70参照。禅宗において西天の初祖に立てられる。本則の一次出典は『正法眼蔵』巻三之上（Z一一八・一一二下）。二次出典は『伝心法要』（入矢注43所掲書八五頁、T四八・三八四上）、『宗門統要集』巻一（二七表：【禅典】一七頁上）、『聯灯会要』巻一「二祖阿難尊者」（Z一三六・四四九下）。

191 阿難陀《あなんだ》、仏十大弟子の一人。禅宗において西天の第二祖とされる。

192「世尊は金襴の袈裟以外に、なにか別のものを伝えましたか」。禅宗では伝法の証として、釈尊の袈裟が代々伝えられたとされる。その袈裟以外に伝わったものとは、仏法そのものを指す。

193「迦葉が『阿難』と呼んだところ、阿難は『はい』と答えた」。「応諾」は、ハイと返事すること。

194「門前の旗ざおを下ろしなさい」。小川注62所掲書七二頁は次のように説明する。「『刹竿』は説法中であることを示す幡ざお。……刹竿を倒せとは、これで説法終了ということで、阿難と呼び、ハイと応える、そこに『教外別伝』の旨は尽《つ》くされているというわけであろう」。『碧巌録』ではこの後に「阿難遂《かく》て悟る」と続ける（第一五則「雲門倒一説」頌評唱、【碧上】二一五頁、T四八・一五五下）。文末の「著」は命令を表す、前注116参照。

195 「もしもここで適切な一語をぴたりとつけることができれば、霊鷲山の法会が今も確かに続いていることが分かるだろう」。本則の要点が押さえられれば、仏法が今この場に現前していることが看てとれる。「下得～親切」は「ぴたりとつける」の意、動詞の後の「得」に続く動詞・形容詞は、動作の様子を具体的に描写する（様態補語）。「一転語」はひとつの言葉。「霊山」は、釈尊が法を説いた場所（前注69参照）。釈尊の説法が終わらずに続いているとは、説かれた仏法が今日でも体得できることをいう。『松源崇岳禅師語録』巻上「平江府陽山澂照禅院語録」、「……乃《すなわ》ち払子を竪《た》てて云く、『還《は》た見ゆ麼《や》。霊山の一会儼然《げんぜん》として未だ散ぜず、西天と此土と的《まぎれな》く相承す。……』と」（Z一二一・五七三下）。

196 「そうでなければ、毘婆尸仏《びばしぶつ》がはるか昔から心を凝らしているのに、今にいたるまでモノにならないということになってしまう」。「毘婆尸仏」は過去七仏の第一。本来仏であることに気づかぬ修行僧を、永遠にモノにならぬ最古の仏に喩える。『嘉泰普灯録』巻七「郴州万寿第一代念禅師」、「……払子を以て禅床を撃《う》ちて曰く、『会す麼《や》』と。云く、『会せず』と。曰く、『毘婆尸仏早《つと》に心を留むるも、直に如今《いま》に至るまで妙を得ず』と」（Z一三七・一三二下）。

197 「たずねた所は、答えた所と比べて近いかどうか。幾人がここで看てとれよう」。兄弟子が呼び弟弟子が応えて、釈家の恥を世にさらした。陰と陽とに属することなく、別に春がある」。最後の句は師観（一一四三―一二一七）の語の転用（『月林師観禅師語録』「住平江府万寿報恩光孝禅寺語録」Z一二〇・四八七下）。「何如」は「何似」同様、ふたつのものを比較した結果をたずねるもので、しばしば後者が前者に優ることを含意する。前注94参照。ここは答えた所のほうがたずねた所よりも仏法に近いの意。呼ばれて思わずハイと返事するところにこそ仏法は現前している。第一〇則「清税孤貧」、「……山云《いわ》く、『税闍梨《ぜいじゃり》』と。税応諾《おうだく》す。山曰く、『青原白家の酒、三盞《せん》も喫《の》み了《おわ》りて、猶《な》お道《い》う、未だ唇を沾《うるお》さず』と」。「眼に筋を生ず」は、目を凝らして勘所を看ぬくこと。『禅宗頌古聯珠通集』巻二〇「祖師機縁」、「菴主当年《とうねん》用い得て親《ちか》し、衲僧眼裏《がんり》に筋を生ぜんことを要す」(Z一一五・二四四下)。「家醜を揚《あ》ぐ」は、家庭内の恥を外にさらすこと。ここでは仏法をめぐって迦葉と阿難が呼んだり応えたりしたことで、かえって仏法が損なわれてしまったと詰る。『聯灯会要』巻一七「福州西禅鼎需禅師」、「……浄名(維摩詰)は口を杜《と》ざすも、早《つと》に繁詞《くだくだしきことば》に渉《わた》れり。摩竭《まかつ》(釈尊)は関を掩《と》ざすも、已《すで》に家醜を揚《あ》ぐ」(Z一三六・七一四上)。「陰陽に属せず別に是れ春」、仏法が現前した無分別の世界を陰・陽の二気に属さぬ春に喩える。真理の世界を春に喩える例は第二四則「離却語言」にも見える。「僧問う、『語と黙と離微《りび》に渉《わた》る、如何にか不犯に通ぜん』と。穴云《いわ》く、『長《とこしなえ》に憶《おも》う江南三月の裏《うち》……』と」(後注213参照)。

〔第二十三則〕不思善悪

198 慧能(六三八―七一三)、蘄州黄梅山の五祖弘忍(六〇一―六七四、一説六〇二―六七五)の法嗣。本書では本則のほか、第二九則「非風非幡」に言行が採られている。本則の一次出典は『宗門統要集』巻二(一〇表―裏:【禅典】二八頁下―二九頁上)。二次出典は『正法眼蔵』巻二之下(Z一一八・九三下)、『聯灯会要』巻三「袁州蒙山道明禅師」(Z一三六・四六八上―下)。本則については小川隆『禅宗語録入門読本10 六祖の物語(四)』(『禅文化』二一九、二〇一一年)を参照。

199 「明上座が大庾嶺で六祖慧能に追いついた」。慧能は黄梅山で弘忍の法を嗣ぎ、伝法の証である衣鉢を与えられた後、他の修行者がそれに納得せず自分に危害を与えることを恐れて、自分の故郷である嶺南へ逃げた。本則は、追手のひとりである明上座が慧能に追いついた時の話。明上座は蒙山道明(生没年不詳)、『景徳伝灯録』巻四(K五六上)に語を録す。「大庾嶺」は江西省と広東省の境にある山脈、黄梅山の南約五〇〇キロに位置する。

200 「この衣(鉢)は、法を受継いだことを証明するものである。どうして力で奪い取れよう。あなたの好きにするがよい」。「衣鉢」は伝法の証として釈尊から代々伝授されたという袈裟と鉢盂。『六祖壇経』、「……三更に法を受く。人尽《ことごと》く知らず。便《すなわ》ち頓教及《およ》び衣鉢を伝えて云く、『汝を第六代の祖と為す……衣は信の為に稟《う》け、代代相承す……』

と」（中川孝『六祖壇経』、筑摩書房、一九七六年、四〇頁。駒澤大学禅宗史研究会『慧能研究』、大修館書店、一九七八年、二八六頁）。

201 「持ち上げようとしたところ、衣鉢は微動だにしなかった。明上座はおそれていう、『私が追いかけてきたのは法のためであって、衣のためではありません。どうか行者よ、私に仏法をお示しください』」。「行者」は出家せずに有髪のまま寺内で下働きする者の謂。慧能はこの時まだ出家していなかったため「行者」と呼ばれている。

202 「善や悪という分別をしない、正にそのような時、あなたの作り物ではない真の姿とはいかなるものですか」。「本来の面目」は言葉（＝分別）では把捉できぬ本来の自己。『無門慧開禅師語録』巻下「告香普説」、「……参禅一著、英霊《すぐれ》し衲子《のっす》、挙《あ》ぐるや便《すなわ》ち落処《かんどころ》を知らん。参禅一著、本来面目、経文・語録に載せ難し。参禅一著、直指人心、自ら肯《あ》えて承当《うけが》うを貴要《よう》す……」（Z二二〇・五一九上）。

203 「今しがたお示しいただいた奥深い言葉、奥深い意味の他に、まだ何かございますか」。「密語」は真理の隠された言葉。「密意」は、凡人には量りしれぬ仏意、すなわち真理のことであり、迦葉を経て歴代の祖師たちにより伝えられたとされる。『人天眼目』巻二「仏正法眼蔵帯」、「昔し霊山会上にて世尊青蓮《しょうれん》の目を以て瞬《また》き四衆に示す。能く其の密意を領ずるもの無し。惟《た》だ大迦葉のみ独《ひと》り仏旨を領解す」（T四八・三〇八中）。

204 「分別以前の本来の自己にたちかえることができれば、深密なる真理が自分のうちにあったことが分かるだろう」。釈尊は本来、真理を余すところ無く説いたのであって、「密語（真理の隠された言葉）」「密意（凡夫の理解できない仏意）」があるのは聞き手の理解力が及ばないからである。『景徳伝灯録』巻一七「洪州雲居山道膺禅師」、「問うて曰く、『世尊は密語《みつご》有り、迦葉は覆蔵《かく》さず。如何《いかなる》か是れ世尊の密語』と。師召《よ》びて曰く、『尚書』と。其の人応諾《おうだく》す。師曰く、『会《え》す麼《や》』と。曰く、『会せず』と。師曰く、『汝じ若し会せずんば、世尊に密語有り。汝じ若し会せば、迦葉覆蔵《かく》さず』と」（K三二一九下）。

205 「私は黄梅山で皆と一緒に修行してきましたが、これまで本来の自己をかえりみることがありませんでした。ですが、あなたの教示のおかげで、水を飲んでその冷暖を自ら知るようにそれを体得することができました。今やあなたが私の師です」。自ら水を口にしてその冷暖を知るとは、真理の体得を喩える。『宏智禅師広録』巻五「明州天童山覚和尚小参」、「天下の老和尚、横に説き竪《たて》に説くも説不著《ときえず》。唯だ是れ自己《みずか》ら深く証《さと》りて始めて得《よ》し。人の水を飲み冷暖自知するが如し。唯だ独《ひと》り自ら明了《あきら》むるのみ、餘人の見ざる所なり」(T四八・六七下)。

206 「そうであれば、私もあなたもともに黄梅(五祖弘忍)が師です。どうぞ体得した真理をしっかりとお保ちください」。「善自」の「自」は実義のない接尾辞。「善自護持」は得た仏法を失わぬようにという常套句。『景徳伝灯録』巻二「第二十三祖鶴勒那」、「今ま法眼を以て汝に付嘱《あた》う、善自《しか》と護持《たも》て」(K二二下)。

207 「あわてて接化(教化指導)したため、節度を忘れてひどくお節介をやいたものだ」。「急家より出づ」は焦ってへまをやらかすこと。本来言葉にできない真理を口にしてしまったことを指す。『天如惟則禅師語録』巻一「普説」、「老僧今日《きょう》事は急家門より出で、舌頭《した》は地を拖《ひ》く。衆中に還《は》た直下に承当《うけが》い得る底《もの》有り麼《や》」(Z一二二・八二七上)。

208 「その世話の焼きようといったら、新鮮な茘支(ライチ)の殻をむいて種をとってやり、さらに口の中にまでいれてやって、さぁ食べてごらんと言うようなものだ」。「一嚥」は「ごくりとひとのみする」。「動詞+数詞(一)+量詞」のかたちで、動作を活写する。第四八則「乾峰一路」、「劃一劃(ぐいとひとかき)」。

209 「いくら描こうとしても描くことができず、書こうにも書けず、賛をつけようにもつけられないのだから、無駄な苦労はやめることだ」。最初の一句は、五祖法演の語を踏まえる。『大慧普覚禅師語録』巻一七「普説」、「祖(五祖法演)曰く、『描《えが》くも也《ま》た描不成《えがきおおせず》、画《か》くも也《ま》た画不就《かきおおせず》』と」(T四七・八八三中)。原文にある「兮」はリズムを整えるために加えられる助辞で、実義はない。「生受」は難儀する意。『嘉泰普灯録』巻二五「泐潭闡提照禅師」、「未だ生受を免れず」(Z一三七・三五七上)。

210 「本来の面目は、常に隠れることなく顕現しており、たとえ世界が滅びようとカレは朽ちたりしない」。最後の句は宝誌の頌からの借用。『景徳伝灯録』巻二九「誌公和尚十二時頌十二首・鶏鳴丑」、「一顆《ひとつぶ》の円光明《あか》るきこと已《すで》に久し、内外に推尋《たず》ね覓《もと》むれども惣《すべ》て無し。境上の施為渾大《ひろ》く有り。頭を見ず、亦《ま》た手も無し、世界壊《え》する時渠《か》れ朽ちず。未だ了ぜざるの人一言《いちげん》を聴くに、只だ這《これ》なるのみにして如《い》今ま誰か口を動かさん」(K六〇二上—下)。また第一句と第四句をともに用いた例が、居簡（一一六四―一二四六）の語録に見える。『北磵居簡禅師語録』「臨安府浄慈山報恩光孝禅寺語録・仏事・演監寺入塔」、「……也《ま》た頭無く、也《ま》た手無し。描不成《えがきおおせず》、画不就《かきおおせず》。世界壊《え》する時、渠《か》れ朽ちず。……」（Z一二一・一六五下―一六六上）。「渠《かれ》」は三人称代名詞。禅籍ではしばしば本来の面目を指す。『無門慧開禅師語録』巻上「平江府開元禅寺語録」、「燕国夫人忌、上堂。『燕国当年《とうねん》福田を植え、身は水月の如く三千を印す。渠《かれ》に生死無し何処《いずく》にか帰する、春早梅華《ばいか》暁烟を放つ』」（Z一二〇・五一一下）。

〔第二十四則〕離却語言

211 風穴延沼《ふけつえんしょう》（八九六―九七三）、南院慧顒《なんいんえぎょう》の法嗣。『景徳伝灯録』巻一三（K二五一下）、『聯灯会要』巻一一（Z一三六・六一六上）等に語を録す。語録に『風穴禅師語録』がある（『古尊宿語録』巻七、Z一一八・二四〇上）。本則の一次出典は『宏智禅師広録』巻三「真州長蘆覚和尚拈古」（T四八・二八中）、『正法眼蔵』巻三之下（Z一一八・一三一上）、『大慧普覚禅師語録』巻一五「普説」（T四七・八七六下）。二次出典は『景徳伝灯録』巻一三「汝州風穴延沼禅師」（K二五四上、【景五】八〇頁）、『明覚禅師語録』巻三「拈古」（T四七・六八九上）、『宗門統要集』巻六（三一裏：【禅典】一三〇頁下）、『古尊宿語録』巻四七「東林和尚雲門庵主頌古」（Z一一八・八一五下）。

212 「語るのと黙るのと、いずれも離微に干渉してしまう。どうすれば犯さずにすむだろうか」。語と黙が対立する分別の世界をいかに超えるかは、本書でしばしば取り上げられる重要なテーマ（前注62参照）。「離微」は分別ではとらえられぬ真理を指す。『宝蔵論』「離微体浄品」、「……入に拠るが故に離と名づけ、用に約するが故に微と名づけ、混じて一と為す……。夫れ性の離微たるは、取に非ず捨に非ず、修に非ず学に非ず、本無今有に非ず、本有今無に非ず、乃至《ないし》一法は生ぜず、一法は滅せず、三界の摂《おさ》むる所に非ず、六趣の変ずる所に非ず、愚智の改むる所に非ず、真妄の転ずる所に非ず、平等にして普遍《あまね》く、一切円満、総じて一大法界応化の霊宅と為す。之を迷《みうしな》う者は則ち劫を歴《ふ》るとも浪《いたずら》に修し、之を悟る者は則ち体に当たりて凝り寂《しずま》る」（T四五・一四五下）。

213 「つねひごろ心におもうは彼《か》の景色、鳥はさえずり花はかんばし」。律句（長憶江南三月裏、鷓鴣啼処百花香）。平仄の整った二句が有する詩的余韻に託して、言葉を超えた真実の世界を示唆しようとした。それは鳥がさえずり花の香りがただよう春、すなわち人の五感に直接響くありのままの世界である。無分別の世界を春に喩える例は、第二二則「迦葉刹竿」にも見える。「陰陽に属せず別に是れ春」(前注197参照)。

214 「風穴の働きは稲光のように俊敏で、路を得るやすぐさま行ってしまう」。風穴の当意即妙な対応の形容。俊敏な働きを掣電《いなびかり》に喩える点は、前注85参照。「路を得て便《すなわ》ち行く」とは、真理の世界に直入することをいう。『白雲守端禅師広録』巻一「江州承天禅院語録」、「古者道《い》わく、動は則ち生死を起こすの本、静は則ち昏酔に沈むの郷《ふるさと》。動と静と双《ふたつながら》に泯《ほろぼ》さば則ち空亡に落ち、動と静と双に収めば則ち仏性を顢頇《くらま》す。者裡《ここ》に到りて、直に天の玄鑰《おくぶかきことば》を窮《きわ》め、世の枢機《かなめ》を竭《つ》くすを得るも、一点も用い不《え》著《ず》。独《ひと》り山僧有り、今日幸いに太平の世界に遇《あ》えり、路を得て便《すなわ》ち行く」(Z一一二〇・四〇一上)。

215 「しかしながら相手の舌を押さえ込められなかったことだけは、いかんともしがたい」。風穴本人はそれでいいとしても、質問した僧がとりのこされてしまった点だけは遺憾と言わざるを得ない。「前人」は面前の人、ここでは質問した僧を指す。『臨済録』「示衆」、「如《たと》えば善知識、箇《こ》の境塊子を把出《つかみいだ》して学人の面前に向《お》いて弄す。前人辨得して……」(【臨済】九三頁、T四七・五〇〇中)。舌を「坐《ざ》断《だん》」するとは、舌を押さえつけて黙らせることをいう。修行僧に真理を体得させるためには、その言葉(分別)を断ってやらねばならない。『碧巌録』第五則「雪峰尽大地」本則評唱、「宗教を扶竪《おこ》し、仏の寿命を続《つな》ぐが若《ごと》し、所以《ゆえ》に一言半句を吐きて、自然に天下の人の舌《した》頭を坐《ざ》断《だん》す。你《なんじ》が意路を著《つ》け情解を作《な》し道理に渉《わた》る処無し」(【碧上】九七頁、T四八・一四五上)。

216 「ここでぴたりと見てとることができれば、分別の迷える世界から出離する路が自ずと開けるだろう」。「見《み》得《え》て親切」は、ぴたりと見てとる意。前注195参照。「出身の路」は真理の世界へといたる無分別のみち。『円悟仏果禅師語録』巻一四「法語・示諫長老」、「声を聞き色を見て取捨を生ぜずんば、著著《ひとつひとつ》に出身の路《みち》有らん」(T四七・七七九上)。

217 「ひとまず語言三昧は措くとして、(おぬしの方から)一句をいうてみよ」。「語言三昧」はあらゆる言葉が理解できる境界。『大智度論』巻九七「釈薩陀波崙品」、「『一切衆生語言三昧を得』とは、是《こ》の三昧を得るが故に、能く一切衆生の語言《ことば》を解す」（T二五・七三七上）。「将（来）」は動詞の後について方向性をあらわす口語表現。前注126参照。

218 原文は「不露風骨句」。これは「風骨の句を露《あらわ》さず」とも、「風骨を露さざるの句」とも読めるが、『雲門匡真禅師広録』に「我有箇不露鋒骨底句」（巻下「勘辨」T四七・五七〇下）とあるのに鑑みて後者を採る。

219 「風骨を示さない句。口にする前にしかと伝えてある。そこから一歩でも出てぶつぶつと口にするのであれば、それがデタラメであることはお見通しだ」。最初から真理が伝わっているのだから言葉にする必要はない。ぶつぶつと口にするのは君が分かっていないからだ。これは雲門文偃の偈頌をそのまま引いたもの（『雲門匡真禅師広録』巻中「垂示代語」T四七・五六五上）。ただ「風骨」を「鋒骨」とする点だけが異なる。「風骨」は雄壮な詩の風格、「鋒骨」は突出した骨の意であるが、いずれにせよ真理を指すのに用いられている点では変わらない。真理と契合するには分別さえしなければよい。後にこの頌を拈提した元代の林泉従倫は以下のように述べている。「故に問答に於いて思惟に渉らずんば、豈に情見に落ちんや。亦《ま》た玄を窮《きわ》めず、亦た妙を究《きわ》めず。但《た》だ日用一切時中に於いて業識《ごっしき》をして忙忙たらしめずんば、本の拠《よ》る可《べ》き無し」（『空谷集』第三六則「雲門明教」本則評唱、Z一一七・五七二上）。にもかかわらず敢えて「風骨を露さざるの句」に言及するのは、無自覚な修行者に気づかせてやろうという慈悲心ゆえのことである。『雲門匡真禅師広録』巻下「勘辨」、「僧に問う、『我（＝雲門）箇《こ》の鋒骨を露さざる底の句有り。作麼生《いかに》か有る』と。長老云く、『収めよ』と。師云く、『与麼《しか》らば一半を道得《いいう》るのみ』と。代わりて云く、『深く和尚の慈悲を領ず』と。……」（T四七・五七〇下）。

〔第二十五則〕三座説法

220 仰山慧寂《きょうさんえじゃく》（八〇三—八八七）、潙山霊祐《いさんれいゆう》（後注320参照）の法嗣。本則の一次出典は『宗門統要集』巻五（九表・【禅典】九七頁下）。二次出典は『聯灯会要』巻八「袁州仰山慧寂禅師」（Z一三六・五六三上）。

221 「仰山は夢のなかで弥勒の会下の第三座に坐らされた。するとひとりの高僧が槌を打って、『今日は第三座が説法する番だ』といった」。「白槌《びゃくつい》」は槌を打ち鳴らして大衆に告げること。『勅修百丈清規』巻三「住持章・入院・開堂祝寿」、「結座、白椎《びゃくつい》の人復《ま》た椎《つち》を鳴らすこと一下《いちげ》して、白《もう》して云く……」（T四八・一一二六上）。

222 「そこで仰山は立ち上がると槌を打って言った、『摩訶衍《まかえん》（大乗）の法は四句《しく》を離れ、百非《ひゃっぴ》を絶している。よく聞きなさい、よく聞きなさい』」。「四句」は一切の立言を収めるとされる四つの表現形式（A、B、AかつB、AでなくかつBでない）。「百非」はあらゆる否定。「四句」と「百非」をあわせて一切の言語表現を指す。いかなる言葉にも堕ちないのが大乗で説かれる真理である。『註心賦』巻二、「四句に堕落せば、皆な辺見と成る。若し一法を見ば、尽く百非に処《お》る。若し能く心宗を頓了せば、見網より自然《おのず》と迥《はるか》に出で、随処に道を得、念を挙するに皆な宗たり」（Z一一一・五四下）。

223 「これは法を説いたのであろうか、法を説かなかったのであろうか」。仰山は法について「言葉を絶している」と言葉にしたが、これは法を正しく説いたといえるだろうか。

224 「口を開いてもだめだし、口を閉ざしてもいけない。開きも閉じもしないというなら、とんだ見当違いである」。口を開いて言葉にしてしまえば、「言葉を絶している」法に違うし、口を閉ざしたままでは法は説かれない。苦し紛れに開きも閉じもしないというなら、それは妄想に妄想を重ねる所行である。「十万八千」はあまりに遠く隔たること。『大慧普覚禅師語録』巻二七「書・答劉通判」、「心を起こし念を動じて承当《うけが》わんと擬《ほっ》せば、渠《か》れ早已《つと》に蹉過《すれちが》うこと十万八千と了也《ならん》」（T四七・九二六下）。

225 「青空に輝く太陽のもと、夢の中で夢を説いている」。何ら翳《かげ》りのない世界において、夢に夢を重ねるようなおかしな物言いをしている。「白日青天」はいかなるごまかしもきかない明々白々なところをいう。第三〇則「即心即仏」、「青天白日、切《せつ》に尋覓《もと》むるを忌《い》む。更に如何と問わば、贓《ぬすみもの》を抱きて屈《ぬれぎぬ》と叫ぶ」。「夢中に夢を説く」は、夢のなかで夢の話をする意。現実から遊離した世界において現実と無縁の話をすることを喩える。その迷妄から覚めないかぎり、真理に合致することはない。『無門慧開禅師語録』巻上「隆興府黄龍崇恩禅寺語録」、「……大士答《こた》えて曰く、『三世の諸仏は夢を説き、六代の祖師は夢を説き、天下の老和尚は夢を説き、乃至《ないし》塵沙の諸仏・四聖・六凡は尽く夢中に在《お》いて夢を説く』と。又た偈を説きて言わく、『空華の梵行を修習し、水月の道場に宴坐《すわ》り、鏡裏の魔軍を降伏《うちす》え、夢中の仏事を成就す』と。是の如しと然雖《いえど》も、黄龍《わし》に却《かえっ》て一味の白石茶有り。三世の諸仏若《も》し得て唇を霑《うるお》さば、三世の諸仏眼《まなこ》開く。六代の祖師若《も》し得て唇を霑《うるお》さば、六代の祖師眼《まなこ》開く。乃至《ないし》天下の老和尚・塵沙の諸仏・四聖・六凡若《も》し得て唇を霑《うるお》さば、悉皆《み》な眼《まなこ》開く。但《た》だ眼《まなこ》開くのみに非ず、你《なんじ》が髑髏《どくろ》を迸却《はじきとば》し、你《なんじ》が肚腸《はらわた》を爛却《やけただら》せ、你《なんじ》が眼睛《がんぜい》を突出《とびいだ》さしむ。豈に慶快ならずや」（Z一二〇・五〇四上）。

226 「奇妙な憶測を重ね人々を誑《たぶら》かしている」。「捏怪《ねっかい》」は見当違いの言動をすること。ここでは言葉にならぬ真理に対して言挙げすることをいう。『普菴印粛禅師語録』巻一「為円普二字行童普説」、「二乗と外道と玄に通ぜず、根境法中に虚《むなし》く捏怪《ねっかい》して、妄《みだり》に諸仏に法の説く可《べ》き有るかと謂《おも》い、法身を卜度《おしはか》り、妄に識神を認めて、更に大いに心を悟了《さと》るを求めず、一向《ひたす》ら佗《か》の文字を愛す。所以《ゆえ》に徒《いたずら》に学びて多く知るも、返《かえっ》て教を謗《そし》ると成る」（Z一二〇・五四〇下）。「誑謼《おうこ》」は騙す意、前注74参照。

〔第二十六則〕二僧巻簾

227 法眼文益《ほうげんもんえき》（八八五―九五八）、羅《ら》漢桂琛《かんけいちん》の法嗣。南唐の国主に請われて金陵（南京）の報恩禅院に住し、ついで同地の清涼院に遷った。大法眼禅師と諡《おくりな》される。本則では「清涼国師」とも呼ぶが、伝記等には国師号を与えられたという記録は見えない。この呼称はそれに等しい処遇を受けたという認識によるのだろう。『景徳伝灯録』巻二四（K四七九上）、『五灯会元』巻一〇（Z一三八・三三九上）等に語を録す。語録に『金陵清涼院文益禅師語録』（本書所収法眼録訓注、T四七・五八八上）がある。本則の一次出典は『景徳伝灯録』巻二四「金陵清涼文益禅師」（K四八二下）。二次出典は『宗門統要集』巻一〇（二四裏：【禅典】二二二頁上）、『正法眼蔵』巻一之下（Z一一八・四九下）、『聯灯会要』巻二六「金陵清涼法眼文益禅師」（Z一三六・八七八上）。

228 「お斎の前に修行僧が参じた際、法眼は簾を指さした。ふたりの僧侶が同じように簾を巻きあげると、法眼は『ひとりは良いが、ひとりはダメだ』と言った」。「上参」は禅師のもとに参じること。『明覚禅師語録』巻四「瀑泉集」、「雲門、洞巌に到り数日を得て上参するに、恰《おりよ》く巌の下り来るに見《まみ》ゆ」（T四七・六九六下）。

229 「まずは言うてみよ、誰が良くて誰がダメなのか」。おなじように簾を巻いたのに、一方を肯定しもう一方を否定した理由は何か。第一一則「州勘庵主」、「一般《おなじ》く拳頭《こぶし》を竪起《た》つるに、為甚麼《なんすれ》ぞ一箇《ひとり》を肯《うべな》い、一箇《ひとり》を肯わざる」（前注109参照）。

230「もしもここで（真実を看ぬく）眼を具えることができれば、清涼国師がどこで失敗したのかが分かるだろう」。清涼法眼はふたりの僧に対して自由自在の物言いをしているように見えるが、その実ふたりの僧に振りまわされて、余計なことを言ったに過ぎぬ。第一一則「州勘庵主」、「若《も》し者裏《ここ》に向《お》いて一転語《いってんご》を下得《くだしえ》ば、便《すなわ》ち見ん、趙州の舌頭《した》に骨無く、扶起《おこ》すと放倒《たお》すと大自在を得るを。是の如しと雖然《いえど》も、趙州却《かえっ》て二庵主に勘破《みぬか》るるを争奈《いかんせ》ん」（前注111参照）。「敗闕《はいけつ》」は失敗。『無門慧開禅師語録』巻上「再住黄龍禅寺語録」、「憐れむ可《べ》し、道吾・雲巌・洞山の三大老、敗闕《しくじり》を納尽《おさめつ》くして、未だ免れず、性命の他人の手裏に落在《おっ》るを」（Z一二〇・五〇九下）。

231「とはいえ、得失について穿鑿することだけはしてはいかんぞ」。「得（よい）」と「失（ダメ）」との表面的な違いに惑わされず、このふたつの言葉が等しく指ししめす当体を看てとらねばならぬ。第一一則「州勘庵主」、「若《も》し二庵主に優劣有りと道《い》わば、未だ参学の眼を具せず。若し優劣無しと道《い》わば、亦《ま》た未だ参学の眼を具せず」（前注112参照）。

232「巻きあげたことで果てしない青空がありありと見えたが、その大空もまだ我が宗に合致しない」。簾を巻きあげることで眼に入ってきた空とは、清涼法眼が示そうとしたモノ、すなわち歴代の祖師が伝えきたった一心の法を喩える。『宗鏡録』巻三四、「一切衆生に皆な空寂の真心有り、無始にして本来性《しょう》は自ら清浄、明明《ありあり》として不昧《かげらず》、了了《ありあり》と常に知る、未来の際を尽くして常住にして不滅、名づけて仏性と為し、亦《ま》た如来蔵と名づけ、亦た心地と名づく。達磨の伝うる所、是れ此の心なり」（T四八・六一五上）。

233「その空から（簾を）すべて下ろしてしまい、ぴったり閉ざして風を通さぬにこしたことはない」。示された空に安住することを戒める。『景徳伝灯録』巻一一「明州雪竇山常通禅師」、「僧問う、『如何《いかなる》か是れ密室』と。師曰く、『風を通ぜず』と。信〔=僧〕曰く、『如何か是れ密室中の人』と。師曰く、『諸聖求《もと》むるも覩不見《みおおせず》』と。又た曰く、『千仏も思うこと能《あた》わず、万聖も議すること能わず。乾坤壊《え》すとも壊せず、虚空包《つつ》むとも包まれず。一切も比《くら》ぶるに倫《ともがら》無く、三世も唱不起《うたいえず》』と」（K一九八下—一九九上、【景四】三一六頁）。

〔第二十七則〕不是心仏

234　南泉普願《なんせんふがん》、前注128参照。本則の一次出典は『宏智禅師広録』巻一「真州長蘆崇福禅院語録」（T四八・一三下―一四上）。二次出典は『景徳伝灯録』巻六「洪州百丈山惟政禅師」（K九三下）、『雪竇頌古』第二八則（入矢義高・梶谷宗忍・柳田聖山『雪竇頌古』、筑摩書房、一九八一年、八五頁）、『宗門統要集』巻三（四〇表：【禅典】六四頁上）、『円悟仏果禅師語録』巻一八「頌古」（T四七・七九八中）、『聯灯会要』巻五「洪州百丈惟政禅師」（Z一三六・五一四上）。

235　「人に説いてきかせない法はありますか」。

236　「心ではない、仏ではない、物でもない」。心でもなければ仏でもなく、またそれ以外の何物でもありはしない。言語による一切の措定が斥けられている。小川隆『語録の思想史―中国禅の研究―』（岩波書店、二〇一一年）七八、九四―九五頁参照。

237　「さしもの南泉もこの問いを投げかけられて、家財をすっかり使いつくし、はなはだ落ちぶれてしまった」。説かぬ教えについて尋ねられたことで、たくわえていたものを全て使いはたし、目も当てられないほどの失態を演じたものだ。「直得」は、極端な結果に至ったことを示す。前注177参照。「家私」は私財の意で、説きつくせぬ法の喩え。「揣《すい》」はそれを探ること。『淮海原肇禅師語録』「径山興聖万寿禅寺語録」、「二千年前説不尽《ときつくせざ》る底《てい》の家私、今夜径山《きんざん》の一時に揣出《はかりいだ》すを被る」（Z一二一・三六五上）。「郎当《ろうとう》」は落ちぶれて見苦しい意。本書「孟珙の跋」、「達磨西より来り、文字を執らず、人心を直指し、性を見て仏と成らしむ。箇《こ》の直指と説くも、已《すで》に是れ迂曲《くだくだ》し。更に仏と成ると言わば、郎当《おちぶる》ること少なからず」。

238　「くどくどと教えを説けば、君が本来もつ徳を損なうことになる。無言にこそ勝れた働きがあるのだ。たとえ海が陸に変わろうと、決して君のために言葉の径《みち》を開いたりはしないぞ」。道吾円智（六七九―八三五）の偈頌をそのまま転用したもの。『古尊宿語録』巻一九「潭州道吾真禅師語要」所収の上堂説法で、「老僧今日《きょう》眉毛を惜しまず、一時に布施せん。良久《りょうきゅう》して云く」（Z一一八・四〇五上）の後にこの四句が示されている。いかなる教えであれ、ひとたび口にしてしまえばたちまち分別を惹起し、君が本来有する仏心の作用を台無しにしてしまう。「滄海《そうかい》変ず」は「滄海桑田《そうでん》に変ず」の略。この語は東海が三度桑畑に変じるのを仙女麻姑《まこ》が見たという伝説にちなみ、通常は人間の無常を喩えるが、ここでは「たとえどんなことがあろうとも」の意で、第四句の否定「通じない」を強める。『太平広記』巻六〇「麻姑」、「接侍してより以来《このかた》、已《すで》に東海の三たび桑田と為るを見る」（中華書局標点本、三七〇頁）。

〔第二十八則〕久響龍潭

239 「かねてより龍潭の名声を慕っておりました」。徳山が龍潭に初めて参じた時に発した最初の語。「響」は「嚮」に通ず。『碧巌録』第四則「徳山挾複子」本則評唱、「……婆遂《かく》て指して龍潭に去《ゆ》き参ぜしむ。纔《わずか》に門を跨《また》ぐや便《すなわ》ち問う、『久しく龍潭を嚮《した》う。到来するに及《およ》ぶも、潭も又《ま》た見えず、龍も又た現れず』と。龍潭和尚屏風《びょうぶ》の後《うしろ》に身を引きて云く、『子《そな》た親《みずか》ら龍潭に到れり』と。師乃《すなわ》ち礼を設けて退く。夜間に至りて室に入り、侍立して更深《よふ》けぬ。潭云く、『何ぞ下去《くだりさ》らざる』と。山遂《かく》て珍重《いとまごい》して、簾《すだれ》を掲《かか》げて出づ。……」（【碧上】八一頁、T四八・一四三下）。

240 龍潭崇信《りゅうたんすうしん》（生没年不詳）、天皇道悟《てんのうどうご》（七四八―八〇七）の法嗣。『景徳伝灯録』巻一四（K二七六下、【景五】三三三頁）、『聯灯会要』巻一九（Z一三六・七四六下）等に語を録す。本則の一次出典は『宗門統要集』巻七（四八表―裏：【禅典】一六二頁上―下）。二次出典は『正法眼蔵』巻三之上（Z一一八・一一四上―下）、『聯灯会要』巻二〇「鼎州徳山宣鑑禅師」（Z一三六・七五六上）。本則については小川隆・池上光洋・林鳴宇・西尾勝彦・小早川浩大・三宅良幹「金沢文庫本『正法眼蔵』の訳注研究（二）」（『駒澤大学禅研究所年報』一三・一四、二〇〇二年）七〇―七四頁を参照。

241 「徳山が質問に来て夜になったので、龍潭は『もう遅い。君、帰らないのか』といった」。「請益《しんえき》」は前注16参照。

242 「そこで徳山は辞去し簾を上げて外に出たが、もう暗くなっていたので、戻ってきて『外は真っ暗です』といった」。「珍重《ちんちょう》」はもと「お大事に」という挨拶の語。転じて「挨拶する」という動詞としても用いられる。「却回《きゃうい》」は二字で「返る」の意。

243 「龍潭は紙燭に火をつけて徳山に渡そうとした。徳山がそれを受け取ろうとしたとたん、龍潭は火を吹き消した。徳山はそこでハッと気づき礼拝した」。「度与《とよ》」は二字で「わたす」意。「擬～、便…」は前後の緊密な結びつきをあらわす。前注173参照。

244 「龍潭が『いかなる理を見てとったのか』とたずねると、

徳山は『これよりのち諸方の老師方の言葉を疑いません』とこたえた」。「天下の老和尚の舌頭《した》を疑わず」は、真理を看ぬいたことで、言葉に振り回されなくなった意。『宛陵録』、「……箇《こ》の無字を守りて、日久《ひさ》しく月深《ふか》くして一片《ひとつ》と打成《な》らば、忽《ふ》然と心花頓《とみ》に発し、仏祖の機を悟らん。便《すなわ》ち天下の老和尚の舌頭《した》に瞞《まどわ》されず。便《すなわ》ち会《よ》く大口を開かん、『達摩の西より来《きた》るは、風無きに浪《なみ》を起こす。世尊の花を拈《と》るは、一場の敗闕《しくじり》なり』と」（T四八・三八七中）。文末の「也」は新たな状況の出来をあらわす。前注129参照。

245 「翌日龍潭は法堂に登ると次のように言った。『もしも剣樹のような歯牙と血盆のような口をもつ男がいて、一棒をくらわせても一顧だにしないのであれば、彼は将来かならずや峻厳な頂《いただき》に我が道を立てるだろう』」。「可中《かちゅう》」は二字で「もし」の意。『註潙山警策』、「可中《も》し正因を頓悟せば、便《すなわ》ち是れ出塵の階漸なり」（Z一一一・二九二下）。「牙は剣樹の如く、口は血盆に似て」は、「悪鬼や猛獣が荒々しく牙をむいたようす」。小川他注240所掲論文七三頁参照。

246 文末の「在」は強調・断定の語気詞。前注125参照。

「徳山は注釈書を手にとり、法堂の前で一本のたいまつを掲げて言った。『玄妙な教学を究めても、一本の毛すじを虚空に置くようなもの。世の最重要事を極めても、一滴の水を大海に投ずるようなものに過ぎぬ』。こう言うやいなや注釈書を焼き捨て、辞去した」。真理を看ぬいた徳山にとって、言葉はもはや取るに足らぬものとなった。『銷釈金剛経科儀会要註解』巻六、「縦使《たと》い諸の玄辯を窮《きわ》むる者も、是れ科家の此の心を発明するのみ。至極の処、口を開き難以《がた》し。三世の諸仏も話会不及《わかりえず》、歴代の祖師も鋒《いきおい》を忘《うしな》い舌を結ぶ。一大蔵教は曾《かつ》て一字も談著《と》かず、千七百則の公案は未だ嘗《かつ》て糸毫《けすじほど》も動著《うごか》さず。故に徳山鈔疏を焚却《やきす》つるに、火を挙《こ》して、『諸の玄辯を窮《きわ》むるも、一毫を太虚に置くが若《ごと》し。世の枢機を竭《つく》すも、一滴を巨壑に投ずるに似たり』と云い、遂乃《かく》て之を焚《や》く」（Z九二・三六二下）。「炬」は量詞。「礼辞」は別れの挨拶をすること。『景徳伝灯録』巻一二「杭州千頃山楚南禅師」、「……芙蓉《ふよう》見て曰く、『吾は汝の師に非ず。汝の師は江外の黄檗《おうばく》、是れなり』と。師礼辞《いとまごい》して黄檗に参ず」（K二二七上、【景四】四〇八—四〇九頁）。

247 「徳山は関所を出る前から、心はプンプン、口はモゴモゴ（と大いに憤っていた）。教外別伝の禅宗を滅ぼしてやろうと南にテクテクやってきた」。「心は憤憤《ふんぷん》、口は悱悱《ひひ》」

は、怒りのあまり心が乱れ言葉にならないさま。『護法論』、「今ま心は憤憤《ふんぷん》、口は悱悱《ひひ》として、仏を聞くこと寇讎《かたき》の似《ごと》く、僧を見ること蛇虺《どくへび》の如き者有り、吾れ之を如何ともする末《な》き也已矣《のみ》」(T五二・六四一下)。「得得」は長い道のりをはるばる行くさま。『碧巌録』第一則「武帝問達磨」本則評唱、「達磨遙《はる》かに此土に大乗の根器有るを観《み》て、遂《かく》て海を泛《わた》り得得《とくとく》と来り、心印を単伝して、迷塗《めいず》に開示す」(【碧上】三八―三九頁、T四八・一四〇上―中)。「教外別伝」は前注71参照。

248 「澧州《れい》(現在の湖南省北部)で老婆から点心を買おうとしたところ、次のように問われた、『車に積んであるのは何の本ですか』。徳山、『金剛経の注釈書だ』。老婆、『そのお経には過去・現在・未来のいずれの心も得られないとありますが、あなたは点心を買ってどの心の餓えに充てようというのですか』。こう問われた徳山は、つまって『へ』の字口になってしまった」。「婆子」「車子」の「子」はいずれも実義のない接尾辞。「点心」は餓えを覚えた心に点《あ》てる菓子。『禅林象器箋』「第廿五類 飲啖門」、「点心は食を以て空腹に点《あ》つるのみ」。「過去心は得可《べ》からず、見(現)在心は得可《べ》からず、未来心は得可《べ》からず」は、『金剛経』(T八・七五一中)の語。「口扁檐《てんぴんぼう》に似る」は、返答に窮して「へ」の字に結ばれた口を喩える。底本は「擔」に作るが、文脈に照らして大正蔵同様「檐」に改めた。『臨済録』「示衆」、「也《たと》い我は出家なりと道《い》うも、他《かれ》に仏法を問著《と》わるるや、便即《すなわ》ち口を杜《と》じて詞《ことば》無く、眼は漆突《すすけしえんとつ》に似、口は扁檐《てんぴんぼう》の如し」(【臨済】一二一頁、T四七・五〇一下)。

249 「とはいえ、徳山は老婆の一句でも分別を手放そうとしなかった。そこで尋ねる、『どんな禅師が近くにいるのか』。老婆、『五里ほどの所に龍潭和尚という方がおります』」。「死却」は殺す意。ここでのその対象は分別の心。『大慧普覚禅師語録』巻一九「法語・示妙証居士」、「若《も》し人夙《つと》に善根の種性有らば、只だ不可得の処に向《お》いて、心意識を死却《ころしさ》りて、方《はじ》めて知らん、釈迦の老子《おやじ》の道《い》うは、始め鹿野苑従《よ》り、終わり跋提河《ばつだい》に至るまで、是の二の中間に於いても、未だ嘗《かつ》て一字をも説かず、是れ真実語なりと」(T四七・八九三下)。

250 「ところが龍潭に来ると、自分の失敗をことごとく認めた。前後がかみあっておらぬ」。「敗闕《はいけつ》」は失敗の意、前注230参照。「前言、後語に応ぜず」は前後の発言が対応していない意。『請益録』第九四則「古徳法身」評唱、「此の頌の両聯、大いに前言、後語に副《そ》わざるに似たるも、殊《こと》に知らず、鉤鎖は連環《つなが》りて、血脈は不断なるを」（Z一一七・八九四下）。

251 「一方龍潭はと言えば、我が子を可愛がるあまり世間体を忘れてしまったようなもので、少しばかりの火だねを目にするや、あわてて泥水を頭からザバッとぶっかけて消すような過保護ぶりだ」。「児《こ》を憐んで醜《みにく》きを覚えず」は、龍潭の老婆心切の形容。『碧巌録』第三八則「風穴鉄牛機」、「檗の『吾が宗は汝に到って大いに世に興らん』と云うは、大いに児を憐んで醜《みにく》きを覚えざるに似たり」（【碧中】七七頁、T四八・一七六上）。「悪水」は老婆心切ゆえの余計な接化を喩える。『仏果克勤禅師心要』巻上始「示蘊初監寺」、「只だ伱《なんじ》に道与《い》うに一句子を説くも、早《つと》に是れ悪水を著《と》りて人に潑《あび》せるなり。何ぞ況んや更に目を瞬《またた》き眉を揚《あ》げ、床を敲《たた》き払を竪《た》て、『是れ什麼《なん》ぞ』といい、喝を下し棒を行うをや。軒《はる》かに知る、是れ平地に骨堆《ごみづか》を上《つ》むなるを。更に好悪《よしあし》を識《し》らざる底《もの》有りて、仏を問い法を問い、禅を問い道を問い、相為《ためにする》を請い相接《あいてする》を乞い、向上向下、仏法の知見、語句の道理を求む。是れ乃ち泥裏に土を洗い、土裏に泥を洗うなり。幾時《いつ》か脱灑《ぬけだ》すを得去《えん》や」（Z一二〇・七一三下）。

252 「冷静に見てみれば、一場のお笑いぐさである」。本来人人に具足する本分事をめぐって大騒ぎしたことを揶揄する。『古尊宿語録』巻二八「舒州龍門仏眼和尚語録」、「上堂して云く、『龍門《それがし》に別に奇妙《めずらしき》無し、剛《た》だ心要を単伝すと謂《い》うのみ。豈に惟《た》だ浅水に魚無きのみならん、撥剔《ほってき》せば全て孔《こう》竅《きょう》無し。二時に鉢を展《ひろ》げ単を開き、日を逐いて屎《くそ》を屙《た》れ尿を送《す》。万事、人と一般《おなじ》なり、子細に看来《みきた》らば好笑なり。既に是れ万事、人と一般《おなじ》なるに、為什麼《なんすれ》ぞ善知識と称する』と。良久《りょうきゅう》して云く、『我も也《ま》た理会不出《わからず》』と」（Z一一八・五一五下）。

253 「名声を聞くのは、実際に会うのにかなわない。実際に会うのは、名声を聞くのにかなわない」。この二句は石鼓希夷（楊岐下第七世）の頌にも見える（『禅宗頌古聯珠通集』巻三八「祖師機縁」Z一一五・四八一下）。老師の名声と顔との優劣を尋ねるふたつの問いを立てることで、そのいずれでもない、自己の本分事こそが重要であると示唆する。『景徳伝灯録』巻一四「澧州薬山惟儼禅師」、「朗州刺史李翺《りこう》、師の玄化を嚮《した》いて屡《しばし》ば請うも起たず。乃ち躬《みずか》ら山に入りて之に謁《あ》う。師経巻《きょうかん》を執《と》りて顧みず。侍者白《もう》して曰く、『太守此《ここ》に在り』と。翶性褊急《しょうせっかち》にして乃ち言いて曰く、『面《おもて》を見るは名を聞くに如《し》かず』と。師、太守を呼ぶ。翱応諾《おうだく》す。師曰く、『何ぞ耳を貴《たっと》び目を賤《いやし》むを得たる』と。翱拱手《きょうしゅ》して之に謝す。……」（K二七四下、【景五】三〇三頁）。

254 「鼻孔を救うことはできたが、眼を潰してしまった点はいかんともしがたい」。この二句は大慧の頌の変奏。『大慧普覚禅師語録』巻一〇「頌古」、「直饒《たと》い眼睛《がんぜい》を救得《すくいう》るも、当下《すぐさま》鼻孔《はな》を失却せん」（T四七・八五六上）。「鼻孔《びくう》」は顔の中心にあって個人の顔を顔たらしめる鼻。禅籍ではしばしば本来の面目の意で用いられる。「眼睛《がんぜい》」はそれを看ぬく眼。本来の面目はどうにか保たれたが、余計な騒動を起こしたために、それを看ぬく目はすっかりくらまされてしまった。『景徳伝灯録』巻八「池州南泉普願禅師」、「問う、『父母の未だ生まざる時、鼻孔什麼処《いずく》にか在る』と。師云く、『父母已《すで》に生み了《おわ》れり、鼻孔什麼処《いずく》にか在る』と」（K一二一上、【景三】一五〇頁）。『景徳伝灯録』巻七「京兆興善惟寛禅師」、「又た問う、『垢《けがれ》は即ち念ず可《べ》からず。浄は念ずること無くして可《か》なり乎《や》』と。師曰く、『如《たと》えば人眼睛《がんぜい》上、一物も住《とど》む可《べ》からず。金屑《きんせつ》は珍宝なりと雖も、眼に在らば亦《ま》た病と為る』と」（K一一一下―一一二上、【景三】七二頁）。

〔第二十九則〕非風非幡

255 六祖慧能、前注198参照。本則の一次出典は『宗門統要集』巻一（三八裏：【禅典】一三頁上）。二次出典は『聯灯会要』巻二「六祖恵能大師」（Z一三六・四六二上）。

256 「風が旗を吹き上げたおり、ふたりの僧が論争した」。本則は六祖が嶺南に逃れて五年間身を潜めた後、講経を聞くために広州制旨（止）寺におもむいた際の問答。「刹幡《せっかん》」は法会に際して門前に掲げられる旗。前注194参照。

257 「ひとりは『旗が動く』といい、ひとりは『風が動く』といい、議論に決着がつかない。そこで六祖が『どちらでもない、あなたがたの心が動いているのだ』というと、ふたりの僧はぞっとした」。「悚然《しょうぜん》」は恐れて身がすくむさま。『景徳伝灯録』巻一〇「趙州東院従諗禅師」、「師の玄言、天下に布《し》く。時に趙州の門風と謂《い》い、皆な悚然として信伏せり」（K一五七上、【景四】九七頁）。

258 「風が動くのでもなく、幡が動くのでもなく、心が動くのでもない。この時どこに六祖の意図を看てとるのか」。本則において六祖は「心が動く」と言ったが、無門はここで「心が動くのでもない」と反転させている。

259 「ここでしかと看てとることができれば、ふたりの僧は鉄を買って金を得て、祖師はこらえきれずボロを出したことが分かるだろう」。二僧は瑣末な議論により、はからずも貴重な接化を得た。一方六祖は「心が動く」と言葉にしたため、分別の世界に落ちてしまった。「見得《みえ》て親切」は、ぴたりと看てとる（前注195参照）。「鉄を買いて金を得」は、安い鉄を買ったつもりが高価な金を手に入れた意。予想外の収穫を得たことの喩え。『続古尊宿語要』巻四「応菴華和尚語・上堂」、「鉄を買いて金を得、一場の富貴なり」（Z一一九・二二五下）。「忍俊不禁」はこらえきれずの意。同巻四「破菴先禅師語・上堂」、「忍俊不禁《こらえきれず》、諸人の為に箇《こ》の瞥脱《べっだつ》を做《な》さん」（五四下）。「一場の漏逗《しくじり》」は一幕の失敗劇。同巻五「華蔵退菴先和尚語」、「山僧《わし》恁麼《かくのごと》く説話《はな》すに、忽《たちま》ち明眼の人に一場の漏逗《しくじり》なりと覰破《みやぶ》られん」（一一三上）。

260 「風が動くといおうが、幡が動くといおうが、心が動くといおうが、いずれも同じ罪状でしょっぴくぞ」。何といおうと、本来言葉で表現しえぬ真理を口にしてしまった以上、みな同罪である。『景徳伝灯録』巻一六「福州雪峰義存禅師」、「因《ちな》みに挙《こ》す、『六祖云く、風の動くに不是《あら》ず、幡《はた》の動くに不是《あら》ず、仁者《おんみ》らの心《こころ》動く』と。師曰く、『大小《さしも》の祖師も龍頭蛇尾なり。二十拄杖を与うるに好《よ》し』と。時に太原孚《ふ》上座侍立《じりゅう》するに、之を聞きて歯を咬《か》む。師又《ま》た曰く、『我れ適来《さきほ》ど恁麼《かくのごと》く道《い》えるも也《ま》た二十拄杖を与うるに好《よ》し』と」（K三一一上）。「状」は罪状のこと、「領過」は拘引の意。『大慧普覚禅師語録』巻一三「法語・示方機宜」、「妙喜《それがし》の所見に拠《よ》らば、雲峰も亦《ま》た未だ和泥合水《どろまみれ》なるを免れず。這《こ》の両箇《ふたり》の老漢と与《とも》に一状に領過《しょっぴ》き、一坑《ひとあな》に埋却《うめ》るに好《よ》し。且《しばら》く道《い》え、過《とが》甚麼処《いずく》にか在る」（T四七・九〇九上）。

261 「口を開いてものを言うのを知っているだけで、語るに落ちてしまったことに気づいていない」。この二句は智海智清の頌を踏まえる。『禅宗頌古聯珠通集』巻二二「祖師機縁」、「只だ碑を立つるを知るのみにして、話の堕せるを覚えず」（Z一一五・二七七下）。「話堕」は話が破綻する意。『景徳伝灯録』巻二二「朗州徳山縁密禅師」、「問う、『尽大地、一問を致し得ざる時如何《いかん》』と。師曰く、『話堕《わだ》せ也《り》』と」（K四五〇上―下）。

〔第三十則〕即心即仏

262 馬祖道一《ばそどういつ》（七〇九―七八八）、南岳懐譲《なんがくえじょう》の法嗣。『景徳伝

灯録』巻六（K八八下）、『聯灯会要』巻四（Z一三六・四八六上）等に語を録す。語録に『馬祖道一禅師広録』一巻（Z一一九・八一〇上）があり、その訳注に【馬祖】がある。本書では本則のほか、第三三則「非心非仏」に言行が採られている。一次出典は『景徳伝灯録』巻七「明州大梅山法常禅師」（K一一〇上、【景三】六三頁）。二次出典は『聯灯会要』巻四「明州大梅法常禅師」（Z一三六・四九九下）。

263 大梅法常《だいばいほうじょう》（七五二―八三九）、馬祖の法嗣。『景徳伝灯録』巻七（K一一〇上、【景三】六三頁）、『聯灯会要』巻四（Z一三六・四九九下）等に語を録す。語録に『明州大梅山常禅師語録』（『中世禅籍叢刊』第九巻 中国禅籍集 二、臨川書店、二〇一六年）がある。幼くして出家し、二〇歳で具足戒を受ける。はじめ経論を学ぶが、のち禅を志し、馬祖の「即《ほかなら》ぬ心こそ是れ仏なり（即心是仏）」の語で大悟した。その後大梅山に隠棲した。

264 「ほかならぬこの心こそが仏である」。『景徳伝灯録』巻六「江西道一禅師」、「一日衆《しゅう》に謂《い》いて曰く、『汝等《なんじら》諸人、各《おのおの》の自心是れ仏、此の心即ち是れ仏心なりと信ぜよ。達磨大師、南天竺国従《よ》り来り、躬《みずか》ら中華に至りて、上乗一心の法を伝えて、汝等を開悟せしむ。……』と」（K八八下―八九上、【馬祖】一七頁）。

265 「もしも立ち所にすっかり体得できれば、仏の衣を着、仏の飯を食べ、仏の話をし、仏の歩みを歩み、そのまま仏となる」。この心が仏であると分かりさえすれば、日常の営為すべてが仏事（仏としての行為）となる。「直下」は「立ち所に」の意の副詞。第一五則「洞山三頓」、「洞山直《じき》下《げ》に悟去《さとりさ》るも、未だ是れ性燥《はや》からず」（前注142参照）。「領略」はよく理解する。『円悟仏果禅師語録』巻一五「法語・示裕書記」、「既已《すで》に領略《のみこ》めば、応当《まさ》に将護《まも》るべし」（T四七・七八二上）。

266 「とはいえ大梅のせいで、どれだけの人が目盛りを見誤ってしまったことだろうか」。大梅が「仏」を求めて馬祖から「即心是仏」の語を得たことは、後人が言葉を真理と勘違いする禍根を残した。「然雖」は逆接の接続詞、前注102参照。「定盤星《じょうばんせい》」は竿秤《さおばかり》のゼロのところに刻んである星の印。「錯認」とは誤って実体視すること。「定盤星《めもり》を錯認《みあやま》る」は、言葉を実体視することで実物を見失うことの喩え。『碧巌録』第四五則「趙州万法帰一」本則評唱、「若《も》し語句上に向《お》いて辨《べん》ぜば、定盤星《めもり》を錯認《みあやま》らん」（【碧中】一四二頁、

T四八・一八一下)。

267 「仏という一字を口にしただけで三日も口をそそぐということが、どうして分かるだろうか」。「知道」は二字で「知る」、「道」は実義のない接尾辞。「三日漱口」は、「仏」と口にしたことで口が汚れたため、三日も口を洗う意。『円悟仏果禅師語録』巻八「上堂」、「尋常《ひ》間《ご》ろ箇《こ》の禅の字を説けば、便《すなわ》ち河辺に去《ゆ》きて耳を洗う。等閑《ゆえな》地く不著《おりわる》便く、偶然《たまた》ま箇の仏の字に道著《いいあた》れり。須《すべか》らく口を漱《そそ》ぐこと三日なるべし」(T四七・七五〇下)。「仏」に言及した大梅を詰る。

268 「いっぱしの男なら『即心是仏』と聞けば、耳を掩って すぐ立ち去るだろう」。真理を体得している者は、言葉の教えなど聞きたがりはしない。『景徳伝灯録』巻二四「漳州隆寿無逸禅師」、「若し是れ上根の士ならば、早已《つと》に耳を掩《おお》わん。中・下の流は頭《こうべ》を競いて側《そばだ》てて聴かん。此の如しと雖然《いえど》も、猶是《やは》り已《や》むを得ずして言わん」(K四九〇下)。

269 「晴れ渡った真っ昼間、なにかを求めるようなことをしてはいけない。そのうえ(仏とは)いかなるものかなどと問うのは、ちょうど盗品を抱えておきながら無実だと叫ぶようなものである」。「贓《ぬすみしもの》(盗品)を抱きて屈《ぬれぎぬ》(冤罪)と叫ぶ」とは、仏心を抱きながら人に「仏とは何か」と尋ねることを喩える。『円悟仏果禅師語録』巻一「上堂」、「若《も》し喚《よ》びて仏と作《な》さば、頭の上に頭を安《お》く。若し喚びて法と作さば、縄無きに自ら縛る。祖師の巴鼻《はな》は是れ贓《ぬすみしもの》を抱えて屈《ぬれぎぬ》と叫ぶ、向上《そのうえ》の機関《てだて》は是れ声を揚げて響《こだま》を止めんとするなり」(T四七・七一六上)。

〔第三十一則〕趙州勘婆

270 趙州従諗《じょうしゅうじゅうしん》(七七八―八九七)、前注22参照。本則の一次出典は『宗門統要集』巻四(五表:【禅典】七三頁上)。二次出典は『古尊宿語録』巻四七「東林和尚雲門庵主頌古」(Z一一八・八〇二上)、『正法眼蔵』巻二之下(Z一一八・一〇四下)、『聯灯会要』巻六「趙州観音従諗禅師」(Z一三六・五三三下)、『月林師観禅師語録』「住臨安府崇孝顕親禅寺語録」(Z一二〇・四八八上)。

271 「ある僧が老婆に五台山への道をたずねたところ、『真っ直ぐ行けといわれた。そこで歩き出したところ、『いっぱしの坊さんが、またこのように行きよるわい』と老婆にいわれてしまった」。「好箇~」は「素晴らしい一人の~」、言いなりになる僧に対する皮肉。「まったくよく出来た坊さんじゃ、こうもホイホイと人の言うことを聞いて行きよる」。

272 「その話を聞いた趙州は『ワシが調べてやろう』と、次の日老婆のもとへ行った。趙州は先の僧と同じように問い、老婆も先と同じように答える。趙州は帰ってくると、『お前のために見破ってやったぞ』といった」。趙州が住持していた趙州観音院は、五台山の南東約一七〇キロに位置する。

273 「老婆についていえば、本営の会議所で策略を練るだけが能だといえよう。つまり自軍が賊に忍び込まれたことに気づいていないのだ」。趙州に見ぬかれたことに無自覚な老婆を、実戦にうとい机上の戦略家に喩える。「帷幄《いあく》」は幕を張りめぐらして戦場に設置した作戦会議の場。

274 「趙州についていえば、要塞に侵入する見事な働きを見せたが、なんとも大人げない」。いかに働きが優れていよ うと、節度は必要である。『雪峰慧空禅師語録』「拈古」、「世尊纔《わずか》に生下《うまれくだ》るや、一手は天を指し、一手は地を指し、周行《めぐりゆ》くこと七歩、目四方《しほう》を顧《み》て云く、『天上天下、唯我独尊』と。雲門云く、『我れ当時《そのかみ》若《も》し見ば、一棒にて打殺《うちころ》し、狗子《いぬ》に与えて喫《くら》わしめ、天下の太平を貴図《はか》りしものを』と。東山曰く、『雲門は好手《やりて》なれども、只だ是れ大人の相無し』と」（Z一二〇・二九三下）。

275 「よくよく見てみればどちらにも過失があった。いまはひとまず言うてみよ、趙州が老婆を見破ったのは、どこのことか」。単純な勝ち負けの話ではないと念を押した上で、本則の勘所が「見破った」点にあることを示す。

276 「問いが同じである以上、答えも似ている。ご飯の中には砂が入っており、泥の中にはいばらのトゲがある」。前半の二句は雪竇の「巴陵祖意」に対する拈提の転用（『明覚禅師語録』巻三「拈古」「巴陵祖意」T四七・六九〇中、『仏果撃節録』第八五則「巴陵祖意」Z一一七・四九八下）。僧と趙州の問いは同じだったので、それに対する答えも似ていたが、一方は老婆に見破られ、一方は老婆を見破った。趙州が「見破った」ところには、人を殺傷するほどの働きが潜んでいる。「飯裏に砂《いさご》有り、泥中に刺《いばら》有り」は、見えにくい所に潜んだ、分別を断つ働きの形容。『高峰原妙禅師語録』巻上「示禅人」、「……往往にして泥中に刺《いばら》有り、笑裏に刀有るを知らずとは、何ぞ啻《た》だ棒を掉《ふ》りて月を打ち、竹を接《つ》ぎて天を点《つ》かんとするのみならんや。古人の一言半句を答うるは、吹毛《すいもう》の利刃を揮《ふる》うが如し、直に欲し便《すなわ》ち要す、人の命根を断たんことを。若《も》し是れ箇《こ》の皮下に血有る底《てい》ならば、直下に承当《うけが》い、更に議せんと擬《ほっ》する無し」（Z一二二・六七八上)。

〔第三十二則〕外道問仏

277 釈尊のこと、前注68参照。一次出典は『宗門統要集』巻一(一四裏:【禅典】一一頁上)、『聯灯会要』巻一「釈迦牟尼仏」(Z一三六・四四三下)。二次出典は『古尊宿語録』巻四七「東林和尚雲門庵主頌古」(Z一一八・七九六上)、『正法眼蔵』巻三之下(Z一一八・一四一上)。

278「言葉の有無を問わないという異教徒(外道)にたいして、釈尊は坐したまま黙っていた。それを見た異教徒は、おかげで悟れたと礼を述べ立ち去った」。「『拠座《こざ》』は座につき威儀を正して坐ることだが、禅録では、坐したまま沈黙することを表す」(小川隆・池上光洋・林鳴宇・小早川浩大「金沢文庫本『正法眼蔵』の訳注研究(六)」、『駒澤大学禅研究所年報』一八、二〇〇七年、一二頁)。

279「阿難は仏に、異教徒が何を悟ったのか尋ねた」。阿難が悟ったのは仏滅後、迦葉の接化によるとされる。前注194参照。したがって釈尊在世の本則の時点で阿難は未悟の状態であったことになる(小川他注278所掲論文一二頁)。未だ悟れずに分別を差しはさむ阿難は、「拠座」という行為そのものが真理の現れであることに気づいていない。『天聖広灯録』巻二四「夾山大哥和尚」、「師初《はじ》めて青林に参ず。問う、『従上の諸聖、学人《それが》し還《は》た分有り也無《や》』と。青林拠《こ》座《ざ》す。師良久《りょうきゅう》す。青林云く、『会《え》す麼《や》』と。師云く、『会せず』と。青林云く、『子《そなた》の心を用うる処無し』と。師言《ごん》下《か》に於いて大悟す」(Z一三五・八三八下)。

280「優れた馬がムチの影を見た瞬間に走り出すようなものだ」。小川他注278所掲論文一二頁は次のように説明する。「外道を賛歎することば。衆生の機根を四種の馬に喩えたうちの第一のもので、言われぬ先に意をさとる最上の機根に喩える。ただし、ここは外道を賛嘆しながら、実は阿難の鈍根をとがめる言外の意の方に重点がある。『さきほどの外道はわが〝拠坐〟を一見しただけでただちにその意を察した(それにひきかえ、同じものを見ていたはずのお前の方は……)』」。

281「阿難は仏弟子でありながら、異教徒の見解にも及ばない。いまはひとまず言うてみよ、異教徒と仏弟子との間に、どれほどの差があるのか」。

282「切れ味鋭い刃の上を歩き、滑りやすい氷の上を走る」。一瞬たりとも気のぬけない状況の喩え。『古林清茂禅師語録』巻三「重拈雪竇挙古一百則」、「氷稜上に馬を走らせ、剣刃上に身を翻す。是れ我が尋常《ひご》ろ用うる底《もの》なり。若也《も》し放過せば、你者《なんじ》ら一隊の瞌睡漢《いねむりぼうず》、甚処《いずく》に向《お》いてか摸索《さがしもとめ》ん。主丈《つえ》を以て一時に打趁《うちいだ》さん」（Z一二三・四六八上）。それはいかなる分別も差しはさめぬ境界を指す。『石渓心月禅師語録』巻中「法語・示明講主」、「我が宗に語句無く、亦《ま》た一法の人に与うる無し。志気相弁の士、此の門に入りてより来《このか》た、刀林剣刃上に行くが如く、住せんと擬《ほっ》するを容《い》れず。……」（Z一二三・一二一上）。

283 「段階を経ずに、断崖絶壁から手を離す」。大悟のためには、崖から飛び降りて命を絶つがごとく、一瞬で従前の分別を根絶やしにしなければいけない。「階梯《かいてい》に渉らず」は、真理は常に顕現しているが故に、段階的な修行を経る必要が無いことをいう。『無門慧開禅師語録』巻上「隆興府翠巌広化禅寺語録」、「元《もと》より階梯に渉《わた》らず、去と来と窒礙《さまた》げ無し。彼と此と更に何ぞ疑わん。珍重《おだいじ》に、洪源湖《こうげんこ》海《かい》の衆。箇中《ここ》に一毫氂《わずかばかり》も隔てず」（Z一二〇・五〇八上）。「断崖絶壁から手を離す」は、あらゆる分別を一時に放下して無分別の世界に飛び込むこと。『円悟仏果禅師語録』巻一三「小参」、「……所以《ゆえ》に祖仏、世に出づるは、只《た》だ爾《なんじ》をして知見を歇却《や》め、教を打併《かたっ》け、糸毫《けすじほど》たりとも尽《ことごと》く浄《きよら》かならしめんと要す。且《しばら》く道《い》え、作麼生《いかに》か歇《や》めん。直下に懸崖《がけ》より手を撒《はな》ち、身を放ちて命を捨つるが如し。見聞覚知を捨却《すてさ》り、菩提・涅槃・真如・解脱を捨却《すてさ》る。若しくは浄、若しくは穢、一時に捨却《すてさ》れ。浄裸裸《まるはだか》にして赤灑灑《けがれな》く、自然《おのず》と一たび聞かば千に悟り、此れ従《よ》り直下に承当《うけが》わ令教《し》む。……」（T四七・七七三中）。

〔第三十三則〕非心非仏

284 馬祖道一《ばそどういつ》、前注262参照。本則の一次出典は『円悟仏果禅師語録』巻一九「頌古」（T四七・八〇一上）。二次出典は『景徳伝灯録』巻七「明州大梅山法常禅師」（K一一〇下、【景三】六四頁）。

285 「僧が仏について尋ねたところ、馬祖は『心でもなく仏でもない』と答えた」。「心に非ず仏に非ず」は、「即心是仏」を否定した語。肯定・否定の差こそあれ、その機能に変わりはない。『仏果克勤禅師心要』巻下始「示覚禅人」、「只如《たとえ》ば古人、『即心即仏』と道《い》い、又た『心に不是《あら》ず、仏に不是《あら》ず、物に不是《あら》ず』と道《い》い、又た『心に非ず仏に非ず』と道《い》い、又た『麻三斤《まさんぎん》』と道《い》い、又た『鋸《のこぎり》もて秤鎚《はかり》を解《わか》つ』と道《い》う。万に別れ千に差《たが》うも、若し直下に領略《のみこま》ば、豈に二致《ことなり》有らんや」（Z一二〇・七六五上）。

286 「ここで看てとることができれば、参禅学道の事をなしおえたことになる」。

287 「路上で剣客に出会った時にこそ剣を見せるべきである、詩人に出会わなければ詩を示してはいけない」。禅籍で多用される対句。真理の説示に際しては、しかるべき眼力の持ち主を選ばねばならない。『古尊宿語録』巻六「睦州和尚語録・上堂対機」、「問う、『如何《いかなる》か是れ曹渓的的《てきてき》の意』と。師云く、『路に剣客に逢《あ》わば須く剣を呈すべし、詩人に不是《あら》ずんば詩を献ずること莫《なか》れ』と」（Z一一八・二二四上）。その理由は、愚者に説けばその迷いを一層深めてしまうからである。第四則「胡子無鬚」、「痴人の面前にて、夢を説く可《べ》からず」。

288 「人に会った時に、まずは三分だけを説くがよい。最初から全てをさらけ出してはならぬ」。もとは社交の心得を説く俗諺と思しい。禅籍では、言葉を際限なく連ねるのではなく、ほどほどに用いて意を悟らせるがよいの意で用いられる。『聯灯会要』巻一七「韶州南華知炳禅師」、「上堂して云く、十五日已前の事は三世の諸仏も説不到《ときおおせず》。十五日已後の事は一大蔵教も詮不及《ときあかせず》。正に十五日に当たるは、猶如《たとえ》ば倚天の長剣、誰か敢えて鋒《はさき》に当たらん、峭壁懸崖、那《なん》ぞ足を措《お》くを容れん。直《じき》に心に縁ずる所無く、目に覩《み》る所無く、耳に聴く所無く、口に言う所無きを得るも、猶《な》お未だ一片を得ざる在《ぞ》。這裏《ここ》に到りて、如何が即ち是ならん。人に逢《あ》わば且く三分の話を説くべし、未だ全て一片の心を抛《なげう》つ可《べ》からず」（Z一三六・七〇七下）。

〔第三十四則〕智不是道

289 南泉普願《なんせんふがん》、前注128参照。本則の一次出典は『古尊宿語録』巻四七「東林和尚雲門庵主頌古」（Z一一八・七九九上）。二次出典は『古尊宿語録』巻一二「池州南泉普願禅師語要」（Z一一八・二九一下）、『大慧普覚禅師語録』巻七「住江西雲門菴語録」（T四七・八三八中）。

290 「心は仏でなく、智は道でない」。このように述べることで南泉は、人々の「心」や「仏」「道」などに対する実体視・執着を断とうとした。『景徳伝灯録』巻二八「池州南泉普願和尚語」、「……時に僧有りて問う、『従上の祖師より江西大師に至るまで皆な「即心是仏」「平常心是道」と云うに、今ま和尚は「心は仏に不是《あら》ず、智は道に不是《あら》ず」

と云う。学人悉《ことごと》く疑惑を生ず。請う和尚、慈悲もて指示せよ』と。師乃ち声を抗《あら》げて答えて曰く、『你《なん》じ若《も》し是れ仏ならば、更に疑に渉《わたっ》て却《かえっ》て老僧《わし》に問うを休《や》めよ。……』と。……師曰く、『「是心是仏」も「是心作仏」も情計の所有にして、斯《こ》れ皆な想の成ずるなり。……大徳、心を認め仏を認むること莫《なか》れ、設《たと》い認め得るも是れ境なり、他《かれ》に所知愚と喚《よ》び作《な》さる。故に江西大師は「心に不是《あら》ず、仏に不《あ》是《ら》ず、物に不是《あら》ず」と云いて、且《しば》らく你《なんじ》ら後人をして恁麼《か》く行履《あんり》せしむ。……』と」（K五八九上―下。唐代語録研究会第二班「『南泉語要』第一則上堂訳注」、『禅文化研究所紀要』一九、一九九三年）。なお「心は仏に不是《あら》ず、智は道に不是《あら》ず」という語が現れた思想史的背景については小川注236所掲書七九頁を参照。

291 「南泉は老いぼれて節度を失い、臭い口を開いて我が禅門の恥を外にさらしたと評することができる」。「家醜」は家の恥、言葉に渉らぬ真理を口にしてしまった手落ちを指す。『希叟紹曇禅師広録』巻二「慶元府応夢名山雪竇資聖禅寺語録」、「道に成ず可《べ》き無く、法に説く可《べ》き無し。黄面《おうめん》の瞿曇《くどん》、重重《かさねがさ》ね敗闕《しそこな》う。家醜《かしゅう》豈に外に泄《も》らすを容《い》れんや」（Z一二二・二一〇下）。

292 「とはいえ、その恩を知る者は少ない」。どれだけの人が、家の恥をさらしてまで説いてくれたありがたみを自覚していようか。『元叟行端禅師語録』巻一「住湖州路翔鳳山資福禅寺語録」、「……僧云く、『人に逢《あ》いて出だす出ださざるは則ち且《しばら》く止《お》く、如何《いかなる》か是れ人の為にする底《てい》の句』と。師云く、『切なり』と。僧云く、『天・人・群生《ぐんじょう》の類皆《み》な此の恩力《おかげ》を承《う》く』と。師云く、『恩を知る者は少し』と。……」（Z一二四・四下）。「然雖」は逆接の接続詞、前注102参照。

293 「空が晴れれば太陽が出、雨が降れば地上は潤う」。大慧宗杲の頌の借用。いわずもがなの事を敢えて言挙げするのは、真実を敢えて口にすることの喩え。『大慧普覚禅師語録』巻一「住径山能仁禅院語録」、「即《ほかなら》ぬ此の見聞と見聞に非ざると、餘《あま》す無き声色、君に呈す可《べ》し。箇中《ここ》にて若し全て無事なりと了ぜば、体と用との分と不分とに無妨《およば》ず。若《も》也し分《わか》去たば、雨下《ふ》りて地上湿《うるお》い、天晴《は》れて日《ひ》頭出で、小は二十九を尽《つ》くし、大は三十日を尽くす」（T四七・八一二中）。

294 「くどくどと説くのは、ただ信じきれぬことを恐れてのこと」。信じきれぬことこそが、一切の迷妄の原因である。

『臨済録』「示衆」、「如今《いま》の学者の得ざるは、病甚処《いずく》にか在る。病は自ら信ぜざる処に在り。你《なん》じ若し自ら信不及《しんじきれず》んば、即便《すなわ》ち忙忙地《あたふた》と一切の境に徇《したが》って転じ、他《か》の万境に回換《ふりまわ》されて、自由を得ず」（【臨済】三三頁、T四七・四九七中）。

〔第三十五則〕倩女離魂

295 五祖《ごそ》法演《ほうえん》（？―一一〇四）、白雲守端《はくうんしゅたん》の法嗣。『五家正宗賛』巻二（Z一三五・九四〇下）、『聯灯会要』巻一六（Z一三六・六八四上）等に語を録す。本書では本則のほか、第三六則「路逢達道」、第三八則「牛過窓櫺」、第四五則「他是阿誰」に言行が採られている。本則の一次出典は未詳。二次出典は『虚堂和尚語録』巻五「頌古」（T四七・一〇一九下）。

296 「倩女《せんじょ》の（体から）魂が離れ出てしまった、さてどちらが本物だろうか」。ふたつに分かれた肉体と霊魂のうち、そのいずれが本当の彼女だろうか。倩女《せんじょ》の魂は肉体から離れて恋人を追ったが、後に恋人とともに故郷に帰り、ふたたび肉体とひとつになったという。南宋の紹興六年（一一三六）に曾慥《そうぞう》が編んだ『類説』の巻二八所収「離魂記」には以下のようにある。「張鎰衡陽《ちょういつこうよう》郡に家す。女倩嬢《むすめせんじょう》端麗《あでやか》なること絶倫なり。鎰の外甥《おい》王宙《おうちゅう》美しき容範《すがた》なり。鎰嘗《かつ》て戯れて曰く、『後ち当に小女を以て君に妻《めあわ》すべし』と。鎰に会うに賓僚《ひんりょう》の選者有り之に適《とつ》ぐを欲《ほっ》求す。女聞きて鬱抑《しず》む。宙も亦た恚恨《うら》み、牘《とく》もて上国に赴く。舟に登りて数里、夜半岸上《がんじょう》に一人有り冉冉《ゆるゆる》と来る、乃ち倩嬢なり。宙喜ぶこと甚し。其の夜遁去《にげさ》ること道を倍にし、蜀に入りて居ること数年、両《ふたり》の子《むすこ》を生む。倩《せん》其の父を思いて曰く、『吾れ昔し相い負くこと能わず、大義を棄てて君に来奔《はし》る。今ま若何《いかん》』と。宙曰く、『慮《おもんぱか》ること無かれ』と。遂《かく》て舟に命じて檝《こ》がせ、倶に衡陽に帰り州郭《しゅうかく》に至る。宙独《ひと》り鎰に詣《いた》り、女《むすめ》の恩義に負《そむ》き奔《はし》るを拝謝《わび》る。鎰愕然《がくぜん》として曰く、『何の女なる也《や》』と。宙曰く、『倩嬢なり』と。鎰曰く、『病みて閨中に在ること数年なり』と。宙曰く、『見《い》ま舟中に在り』と。鎰の使之《つかいこれ》を験《しら》ぶるに、倩嬢の舟中に在るを見、疾走して鎰に報ず。家人以て室中の女に状告《つ》ぐ。女喜びて起き、笑いて言わず。倩嬢は車を下り、家中の女は出で迎え、翕然《ぴたり》と二の形《からだ》合して一体と為る。鎰曰く、『宙の行きて自《よ》り女言わず、常に酔状の如し。信《まこと》に神魂《たましい》の去《ゆ》くを知る耳《のみ》』と。女曰く、『実に知らず、身の家に在るを。初め宙の恨《うらみ》を抱き去るを見、某《それがし》以て睡中に愴惶《あたふた》と走り宙の舡《ふね》に及ぶ。

亦《ま》た知らず、去《ゆ》ける者を身と為す耶《か》、住する者を身と為す耶《か》』と」（『北京図書館古籍珍本叢刊』六一　子部・雑家類、書目文献出版社、一九八八年、四七三頁上―下）。

297 「ここで本物を悟ることができれば、体から出て体に入るのは、旅籠に泊まるようなものであると分かるだろう。もし分からなければ、くれぐれも無茶苦茶に走りもとめたりしないように。そんなことをすれば、体を構成する四要素（地水火風）が散じた時、熱湯に放り込まれたカニのようにじたばたするのがオチである。そのときに『（和尚様はこんなことになるなんて）言わなかった』などと（恨み言を）言ってはならぬぞ」。本物が分かれば、いわゆる輪廻がいかなるものであるか分かる。たとえまだ分からないにせよ、むやみに走りもとめてはいけない。なにかを求めれば輪廻に落ち込んでしまう。求めるのを止めたところこそが解脱である。『臨済録』「示衆」、「……你《なん》じ若《も》し能く念念に馳求《はせもと》むるの心を歇得《やみえ》ば、便《すなわ》ち祖仏と別ならず。你じ祖仏を識《し》らんと欲得《ほっ》す麼《や》。秖《た》だ你が面前に法を聴く底《もの》、是れなり。学人信不及《しんじきれず》、便《すなわ》ち外に向いて馳求む。設《たと》い求め得たるも、皆な是れ文字の勝相にして、終《つい》に他《か》の活祖意を得ず。錯《あやま》ること莫《なか》れ、諸禅徳よ。此の時に遇《あ》わずんば、万劫千生、三界に輪廻《りんね》し、好《よ》き境に徇《したがっ》て摂去《えらびゆ》きて、驢牛の肚裏《はら》に生まれん。……」（【臨済】三三頁、T四七・四九七中）。

298 「雲月は同じだが、渓山はそれぞれ異なる」。夾山善会（八〇五―八八二）の語の転用（『景徳伝灯録』巻一六「澧州楽普山元安禅師」K三一八下）。空にかかる雲と月とは、どこから見ても同じだが、地上の山や谷は場所によって見え方が異なる。差別相がいくら変化しようと、つねに変わらぬものがあることに気づけば、もはや迷うことはない。『円悟仏果禅師語録』巻三「上堂」、「若し能く雲月は是れ同じ、渓山は各《おのおの》の異なるを知らば、便《すなわ》ち見ん、但《た》だ仏と作《な》るを。什麼《なん》の衆生をか愁えん」（T四七・七二四下）。

299 「ごきんげよう、ごきげんよう。一つなのか、二つなのか」。「万福」は挨拶の言葉、『聯灯会要』巻一〇「定上座」、「……頭云《いわ》く、『和尚、万福《ごかげんよろし》き否《や》。……』と」（Z一三六・六〇七上）。「万福万福《ごきげんよう》」は、肉体と霊魂に分かれたふたりの倩女が互いに挨拶するさま。両者は分裂したり合一したりする以上、一つとも二つともいえない。そこを敢えて「一つか二つか」と問うのは、差別相を超えよという示唆。

〔第三十六則〕路逢達道

300 五祖法演《ごそほうえん》、前注295参照。本則の出典は未詳。ただ同様の問いは古くより数多く見える。「路に達道の人に逢《あ》わば、語黙を将《もっ》て対せざれ。未審《いぶかし》什麼《なに》を将てか対する」（『景徳伝灯録』巻一二「越州清化全付禅師」K二三九下―二四〇上、【景四】五二六頁。同巻一三「汝州首山省念禅師」K二五六上―下、【景五】一一六頁。同巻一六「福州雪峰義存禅師」K三一〇上等）。なお「路に達道の人に逢《あ》わば、語黙を将《もっ》て対せざれ」は、香厳智閑「譚道」の句（『景徳伝灯録』巻二九「香厳襲灯大師頌十九首」K六〇六下）。

301 「路で悟りを得た人に出くわしたのであれば、言葉で対応しても沈黙で対応してもいけない。では何でもって対応するのか」。真理を体得した人には、言葉の有無という分別のレベルで対応すべきではない。第三二則「外道問仏」、「世尊、因《ちな》みに外道問《と》う、『言有るを問わず、言無きを問わず』と」。

302 「ここでぴったりと答えられれば、さぞかし痛快なことであろう。もし答えられないのであれば、あらゆる場所に眼をつけねばならぬ」。「対得《こたええ》て親切」はぴたりと答える意。前注195参照。「一切処に眼を著《つ》く」は、あらゆる事象を如実に見てとる意。『古尊宿語録』巻四八「仏照禅師奏対録」、「……師云く、『陛下日《ひ》ごと万機に応ず。直に須く一切処に向《お》いて眼を著《つ》けて看《み》るべし。是れ什麼《なん》の道理なるや』と。上曰く、『天下の事来《きた》らば、即ち之に応ず』と。師云く、『明鏡臺《うてな》に当たり、物来《きた》らば、斯《すなわ》ち照らすと謂《い》う可《べ》し』と。上曰く、『歩歩、実地を踏著《ふ》む』と。師云く、『直に須く恁麼《かくのごと》くして始めて得《よ》し』と。……」（Z一一八・八二三上）。

303 「あごをつかんで正面から殴りつけてやろう。分かるならすぐに分かれ」。語黙の二項対立の世界に留まり真理を看てとれぬ者は、拳で顔面を殴ってやろう。そこで分別を越えた真理に気づける者は、すぐに気づくがよい。

〔第三十七則〕庭前柏樹

304 趙州従諗、前注22参照。本則の一次出典は『大慧普覚禅師語録』巻五「住育王広利禅寺語録」（T四七・八三一中）、同巻一〇「頌古」（八五六上）、同巻一三「普説」（八六三下）。二次出典は『趙州録』巻上（秋月注22所掲書三五頁）、『宗門統要集』巻四（一三裏：【禅典】七七頁下）、『正法眼蔵』巻一之下（Z一一八・三三上）、『聯灯会要』巻六「趙州観音従諗禅師」（Z一三六・五二八上）。

305「達磨が西からやってきた意図（禅の核心）は何かと修行僧が質問したところ、趙州は『庭前の柏の樹』と答えた」。「柏」は、日本語でいう落葉樹の「カシワ」ではなく、常緑樹の「コノテガシワ」「ヒノキ」の類を指す。「子」は実義をもたない接尾辞。小川注62所掲書三八頁参照。

306「趙州が答えたところでピタリと見てとることができれば、過去に釈迦はおらず、未来に弥勒はいない」。「見得《みえ》て親切」は、ピタリと要点を見てとる意。前注195参照。「釈迦」は紀元前五世紀頃にインドで仏教を開いた仏。「弥勒」は五六億七千万年後に一切衆生を救うという未来の仏。その両者がいなくなるというのは、「柏樹子」の一語で真理と契合することができれば、「釈迦」や「弥勒」も妄想《おもいこみ》分別に過ぎなかったことが分かる意。『円悟仏果禅師語録』巻四「上堂」、「不滅にして不生、古に亘《わた》り今に亘《わた》る。円融して際《きわ》無く、応用して差無し。仏祖は茲《これ》に由りて円成し、人天は其に因《よ》りて発現し、至於《ひいて》は千聖・万聖も出来す。一糸毫《けすじほど》も移《うつ》易し得ず。文殊・普賢・釈迦・弥勒・観音・勢至尽《ことごと》く這裏《ここ》に在《あ》りと識《し》らんことを要す。繊毫《けすじほど》の凡・聖の情念《おもい》を起こさず、得失・是非の境界に拘らず、直下に全真《ありのまま》、更に他物に非ず。……」（T四七・七二八下）。

307「言葉は現象を展開しないし、実際の働きに合わない。言葉を受けとるものは失い、言葉に滞るものは見失う」。これは、洞山守初の偈頌をそのまま引いたもの（『大慧普覚禅師語録』巻一〇「頌古」、「洞山云……」T四七・八五三下）。言葉と真理とは、自ずから別である。「柏樹子」という言葉を受けとり拘《かかずら》うのであれば、「柏樹子」という言葉が示す真理は見失われてしまう。本則について小川注62所掲書三八―三九頁は次のように述べている。「……ただ言句にとらわれてはならぬと説くのみで、『祖師西来意』とは何なのか、『柏樹子』とは何を示しているのか、そうしたことには一言もふれる所がない。それはいわば大慧系看話《かんな》禅の課本とでも言うべき、『無門関』の基本的性格に由来する。……大慧の看話禅において『柏樹子』は、趙州『無』字などと同様、修行者から論理的・概念的思考を奪い去り、意識を激発へと追い詰める『公案』として用いられている。そこにおいて『柏樹子』は、分析も理解も不可能な全一にして絶待なる無義そのものとしてただそこに在るのみである」。本則と類似するものに第一八則「洞山三斤」と第二一則「雲門屎橛」がある。

〔第三十八則〕牛過窓櫺

308 五祖《ごそ》法演《ほうえん》、前注295参照。本則の一次出典は『応菴曇華禅師語録』巻五「建康府蔣山太平興国禅寺語録」（Z一二〇・八四一下―八四二上）。

309 「たとえば水牯牛《すいこぎゅう》が窓の格子を通り抜けるようなものだ。頭の角や四本の足はすべて通り抜けることができたのに、どうして尻尾は通り過ぎることができないのだろう」。「水牯牛《すいこぎゅう》」は去勢した水牛。「窓櫺《そうれい》」は窓の格子。「尾巴《びは》」はしっぽ。

310 「ここで逆に新たな眼をつけて、適切な一語をつけることができれば、上は四恩に報い、下は三有を助けることができよう」。本質を看ぬくことができれば、受けた恩に報いつつ一切衆生を済度できる。「一隻眼」はひとつの眼、「一転語」はひとつの言葉。「隻」と「転」はともに量詞。「四恩」「三有」は下記の通り。『禅門諸祖師偈頌』巻下之下「禅月大師戒童行」、「四恩とは、天地父母、国王施主、師長朋友、三宝の恩なり。三有とは、欲界の有、色界の有、無色界の有なり」（Z一一六・九七四下）。ただし四恩は異説あり。『智覚禅師自行録』、「上には四恩に報ゆとは、一は師長訓誘の恩に報い、二は父母養育の恩に報い、三は国王荷負の恩に報い、四は施主供給の恩に報ゆるなり」（Z一一一・一五四下）。

311 「もしもそうでないなら、尻尾をしっかりと看てとらなければいけない」。本則で着眼すべきは尻尾であることを示す。

312 「通り抜けてしまえば穴に落ちてしまうし、引き返せば壊れてしまう」。完全に出てしまえば「悟り」の落とし穴にはまってしまうし、戻れば「悟り」は無くなってしまう。単純に一方へ帰するわけにはいかない。「窓櫺《そうれい》」は出家（悟）と在家（迷）とを隔てるもの。公案のモデルになったと思しき経文にも次のようにある。『仏説給孤長者女得度因縁経』巻下、「如《たと》えば王の夢《ゆめみ》る所、一大象有りて、窓牖《まど》従《よ》り出づ。身は出づるを得と雖も、尾は窓に礙《さえぎ》らるとは、是れ彼の仏の涅槃《ねはん》に入りて後、遺法中に於いて婆羅門・長者・居士、若《も》しくは男若《も》しくは女有り、眷属を棄捨《す》て出家し学道するに、出家し已《おわん》ぬと雖も、心は猶《な》お名利・俗事に貪著し、解脱すること能《あた》わざるなり」（T二・八五三中）。経文では出家を果たしながらも、解脱を妨げる名利・俗事への貪著を、出家（悟）と在家（迷）とを隔てる窓に引っかかった尻尾に喩えている。経文ではそれを通り抜けて聖なる世界に到ることが求められているが、公案においてはそれを通り抜けてしまえば「落とし穴」に落ちてしまうと警告されている。かといって戻ることも相成らない。ここに経文とは異なる本則の意図がある。

313 「これらの尻尾は実に奇妙なものだ」。ここで言う尻尾とは、話中の牛だけのものではなく、君たち諸君の尻尾なのだ。「者些」は「これら」の意、尻尾を複数形で示すことで、聴き手それぞれの問題であることを示した。「奇怪」は「不可思議」の意、人知では理解しがたい真理の世界に対する驚歎を表す。真理を理解しがたいのは人知に頼るからであって、その分別を捨ててしまえば自ずと真理に契合できる。『円悟仏果禅師語録』巻一七「拈古」、「挙す、陸亘大夫、南泉に問う、『肇法師道《い》わく、天地と我と同根、万物と我と一体と（T四五・一五九中）。也《ま》た甚《はなは》だ奇怪なり』と。南泉、庭前の華を指《さ》し、大夫を召《よ》びて云く、『時の人、此の一株の華を見ること、如《あたか》も夢の相似《ごと》し』と。師拈《ねん》じて云く、『陸亘は手に金鎖を攀《つ》け、南泉は八字打開《あけひろげ》、直に七珍八宝の目前に羅列《なら》ぶを得たり』と。乃ち払子を竪起《た》てて云く、『天地と一指、万物と一馬、通身是《こ》れ眼なれば、分疎不下《ことわけしえず》』と」（T四七・七九五中）。

〔第三十九則〕雲門話堕

314 雲門文偃《うんもんぶんえん》、前注135参照。本則の一次出典は未詳。二次出典は『雲門匡真禅師広録』巻中「室中語要」（T四七・五五七下）、『正法眼蔵』巻三之上（Z一一八・一一〇下）。

315 「ある僧が質問して、『光は世界全体を寂《しず》かに照らす……』と始めた。言い終わる前に雲門は『張拙秀才の語ではないのかね』と聞いた。僧が『そうです』と答えたところ、雲門は『語るに落ちた』と言った」。「秀才」は科挙受験者。張拙という名の秀才が当該の語を詠んだ経緯は以下の通り。『正法眼蔵』巻三之上、「張拙秀才、石霜に参ず。霜問《と》う、『先輩《おんみ》何をか姓とする』と。曰く、『拙張《ちょう》を姓とす』と。霜曰く、『巧を覓《もと》むるも了《つい》に得可《べ》からず。拙何《いず》く自《よ》りか来る』と。張言下《ごんか》に於いて省有り、乃ち頌を述べて曰く、『光明寂《しず》かに照らし河沙《かしゃ》に徧《あまね》し、凡聖含霊我《われ》家と共なり。一念生ぜずんば全体現《あらわ》れ、六根纔《わずか》に動かば雲に遮《さえぎ》る。煩悩を断除《のぞ》かんとせば病を重増《かさねふ》やし、真如を趣向《のぞ》まば総《すべ》て是れ邪なり。衆縁に随順《したが》わば罣礙《さまた》げ無く、涅槃と生死と是れ空花なり』と」（Z一一八・一一〇下）。「話堕」は語るに落ちる意。前注261参照。

316 「後に死心は、この話を取り上げて言った。『まずは言うてみよ、この僧が語るに落ちたのは、どこのことであったのか』」。「死心」は死《し》心悟《しんご》新《しん》（一〇四三―一一一四）、晦堂《まいどう》祖《そ》心《しん》の法嗣。

317 「もしここで、雲門の接化の孤高さ、僧が話堕した理由を看てとることができれば、人界・天界の師となれよう。分からぬようなら自分すら救えぬ」。「用処《ゆうじょ》」は接化の手法。『臨済録』「示衆」、「麻《ま》谷《よく》の用処の如きは、苦きこと黄檗《おうばく》の如く、皆な近づき得ず。石鞏《しゃっきょう》の用処の如きは、箭《や》頭上に向《お》いて人を覓《もと》むるに、来る者皆《み》な懼《おそ》る」（【臨済】一一六頁、T四七・五〇一中）。「孤危《こき》」は何物も寄せ付けぬ孤高なさま。『仏果克勤禅師心要』巻上始「示諌長老」、「凜凜孤危《こき》にして、風は吹不入《ふきいれず》、水は灑不著《そそぎえず》」（Z一二〇・七一二下）。「人天の師」および「自《みずか》らも救不了《すくいえず》」は臨済の語を踏まえたものであろう。『臨済録』「示衆」、「若し第一句中に得ば、祖仏の与《ため》に師と為る。若し第二句中に得ば、人天の与に師と為る。若し第三句中に得ば、自《みずか》らも救不了《すくいえず》」（【臨済】一二四頁、T四七・五〇二上）。

318 「急流に釣鉤が垂れている、エサを欲しがるものがそれに飛びつく」。「急流」は一瞬も止まらずに目まぐるしく流転する現実世界の喩え。『碧巌録』第八〇則「趙州孩子六識」本則評唱、「趙州云く、『急水上に毬子《まり》を打す』と。早《つと》に是れ転轆轆《ごろごろ》地、更に急水上に向《お》いて打する時、眼を眨《また》かば便《すなわ》ち過ぐ。譬如《たとえ》ば楞厳経に云く、『如《たと》えば急流水、望まば恬静為《しずやかな》り』と（巻一〇、T一九・一五四下）。古人云く、『譬如《たとえ》ば駛流水《はやきながれ》、水流れて定止《とど》まる無し。各各《おのおの》の相い知らず。諸法も亦《ま》た是の如し』と（『肇論疏』巻上「物不遷論」T四五・一六八下）。趙州の答処、意は渾《すべ》て此に類す。其の僧又《ま》た投子に問う、『急水上に毬子を打す、意旨如何《いかん》』と。子云く、『念念、流を停めず』。自然に他《か》の問処と恰好《かな》えり。古人の行履は綿密にして、答え得て只だ一箇の似《ごと》く、更に計較《おしはかる》を消《もちい》ず。你《なん》じ纔《わずか》に他《かれ》に問わば、早《つと》に你《なんじ》の落処《かんどころ》を知り了也《おわらん》』と」（【碧下】八五―八六頁、T四八・二〇七上）。そこから離れて固定的見解に飛びつくのであれば、現実とは無縁のものになってしまう。『碧巌録』第六二則「雲門中有一宝」頌、「古岸、何人《なんびと》か釣竿を把《と》る〈孤危《こき》なり、甚だ孤危なり……〉」（【碧中】二七九頁、T四八・一九四中）。

319 「（それを得ようと）口を開いたとたん、命は失われてしまう」。言葉にすれば、真理は失われる。『無門慧開禅師語録』巻上「建康府保寧禅寺語録」、「上堂、『……言詮《ことば》に渉らず、単《た》だ提《ひっさ》げ直に指す』。拄杖《つえ》を卓《たた》きて云く、『口《くち》縫纔《わずか》に開かば、不是《しからず》、不是』と」（Z一二〇・五一二下）。

〔第四十則〕趯倒浄瓶

320 潙山霊祐《いさんれいゆう》（七七一―八五三）、百丈懐海《ひゃくじょうえかい》（前注39参照）の法嗣。『景徳伝灯録』巻九（K一三二下、【景三】二四一頁）、『聯灯会要』巻七（Z一三六・五四〇下）に語を録す。語録等に『潭州潙山霊祐禅師語録』一巻（T四七・五七七上）、『潙山警策』一巻（Z一一四・九二八下）がある。本則の一次出典は『宗門統要集』巻四（二六表：【禅典】八三頁下）。二次出典は『聯灯会要』巻七「潭州大潙霊祐禅師」（Z一三六・五四一上）。

321 「潙山が百丈の下で典座の役職に就いたばかりのころ、百丈は大潙山の住持を選ぶため、皆の前で潙山と首座に見解を示させた。より優れたものに行かせようというのである」。百丈は前注39参照。「会」は師のもとで学ぶ人々の集まり。「典座」は禅門で食事を司る役職。『禅苑清規』巻三「典座」、「典座の職、大衆の斎粥《さいしゅく》を主《つかさど》る」（鏡島他注42所掲書一一六頁、Z一一一・八九二下）。「首座」は修行者の首位に坐る役職。『祖庭事苑』巻八「雑志」、「首座即《すなわ》ち古の上座《じょうざ》なり。梵語、悉替那《しっていな》（sthavira）、此に上座と云う。……古《こ》今此の位を立つるは、皆な其の年徳の幹局なる者を取りて之に充《あ》つ。今ま禅門の所謂《いわゆ》る首座とは、即ち其の人なり。……」（Z一一三・一三六下）。

322 「百丈は浄瓶《じんびん》（手を洗うための水を入れる瓶）を置いて、『浄瓶と呼んではならぬ、さておぬしは何と呼ぶか』とたずねた」。「不得～（～するを得ざれ）」はその動作自体を禁止する表現。第四三則「首山竹篦」、「語有《あ》るを得ざれ、語無《な》きを得ざれ」。これと同様の問いは本書に多く見える（前注62参照）。

323 「首座は『木切れと呼ぶわけにはいきますまい』と答えた」。「浄瓶」という語を避け、「木切れでは無い」ということで、浄瓶を示した。「木楔《ぼくとつ》」は木杭《ぼっくい》の意。

324 「潙山は何もいわずに浄瓶を蹴りたおした」。

325 「百丈は『首座は潙山にしてやられたな』と言うと、潙山を大潙山の開山に命じた」。「第一座」は首座を指し、「山子」は潙山を指す。

326 「潙山は一代の勇者であるが、百丈のワナから抜けだせなかった」。潙山は優れた働きをみせたが、最終的には

「大潙山の住持を選出する」という百丈の思惑から逃れえなかったことをいう。「圏圚《けんかい》」は、人を追いつめるワナ。『林泉老人評唱丹霞淳禅師頌古虚堂集』第四七則「踈山寿塔」本則評唱、「其の僧果《は》たして圏圚《わな》に落ち、口を閉ざして言無し」（Z一二四・五六五下）。

327「点検してみると、重いものを担いえても、軽いものが担えていない」。「重きに便なるも軽きに便ならず」は、大事を成せる一方で小事が成せない一種の大器を形容する俗諺。『容斎続筆』巻一二「天生対偶」、「又た書語両句を用い、証するに俗諺を以てする有りとは、如《たと》えば、……『吾《わ》れ力百鈞《ひゃっきん》を挙《あ》ぐるに足《た》るも、而るに一羽を挙ぐるには足《た》りず』とは、諺に『重きに便なるも、軽きに便ならず』と曰《い》うの類、是れなり」（中華書局標点本『容斎随筆』三六九頁）。

328「それは何故か」。「聻《にい》」は文末につく疑問の助詞。『大慧普覚禅師語録』巻五「住育王広利禅寺語録」、「甚麼《なに》をか道《い》う聻《や》」（T四七・八三〇中）。

329「かぶりものをぬいで鉄の枷をしょいこんだようなものだ」。「浄瓶」という分別の対象を打破したはいいが、まんまと百丈のワナにはまり、「典座」の職のかわりに「住持」という重荷を背負わされてしまった。「盤頭」はかぶりもの、先に言う「軽いもの」に相当し、「典座」の職を指す。「鉄の枷」は先の「重いもの」に相当し、潙山が新たに担わされた「住持」の職を指す。

330「ザルと柄杓とを投げ捨て、真正面から一蹴りして、ごたついた議論を断ち切った」。典座職にあった潙山は、その仕事に用いる炊事道具を投げ捨て、浄瓶を蹴りたおしたことで、百丈が出した「『浄瓶』と呼ばずして、浄瓶を何と呼ぶか」という面倒な議論を根本から解消した。「当《とう》陽《よう》」はもと南に向かう意、転じて「まっこうから」。『無門慧開禅師語録』巻上「隆興府黄龍崇恩禅寺語録」、「黄龍《わし》に一転語有り、分明《あきらか》にして更に嚢蔵《かく》さず、直截《じき》に当陽《まっこう》から為《ため》に挙《あ》ぐ」（Z一二〇・五〇二下）。「周遮《しゅうしゃ》」はまわりくどいこと。『碧巌録』第三一則「麻谷振錫遶床」垂示、「古人の公案、未だ周遮《くだくだしき》を免れず。且《しばら》く道《い》え、什《い》麼《か》辺《な》る事をか評論する」（【碧中】一一頁、T四八・一七〇上）。

331「百丈が設けた幾重もの関門も彼をとどめようがなく、その足先は、蹴りだすと、仏すらも麻のように乱れる」。最後の句は或菴師体（一一〇八—一一七九）の頌の借用（『禅宗頌古聯珠通集』巻二八「祖師機縁」Z一一五・三五四下―三五五上）潙山が浄瓶を蹴りたおしたその一蹴りは、一切の分別を根絶する凄まじい威力であり、百丈の「関門」はもとより「仏」すらも、その前ではみな瓦解してしまう。『禅門諸祖師偈頌』巻下之下「慈恩大師出家蔵」、「心地をして乱るること麻の如くならしめ、百歳の光陰等閑《いたずら》に喪《うしな》うこと莫《なか》れ」（Z一一六・九七三下）。

〔第四十一則〕達磨安心

332　菩提達磨（生没年不詳）、禅宗において、西天（インド）の第二十八祖・東土（中国）の初祖に立てられる。『景徳伝灯録』巻三（K二七上）、『聯灯会要』巻二（Z一三六・四五六下）等に語を録す。本則の一次出典は『宗門統要集』巻一（三七裏：【禅典】二二頁下）、『古尊宿語録』巻四七「東林和尚雲門庵主頌古」（Z一一八・七九六下）。二次出典は『聯灯会要』巻二「二祖慧可大師」（Z一三六・四六〇上―下）。

333　慧可（五九三―四八七）、達磨の法を継ぐ。禅宗の二祖に立てられる。本則の原型は最古の禅籍『二入四行論』（柳田聖山『達摩の語録』、筑摩書房、一九六九年、二一七頁）に見えるが、そこでは可法師（慧可）とその弟子との問答になっている。のち達磨と慧可の問答として『祖堂集』巻二「第二十八祖菩提達摩和尚」（K七二）、『景徳伝灯録』巻三「第二十八祖菩提達磨」（K三三上）等に収録される。

334　「雪のなかに立ち、腕を断ち切った」。慧可は教えを求めて達磨が面壁する洞穴の外に立っていたが、達磨はそれに取り合わなかった。そのうちに雪が降り出し、外に立つ慧可の膝の高さまで積もった時に、達磨はようやく哀れんで「何を求めるのか」とたずねた。慧可が教えを乞うたところ、達磨は「並大抵の決意では仏道は得られない」と慧可に告げた。そこで慧可は刀で自分の左腕を断ち、その決意が固いことを示したという（『景徳伝灯録』巻三「第二十八祖菩提達磨」K三三下）。

335　「慧可、『私の心は不安です、どうぞ安んじてください』。達磨、『心を持ってきなさい。おぬしのために安んじてやろう』。慧可、『心をもとめても、得ることができません』。達磨、『お前の為に心を安んじてやったぞ』」。分別された「心」は、自分が作り出した妄想に過ぎず、不可得（捉えられないもの）であると気づかせた。『普菴印粛禅師語録』巻二「普菴風水禅」、「……達磨云く、『汝が与《ため》に心を安《やす》んじ竟《おわ》んぬ』と。二祖便《すなわ》ち悟る。無始従《よ》り以来《このか》た有る所今《いま》に至るまで生死絶えざるは皆な是れ妄心にして、過去・未来・現在は皆な不可得なり。便《すなわ》ち即今の真心一切処《いっさいしょ》に遍《あまね》く、更に一法の情に当たる可《べ》き無しと知り、当下《たちどころ》に忽然《ふ》と大悟す」（Z一一〇・五八四上）。

336「歯の欠けた外国人が、はるばる海を越えてわざわざやって来たのは、余計なことをして無駄な騒ぎを起こしたのだといえる」。「欲歯の老胡」は歯が欠けた外国人、達磨を指す。『一夜碧巌』に達磨が学僧に前歯を折られた話の引用が見える。第一則「聖諦第一義」本則評唱、「達摩と菩提流支三蔵と義を論じ、板歯を打ちて折る話を引く」（土屋太祐「『一夜碧巌』第一則訳注」、『東洋文化研究所紀要』一六七、二〇一五年、一四〇頁）。達磨は船に乗り海路で中国に至ったとされる。『景徳伝灯録』巻三「第二十八祖菩提達磨」、「師重溟《うみ》を汎《ただよ》うこと凡《およ》そ三周の寒暑にして南海に達す」（K三二上）。「風無きに浪《なみ》を起こす」は余計な騒ぎを起こす意。『無門関』「自序」、「大いに風無きに浪《なみ》を起こし、好《よ》き肉に瘡《きず》を剜《えぐ》るに似たり」。

337「最後に一人の弟子を教えてものにしたが、それも六根不具であった」。「六根不具」は、六つの感覚器官（眼・耳・鼻・舌・身・意）を兼ね備えぬ者の意。自ら腕を断った慧可をこのように言うことで、達磨から慧可への伝法を揶揄する。

338「ああ、謝三郎は四字を識《し》らない」。船に乗っていたという点は同じではあるが、かたやわざわざ海を越えて「心不可得」という仏法を伝えた達磨の有作為と、かたや「心不可得」という四字すらも知らない「謝三郎」の無作為とを対比するか。「咦《いい》」は驚いたり嘆いたりする際に漏れる声。『法演禅師語録』巻下「黄梅東山演和尚語録」、「咦《いい》、好《げ》に怕人《おそろし》」（T四七・六六四下）、『如浄和尚語録』巻下「明州天童景徳寺語録」、「咦《いい》、賊は是れ小人なるも、智は君子に過ぐ」（T四八・一二七上）。「謝三郎」は玄沙師備（八三五—九〇八）を指す。その出家前の生業は舟にのり魚を採ることであった。『玄沙師備禅師語録』巻中、「問う、『如何《いかなる》か是れ親切底《てい》の事』と。師（＝玄沙）曰く、『我れ是れ謝三郎なり』と」（Z一二六・四一九上）。

339「（達磨）が西からやって来て（真心を）直接指し示した。かくして騒動が起きたが、それはお前が法を託したりしたせいだ。叢林を引っかき回した張本人は、なんとお前だったのか」。最後の句は『虚堂和尚語録』巻六「仏祖讃・拾得磨墨過筆」(T四七・一〇三一上) にも見える。「心不可得」という自明の真理をことさら取り上げ、「法」として慧可に託すという余計なことをしたことで、後の人々は心の本来のありようを見失い、迷いや悟りなどと分別を起こす羽目になってしまった。

〔第四十二則〕女子出定

340 釈尊のこと、前注68参照。本則の一次出典は『宗門統要集』巻一(八裏―九表:【禅典】八頁上)、『聯灯会要』巻一「釈迦牟尼仏」(Z一三六・四三九上―下)。二次出典は『古尊宿語録』巻四七「東林和尚雲門庵主頌古」(Z一一八・七九六下―七九七上)。なお本則は『諸仏要集経』を踏まえる。後注401参照。

341 「文殊が諸仏の集まったところに赴いたところ、諸仏は帰るところであった。ひとりの女性が釈尊の仏坐に近づき三昧に入った。そこで文殊は、女人が仏坐に近づけて、自分には近づけない理由を尋ねた。すると仏は、自分で女性を出定(禅定から出)させて聞くがよかろうと言った」。「文殊」は「文殊師利(Mañjuśrī)」という名の菩薩、極めて優れた智慧を持つ。

342 「文殊は女性の周囲を三回まわって指をならしたり、梵天まで押し上げるなど神通力の限りを尽くしたが、出定させることができなかった」。「指を鳴らすこと一下」は、パチンと指をならす意。「動詞+数詞(一)+量詞」で動作を活写する、前注208参照。「梵天」は欲望を超えた世界である色界(三界の第二)に属する。『阿毘達磨倶舎論』巻八「分別世品」、「第一静慮処に三有りとは、一に梵衆天、二に梵輔天、三に大梵天なり」(T二九・四一上)。女性をその世界まで押し上げたというのは、文殊が神通力の限りを尽くしたことをあらわす。

343 「そこで世尊は『大勢の文殊が力をあわせても出定させることはできない、一十二億河沙も下の国土にいる罔明菩薩なら、女性を出定させられるだろう』と言った」。「河沙」は数の単位、ガンジス川の砂の数に等しい数。

344 「すぐさま罔明菩薩が地下から出てきて世尊に礼拝した。世尊が罔明菩薩に命じると、罔明菩薩は女性の前で指を鳴らすだけでいとも簡単に彼女を出定させた」。「大士」は菩薩。

345 「釈迦のオヤジはこの劇を演出した、なかなかのものだ」。「小小に通ぜず」は用例未検。「小小(とるに足らぬもの)

と一線を劃す」意か。

346 「まずは言うてみよ。文殊は七仏の師なのに、どうして出定させられなかったのか。罔明は初地の菩薩なのに、どうして出定させることができたのか」。最高位の菩薩にできなかったことが最低位の菩薩にできた理由を尋ねる。文殊を「七仏の師」とする説は、『祖庭事苑』に見える。「七仏祖師、文殊を指すなり。按ずるに、処胎経文殊（『菩薩従兜術天降神母胎説広普経』巻七「文殊身変化品」T一二・一〇五〇上）の偈に云く、『……昔は能仁の師と為り、今は乃ち弟子と為る……』と」（巻二「雪竇頌古」Z一一三・五五上—下）。「初地」は菩薩の階位である十地のなかで最も低い段階。

347 「もしもここでピタリと見てとることができれば、業識《ごっしき》忙忙《ぼうぼう》・那伽《なが》大定《だいじょう》」。勘所を看ぬければ、虚妄な現象の世界と、深遠な禅定の世界とが、そのまま重なりあっていることに気づくだろう。「業識忙忙」は真実の世界が見抜けぬ状態。『臨済録』「示衆」、「真仏に形無く、真道に体無く、真法に相無し。三法混融して、一処に和合す。既に辨不得《べんじえざ》るを、喚《よ》びて忙忙たる業識の衆生と作《な》す」（【臨済】一二三頁、T四七・五〇一下）。「那伽（nāga の音写、龍の意）の大定」は、真理に契《かな》う偉大な禅定。『古尊宿語録』巻三四「舒州龍門仏眼和尚語録・示禅人心要」、「古人は動静不二、真妄不二と云い、維摩は一切法の皆な不二の門に入るを明かす。若《も》し此の要を領ぜば、万動自《おの》ずから寂滅するなり。且如《たとえ》ば、眼は色に至らず、色は眼に至らず、声は耳に至らず、耳は声に至らず、法法皆な爾《しか》り。元《もと》より是れ自心の功徳蔵なり、取捨するを得可《べ》き無し。契《かな》う者何《なん》ぞ往《ゆ》きて利せざらん、此れ正に是れ那伽《なが》の大定《だいじょう》なり」（Z一一八・六〇六上）。一見正反対に見える「業識忙忙」の迷いの世界と「那伽の大定」の悟りの世界とは、じつは同じものである。『応菴曇華禅師語録』巻三「廬山帰宗禅寺語録」、「時に西蜀比丘希慧なる有り、那伽大定従《よ》り安詳《やすらか》に起《た》ち、是《こ》の定を離れずして諸塵労門に入り、一切衆生行願海を成就す」（Z一二〇・八二四上）。

348 「『出せる』のと『出せない』のと、『彼』と『私』とで自由を得ている。『神のお面』に『鬼のお面』、負けるというのもまた風流」。第一句は『古尊宿語録』巻三四「舒州龍門仏眼和尚語録・頌古・女子出定」（Z一一八・五九七下）に、第二句は甄叔（？—八二〇）の語（『聯灯会要』巻五「袁州楊岐甄叔禅師」Z一三六・五一五上）にそれぞれ見える。出定させられなかった文殊と、それができた罔明とは、所詮は釈尊が演出した劇の中の役に過ぎない。それが分かれば、「負け」を演じるのもまた風流だと気づけよう。「神頭」「鬼面」は劇で用いられる面のこと、前注117参照。この劇を我々に見せた演出家、すなわち釈尊の意図を看てとらねばならない。『禅宗頌古聯珠通集』巻三「菩薩機縁」、「文殊出不得《いだしえざ》るも、罔明却《かえっ》て出得《いだしう》。叵耐《たえ》じ這《こ》の冤家《にくきやつ》（＝釈尊）、冷地裏《ひそか》に賊を作《な》す」（Ｚ一一五・二六下）。

〔第四十三則〕首山竹篦

349 首山省念《しゅざんしょうねん》（九二六―九九三）、風穴延沼《ふけつえんしょう》（前注211参照）の法嗣。『景徳伝灯録』巻一三（Ｋ二五五上、【景五】一〇二頁）、『聯灯会要』巻一一（Ｚ一三六・六一八下）等に語を録す。語録に『汝州首山念和尚語録』がある（『古尊宿語録』巻八、Ｚ一一八・二四二下）。本則の一次出典は『宗門統要集』巻六（三三表：【禅典】一三一頁上）。二次出典は『古尊宿語録』巻四七「東林和尚雲門庵主頌古」（Ｚ一一八・八〇七下）、『天聖広灯録』巻一六「汝州葉県広教院賜紫帰省禅師」（Ｚ一三五・七四四下―七四五上）。

350 「竹篦《しっぺい》を手にとり大衆に見せて、次のように言った。『もしも「竹篦」と呼べば、竹篦の名を犯すことになる。さりとて「竹篦」と呼ばなければ、竹篦の名に反することになる。さて、何と呼ぶか言うてみよ』」。「竹篦」は長さ六〇センチから一メートルほどの竹製のヘラ、禅僧が修行者を指導する際に用いる法具のひとつ。人の名を呼ぶことは中国において極めて無礼な行為（実名忌避）。ここでは竹篦を人に擬えたうえで、その名「竹篦」を呼んでもいけないし呼ばなくてもいけないとした上で、「何と呼ぶのか」と問いつめている。このようなどちらも選べない二者択一を迫る問答は、本書中に多く見える。前注62参照。

351 「『竹篦』と呼べば実名忌避のしきたりに抵触するし、『竹篦』と呼ばなければその名に背くことになる。言葉にしてはいけないし、言葉にしないというのもいけない。さぁ、すみやかに言え、すみやかに言え」。

352 「竹篦を手にとり、殺活《さっかつ》の法令を実施する」。最初の句は、同則に対する鼓山士珪（一〇八三―一一四六）・笑翁妙堪（一一七七―一二四八）の頌にも見える（『禅宗頌古聯珠通集』巻三六「祖師機縁」Ｚ一一五・四五七上）。ここで竹篦は、分別の一切を断つ刀に擬えられている。「殺活の令」は分別を斥け真理を明かすことを指す。『無門慧開禅師語録』巻下「賛仏祖・執剣呂洞賓」、「露刃単提《たんてい》し、殺活の令を行ず。貪・嗔・痴を斬り、群魔命《いのち》を乞う。夫れ是《こ》の謂《いい》なり、純陽の真人。濁を激《しりぞ》け清を揚《あ》げ、邪を摧《くだ》き正を顕《あらわ》す」（Z一二〇・五二三上）。所引の偈に見える「純陽の真人」は五代宋初の道士、姓は呂、名は巌、字は洞賓、号は純陽子。その身に邪を斬る剣をたずさえる。無門が作った偈の名にも「剣を執《と》る」とあり、その剣は「単《た》だ露刃を提《さ》げ、殺活の令を行《ぎょう》ず」と詠われるように、「殺活の令」を行うものである。本則の頌「拈起竹篦、行殺活令」とあわせみれば、分別を断ちきる刀のごときイメージが竹篦に託されていることが分かる。

353「『背』と『触』とがかわるがわる責めたて、仏祖といえども命乞いするだろう」。最後の句は混源曇密（一一二〇—一一八八）の語に見える（『続古尊宿語要』巻五「混源密和尚語・上堂」Z一一九・一一七下）。「背くと触《おか》すと交《こも》も馳せ」るとは、呼べば「触」、呼ばなければ「背」というように、かわるがわるに斥けられること。「仏祖も命を乞う」とは、このような徹底的な否定を前にして、「仏祖」もまた身を保ちえないこと。第一則「趙州狗子」、「驀《まく》然《ねん》として打発せば、天を驚し地を動じ、関将軍の大刀を奪得《うばいと》りて手に入るるが如く、仏に逢《お》うては仏を殺し、祖に逢《お》うては祖を殺し……」（前注33参照）。

〔第四十四則〕芭蕉拄杖

354 芭蕉慧清《ばしょうえせい》（生没年不詳）、南塔光湧《なんとうこうゆう》（八五〇—九三八）の法嗣。『景徳伝灯録』巻一二（K二四〇上、【景四】五二九頁）等に語を録す。本則の一次出典は『宗門統要集』巻六（二〇裏：【禅典】一二五頁上）。二次出典は『古尊宿語録』巻四七「東林和尚雲門庵主頌古」（Z一一八・八二〇上）、『聯灯会要』巻一一「郢州芭蕉慧清禅師」（Z一三六・六〇九上）。

355「お前が杖を持っているなら、私は杖を与えてやろう。お前が杖を持っていないなら、私はお前の杖を奪ってやろう」。すでに持っている者には与え、持っていない者からは奪いさる、そのような理解しがたい杖が提示される。

356「橋がこわれた河を渡る時には身を支え、月が出ていない村に帰る時には身に伴う」。その理解しがたい杖は、いつも我が身に寄り添い、我が身を支えている。芭蕉はこの説法を終えるに際し、「拄杖《つえ》に靠《かか》り座を下る」ことでそのことを示している（『五灯会元』巻九「郢州芭蕉山慧清禅師」Z一三八・三三四上）。

357 「もしも杖と呼ぶのであれば、放たれた矢のように地獄行きだ」。もしもそれを言葉でとらえられるようなものだと思いなすのであれば、放たれた矢が地面に堕ちるように地獄に堕ちてしまう。矢の比喩については「蛇足」（『禅文化』一六八、一九九八年）を参照。芭蕉が杖を提示するねらいは杖が指し示す当体にある。杖そのものについて詮議するようでは真理を得ることはできない。『松源崇岳禅師語録』巻下「秉払普説」、「……蓋し佗《か》れ曾《かつ》て正脈を踏著せず、只《た》だ言句裏《ことばのうち》に在《あ》りて活計を作《な》す。且如《たとえ》ば拄杖子《つえ》の話、『你《なんじ》に拄杖子《つえ》有らば、我れ你に拄杖子《つえ》を与えん』とあらば、便《すなわ》ち道《い》わく、『你は是れ這般《このたぐい》の人、即ち你が与《ため》に説かん、便《すなわ》ち是れ拄杖子《つえ》を与うるなり』と。『你に拄杖子《つえ》無くんば、我れ你の拄杖子《つえ》を奪却《うばいさ》らん』とあらば、『你は這般《このたぐい》の人に不是《あら》ず、我れ儞《なんじ》が与に説かず、便ち是れ你の拄杖子《つえ》を奪却《うばいさ》るなり』と。……甚《なん》の交渉《かかわり》か有らん。但《た》だ是れ仏祖の直截《ちょくせつ》人の為にする処なるも、一時に錯会《あやま》る。……」（Z一二一・六一五下）。

358 「諸方の深浅はすべて一つの拳のうちに握られている、天と地とを支えてあらゆる場所で宗風を振う」。諸方の深浅をはじめ、あらゆるものは一に帰す。その根源たる一はいたるところに現前している。『円悟仏果禅師語録』巻四「上堂」、「曠劫来《こうごうらい》の事は只《た》だ如今《いま》に在《あ》り、威音那辺《いおうなへん》は全て掌握に帰す。頭頭物物《とうとうぶつぶつ》に成現《あらわ》れ、明明了了《めいめいりょうりょう》として差無し。独《ひと》り宏機を用い、祖印を全提す」（T四七・七二八下）。その一とは本則の杖が指し示す真理である。『建中靖国続灯録』巻二三「桂州寿寧寺善資禅師」、「……釈迦の老子《おやじ》は言わずに手を以て天を指し地を指す。須菩提《しゅぼだい》は言わずに帝《たい》釈《しゃく》は地を動かし花を雨《あめふら》す。達磨大師は言わずに二祖は乃ち髄を得たりと云う。維摩居士は言わずに文殊は不二を讃歎す。遂《かく》て拄杖《つえ》を拈起《とりあ》げて云く、『拄杖子《つえ》は言わずして、箇《こ》の什麼《なに》をか成得《なしう》る』と。良久《りょうきゅう》して云く、『扶《たす》けては断橋の水《かわ》を過《わた》り、伴《ともな》いては無月の村に帰る』と」（Z一三六・三二三上）。

〔第四十五則〕他是阿誰

359 五祖法演《ごそほうえん》、前注295参照。一次出典は『法演禅師語録』巻中「舒州白雲山海会演和尚語録」（T四七・六五七上）、『大慧普覚禅師宗門武庫』（T四七・九五四下）。

360 「『釈迦や弥勒といっても、やはりカレの奴隷である』、

361 ここでひとまず言うてみよ、カレとは誰のことか」。「阿《あ》誰《すい》」は二字で「だれ」の意。

「もしもカレに会うことができれば、それは十字路で実の父親に出くわしたようなもの。それがそうであるかどうかなどと他人に尋ねるには及ばない」。諸仏を自由に使役するカレとは、父のように最も親しい存在であり、他人に問わずともそれと分かる。それは、この現実世界のまっただ中で強《したた》かな作用を発揮する者である。『法演禅師語録』巻上「舒州白雲山海会演和尚初住四面山語録」、「天上に弥勒無く、地下に弥勒無し。十字街頭に立ち、人に賊（恐ろしい手腕の持ち主）と喚《よ》び作《な》さる」（T四七・六五〇上）。

362 「他人の弓は引いてはいけない、他人の馬は乗ってはいけない、他人の落ち度は口にしてはいけない、他人の事柄は知ってはいけない」。他人への干渉を戒める当時の俗諺。唐の中頃に編まれた格言集『太公家教』にも見える、「子を教うるの法、常に自ら慎ましむ、随宜《なおざり》にすること勿得《なか》れ。言は失《も》らす可《べ》からず、行は虧《か》く可《べ》からず。他《た》の籬《まがき》は騫《こ》うること莫《なか》れ、他の戸は窺《のぞ》くこと莫れ、他の嫌《うたがい》は道《い》うこと莫れ、他の事は知ること莫れ、……他の弓は挽《ひ》くこと莫れ、他の馬は騎《の》ること莫れ。弓は折《お》れ馬は死に、他に償《つぐな》うこと疑い無し」（周鳳五『敦煌写本太公家教研究』、明文書局、一九八六年、一三頁）。ここでは余所事に拘《かかずら》うことなく自己の本分を明らめよと勧められている。それは自分にとってこれ以上親しいものはないカレのことである。

〔第四十六則〕竿頭進歩

363 石霜楚円《せきそうそえん》（九八六―一〇三九）、汾陽善昭《ふんようぜんしょう》の法嗣（平田高士『無門関』、筑摩書房、一九六九年、一六三―一六四頁参照）。『建中靖国続灯録』巻四（Z一三六・七五上）、『聯灯会要』巻一二（Z一三六・六三〇下）等に語を録す。語録に『石霜楚円禅師語録』（Z一二〇・一六二上）がある。本則の一次出典は未詳。二次出典は『景徳伝灯録』巻一〇「湖南長沙景岑禅師」（K一四八上、【景四】一一頁）、『明覚禅師語録』巻一「住明州雪宝禅寺語」（T四七・六七五上）、『宏智禅師広録』巻二「泗州普照覚和尚頌古」（T四八・二五中―下）、同巻五「明州天童山覚和尚小参」（六〇下）。

364 「石霜はいう、『百尺もの竿の先で、どう一歩を踏みだすのか』。また古徳はいう、『百尺もの竿の先に坐る人は、悟ってはいるが、まだ本物ではない。そこから一歩を踏みだして、十方世界に全身を現しだすことができる』」。「百尺竿頭」は一応悟りとは言えるものの、まだ本物ではない。真実の悟りを得る為には、そこから足を踏みだし、全世界に全身を現しだす必要がある。「古徳」は長沙景岑を指す（『景徳伝灯録』巻一〇「湖南長沙景岑禅師」K一四八上、【景四】一一頁）。

365 「一歩を踏みだし身を翻すことができるのであれば、他にどんな場所を嫌って、『尊』でないと言うのか」。窮まった最後の一点からも踏みでることができれば、もはやこの世界に嫌うべき場所はない。本来この世界に厭うべき場所などないのだ、どうしてそこに留まっているのか。『人天眼目』巻六「宗門雑録・三宝」、「如何《いかなる》か是れ仏。何処《いずく》か尊と称せざる」（T四八・三二一中）。

366 「とはいえまずは言うてみよ。百尺もの竿の先で、いかに一歩を踏みだすのか。あぁ」。「嗄」は思わず出る声、「あぁ」。ここでは「（間違えた一歩を踏みだせば）あぁ、危ない！」の意。『景徳伝灯録』巻二二「泉州招慶省僜禅師」、「問う、『鋒《ほこさき》に当たるの一句、請う師道《い》え』と。師曰く、『嗄《さ》』と」（K四四四上）。

367 「頂門の眼をつぶしてしまい、定盤星《めもり》を見誤る」。第一句は『大慧普覚禅師語録』巻一二「讃仏祖・鄭学士請讃」（T四七・八六〇下）からの借用。第二句は禅の常套句（前注266参照）。仏祖が本来具えている「頂門の眼（頭頂にある第三の眼）」をつぶしてしまい、ありもしないものを実体だと勘違いしている。「頂門の眼」が開けば「解脱」に対する執着から自由になり、毎日活き活きと仏祖の世界に活きることができる。『大慧普覚禅師普説』巻三「劉士隆再請普説」、「……千聖の頂門の眼を撃開《うちひら》き、無為の解脱の坑《あな》より跳出《とびい》づ、日用《ひび》いて縁に応じ、活鱍鱍《びちびち》と常に仏祖の那辺に於いて行く」（卍正蔵五九・八九六上）。その眼をつぶしているために、実体であると誤認されている定盤星《めもり》とは、「百尺竿頭」に擬えられる「まだ真ではない悟り」を指す。

368 「身を捨てて命を捨てる、一人の盲人が多くの盲人を引く」。「身と命とをともに捨てるのだ」などと言えば、それは、真理に暗い人々を道連れにするような妄言である。「身と命とをともに捨てる（放身捨命）」は、しばしば理想の境界として提示されるが、それを「悟り」と実体視すれば大間違いである。『介石智朋禅師語録』「介石和尚初住温州鴈山羅漢禅寺語録」、「『……万仞懸崖に推向《お》す、須く自ら身を放ちて命を捨つべし』、禅床を拍《たた》きて云く、『眉毛を惜《お》取しむ』と」（Z一二一・三六九下）。「一盲、衆盲を引く」は、真理に暗い人が迷える人々を誘導し、みなもろとも地獄に堕ちること。『大慧普覚禅師語録』巻二六「書・答富枢密」、「……真に是れ一盲、衆盲を引くなり、相い牽《ひ》きて火坑に入る。深く憐愍《あわれ》む可《べ》し」（T四七・九二二中）。百尺竿頭から踏みでることが求められるのは、「悟り」という符丁をも捨てさるためである。そこでさらに「悟り」を求めて「放身捨命」するのであれば、地獄行きである。擲つべきは、「悟り」の対価となる身命ではなく、身命を捨ててまでも欲しいと望む「悟り」のほうである。

〔第四十七則〕兜率三関

369 兜《と》率従悦《そつじゅうえつ》（一〇四四―一〇九一）、真浄克文《しんじょうこくぶん》（一〇二五―一一〇二）の法嗣。『建中靖国続灯録』巻二三（Z一三六・三二〇下）等に語を録す。語録に『兜率悦禅師語』がある（『続古尊宿語要』巻一、Z一一八・八六六上）。本則の一次出典は『大慧普覚禅師宗門武庫』（T四七・九五一中）。二次出典は『聯灯会要』巻一五「洪州兜率従悦禅師」（Z一三六・六八二上）、『嘉泰普灯録』巻七「隆興府兜率従悦禅師」（Z一三七・一二二上）。

370 「（兜率が設けた三つの関門の第一）草を払って玄理を参究するのは、ひとえに自性を看てとらんがため。ではそなた、その自性はどこにあるのか」。「草」は妄想分別の喩え。『十牛図頌』「尋牛序一」頌、「忙忙《ぼうぼう》として草を撥《はら》い去《ゆ》き追尋《おいもと》む」（梶谷宗忍・柳田聖山・辻村公一『信心銘 証道歌 十牛図 坐禅儀』、筑摩書房、一九七四年、一〇八頁。Z一一三・九一七下）。「性」は「自性」、本来仏たる自己の本性。『古尊宿語録』巻四三「宝峰雲庵真浄禅師住金陵報寧語録」、「……所以《ゆえ》に教の外に別に伝え、大衆に直指し、心に即して性を見て仏と成らしむ。大衆よ、信得及麼《しんじゅうや》。若《も》し自ら信得及《しんじえ》ば、即ち自性は本来仏作《な》りと知らん。縦《たと》い未だ信ぜざる有るも、亦《ま》た当に仏と成るべし。但《た》だ迷い来りし日の久《ひさ》しきが為に、一乍《にわか》に聞《き》説きて誠《まこと》に信を取り難し。……」（Z一一八・七一八下）。「上人《しょうにん》」は高徳の人。丁寧な二人称としても用いられる。『碧巌録』第九九則「粛宗十身調御」本則評唱、「適来《さきほど》講ずる次《つい》で上人《おんみ》の失笑するを見る。某《それが》し必ず短乏《かけた》る所の処有《あ》らん。請う、上人、説け」（【碧下】二五六頁、T四八・二二二下）。

371 「（関門の第二）自性を知ることができて、ようやく生死を脱することができる。では（そなたの）眼光が落ちる時いかに脱するのか」。「眼光《がんこう》落つ」は死ぬ意。『景徳伝灯録』巻一九「韶州雲門文偃禅師」、「……直に須く自ら看《み》るべし。時、人を待たず。忽然《ふ》と一日眼光《がんこう》地に落ちん。前頭《まえ》に什麽《なに》を将《もっ》て抵擬《おう》ぜん。一《ひとえ》に湯に落ちし螃蟹《かに》の手脚忙乱《あわてふため》くに似ること莫《なか》れ。你《なんじ》の虚を掠《かす》め大話を説く処無し。等閑《なおざり》を将《もっ》て空《むな》しく時光《とき》を過ごすこと莫れ。一たび人身を失わば、万劫も復《かえ》らず。小事不是《なら》ず。目前に拠ること莫れ。俗子すら尚お『朝に道を聞かば、夕に死すとも可《か》な矣《り》』と道《い》う、況んや我ら沙門をや。日夕合《は》た箇《こ》の什麽事《なにごと》をか履践《おこな》う。大いに須く努力せよ、努力せよ。珍重《おだいじに》」（K三八二上―下）。

372 「（関門の第三）生死の世界を脱することができれば、行くべき落ちつき所が分かる。では、（そなたの体を構成する）四要素がバラバラになって（死ぬ時）、どこへ行くのか」。「去処」は行き先、落ちつき所の意。『続古尊宿語要』巻四「別峰珍禅師語」、「若《も》し古人の去処を見ば、便《すなわ》ち今人の落処を知らん」（Z一一九・一二下）。「四大分離《しだいぶんり》」は、体の構成要素たる四要素（地・水・火・風）がバラバラになる意、死ぬことを指す。『横川行珙禅師語録』巻上「鴈山能仁禅寺語録」、「成とは、四大仮《かり》に合し、一箇の己《おの》が身なる、是れなり。住とは、曲木床《いす》に拠《よ》る底《もの》、是れなり。壊とは、四大分離して、己《おの》が身無有《な》し、是れなり。……」（Z一二三・三六七下）。

373 「もしもこの三つの（関門に対して適切な）言葉をつけることができれば、あらゆるところで主人公となり、各種の機縁に応じつつ根本から外れることがないであろう」。『円悟仏果禅師語録』巻四「上堂」、「上根の利智、千里同風（遠く隔たっていても気脈が通じる）、一刀両段、聊《わずか》に挙著《とりあ》ぐるを聞くや、骨に徹し髄に徹し、剔起《はねあ》げ便《すなわ》ち行く。随処に主と作《な》り、縁に遇《お》うて宗に即す。草は偃《ふ》して風行き、全機独《ひと》り露《あらわ》る」（T四七・七三〇中）。

374 「もしそれができないのであれば、『がつがつ食えば満腹になりやすい（がすぐに餓え）、よく噛んで食べれば餓えにくい』（という通りだ）」。大雑把に理解するのでなく、よくよく参究しなければならない。『証道歌註』、「故に羅山云く、『麤飡《そさん》は飽き易く、細嚼《さいしゃく》は飢え難し。根本差殊《たが》うは、良《まこと》に自ら錯《あやま》るに由る』と。般若を学ぶの人此《ここ》に到りて、切に須く子細《しさい》に体究すべし」（Z一一一・三七七下）。

375 「一念で無量劫をすべて見る。無量劫の事は、まさしくこの瞬間にある」。最初の句は『大方広仏華厳経』巻一三「光明覚品」（T一〇・六六上）の偈頌の借用。一瞬の今と永遠との相即を説く。

376 「いまこの一念を看破すれば、今それを看破している人をも看破できる」。永遠と相即する一念を看ぬけるほどの眼力の持ち主であれば、自分がいかなる者であるかも看ぬけよう。

〔第四十八則〕乾峰一路

377 越州《えっしゅう》乾峰《けんぽう》（生没年不詳）、洞山良价《とうざんりょうかい》（八〇七―八六九）の法嗣。『景徳伝灯録』巻一七（K三三七上）、『聯灯会要』巻二三（Z一三六・八〇七上）等に語を録す。本則の一次出典は『宗門統要集』巻八（二一表：【禅典】一七五頁上）、『古尊宿語録』巻四七「東林和尚雲門庵主頌古」（Z一一八・八一六上）、『聯灯会要』巻二三「越州乾峰和尚」（Z一三六・八〇七下）。二次出典は『正法眼蔵』巻一之上（Z一一八・一二上）。

378 「『十方《じっぽう》の諸仏、一路《いちろ》の涅槃《ねはん》の門』といいますが、その道はどこにあるのでしょう」。諸仏が等しく通った涅槃に至る道の所在をたずねる。「十方薄伽梵《じっぽうばぎゃぼん》、一路涅槃門《いちろねはんもん》」は『首楞厳経』（巻五、T一九・一二四下）の語。十方（あらゆる方向）に仏は無数にいるが、みなこのひとつの道を通って涅槃に至った。『首楞厳義疏注経』巻五之一、「十方の諸仏、菩提涅槃の妙果を取証《さと》るに、唯だ此の一路のみ能く通じて彼《かしこ》に至る。故に名づけて門と為す」（T三九・八九三下）。「薄伽梵《ばぎゃぼん》」は仏の称号、前注68参照。「未審」は発問の辞。

379 「乾峰は杖を手に取ると、ぐいっと一線を引いてから『ここにあるぞ』といった」。「劃一劃」は「ぐいっと線を引く」。前注208参照。

380 「その後、僧が改めて雲門にたずねたところ、雲門は扇子を取り上げて言った、『扇子が飛び上がるや、三十三天まで上って帝釈天の鼻を突く。東海の鯉がバシャッと海面を打てば、バケツを引っ繰り返したような土砂降りだ』」。世界全体にとどろく凄まじい働きの形容。雲門は雲門文偃《うんもんぶんえん》（八六四―九四九）、前注135参照。「請益《しんえき》」は教えを請う意。前注16参照。「三十三天」は須弥山の頂上にあるという帝釈天の住まう世界。人間界のはるか上に住まう帝釈天の鼻をも突く扇子の跳躍は、世界全体を呑みこむ壮大な働きの喩え。『黄龍慧南禅師語録』「黄龍慧南禅師語録続補」、「上堂して云く、『聖・凡の情尽《つ》き、真常を体露《あらわ》す』と。払子を拈起《とりあげ》て云く、『払子跨跳《とびあが》るや、三十三天に上り帝釈の鼻孔を扭脱《も》ぐ。驢胷先生（仙人）掌を拊《う》ち大笑して道《い》わく、「十方世界を尽《つ》くし、箇《こ》の好悪《よしあし》を識《し》る底《てい》の人を覔《もと》むるも、万中に一も無し」』と。禅床を撃《う》つこと一下す」（T四七・六三六中—下）。世界全体を濡らすような大雨を降らす東海の鯉の一撃は、世界に遍く行きわたる働きの喩え。『円悟仏果禅師語録』巻二「上堂」、「……東海の鯉魚《こい》怒りを発すれば、直に雨の盆の傾くが似《ごと》きを得たり、大千沙界悉《ことごと》く已《すで》に瀰漫《あまね》し」（T四七・七二〇上）。

381「一人は深い海の底で土砂を巻き上げながら行く、一人は高い山の頂上に立ち白波を天に巻き上げる。つかむのと放つのと、それぞれ片手をだして、ともに宗乗を支えている」。一歩もこの場を離れない乾峰を海底を行く人に、世界を覆い尽くす働きを示す雲門を山頂に坐る人にそれぞれ喩える。今この場の一点に集約してみせる乾峰の接化と、世界全体に展開してみせる雲門の接化との両者が協力して、禅の極意を支える格好となっている。「把定」と「放行」は集約・展開という一対の働き。真に悟った人はこの両者を兼ね備える。『円悟仏果禅師語録』巻一二「小参」、「……師乃《すなわ》ち云く、『情と無情とは一体、目に触るるは皆な真なり。仏と衆生とは別ならず、体に当たりて全て現ず。随処に主と作《な》り、縁に遇《お》うて宗に即す。有る時は放行《はな》たば則ち溝渠《みぞ》・瓦礫《がれき》悉《ことごと》く光彩を生じ、有る時は把定《つか》まば則ち真金・七宝咸皆《み》な色を失う。……』と」（T四七・七六六中）。「宗乗」は分別を絶した仏法の核心の教え。『碧巌録』第二〇則「龍牙西来意」本則評唱、「大凡《おおよ》そ要妙を激揚し、宗乗を提唱せんには、第一機下に向《お》いて明得《あきらめえ》てこそ、以て天下の人の舌頭《した》を坐断《ざだん》す可《べ》し」（【碧上】二六五—二六六頁、T四八・一六〇中）。

382「ふたりの背が曲がった人間がばったり出くわして、『世間には背が真っ直ぐな人はいない』と言っているようなものだ。正しい眼で観察してみれば、おふたりともまだ道が分かっていないのだ」。ふたりで一対の働きを発揮し禅を支えてはいるが、それぞれを見てみれば備えるべき働きを完備していない。「馳子」は「駝子」の訛、背骨が彎曲した人。正応本は「駝」に作る、解題末尾対照表参照。『五灯全書』巻七六「廬山円通崇勝雪田耜禅師」、「師頌《じゅ》して曰く、『駝子哭《だすこく》すこと哀哀、死して曲がりし棺材無し。株の曲がりし松樹有るも、那《なん》ぞ曲がりし踞《のこぎり》もて開くを得ん』と」（Z一四一・五八二上）。ここでは備えるべき一対の働きのうちの片方しか発揮できぬ乾峰・雲門の二人を喩える。

「両箇《ふたり》の馳〔=駝〕子相《あ》い撞著《でくわ》して、世上応《まさ》に直底《じきてい》の人無かるべし」は、自分の有限な知識から間違った推測を全体に適応することを喩え、ここでは働きが不完全な乾峰・雲門を詰っている。『禅宗頌古聯珠通集』巻二九「祖師機縁」、「干木《つえ》は場に逢《あ》いて浅深を探り、龍蛇を辨《べん》ずる眼は疎親を決す。両箇《ふたり》の駝子《だす》相い逢著《でくわ》す、世上思量《おも》うに直《まっすぐ》の人無し」（Z一一五・三六四下）。文末の「在」は強調・断定の語気詞、前注125参照。

383「まだ足を挙げていない時にすでに目的地に至っており、まだ舌を動かしていない時にもう話し終わっている」、一切の分別に執われず自由に行為するさま。第二〇則「大力量人」、「口を開きて舌頭上に在《あ》らず」（前注181参照）。それは確かに素晴らしい境界だがまだ最高のものではない。『円悟仏果禅師語録』巻一〇「小参」、「終日説《と》くと雖《いえど》も而《しか》も曾《かつ》て舌頭《した》を動著《うごか》さず、終日行《い》くも而《しか》も曾《かつ》て一歩を移著《うごかさ》ず、終日飯《めし》を喫《くら》うも曾《かつ》て一粒米を嚼《か》まず、終日衣《ころも》を著《き》るも曾《かつ》て一縷糸を掛《か》けず。是の如しと雖然《いえど》も、此れ猶《な》お是れ建化門庭《ほうべん》・向下為人《てほどき》の処なり。……」（T四七・七六〇中）。

384「たとえ一手一手、機先を制しようと、更なる向上の一手が有ることを知らなければいけない」。集約・展開という働きを自由自在に駆使して常に機先を制するのもいいが、集約・展開を超えた「向上の一手」をこそ知るべきである。「著」は碁の一手を数える言葉、「著著」で一手一手すべての意。「向上」は「うえ」の意、仏をも超えたところを指す。入矢義高「雲門の禅・その〈向上〉ということ」（注186所掲書）参照。「竅《きょう》」は物事のかなめ、急所を指す。集約・展開という相対的な働きはまだ眼で追えるが、仏をも超える急所ともなればもはや仏の眼を以てしても捉えることはできない。『碧巌録』第八七則「雲門薬病相治」垂示、「忽若《も》し向上《こうじょう》の竅《かなめ》を撥著《ひらか》ば、仏眼も也《ま》た覰不著《みおおせず》」（【碧下】一四二頁、T四八・二一二上）。

〔後序〕

385「以上の仏・祖師が示した機縁は、あたかも法律の条文によって判決を下したように、もとより無用な語は無い」。

386「釈迦の髑髏をとって高く掲げ、達磨の眼を刳《く》り抜くものである」。仏や祖師という「聖」なるものも、執着の対象となる以上否定しなければならぬ。『無門慧開禅師語録』巻上「再住黄龍禅寺語録」、「且《しばら》く道《い》え、何を以てか験《しるし》と為す。釈迦の脳盖《のうがい》を掲翻《かか》げ、達磨の眼睛《がんぜい》を掿瞎《つぶ》す」（Z

一二〇・五〇八下)。

387「もしも優れた通方の士であれば、聞いた瞬間に勘所が分かるだろう。すなわち、本来入れるような門戸など無く、登るべき修行の階梯も無い。こう分かった者は大手をふって悠々と関所を通り、関所の役人など端《はな》から相手にしない」。『人天眼目』巻二「黄龍三関」、「已《すで》に関を過ぎし者は、臂《うで》を掉《ふ》り径《ただち》に去る。安《いずくん》ぞ関吏有るを知らんや。関吏に可否を問うは、此れ未だ関を過ぎざる者なり」(T四八・三一〇中)。

388「玄沙師備(八三五—九〇八)も『無門が解脱の門、無意が道人の意』といい、白雲守端(一〇二五—一〇七二)も『はっきりと知る、ただこれのみである。どうして通れぬことがあろう』といっているではないか」。玄沙は全一なる仏心において一切の分別が解消されると説き、白雲もただ仏心のみで全てはその内に見られた相に過ぎぬと説いている。『聯灯会要』巻二三「福州玄沙師備禅師」、「仏道は閑曠にして、程途無有《な》し。無門は解脱の門、無意は道人の意なり」(Z一三六・八二〇上)。『正法眼蔵』巻三之上、「白雲端和尚、衆に示して云く、『明明《ありあり》と知道《し》る、只だ是れ遮箇《これ》なるのみと。為甚麼《なんすれ》ぞ透不過《とおりえざ》る。只だ人の口を開くるを見る時便《すなわ》ち喚《よ》びて言句と作《な》し、人の口を閉づるを見る時便《すなわ》ち喚《よ》びて良久黙然と作《な》すが為なり。又た道《い》わく、動転・施為・開言・吐気、十方世界の内を尽くすに自己に不是《あら》ざる無し。……』と」(Z一一八・一〇七下)。

389「このように説くのも、赤土に牛の嬭《ちち》を搽《ぬ》るようなものだ」。「赤土に牛の嬭を搽る」は、見当外れの無駄な努力を喩える。『禅宗頌古聯珠通集』巻一四「祖師機縁」、「憐れむ可《べ》し赤土に牛の妳《ちち》を塗《ぬ》るを、瓦を打ち亀を鑽《うが》ちて乱りに度量《おしはか》る」(Z一一五・一六九下)。

390「無門の関を『通れる』と言えば、わしをコケにしていることになるし、『通れない』と言えば、自分に背くことになる」。作者の無門慧開は「自序」で「無門である以上、どう通るというのか(通れないではないか)」と述べ(前注12参照)、この「後序」でも「入れる門戸など有りはしない」と述べている(前注387参照)。したがって「通れる」といえば、作者の無門慧開の言葉を無視することになってしまう。とはいえ「通れない」といえば、自心は本来仏であり、人はみな自覚の有無に拘わらず悟入しているという「即心是仏」「平常心是道」の真理に反することとなり、自分の仏性を無みすることになってしまう。「即心是仏」については第三〇則を、「平常心是道」については第一九則を参照。

391 「涅槃の心は分かりやすいが、差別の智は分かりにくい」。「通れる」「通れない」という分別から離れて、無相の心に帰るのは比較的分かりやすいが、有相なる現象世界に働き出る差別の智を体認することは難しい。『宗鏡録』巻五、「今時の学者多《おお》く空・有の二門に迷い、尽く偏見を成す。唯だ一切不立、迹《あと》を払い空に帰するを尚《たっと》ぶのみにして、相違差別義中に於いて全く智眼無《な》し。既に惑を辯ぜざれば、何を以てか疑を釈せん。故に云く、涅槃の心は暁め易く、差別の智は明らめ難しと。若し能く空・有の門中に双《ふたつながら》に遮し双に照らし、真・俗の諦内に不即不離ならば、方《はじ》めて法を弘《ひろ》め人の為にし、覚位を紹隆す可《べ》し」（T四八・四四一上）。

392 「差別の智が分かってこそ、一家一国が平安となる」。有相の世界で働く差別の智を明らかにしてこそ、天下（現象世界）は太平となる。『通玄百問』、「通方の衲子《のっす》、果《は》たして英霊《すぐれ》たり、眼と耳と視て聴くに信《まか》すに妨《さまた》げ無し。皓《しろ》き月豈《あ》に秋の水の碧《みどり》を離れんや。浮雲那《いずくん》ぞ暁《あかつき》の峰の青を礙《さまた》げんや。声と色との裏《うち》に酔《よ》いて還《ま》た醒《さ》む。六国安然《あんねん》として本《もと》自《よ》り寧《やす》し」（Z一一九・三四三下）。

393 「一二二八年、安居《あんご》の制を解く五日前（陰暦七月一〇日）、楊岐方会（九九二―一〇四九）禅師より第八代目の法孫である無門比丘慧開、謹んで記す」。

禅箴

394 「禅箴《ぜんしん》」は禅の訓誡。『景徳伝灯録』巻三〇「杭州五雲和尚坐禅箴」、「故に知る、歴代の祖の唯だ此の一心のみを伝うるを。祖光は既に遠大にして、吾子は幸いに任に堪う。聊《いささ》か無言の旨を述ぶ、乃ち坐禅箴と曰う」（K六二三上）。

395 「規則を固守するのは、縄も無いのに自らを縛るようなものである」。「縄無きに自ら縛る」は、本来自由であるにもかかわらず、自らの生み出した分別により束縛されることの喩え。『無門慧開禅師語録』巻下「小参」、「正眼もて観《み》来《きた》らば、恰《あたか》も縄無きに自ら縛るに似て、蚕《かいこ》の繭《まゆ》を作《な》すが如し。是の如しと然雖《いえど》も、且《しばら》く道《い》え、独脱の一句又《ま》た作麼生《いかん》」（Z一二〇・五二〇下）。「禅箴」の全文は上堂の語として『無門慧開禅師語録』巻上「隆興府黄龍崇恩禅寺語録」（Z一二〇・五〇五下）に収録される。

396 「一切処において自由であると言ったところで、異教の悪魔に過ぎない」。口先だけでは生死という一大事に太刀打ちできぬ。『大慧普覚禅師語録』巻二七「書・答劉宝学」、「眼光の落ちんと欲して未だ落ちざる時、且《しばら》く閻家の老子《おやじ》に向かいて『我の神《こころ》を澄《す》ませて定慮するを待て。少時《しばらく》して却《かえっ》て去《ゆ》きて相い見《まみ》えん、得《よろし》き麼《や》』と道《い》う可《べ》からず。此の時に当たりて、縦横無礙《むげ》の説も亦《ま》た使不著《つかいえず》、心如木石も亦た使不著《つかいえず》。須是《すべから》く当人の生死の心破《やぶ》れて始めて得《よ》し」（T四七・九二五下）。

397 「精神を集中して寂静に至ろうとするのは、黙照の誤った坐禅である」。「黙照邪禅《もくしょうじゃぜん》」は大慧が曹洞の禅を罵る際に用いた語。『大慧普覚禅師語録』巻一九「法語・示清浄居士」、「若《も》し寂静の処に執して便《すなわ》ち究竟と為さば、則ち黙照邪禅の摂持《おさむ》る所とならん矣《ん》」（T四七・八九一中）。

398 「おざなりに世界を無みするのであれば、それは深い穴に落ち込むようなものだ」。「深き坑《あな》」は抜きがたい悪見の喩え。『瞎堂慧遠禅師広録』巻三「仏海禅師小参普説」、「此の人堕《お》ちて解脱の深き坑《あな》に在り、永劫も出離の期無し。機位《くらい》を離れずして、堕ちて毒海に在り。若し自ら非を知らば、亦《ま》た救いを受く可《べ》し」（Z一二〇・九五一下）。

399 「はっきりしているというのも、自ら鎖と枷《かせ》を付けるようなものである」。「鎖を帯び枷《かせ》を担う」は自ら分別を背負いこむことの喩え。『続古尊宿語要』巻五「空叟印禅師語」、「九旬の禁足は、地獄の因を造《つく》る。三月《みつき》の安居《あんご》は、枷《かせ》を担い鎖を帯ぶ。生を護らんには須是《すべから》く殺すべし、殺し尽くして始めて安居せん」（Z一一九・一二〇下）。

400 「善を思い悪を思い、地獄と天堂」。善と悪を分別することから、地獄や天堂といった境界が生じるが、一切は心に現じた妄想に過ぎない。『密菴和尚語録』「普説」、「一念心纔《わずか》に動じ染・浄の二縁に堕落《お》ちば、便《すなわ》ち天堂と地獄、九有と四生の有るを見ん。……」（T四七・九七五上）。

401 「仏見と法見と、ふたつの鉄の山」。文殊が仏見・法見を起こして、鉄の山の間に陥った故事を踏まえる。分別により自由を失う喩え。『請益録』第五一則「文殊出定」評唱、「此の縁本《も》と諸仏要集経（巻下、T一七・七六三上―七六七下）より出づ。天王如来、欲・色二界の中間に於いて、諸仏集会《つど》う。文殊、弥勒に邀《もと》めて共に往《ゆ》かんとす。勒辞《じ》して行かず。文殊、仏見・法見を起こすに由りて、貶《お》ちて二鉄囲山の間に在り。諸菩薩の為に四意止を説く。如来之《これ》を召《よ》び、還《かえ》りて仏の所に至らしむるに、女の定に在るを見る。殊意《おも》えらく、『我は山間に貶《お》つるに、女は何ぞ仏に近づく』と。仏、文殊に勅して定より出だして之に問わしむ。両山相《あ》い撃ち、托して梵天に至るに乃至《およ》ぶも、竟《つい》に定より出だしめえず。……」（Z一一七・八五八下―八五九上）。

402 「妄念が起こったなら、すぐに打ち消せというのも、分別心をもてあそぶ凡夫に過ぎない」。「念起《お》こらば即ち覚せ」は宗密が荷沢宗の説明に用いる語。『禅源諸詮集都序』巻上之二、「念起《お》こらば即ち覚せ。之を覚せば即ち無し。修行の妙門、唯だ此に在るのみ」（T四八・四〇三上、石井修道・小川隆「『禅源諸詮集都序』の訳注研究（三）」、『駒澤大学仏教学部研究紀要』五四、一九九六年、一二九頁）。

「精魂を弄ぶ漢」は分別に夢中で一向に悟らない者。『痴絶道冲禅師語録』巻下「径山痴絶和尚法語・示宗定書記」、「設使《たと》い撃石火裏に挨拶得出《おしいでえ》て、電光影裏に鞭逼将来《せまりきた》るも、正に是れ精魂を弄ぶ漢。機境上に活計を作《な》し、理性中に妙解を求むるに至りては、皆な依草附木の妖訛為《な》らん」（Z一二一・五五〇上）。

403 「黙々と坐禅するのは、幽鬼の営みである」。「兀然」は無知覚・無思慮のさま。土屋昌明・衣川賢次・小川隆「懶瓚和尚『楽道歌』攷―『祖堂集』研究会報告之三―」（『東洋文化研究所紀要』一四一、二〇〇一年）一三一頁を参照。

「鬼家の活計」は幽鬼の生業の意、実体無き妄想に取憑かれた者のありようをさす。『大慧普覚禅師語録』巻二六「書・答富枢密」、「……切に一向に空に沈み寂に趣く可《べ》からず。古人喚《よ》びて黒山下の鬼家の活計と作《な》す。未来の際を尽くすも透脱の期無有《な》し」（T四七・九二一下）。

404 「進めば真理を見失い、退けば根本に反する。進みも退きもしないのであれば、生ける屍となる」。「有気の死人」は息のある屍の意、分別を絶した状態の喩え。『高峰原妙禅師語録』巻上「示禅人」、「……茶を喫《の》みて茶を知らず、飯を喫《くら》いて飯を知らず、行きて行くを知らず、坐して坐するを知らず、情識頓《とみ》に浄《きよ》く、計較《おもんぱかり》都《すべ》て忘る。恰如《あたか》も箇《こ》の気有る底《てい》の死人の相似《ごと》く、又た如も泥塑《どろにんぎょう》・木雕《きぼり》底の相似《ごと》し。遮裏《ここ》に到りて驀然と脚蹉《あしつまず》き手跌《すべ》らば、心華頓《とみ》に発して、十方を洞照《てら》さん」（Z一二二・六六九上）。

405 「まずは言うてみよ、どのように実践するのか。努力して今生で解決せよ、永遠に輪廻の苦しみを受けぬように」。「履践《りせん》」は実践。『仏果克勤禅師心要』巻下始「示魏学士」、「既に豁然として此の根本に達し得て分明なれば、然る後ち力を起こし用を作《な》し、正に修行するに好《よ》し。二六時中孜孜《しか》と履践《ふみおこな》え。一法を取らざれ、一法を捨てざれ。当処に円融せば、処処は是れ三昧、塵塵は是れ祖師ならん」（Z一二〇・七五〇下）。最後の二句は修行僧を叱咤する定型表現。『大慧普覚禅師語録』巻一七「普説」、「若し這裏《ここ》に向《お》いて各人の本地風光・本来面目を明得《あきらめえ》ば、方《はじ》めて知る、一大蔵教五千四十八巻の句句別事《べつじ》を説かざるを。無常迅速なり、等閑《なおざり》を作《な》すこと莫《なか》れ。所以《ゆえ》に道《い》わく、『努力せよ、今生にて須《すべから》く了却《あきら》むべし。永劫に餘殃《よおう》を受けしむること莫《なか》れ』と。人身得《え》難し。貴人と為るは復《さら》に難し。……」（T四七・八八四中）。

黄龍三関

406 「黄龍三関」は黄龍慧南《おうりょうえなん》（一〇〇二―一〇六九、石霜楚円の法嗣）が学人の接化に用いていたとされる三つの問い。『人天眼目』巻二「黄龍三関」、「南禅師、隆慶閑禅師に問うて云く、『人人に箇《こ》の生縁有り。上座、生縁什麼処《いずく》にか在る』と。閑云く、『早晨《あさ》白粥を喫《くら》い、晩に至りて又た饑《うえ》を覚ゆ』と。又た問う、『我が手、仏の手に何似《いずれ》ぞ』と。閑云く、『月下に琵琶を弄す』と。又た問う、『我が脚、驢の脚に何似《いずれ》ぞ』と。閑云く、『鷺鷥《さぎ》雪に立つも、同色に非ず』と。黄龍毎《つねづ》ね此の三転語を以て学者に垂問《と》う。多く其の旨に契《かな》わず」（T四八・三二〇中）。

407 「私の手は、仏の手と比べてどうか。枕の裏に探りあてた。おもわず呵呵大笑。なんと全身まるごと手だった」。仏として活きる我が身の働きについて詠う。「通身是《こ》れ手」は、局部に限定されず、通身に遍在する仏の働きをいう。『景徳伝灯録』巻一四「潭州雲巌曇晟禅師」、「道吾問う、『大悲千手眼、那箇《いずれ》か是れ正眼』と。師曰く、『如《たと》えば灯無き時枕子《まくら》を把得《つかみえ》たるは怎麼生《いかん》』と。道吾曰く、『我れ会《え》せ也《り》、我れ会せ也』と。師曰く、『怎麼生《いかに》か会する』と。道吾曰く、『通身是《こ》れ眼なり』と」（K二八一上、【景五】三九六頁）。

408 「私の脚は、驢馬の脚に比べてどうか。脚をあげる前に踏みしめている。天下を思いのままに歩むがよい。楊岐の三脚（の驢）にまたがって」。分別に渉らず祖師伝来の真理に生きるさまを詠う。「未だ歩を挙げざる時に踏著《ふみつ》く」は分別に落ちず自由に行為する境界。『伝心法要』、「……終日行《ゆ》きて、未だ曾《かつ》て一片地をも踏著《ふ》まず。与摩《かくのごと》き時人我《にんが》等の相無し、終日一切《いっさい》の事を離れず、諸境に惑わされずして、方《はじ》めて自在人と名づく」（前注181参照）。「楊岐の三脚」は、楊岐《ようぎ》方会《ほうえ》（九九二―一〇四九、石霜楚円の法嗣）

が答えた三本脚の驢馬。それに跨るとは、祖師の禅法を駆使する意。『楊岐方会和尚語録』「袁州楊岐山普通禅院会和尚語録」、「問う、『如何か是れ仏』と。師云く、『三脚の驢子《ろば》、蹄を弄して行く』と」（T四七・六四〇上）。

409 「人にはみな生縁がある一方で、それぞれ生まれる前まで透徹している。ナタ太子は骨を父親に返した。五祖にどうして父の縁があろうか」。父母や肉体などの諸縁に依らぬ、本来の面目を示唆する。ナタ太子は所生の肉体を父母に返したあと、本当の身体を現したという。『古尊宿語録』巻二八「舒州龍門仏眼和尚語録」、「昔日那吒《なた》太子肉《にく》を析《と》きて母に還《かえ》し、骨を析《と》きて父に還《かえ》し、然る後ち本身を現し、大神通を運《めぐら》す。大衆よ、肉は既に母に還《かえ》し、骨は既に父に還《かえ》すに、什麼《なに》を用《もっ》てか身と為す。学道の人、者裏《ここ》に到りて若し見得去《みぬきえ》ば、謂《い》う可《べ》し、五蘊を廓清《はらいきよ》め、十方を呑尽《のみつ》くすと」（Z一一八・五二二下）。五祖弘忍は四祖道信の弟子になるため、女性の身に宿して生まれかわったという。『林間録』巻上、「旧説に四祖大師破頭山《はとうさん》に居《お》る。山中に無名の老僧有りて唯だ松を植う。人呼《よ》びて栽松道者と為す。嘗《かっ》て祖に請いて曰く、『法道聞《き》くを得可《べ》き乎《か》』と。祖曰く、『汝已《すで》に老ゆ。脱《たと》い聞く有るも、其《あ》に能く広く化せん耶《や》。儻能《あるい》は再び来れ、吾れ尚《な》お汝を遅《ま》つ可《べ》し』と。乃ち行水辺《かわべ》に去《ゆ》き女子の衣を浣《あら》うを見る。揖《ゆう》して曰く、『寄宿せん、得《よろ》き否《しや》』と。女曰く、『我れ父兄有り、往《ゆ》きて之に求む可《べ》し』と。曰く、『諾《だく》、我れ即ち敢えて行かん』と。女之《これ》に首肯《うなづ》く。老僧策《つえ》を回《めぐ》らせて去く。女、周氏の季子《きし》なり。帰るに輒《すなわ》ち孕む。父母大《おお》いに悪《にく》みて、之を逐《お》う。女帰《き》する所無し。日《ひる》は紡里中に庸《はたら》き、夕は衆館の下に於いてす。已而《のち》ち一子を生む、不祥と以為《おも》い水中に弃《す》つ。明くる日之《これ》を見るに、流に泝《さから》いて上り、気体鮮明なり。大いに驚き、遂《かく》て之を挙ぐ。童と成り母に随いて乞食す。邑人呼《よ》びて姓無き児と為す。四祖、黄梅道中に見て、戯れに之に問うて曰く、『汝じ何をか姓とする』と。曰く、『姓は固《もとよ》り有り。但《た》だ常の姓に非ず』と。祖曰く、『何の姓ぞ』と。曰く、『是れ仏性なり』と。祖曰く、『汝じ乃ち姓無からん耶《や》』と。曰く、『空を姓とするが故に無し』と。祖、其の母を化して出家せしむ。時に七歳なり」（Z一四八・五九〇下—五九一上）。

410 「仏手と驢脚と生縁と、仏でもなく道でもなく禅でもない。どうぞ咎めないでほしい、無門の関はあまりに険しく、修行僧たちの深い恨みをかってしまったと」。「怪《とが》むること莫《なか》れ」は、咎めないでくれの意。『碧巖録』「重刊圜悟禅師碧巌集疏」、「怪《とが》むること莫《なか》れ、山僧《わし》の口多《おお》きを。終《つい》に是れ老婆心切なり」（【碧下】二七八頁、T四八・二二四下）。

411 「瑞巌寺に近ごろ無門和尚がおられ、椅子に坐して古今の公案を判じられた。かくして凡と聖の分別はふたつながらに断ち切られ、どれほどの伏龍が雷鳴を起こしただろうか」。「蟠蟄《ばんちつ》」は伏す意、雌伏する修行僧を指す。『松源崇岳禅師語録』巻下「法語・衢州祥符僧堂帳化士」、「満堂に蟠蟄《ふ》す臥僧龍。一片の閑雲、碧空に下る」（Z一二一・六二八下）。

412 「無門首座をお招きして立僧となっていただいた。拙僧の偈頌でもって感謝の意を表する。一二三〇年晩春。無量宗寿、書す」。「立僧」は修行僧への説法に当たる重職。『禅林象器箋』「第七類 職位門・立僧首座」、「旧説に曰く、立僧というは、衆僧を成立するなり。定まりし人無し。首座頭首の外、別に西堂、或は前堂、及び諸の耆宿《ぎしゅく》中に於いて有道博達の人を択《えら》びて、敦《あつ》く請じて衆の為に開法せしむ。或は大方の尊宿を請じて之に充つる有り。極めて重任と為す」。

〔孟珙の跋〕

413 「達磨はインドから来て、文字を用いず、人々の心をズバリと指し示し、（本来仏たる）本性を自覚させ仏たらしめた。とはいえ、『ズバリと指し示す』と言うだに、回りくどい。さらに『仏となる』などと言えば、（本来仏たる者を凡夫に）落としめるもので、なんとも見苦しい。そもそも無門である以上、どうして関門など有ろう。あまりにお節介が過ぎて、悪名が広まってしまった。わたくし無庵も、ここに贅言を弄して、四十九則となった。そこの難解な所も、目を見開いて受け取って欲しい。一二四五年夏、重刊」。「迂曲《うきょく》」はまわりくどい意。『古尊宿語録』巻三四「舒州龍門仏眼和尚語録・垂代」、「又た問う、『請う和尚、径直《じき》に指示せよ』と。師云く、『太《あまり》に迂曲生《くだくだ》し』と」（Z一一八・六〇一上）。「薦取《せんしゅ》」は主体的に受け取る意。『景徳伝灯録』巻一一「昇州長慶道巘禅師」、「諸子よ、生死事大なり、快《すみや》かに須《すべか》らく薦取《うけと》むべし」（K二三八上、【景四】五一九頁）。

414 「孟珙《もうこう》」、字は璞玉、『宋史』巻四一二「列伝」に立伝（中華書局標点本、一二三六九頁）。「亦《ま》た仏学に通じ、自ら無庵居士と号す」（同一二三八〇頁）とある。

〔跋〕

415 「無門老師は四八則の語を作り古徳の公案を判じた。それ

は売り手が買い手の口を開いて油餅《ゆへい》を入れて、呑みこむこ
とも吐きだすことも出来ぬ状態に追い込むようなものだ」。
「油餅《ゆへい》」は小麦食品の一種、公案を喩える。「呑吐不得《のむもはくもあたわず》」は
公案の理解し難いことを喩える。第一則「趙州狗子」、「虚《こ》
無《む》の会《え》を作《な》すこと莫《なか》れ、有《う》無《む》の会を作《な》すこと莫《なか》れ。如《あたか》も箇《こ》
の熱鉄丸《ねってつがん》を呑了《のみこ》むが相似《ごと》く、吐《は》くも又《ま》た吐不出《はきいだせず》」。

416 「とはいえわたくし安晩は、その熱い炉でもう一枚焼き
あげて大衍の数とし、前（の四八則）とともに世に送りだ
そうと思う」。「安晩」、鄭清之、字は徳源、著作に『安晩
集』。『宋史』巻四一四「列伝」に立伝（中華書局標点本、
一二四一九頁）。「大衍の数」は『易』「繫辞伝上」、「大衍
の数五十、其の用四十有九」（高田真治・後藤基巳『易経
（下）』、岩波書店、一九六九年、二三三頁）に由る。自分
の一則を合わせて全部で四九則にする意。

417 「さて、老師はどこから食べるのか。もしも一口で食べ
るのであれば、光を放ち地を動かすだろう。もしそれがで
きなければ、今の四八則もろとも、すべて熱い砂となるだ
ろう。さぁ、速やかに言え、速やかに言え」。「光を放ち地
を動ず」は仏出世の奇瑞。『景徳伝灯録』巻二六「杭州龍
華慧居禅師」、「僧問う、『諸仏は出世するに、光を放ち地
を動ず。和尚は出世するに、何の祥瑞か有る』と。師曰く、
『話頭《はなし》自ら破れり』と」（K五四三下―五四四上）。「熱き
沙《すな》」は悟りと無縁なものの喩え。『首楞厳経』巻六、「若《も》し
婬を断ぜずして禅定を修する者は、沙石を蒸《む》して其の飯と
成るを欲するが如し、百千劫を経るも秖《た》だ熱き沙《すな》と名づく
るのみ。何を以ての故に。此れ飯の本に非ず、石沙の成ず
るが故に」（T一九・一三一下）。

第四十九則語

418 「経典に『止めよ、止めよ。説くに及ばず。私の法は、
玄妙で思い難い』とある」。『法華経』巻一「方便品」（T
九・六下）の偈頌。

419 「仏法はどこから来るのか、玄妙はどこから生まれるの
か。説く時、どうであるのか。豊干のみがおしゃべりなの
ではなく、もとより釈迦もおしゃべりなのだ。このオヤジ
がバケモノを作りだしたせいで、のち千百代の子孫は葛藤《かっとう》
に絡めとられ、頭を出すことができぬ」。「豊干の饒舌」は、
『景徳伝灯録』巻二七「天台寒山子」（K五六二下）に見え
る寒山の語。「妖怪」は実体無きバケモノ、釈迦が口にし
た言葉を指す。『続伝灯録』巻一二「瑞州瑞相子来禅師」、

「夫れ宗匠為るや、随処に綱を提し、機に応じて問答し、殺活《さっかつ》時に臨む。心眼精明《せいめい》なれば、那《なん》ぞ妖怪を容《い》れんや。……」（T五一・五三七下）。「葛藤」は人に纏わりついて自由を奪うツタ。悟りの障害となる言葉の喩え。『仏果克勤禅師心要』巻下終「示達禅人」、「菩提、言説を離る、従来得《う》る人無し。摩醯《すぐれ》し正眼を具せし霊利の衲子、聊《わずか》に挙著《とりあぐ》るを聞かば、即便《すなわ》ち覰透《みとお》し、終に限量を作《な》して解脱の深き坑中に堕在《お》ちず。有る般《たぐい》の底《もの》、路布《ふこく》有るを容《い》れて、即ち言説を離るるは真の言説、無得の人は乃ち実証の人かと謂《おも》う。当面《まのあたり》に蹉却《すれちが》いて、葛藤《かっとう》に纏倒《からめとら》れ、終に従上来の事を明得《あきらめえ》ず」（Z一二〇・七六八下）。

420

「この格好の話のタネは、スプーンですくえるものではなく、蒸し器で蒸し上がるものでもない。どれだけの人が見誤ったことか」。「話靶《わは》」は話のタネ。『古尊宿語録』巻四〇「雲峰悦禅師初住翠巌語録」、「摩竭《まかつ》（釈尊）は室を掩《と》ざすも、已《すで》に初に及ばず。毘耶《びや》（維摩）は詞《ことば》を杜《と》ざすも、今に至るまで話欛《はなしのたね》」（Z一一八・六八〇上）。「匙《さじ》もて挑不上《すくいえず》、甑《こしき》もて蒸不熟《むしえず》」は手がつけられぬことの喩え。『五灯会元』巻一七「斉州霊巌山重確正覚禅師」、「祖師の心印、状《さま》鉄牛の機に似たり。鍼《はり》もて挑不出《つきえず》、匙《さじ》もて挑不上《すくいえず》。過《とが》阿誰《たれ》にか在る」（Z一三八・六六六上）。『空谷集』第三一則「無隠身処」示衆、「更に蒸不熟《むしえず》、煮《に》不爛《えざ》る的の衲僧有るに莫《あら》ず麽《や》」（Z一一七・五六六下）。

421

「そばにいた者が尋ねた、『つまるところ、どう決着をつけるのですか』。私は合掌して答える、『止めよ、止めよ。説くに及ばず。私の法は、玄妙で思い難い』。そうして『思い難い』という字のうえに小さい円相を書いて、大蔵経に記された膨大な言葉も、維摩が不二門を示した沈黙も、すべてそのうちにあることを示した」。「結断」は決着をつける意。『建中靖国続灯録』巻二三「潭州報慈開福進英禅師」、「報慈《わし》に一の公案有り、諸方未《いま》だ曾《かつ》て結断せず。幸いに改旦に遇いて拈出《とりいだ》す、各《おのおの》の請うらくは、高く眼を著《つ》けて看《み》よ。……」（Z一三六・三三二上）。「円相」は真理の象徴としてしばしば用いられる。『景徳伝灯録』巻一一「袁州仰山慧寂禅師」、「韋宙、潙山に就《つ》きて一の伽陀《かだ》を請う。潙山曰く、『覿面《まのあたり》に相い呈するも猶お是れ鈍漢、豈況《いわん》や紙筆に形《あらわ》すをや』と。乃《な》お師に就きて請う。師紙上《しじょう》に於いて一円相を画き、注して云く、『思いて之を知らば第二頭に落つ。思わずして知らば第三首に落つ』と」（K一七〇下—一七一上、【景四】一七一頁）。「子」は実義のない接尾辞。

422 「火は灯であると口にするのであれば、首を振って答えない。盗賊のみが盗賊を見知っている、尋ねた瞬間にその意を受け取ってくれる」。「惟《た》だ賊のみ賊を識《し》る」は、同じ境界のものであって始めて理解できる意。『碧巌録』第八則「翠巌夏末示衆」本則、「翠巌《すいがん》夏末に衆に示して云く、『一夏以来兄弟《ひんでい》の為に説話《はな》す〈……〉。看《み》よ、翠巌《それがし》の眉毛在《あ》り麼《や》〈……〉』と。保福云く、『賊を作す人、心虚《おび》ゆ』と〈灼然《あきらか》に是れ賊の賊を識《し》るなり〉」（【碧上】一三三頁、T四八・一四八中）。

423 「一二四六年の晩夏の吉日、安晩居士、西湖の漁村にて記す」。

〔刊記一〕

424 「古い版木が磨滅したため、再度職人に命じ、版木を彫らせ終えた。新しい版木は、武蔵州兜率山広園禅寺に保管してある」。

425 「一四〇五年一〇月一三日、勧進担当の僧、常牧」。

〔刊記二〕

426 「この本の真本を見ることができず、つねづね探し求めて手に入れることができた。そこで職人に命じて再刊させた。一六三二年九月、中野市右衛門刊行」。この刊記は大正蔵には収められていない。

解題

法眼録

一　法眼文益の語録

本稿は『五家語録』法眼宗・金陵清涼院文益禅師（以下、書名を『法眼録』に統一する）の書き下しと注釈である。語録の主は、諱《いみな》、文益。八八五年生、九五八年寂。法眼の称は南唐より贈られた諡号「大法眼禅師」による。法を羅漢桂琛に嗣ぎ、禅宗五家の一つである法眼宗の祖とされる。本書はその言行を集めたものである。

この『法眼録』は明末に編集されたものであるが、すでに指摘されるとおり、かつてこれとは別に『古法眼録』とも呼ぶべき語録が存在した。まずはこの『古法眼録』に関する情報を確認しておきたい。いま、椎名宏雄『宋元版禅籍の研究』[1]の索引により検索すると、『崇文総目輯釈』、『通志』芸文略、『宋史』芸文志等の目録に、『法眼禅師集』一巻、『法眼前後録』六巻といった書名のあることが分かる。『法眼禅師集』は『宋史』芸文志で著者を「文益」とし[2]、法眼文益の著作であったことは疑いようがない。『法眼前後録』については『通志』芸文略に「元則等編」とするが[3]、この「元則」は、あるいは本書にも見られる「丙丁童子来求火」の因縁で大悟を得た金陵報恩院玄則を指すのかもしれない。そのほか、上述の目録類には『清涼大法眼禅師偈頌』一巻、『法眼真賛』一巻など、法眼の作、あるいは法眼と関係があると思しき文献の名も見られる。また、法眼の語録に関するより直接的な資料としては、北宋の睦庵善卿『祖庭事苑』巻六に見られる『法眼』(『祖庭事苑』の目録では書名を『法眼録』とする)に対する語注があり、これについては柳田聖山「法眼文益と法眼宗」[4]がすでに細かな検討を加えている。これらから見るに、かつて法眼の言行を記録した複数の文献が存在していたと思われる。それらはおそらく法眼の弟子たちによってまとめられたもので、法眼の言行に関する最も権威ある資料だったことだろう。しかし残念なことに、これらの文献はすべて伝を断ってしまった。現在、『景徳伝灯録』や『宗門統要集』など灯史・公案集の類に録される法眼の言葉のほか、語録として伝えられるものには、南宋・嘉熙二年(一二三八)、晦室師明が編集した『続刊古尊宿語要』巻二の清涼法眼益禅師語がある。[5]しかし、ここにはわずか三段の語が抄録されるのみで、『法眼録』と一致する部分もなく、ここから語録の原型を窺うことはできない。『祖庭事苑』の語注にしても、柳田自身が指摘するとおり、『伝灯録』や『法眼録』と共通する語彙は非常に少なく、失われた内容の復元は困難である。[6]

本稿が底本とする『五家語録』本『法眼録』は、このような『古法眼録』を継承することなく、独自に再編されたものである。本書巻頭には「径山沙門語風円信、無地地主人郭凝之編集」の署名が見えるが、『五家語録』中の『臨済録』が「住三聖嗣法門人慧然集、無地地主人郭凝之重訂」、また『雲門録』が「門人明識大師守堅集、無地地主人郭凝之訂」として、既存の語録を底本としているのと較べると、『法眼録』が新たに編集されたものであることが分かる。二名の編者の内、語風円信は、一五七一年生、一六四七年寂、幻有正伝の法を嗣ぐ臨済宗の僧である。初め雪庭と号し、次いで雪嶠と改め、また青獅翁、晩年には語風老人とも号した。浙江鄞県(現浙江省寧波市)の人で、俗姓は朱氏。『雪嶠禅師語録』六巻があり、[7]ここに収める「道行碑」が第一の伝記資料となる。また郭凝之は明末の士人で、海寧(現浙江省海寧市付近)の人。その伝については、『五家語録』の末尾に附す刊記が貴重な資料となる。ここには『五家語録』の来歴に関する重要な情報も含まれるので、以下に書き下しを示そう。

海寧県無地地主人郭正中、原名は凝之、字は黎眉。『五家語録』五巻を彙編し、捨貲して刊刻す。今、孫男の郭時、板を径山古梅菴に捨し、大蔵に附して法宝を流行せしめんことを願う。
康熙乙巳（四年、一六六五）冬月、敬《つつし》んで識《しる》す。[8]

この刊記から、『五家語録』が郭凝之の手によって刊刻された後、孫の郭時によってその版木が径山に寄贈され、嘉興大蔵経続蔵に編入されたことが分かる。外に、『続文献通考』巻一六五には郭凝之の著として『孝友伝』二十四巻を録し、[9]『浙江通志』巻一六七には朱一是による「郭正中伝」を引いて業績を紹介している。[10]両者ともに郭凝之を天啓年間（一六二一―一六二七）の挙人と言う。これら諸資料の間で郭凝之の名、字等について混乱が見られるが、『五家語録』の刊記はその孫が記したものであれば、これが最も信頼に値しよう。『五家語録』には、崇禎壬申（一六三二）の密雲円悟の序、撰述年次不明の於密法蔵の序、そして編者の一人である語風円信が崇禎庚午（一六三〇）に撰した序を附すが、[11]共編者である円信の序も含め、すべて『五家語録』の編集と刊刻の功を郭凝之に帰している。ここから見るに、『五家語録』の編集は主として郭凝之が行い、円信は監修者のような立場にあったのではないかと推測される。

二　『五家語録』本『法眼録』の編集態度

では『法眼録』は実際のところどのように編集されたのか。序や刊記には具体的な編集作業に関する言及がないため、本文からこれを推測するよりほかない。『法眼録』本文の典拠を調査した成果としては、鈴木哲雄氏の労作、「諸本対照金陵清涼院文益禅師語録」上―下[12]（以下、鈴木「対照法眼録」と略す）がある。これによると『法眼録』の記事の大部分は『景徳伝灯録』に源流を持ち、それ以外の部分も『宗門統要集』などに対応する記載を見いだせることが分かる。では郭凝之がこれらの比較的古い文献を見ながら『法眼録』を編集したかというと、どうもそうではないようである。結論から言うと、『法眼録』本文は、より後出の、当時広く普及して権威のあった文献、『五灯会元』や『続集宗門統要』、『指月録』などと一致する部分が多く、基本的にはこれらの記事を利用して編集されたものと推測される。この点については本文注釈中にもいささか言及したが、以下に若干の具体例に触れながら検討しておきたい。段落番号は本書本文中のものを使用する。

まず、『五灯会元』の利用については非常に明らかである。巻頭から【六八】段、李王との問答に至るまでと、【七三】段「三界唯心頌」、【七四】段「華厳六相義頌」および語録最末尾の【一三五】段は、途中に順序の変更や挿入がいくつかあるが、おおむね『五灯会元』巻一〇・法眼章と一致する。『景徳伝灯録』にあった上堂が省かれている箇所（【一二】段の中間）、無かった問答が追加されている箇所（【一八】段）も『五灯会元』と一致する。そのほかにも『五灯会元』の他の章から採ったと見られる段が多く、『法眼録』が『景徳伝灯録』よりも『五灯会元』を優先的に用いていることは間違いない。[13]

『続集宗門統要』については、たとえば【四七】段、修山主との「毫釐有差、天地懸隔」の問答における保寧勇、径山杲の著語（『禅学典籍叢刊』第一巻、臨川書店、一九九九、五二五頁下／『中華大蔵経』第七七冊、中華書局、一九九四、五八三頁中）、【四八】段の簾をめぐる問答における黄龍清の著語（同五二六頁上—下／五八三頁下）、【七六】段、光孝慧覚との問答における径山杲、鼓山珪の著語（同三五四頁下—三五五頁上／四六三頁上）などは『宗門統要集』には見られず、『続集宗門統要』に出るものと一致する。

【一〇四】段、「六祖示衆」の話も『宗門統要集』系の記述に依ったと見られる部分であるが、『法眼録』本文にそれぞれ「荷沢神会出」、「本源仏性乎」、「把茅蓋頭」とするところ、『宗門統要集』には「荷沢神会乃出」、「本源仏性」、「一把茆蓋頭」として（『禅学典籍叢刊』第一巻、二三頁下）文字の異同が見られる一方、『続集宗門統要』とは一致している（『禅学典籍叢刊』第一巻、二六〇頁上／『中華大蔵経』第七七冊、三九八頁中）。

また【一〇八】段、「亮座主、馬祖に参ず」の話における法眼の著語は『続集宗門統要』より採ったもののようである。以下の表を参照されたい。

『法眼録』本文	『景徳伝灯録』巻八・亮座主章	『続集宗門統要』巻三・亮座主章
挙、亮座主参馬祖。祖問、「講甚麼経。」云、「心経。」祖云、「将甚麼講。」云、「将心講。」祖云、「心如工伎児、意如和伎者、争解講得経。」亮云、「心既講不得、莫是虚空講得麼。」祖云、「却是虚空講得。」亮払袖而去。祖乃召云、「座主。」亮廻首。祖云、「従生至老、只是這箇。」亮因而有省。師云、「看他古人恁麼慈悲教人、如今作麼生会。莫聚頭向這裏妄想。」	亮座主（隠洪州西山）、本蜀人也。頗講経論。因参馬祖、祖問曰、「見説座主大講得経論、是否。」亮云、「不敢。」祖云、「将什麼講。」亮云、「将心講。」祖云、「心如工伎児、意如和伎者、争解講得経。」亮抗声云、「心既講不得、虚空莫講得麼。」祖云、「却是虚空講得。」亮不肯、便出、将下階、祖召云、「座主。」亮廻首。祖云、「是什麼。」亮豁然大悟礼拜。祖云、「遮鈍根阿師、礼拜作麼。」（禅文研本、一二三頁下）	洪州西山亮座主、因参馬祖、祖問、「講什麼経。」師云、「心経。」祖云、「将什麼講。」師云、「将心講。」祖云、「心如工伎児、意如和伎者、六識為伴侶、争解講得経。」師云、「心既講不得、莫是虚空講得麼。」祖云、「却是虚空講得。」師払袖而去。祖乃召云、「座主。」師廻首。祖云、「従生至老、只是這箇。」師因而有省、遂隠西山。続・法眼益云、「看他古人恁麼慈悲教人、如今作麼生会。莫聚頭向者裏妄想。」（『禅学叢書』第一巻、三一五頁上／『中華大蔵経』第七七冊、四三六頁中）

この則に関して、『五灯会元』の記載は『景徳伝灯録』を継承していて大差ない。『法眼録』本文は、馬祖の「心如工伎児……」の言葉が『景徳伝灯録』と一致する他は、全体的に『宗門統要集』系の記述を継承している。『続集宗門

統要』の本則は『宗門統要集』と一致するが、「続」以降の著語は続集で収録されたもので、当然のことながら『宗門統要集』には見られない。鈴木「対照法眼録」では『法眼録』と『宗門統要集』の類似を指摘し、法眼の著語が何に依るかは疑問として残しているが、おそらくは本則も含めて『続集宗門統要』に依ったものだろう。

また【六七】段、「『百法論』を講ずる僧」との問答については、『指月録』との一致を指摘できる。

『法眼録』本文

師問講百法論僧云、「百法是体用双陳、明門是能所兼挙。座主是能、法座是所、作麼生説兼挙。」有老宿代云、「某甲喚作箇法座。」帰宗柔云、「不労和尚如此。」雪竇別老宿語云、「和尚分半院与某甲始得。」

『明覚禅師語録』巻四「瀑泉集」

法眼問百法座主云、「百法是体用双陳、明門是能所兼挙。座主是能、法座是所、作麼生説箇兼挙。」有老宿代云、「和尚喚什麼作法座。」別云、「和尚分半院与某甲始得。」（T四七・六九六中）

『指月録』巻二二・文益章

師問講百法論僧曰、「百法是体用双陳、明門是能所兼挙。座主是能、法座是所、作麼生説兼挙。」有老宿代云、「某甲喚作個法座。」帰宗柔代云、「不労和尚如此。」雪竇別老宿語云、「和尚分半院与某甲始得。」（Z一四三・四九七上）

『法眼録』本文で、帰宗柔の著語までは『景徳伝灯録』『五灯会元』とほぼ一致するが、両書は雪竇の別語を収めない。雪竇の別語は『明覚禅師語録』に出るが、ここでは老宿の代語が『法眼録』と異なり、また帰宗柔の著語も収めない。雪竇の別語が老宿に対するものであるという説明まで含めて、『法眼録』は『指月録』とよく一致する。

また【八六】段、帰宗玄策との問答は以下のとおりである。

『法眼録』本文
帰宗玄策禅師、曹州人。初名慧超。謁師問云、「慧超咨和尚、如何是仏。」師云、「汝是慧超。」超従此悟入。圜悟云、「有者道、慧超便是仏、所以法眼恁麼答。有者道、大似騎牛覓牛。有者道、問処便是。有甚麼交渉。若恁麼会去、不惟辜負自己、亦乃深屈古人。」雪竇頌云、「江国春風吹不起、鷓鴣啼在深花裏。三汲浪高魚化龍、痴人猶戽夜塘水。」

『五灯会元』巻一〇・帰宗策真章
廬山帰宗策真法施禅師、曹州魏氏子也。初名慧超。謁法眼、問曰、「慧超咨和尚、如何是仏。」眼曰、「汝是慧超。」師従此悟入。（中華書局標点本、五九七頁）

『指月録』巻二二・文益章
僧慧超問、「如何是仏。」師曰、「汝是慧超。」圜悟勤云、「有者道、慧超便是仏、所以法眼恁麼答。有者道、大似牛覓牛。有者道、問処便是。有甚麼交渉。若恁麼会去、不惟孤負自己、亦乃深屈古人。」雪竇頌、「江国春風吹不起、鷓鴣啼在深花裏。三級浪高魚化龍、痴人猶戽夜塘水。」（Z一四三・四九六下）

この問答は『雪竇頌古』『碧巌録』に採られ有名なものであるが、『五灯会元』本文はこれら『雪竇頌古』『碧巌録』の影響を受け、『景徳伝灯録』とは異なる。『法眼録』本文は、「帰宗玄策」という名の根拠が不明であるが、それ以外は『五灯会元』とよく一致する。圜悟の著語と雪竇の頌は、当然のことながら『雪竇頌古』『碧巌録』から出たものであるが、しかし、その編集のしかたは『指月録』と一致している。瞿汝稷集『指月録』は万暦三〇年（一六〇二）に自序が書かれ、円信による『五家語録』の序が書かれた崇禎三年（一六三〇）までは三〇年未満、あるいは両者が共通の資料に依ったという可能性もあるが、『法眼録』の記述になにがしか基づくところがあったことは間違いない。このように、鈴木「対照法眼録」を利用して、『景徳伝灯録』など比較的初期の資料と『法眼録』を対比した際に見られる文字の違いは、より後出の資料を参照することで説明のつくことが多い。以上のことから、『法眼録』

の記述の大部分は、当時流布していた文献に基づいたものと考えられる。資料の選択や配列の順序に編者の考えが反映されていることを除けば、記述そのものを編者が改めた箇所はほとんどないようである。

以上で『法眼録』の文献としての性質はおおよそ明らかになったものと思う。それでは、この『法眼録』は法眼文益、あるいは法眼宗の思想資料としてどれほどの価値を有するであろうか。もちろん、上に見たとおり『法眼録』が後出資料の集成である以上、その利用には十分に慎重でなければならない。とはいえ、法眼のまとまった語録が失われてしまった現在、この『法眼録』は最も網羅的な資料集成として貴重な価値を有するだろう。幸い我々には鈴木「対照法眼録」という研究成果もある。これを利用すれば、『景徳伝灯録』や『宗門統要集』といったより古い資料にさかのぼることが可能であるし、これらは多くの場合、法眼の言行に関する現在のところ最も古い資料でもある。

三　法眼文益および法眼宗の思想史上に占める地位

法眼とその継承者たちは五代から宋にかけて広く認知された重要かつ特徴ある禅の一派であった。彼らの思想は唐代禅の終着点であり、また宋代禅の出発点でもあった。すでに指摘されるとおり、法眼の師翁、玄沙師備（八三五―九〇八）の思想には、その師、雪峰義存（八二二―九〇八）に対する批判的な観点が含まれている[14]。その後、雪峰門下では、玄沙系とそれ以外の人々の間で集団が分化してゆき、玄沙系の中から法眼宗が現れることになる。『法眼録』に載せる子方上座（あるいは子昭首座。本文【七】段、【一三四】段参照）と法眼の問答は、このような雪峰門下における玄沙―法眼系とそれ以外の人々との思想的な対立を示している可能性が高い。この対立に関しては注釈中に若干の言及を行い、また他所にも論考を発表したので[15]、詳細はそちらに譲るが、玄沙―法眼系の思想が雪峰の禅を克服したところに成立したことは間違いない。そしてそれは単に雪峰禅の克服であっただけでなく、馬祖道一以来、唐代の禅門において行われてきた思想的営為の最終的な帰結の一つでもあった。一般に「作用即性」説と呼ばれる馬祖の思想は、見聞覚知のはたらきを仏性の作用と見なし、ここから自己の仏性を認識しようとするものであった。しかしこの思想はその登場から間もなく、自己の動作や精神作用を安易に仏性と同一視するという弊害を生むようになる。この弊害をいかに克服するかということは、馬祖以降の禅思想史における最も重要な課題であった。この点については雪峰門下も例外ではなく、彼らも「作用即性」説に対する批判をよく知っていた。しかし、雪峰門下において「作用即性」説を越える思想体系は、いまだ十分に確立されていなかったようである。玄沙や法眼はこのような状況下で、新たな思想の枠組みを提出しようとしたのである。彼らの思想の内容についてはまだ十分明らかになっていない部分もあるが、それをあえて簡単にまとめると、見聞覚知のはたらきに限定されない、世界に充満する仏性の存在を主張するものだったようである。玄沙や法眼にとって、見聞覚知を仏性認識のきっかけとする思想は、同時に自我への執着を生む恐れのあるものでもあった。この自我の個別性を超えて、世界を一体的に肯定することが、玄沙—法眼系の目指したものではなかったろうか。いずれにせよ、玄沙—法眼に至って、禅的な心性論・存在論は一定の完成を迎え、そして宋代禅の思想的な基盤となっていくのである。

宋代に入ると、法眼宗は一般に「三界唯心」の道理を説く理論的な一派として認知されるようになる。[16] そしてこの理論的・理知的な側面が問題と見なされ、その乗り越えが目指されるのである。その最も見やすい例は宋初雲門宗の僧、薦福承古（九七〇—一〇四五）の三玄の思想であろう。三玄は三段階の理論によって禅の思想を整理したもので、[17] その内容はおおよそ次のようなものである。一、体中玄：「三界唯心」の道理を述べる段階。二、句中玄：一義的に意味を決定できない言葉によって道理への執着を排除する段階。三、玄中玄：一切の言語表現を排し〝沈黙〟〝無心〟に徹する段階。このうち第三段階は承古自身の思想を代表するが、前二段階は、当時、実在した集団の思想を念頭に置いていたようである。つまり、第一の「体中玄」は法眼宗の、第二の「句中玄」は雲門宗と臨済宗の思想を反映しているると見られる。唐代禅の最終段階に現れた玄沙―法眼系の思想は、承古の三玄において第一段階に配当され、その上で主要な問題意識は思想の表現方法へと移っているのである。南宋臨済宗の僧で看話禅の大成者として知られる大慧宗杲（一〇八九―一一六三）にも次のような発言がある。四巻本『大慧普説』巻一「浄恭園頭請普説」にいわく、

旧時、小南和尚は是れ汀州の人、極めて聡明霊利なり。他《かれ》は雲居祐和尚の下にて三界唯心、万法唯識、未だ一法の心に従いて生ぜざるもの有らず、未だ一法の心に従いて滅せざるもの有らざることを理会するを愛し、有些《いささ》か法眼下に似たるも、只是《た》だ他《かれ》の這箇《これ》は又た活鱍鱍地なり。一時に許多の因縁を過ぎ、心性を理会し、都《すべ》て下落有り了《おわ》りて、相将《まさ》に他を挙げて立僧せしめんとするに、『雲門語録』を読むに因り、「僧問う、『如何なるか是れ仏。』雲門云く、『乾屎橛。』」というを見て、這裏に向《お》いて忽然として瞥地し、方《はじめ》て知る、従前、許多の道理を要《もと》めて作甚麼《いかんせ》ん、と。後来《のち》に禅を説きては便ち同じからず。何の故に。他《かれ》の正に鼻孔を摸著《さぐりあ》て、性上の巴鼻を知得せるが為なり。[18]

「小南」は羅漢系南（一〇五〇―一〇九四）、嗣法の次第は黄龍慧南―雲居元祐―系南。系南はかつて雲居元祐のもとで「三界唯心、万法唯識」の道理を攻究することを好み、法眼宗と似たところがあった。すでに十分な見識を身につけ、立僧[19]して大衆のために法を説こうとしていたが、そのとき『雲門録』の乾屎橛の話を読んで悟るところあり、これまでの道理を捨て去ったという。ここで大慧は、法眼宗の思想が「三界唯心、万法唯識」を標識とし、しかもそれが「活鱍鱍地」とは対照的な、つまり自在な活力を欠いたものであるという認識を示している。そして、この「道理」に対する執着は、「乾屎橛」という、道理によっては理解しがたい言葉、あるいはより端的に言って〝禅的〟な言葉によって克服されるのである。いっぽう南宋の朱熹（一一三〇―一二〇〇）は、法眼宗に対していくぶん好意的な評価を持っていたようであるが、以下の発言には、上とほぼ同様の認識が見てとれる。『朱子語類』巻一二六・釈氏にいわく、

因《ちな》みに仏氏の学と吾が儒とに甚だ相い似たる処有るを挙ぐ。如《たと》えば云く、「物有り、天地に先んじ、形無くして本より寂寥たり。能く万象の主と為りて、四時を逐いて凋《しぼ》まず。」又た曰く、「樸落するは它物に非ず、縦横是れ塵ならず。山河及び大地は、全て法王身を露《あらわ》す。」又た曰く、「若し人、心を識得せば、大地に寸土も無し。」看よ、他《かれ》は是れ甚麼《いか》様なる見識ぞ。今の区区たる小儒、怎生《いかん》が他の手を出で得ん。宜《むべ》なり、其の他《かれ》の揮下と為ること。此は是れ法眼禅師下の一派の宗旨は此の如《かく》し。今の禅家は皆な其の説を破し、以為《おもえら》く、理路有り、窠臼に落ち、正当の知見を礙《さまた》ぐる有り、と。今の禅家は多く是れ「麻三斤」「乾屎橛」の説にして、之を窠臼に落ちず、理路に堕せずと謂う。妙喜の説は便ち是れ此の如し。然るに又た翻転して此の如く説かざる時有り。[20]

ここで朱熹は「三界唯心」的な思想を表すいくつかの言葉を儒学と似たものとして紹介し、法眼宗の思想はこのようなものであったが、当時の禅者は、これを「たどるべき論理があり、決まりきった型に陥り、正しい見解を妨げるもの」として批判していること、近頃は窠臼、理路に落ちないものとして「麻三斤」、「乾屎橛」の説が流行しており、「妙喜」すなわち大慧の思想がちょうどそのようであることを述べている。この最後の部分が大慧の看話禅を指していることは明らかである。宋代禅の結論の一つである看話禅は、ある意味で法眼宗の思想を乗り越えたその先に現れてくるのである。もっとも、この乗り越えはかならずしも法眼宗の思想内容そのものに対する否定を意味しない。宋代の禅は、あくまで法眼宗によって提供された心性論を基礎とし、その上で表現方法や実践方法をめぐって自らの思想を展開していったのである。この点から見て、法眼宗は唐代と宋代を結ぶ極めて重要な位置を占めていると言えよう。

四　おわりに

しかし、これら外部資料から得られる知識を、そのまま『法眼録』の解釈に当てはめることには、やはり慎重であるべきだろう。語録は即興的な対話の記録であり、かならずしも体系的な思想の表明を目指したものではない。ましてや『法眼録』は後出資料の集成であり、本来の思想史的文脈から逸脱している可能性もある。そして、より重要なこととして、そのような後出資料であっても、そこにはそれ独自の対話の流れや機微が存在している。『法眼録』に関しては、まずそのような対話の意味をくみ取ることを目指すべきであり、法眼その人、あるいは法眼宗の思想的特徴、思想史上の地位などについては、それとは異なる枠組みで研究が行われるべきだろう。本稿もできる限り先入見を排して、本文に沿った解釈を試みた。

本訳注稿は当初土屋が第一稿を作成したのち、本巻のとりまとめ役である小川隆先生により大幅な加筆、修正が行われ、これをもとに土屋が最終的な整理を行って定稿とした。以上のような経緯のため、文責は土屋に帰するものとするが、小川先生のご助力がなければこの原稿を完成することはできなかった。ここに深謝の意を申し述べます。

1　大東出版社、一九九三年。
2　中華書局、一九八五年、五一八四頁。
3　中華書局、一九八七年影印万有文庫本、七九六頁上。
4　『柳田聖山集』第三巻『禅文献の研究』下、法蔵館、二〇〇六年。
5　Z一一八・八七七下―八七八上。柳田聖山「禅籍解題」「法眼語録」の項（世界古典文学全集　第三六巻B『禅家語録Ⅱ』、筑摩書房、一九七四年、四七六頁）参照。また『続刊古尊宿語要』に関しては、椎名宏雄「『古尊宿語録』正続諸本の系統」（『曹洞宗研究員研究生研究紀要』第一三号、一九八一年）を参照。
6　柳田聖山「四家録と五家録」、『柳田聖山集』第二巻『禅文献の研究』上、法蔵館、二〇〇一年、五八三頁。同「清涼注同安十玄談」、『柳田聖山集』第三巻『禅文献の研究』下、四一六―四一七頁等参照。このほか、語録とは異なるが、まとまった著作として伝えられるものに『宗門十規論』がある。早くは『従容録』に言及されるが、上述の目録類にはその名を見ない。また、朝鮮時代初期の僧、悦卿雪岑の『十玄談要解』には法眼の作として「清涼註」が収められ（『韓国仏教全書』第七冊、東国大学校出版部、一九八六年）、上掲柳田「清涼注同安十玄談」にその書き下しがある。兪炳根「同安常察の「十玄談」をめぐる問題―十玄談の成立について―」（『印度学仏教学研究』第五一巻 第二号、二〇〇三年）はこれに対し、少なくとも部分的には法眼に仮託して作られたところがあり、後人の作である可能性が大きいとの認識を示している。いずれも今後のさらなる研究が俟たれる。

7 『明版嘉興大蔵経』第二五冊、新文豊出版公司、一九八七年。

8 柳田聖山主編『四家語録・五家語録』、『禅学叢書』之三、中文出版社、一九八三年、一五六頁下。

9 浙江古籍出版社、二〇〇〇年影印万有文庫本、四一六九頁中。

10 中華書局、二〇〇一年、四七四三頁。

11 このうち密雲円悟の序は、駒大本では失われてしまったらしく、『禅学叢書』の影印では見ることができない。いまは『明版嘉興大蔵経』（第二三冊）所収影印本、および卍続蔵経本に依る。

12 『愛知学院大学文学部紀要』第二七―二八号、一九九七―一九九八年。

13 『五灯会元』を書き下したものに能仁晃道『訓読五灯会元』（禅文化研究所、二〇〇六年）があり、本書書き下しにおいても参照した。

14 入矢義高「雪峰と玄沙」、『増補 自己と超越―禅・人・ことば―』、岩波現代文庫、二〇一二年参照。

15 土屋太祐「雪峰の法系と玄沙の法系」（『中国―社会と文化―』第二八号、二〇一三年）、同「大慧宗杲における華厳と禅―雪峰教団における華厳思想の受容とその宋代禅への影響―」（『仏教学報』第七三輯、二〇一五年）参照。そのほか、土屋『北宋禅宗思想及其淵源』（四川出版集団巴蜀書社、二〇〇八年）第一章、第三章、同「玄沙師備の昭昭霊霊批判再考」（『東洋文化研究所紀要』第一五四冊、二〇〇八年）、同「玄砂師備の三句の綱宗」（『インド哲学仏教学研究』第一六号、二〇〇九年）などに関連する考察がある。

16　以下、宋代における法眼宗の評価に関する部分は、上掲土屋「大慧宗杲における華厳と禅」Ⅲ-1の内容をもとに書き改めたものである。

17　土屋『北宋禅宗思想及其淵源』第四章参照。

18　柳田聖山・椎名宏雄共編『禅学典籍叢刊』第四巻、臨川書店、二〇〇〇年、一七〇頁上。ただし底本では「雲居祐和尚下」の「下」字を「不」に作る。今、『大日本校訂大蔵経』本により改める。

19　「立僧」は首座、頭首のほかに有道の僧を選び、大衆のために説法させること。『禅林象器箋』第七類・職位門、柳田聖山主編『禅学叢書』之九、中文出版社、一九七九年、二五五頁上参照。

20　中華書局、一九九四年、三〇一七—三〇一八頁。野口善敬ほか訳注『『朱子語類』訳注　巻百二十六』（上）、汲古書院、二〇一三年、一七五—一八三頁参照。

（土屋太祐）

無門関

一　概　要

『無門関《むもんかん》』（詳らかには『禅宗無門関』）は南宋の禅僧無門慧開《むもんえかい》（一一八三―一二六〇）が四十八の古則を集めて編んだ公案集である。一二五四年に入宋僧の覚心《かくしん》（一二〇七―一二九八）が日本に将来した後、版を重ねて読み継がれ、二十世紀になると英訳・独訳されて、今日世界で最もよく読まれる禅籍のひとつとなった。

二　編者の無門慧開について

無門慧開には『無門関』のほか『無門慧開禅師語録』二巻があり、伝を『増集続伝灯録』巻二、『補続高僧伝』巻一九、『五灯会元続略』巻二、『五灯厳統』巻二二、『五灯全書』巻五三等に載せる。[1]これらの記載によれば、無門は杭州良渚《りょうしょ》の人、南宋淳熙十年（一一八三）に生まれる。長じて出家し平江万寿寺の月林師観《げつりんしかん》（一一四三―一二一七）のもとに投じた。月林は臨済宗楊岐派の禅僧で、その塔銘には「室中に至れば則ち機鋒峻峭《しゅんしょう》にして、湊泊《そうはく》す可《べ》からず」とあり（Z一二〇・四九八下）、取りつく島もないほど厳しく修行者を指導していたという。そのもとに参じた無門に月林が参究させたのが、自身も若き日に参じた「趙州無字」の公案である。これは無門が参じる前のことであるが、月林はある日の説法で以下のように述べている。

上堂。挙す、「僧、趙州《じょうしゅう》に問う、「狗子《いぬ》に還《は》た仏性有り也《や》無」。州云く、「無《む》」と。師云く、「人の性命《いのち》を断つに、餘刃《よじん》を労せず。四海一家、風は恬《しず》かに浪《なみ》は静《しず》かなり」と。

（『月林師観禅師語録』、Z一二〇・四八五上）

「犬に仏性があるか――州云く〝無〟」――この公案を与えられ無門もまた日々〝無〟字に参じたが、六年を経てもなお悟ることができなかった。そこで不眠不休で〝無〟に取り組むことを決意し、眠気を覚えるたびに廊下を歩き、柱に頭をぶつけて目をさました。そうしてある日斎鼓《さいく》（昼食を告げる太鼓）の音を耳にして、はっと悟った。その悟境を表す偈「青天白日一声《いっせい》の雷、大地群生《ぐんしょう》眼《まなこ》豁開《ひら》く。万象森羅斉《ひと》しく稽首《けいしゅ》す、須弥《しゅみ》踍跳《とびあが》り三臺を舞う」を作り、翌日師のもとに参じて見解を呈しようとしたところ、「何処《いずく》にか神を見、鬼を見了《お》われる也《や》」と言われた。すると無門は間髪入れずに一喝し、それに月林も一喝で応え、さらに無門が一喝を返したところで、月林はその悟りを認めた。かくして無門は六年にもおよぶ〝無〟の参究の果てに大悟徹底し、月林の法を嗣いだのである。

無門がつらなる法系は、楊岐方会―白雲守端―五祖法演―開福道寧―月庵善果―大洪祖証―月林師観であり、彼は臨済宗楊岐派の第八世となる。この法系に見える五祖法演（一〇二四?―一一〇四）の会下に「三仏」と称される優れた三人の禅僧――仏果克勤・仏鑑慧懃・仏眼清遠――が現われて一世を風靡し、無門の時代には楊岐派が中国仏教界を席巻するに至っていた。

無門が初めて一寺に住持したのは、師の月林が没した翌年の嘉定十一年（一二一八）、かつて月林が開いた湖州報因寺においてであった。その後各地の寺院の住持を歴任し、淳祐六年（一二四六）に杭州護国寺に転住。翌年旱《ひでり》が続いたため、時の皇帝理宗《りそう》は無門を宮中に招き雨乞の儀礼を行わせた。すると間もなく雨が降ったため、理宗は金襴の袈裟と仏眼禅師の号を無門に贈ったという。景定元年（一二六〇）に遷化、世寿七十八。理宗は銭三千貫を下賜し、その遺骨は護国霊洞山に葬られた。

三　『無門関』について

『無門関』中の記述から、その成立・刊行の状況について以下のことが分かる。

まず『無門関』の原型は紹定元年（一二二八）無門四十六歳の夏に整えられた。当時無門は既に月林から嗣法しており、東嘉龍翔寺の夏安居《げあんご》（四月十六日から七月十五日までの修行期間）において修行僧の指導にあたっていた。その際に用いた公案を整理したところ四十八則となった。これが『無門関』の原型である。無門は安居が終わる五日前に後序を著し、習菴《しゅうあん》の序、理宗に奉じる表文、自序を加えた形で十二月五日に印行。翌年正月五日、理宗の誕生日に献上された。これが初刊本である。

淳祐五年（一二四五）夏、巻末に無門の「禅箴《ぜんしん》」、無量宗寿の「黄龍三関」、孟珙《もうこう》の跋を加えた形で再刊。この跋に「無庵し《それが》一語を賛せんと欲して、又た四十九則と成る」とあることから、本来は第四十九則として著されたものであったが、体裁が整わなかったために跋として扱われたものと考えられる。[2]

さらにその後、新たに安晩《あんばん》の跋と安晩が作成した「第四十九則語」を加えた形で第三版が刊行。その末尾には「淳祐丙午《へいご》（一二四六）季夏初吉」とある。

このように『無門関』は無門の編纂後わずか二十年も経たないうちに三度も刊行された。このことから当時多くの人々が『無門関』を読んだことが窺い知れるだろう。しかしながらその後中国ではほどなく伝を絶ち、韓国でも特に重視された形跡は見あたらない。『無門関』は遠く海をわたり伝わった日本においてのみ、今日まで脈々と読み継がれてきた。その様子については後に改めて述べる。

上述のとおり『無門関』は全四十八則からなる。無門は自序において「初めより前後を以て叙列《なら》べず、共に四十八則と成る」と述べており、その配列および総数に関して特定の意図がないと明言する。各則は本則《ほんそく》・評唱《ひょうしょう》・頌《じゅ》の三部分からなる。本則は無門が集めた古人の言行であり、参究すべき「公案」として読者に提示される。評唱は無門が本則に対して加えたコメントである。頌は本則と評唱をふまえて示された偈頌（押韻せず字数のみをあわせた四句のうた）である。ただし訓注で適宜指摘したように、先人の頌の転用も少なくなく、すべてが無門の作というわけではない。なお第二十則の頌のみ、前三句のみで中断し最後の一句を読者自ら加えるよう求める形になっているが、それ以外はすべて上述の三部分を完備している。

無門が本則四十八条の選定にあたり主に参照したのが『宗門統要集』である。これは北宋末に編まれた公案集で、南宋期の禅門で広く読まれた[3]。『無門関』における依用状況については石井修道が詳細かつ全面的な調査を行い、その結果を一覧表にまとめている。それによれば『無門関』全四十八則のうち、『宗門統要集』を一次出典とするものが二十則、同書を二次出典とするものが十一則ある[4]。このほかの第四、八、二十則ではそれぞれ或庵師体（一一〇八―一一七九）、月庵善果（一〇七九―一一五二）、松源崇岳（一一三二―一二〇二）の語をとっており、無門が当時最新の公案を積極的に取り上げていることが分かる[5]。また本則に取り上げられる人物を一覧するには、平田高士が『無門関』の解説のために整理した法系図が便利である[6]。

四　『無門関』の思想とその背景

無門自身は「前後を以て叙列《なら》べず」と言うが、これまで繰り返し指摘されてきたように、無門が自身の悟りの契機となった「趙州無字」の公案を第一則に配するのは単なる偶然ではない。このことはその書名を『無門関』とし、第一則評唱で「只《た》だ者《こ》の一箇の無字、乃ち宗門の一関なり」と宣言することからも自ずと了解されよう。〝無〟とは禅に参じる以上絶対に突破しなくてはならない肝心要の関門であり、だからこそ第一則において「平生の気力を尽くして、箇《こ》の無字を挙げよ」と読者に求めているのである。〝無〟字に参究する際に「虚無《こむ》の会《え》を作《な》すこと莫《なか》れ、有無《うむ》の会《え》を作すこと莫《なか》れ」と無門は述べている。つまり無門が提示する〝無〟とは、「虚無《こむ》」と言い表されるようなものでもなければ、「有」に対する「無」でもない。このようないかなる分別をも寄せつけない〝無〟に参じることによって修行者は「従前の悪知《あくち》悪覚《あっかく》を蕩尽し」、「内と外と一片《ひとつ》に打成《な》」り、「驀然《まくねん》として打発」して大悟を得ることができるのだという。

　これまで長きにわたり、かかる絶対の〝無〟によって禅思想全体が語られてきたが、近年小川隆により、唐から宋にいたる禅思想史の展開が解明された。それによれば、唐代の禅宗でさかんに交された問答は、往々にして問いと答えのかみあわぬ不可解なやりとりに見えるが、実は問いそのものを質問者になげかえし、質問者自身にその意味を発見させる仕掛けを内包していた。ところが宋代になると、それらの問答は「語中無語」の「活句《かっく》」——論理を切断され意味を剝奪された無分節の語——と看做《みな》され、思路を断ち切り分別を奪い去る手段、すなわち「公案」として修行者に課せられるようになった。小川によれば宋代禅における「公案」の参究のしかたは、おおよそ以下の二種に分けられる。

・「公案」に詩や寸評・講釈などを加えることで禅意を闡明しようとする「文字《もんじ》禅」
・「公案」に全意識を集中しその極限で意識を破って大悟の体験に至る「看話《かんな》禅」

　宋代のうち前半の北宋期は「文字禅」が主流を占めていたのに対し、北宋末に大慧宗杲が確立した「看話禅」が加わり、南宋以降「看話禅」で悟り「文字禅」で表現するのが大勢となったという。[7]

　件の「趙州無字」もかかる変遷を経て「公案」となったものであった。以下その様子を略述する。

　唐代の古い形をとどめると考えられるのが、『趙州録』に収録される以下の問答である。

問う、「狗子《いぬ》に還《は》た仏性有り也無《や》」と。師云く、「無」と。学云く、「上は諸仏に至り下は螘子《あり》に至るまで皆な仏性有るに、狗子《いぬ》は為什麼《なんすれ》ぞ無き」と。師云く、「伊《かれ》に業識性《ごっしきしょう》の有るが為《た》め在《なり》」と。

（秋月龍珉『趙州録』、筑摩書房、一九七二年、一三〇―一三一頁）

この問答について平野宗浄は、宋代に公案化した〝無〟との差異に注意しつつ、唐代の問答には当時広く共有されていた輪廻への恐れが思想的背景にあるとし、その読解を試みている。それによれば最初の修行僧の問い「犬に仏性が有るか」は、「自分が来生で犬になったとしても仏になる可能性が有るのではないか」という期待から発せられたものであった。それに対し趙州はその甘えを断ち切るために「無い」と答えた。だが修行僧はそのことに気付かず、経文に基づき犬にも仏性があるはずだと迫る。そこで趙州は「前生の業によって犬になった以上、お前の考えるような仏性など無い」と再びその甘えを撥ねつけたのだという[8]。後に廣田宗玄は別様の解釈を行っているが、この問答における趙州の「無」が有る無しの無であり、有無の相対を絶した〝無〟でないとする点に違いはない[9]。このことは僧が「皆な仏性有るに、狗子は為什麼《なんすれ》ぞ無き」と問い返し、趙州もそれを承けて答えていることからも明らかであろう。

この問答が唐から宋に伝わる流れには二種の系統があった。第一が上述の問答のみを伝える臨済宗の流れであり、第二が上述の問答に加え、趙州が同じ問いに「有る」と答えた問答をあわせて伝える雲門宗・曹洞宗の流れである[10]。このように伝承の過程で若干の差異は生じたが、「無い」と答えたものだけを伝えるにせよ、「無い」「有る」というふたつの答えをともに伝えるにせよ、趙州の「無」を相対的な「無い」とする理解そのものに変化はない。なお「無い」「有る」をあわせ伝える後者の流れについて柳田聖山は、朝鮮で編纂された公案集『禅門拈頌集』の記載にもとづき、「有る」と答えるのは本来、龍済紹修という別人の別語であったのが、ある時点でそれが趙州の語として組み込まれたのだと看《み》ている[11]。

相対的な「無い」は楊岐派三世の五祖法演にいたり、絶対の〝無〟に転じる。法演は先に引いた『趙州録』所収の問答と同じものを取り上げ、「我れ也《ま》た爾《なんじ》が有と道《い》うを要《もと》めず、也《ま》た爾《なんじ》が無と道《い》うを要《もと》めず、也《ま》た爾《なんじ》が有ならず無ならずと道《い》うを要《もと》めず。爾《なん》じ作麼生《いかに》か道《い》わん」と修行僧に迫っている（『法演禅師語録』巻下、T四七・六六五下）。そしてその法孫の大慧宗杲になると一連の問答の後半が切り捨てられて「僧問う、狗子《いぬ》に還《は》た仏性有り也無《や》――州云く、〝無〟」の形に切り詰められ、絶対の〝無〟として頻繁に提示されるようになる。[12] そして無門はかかる流れを承けつつ、それを「宗門の一関」「禅宗無門関」と呼ぶことで〝無〟の特権性を鮮明にしたのであった。[13]

唐代においては特定の文脈において成立していた禅の問答は、宋代になるとそこから切り離されて脱意味化し、参禅者の分別を断ち切る絶対的「公案」となった。これにより禅は新たな思想的発展を失う一方で、中国固有の文化伝統を超えて世界に広まる普遍性を手に入れた。[14] かかる禅の伝播に大きく貢献したのが『無門関』である。そして『無門関』は前述のごとく、無門の法嗣覚心により日本に将来されて読み継がれ、二十世紀になって更に欧米へと拡散するのである。

五　覚心による『無門関』の将来

覚心は鎌倉初期の禅僧、号は無本、房号は心地房。承元元年（一二〇七）信州（長野県）に生まれ、十九歳で出家し高野山に登った（一説に二十九歳）。その後各地を歴参し、宝治三年（一二四九）四十三歳の時に宋に渡る。当初は著名な禅僧無準師《ぶじゅんし》範《はん》（一一七八―一二四九）に学ぶ予定であったが、入宋後に彼が死去していたことを知り、諸方を遍歴した後、宝祐元年（一二五三）杭州護国寺の無門慧開のもとに参じる。この時覚心四十七歳、無門七十一歳、その時のやりとりについて以下のように伝えられている。

無門才《わずか》に見るや、即ち擒住《つか》みて曰《いわ》く、「我が這裏《しゃり》に門無し、何処従《いずくよ》りか入る」と。師（=覚心）云く、「門無き処従《よ》り入る」と。門問《と》う、「汝じ名は什麼《なん》ぞ」と。師云く、「覚心」と。門即ち偈を作りて曰く、「心は即ち是れ仏、仏は即ち是れ心。心と仏と如々、古に亘《わた》り今に亘る」と。酬対《しゅうたい》すること四たびを数え、印可を蒙《こうむ》る。門復《ま》た召《よ》びて「汝じ来ること太《あまり》に遅生《おそ》し」と曰い、則ち扇子を挙起《た》てて曰く、「見ゆる麽《や》」と。師言下《ごんか》に於いて大悟す。

（『鷲峰開山法灯円明国師行実年譜』癸丑の条、『続群書類従』第九輯上、三五一頁下）

かくして入宋四年目にして法を得た覚心は、翌年三月に帰国の意を無門に告げた。すると無門は餞別として達磨・寒山・拾得三幅の画、師月林の語録、および『無門関』を贈った。この時覚心が受け取った『無門関』は、八年ほど前に刊行された第三版であったと考えられる。覚心は帰国後修行僧を指導するにあたり、趙州無字、「一切の善悪都《すべ》て思量すること莫《なか》れ」および「念起こらば即ち覚せ、之を覚せば即ち失す」の語を用いたという。また覚心帰国後、無門は雨乞いに成功した際に理宗から賜わった袈裟を覚心に贈り、覚心は晩年由良に護国寺を建て先師無門を開山としている。[15]

六　日本における『無門関』の受容

覚心が帰国して約四十年後の正応四年（一二九一）、日本において『無門関』が初めて刊行された。[16] その約百年後の応永十二年（一四〇五）十月十三日、「旧板磨滅《まめつ》せる故に」再刊。[17] その後江戸時代にはいり慶長七年（一六〇二）の再刊を皮切りに、寛永元年（一六二四）、同八年、同九年、正保三年（一六四六）、寛文六年（一六六六）、同九年、延宝八年（一六八〇）、宝暦二年（一七五二）、同六年と版を重ねている。[18]

『無門関』の流行にともない注釈書が数多く著された。『新纂禅籍目録』（駒澤大学図書館編、日本仏書刊行会、一九六二年、四七三頁）によれば最古の注釈は、嘉暦元年（一三二六）に来日した臨済僧清拙正澄《せいせつしょうちょう》（一二七四―一三三九）の

『無門関註』であるが、これは現存しない（一説に正澄も『無門関』を日本に将来したというが不明）。その後江戸時代になると臨済宗はもとより曹洞・浄土・律宗においても注釈書が次々と編まれた[19]。柳田征司の調査によれば、『無門関』の抄物は百二十一点も現存している[20]。なお曹洞宗では慶安二年（一六四九）と承応二年（一六五三）に雑学事件が起こり、『無門関』は異端の「雑学」として斥けられた[21]。明治以降も臨済宗の人々を中心に『無門関』の注釈書・講話本が陸続と出版されており、『新纂禅籍目録』（四七四—四七五頁）には二十四種の書名が挙げられている。

今日でも『無門関』はその宗教的生命を失っておらず、参究すべき公案集として臨済宗において広く用いられている。参禅者がその室内で最初に与えられる公案は、『無門関』第一則の趙州無字か、日本臨済禅中興の祖と称される江戸中期の白隠慧鶴《はくいんえかく》（一六八六—一七六九）が考案した「隻手の音声《せきしゅのおんじょう》」だという。またその門下において公案は体系化されており、平田高士は『無門関』の諸則を例にその一端を示している[22]。

二十世紀になると鈴木大拙（一八七〇—一九六六）が英語で禅を欧米に紹介したことで、『無門関』も注目を浴びるようになった。一九五三年にはハインリヒ・デュモリンの独訳[23]が、一九五五年には緒方宗博の中日英対訳[24]が、一九六六年にはレジナルド・ブライスの英訳[25]などが出版されている。

今日流布している『無門関』のテキストは大正蔵（大正新脩大蔵経）所収のものであり、大正蔵本の底本は寛永九年（一六三二）の刊本（以下寛永本）である。これは応永本（一四〇五）の改版であり、応永本は現存しないものの、正応本（一二九一）の改版と目されている。正応本は現存最古の刊本であり、先ごろその影印が出版された[26]。訓注の作成にあたっては、大正蔵の訓注を作成するという本シリーズの趣旨、ならびに大正蔵のテキストが流布している現況に鑑み、大正蔵の底本となった寛永本を底本とした。正応本と寛永本は構成に若干の差異があり[27]、大正蔵は寛永本にあった二種の刊記のうち二つ目を省略している。正応本・寛永本・大正蔵本には若干の文字の異同があり、本解題末尾にその対照表を載せた。

『無門関』は日本に伝来してより今日にいたるまで訓読による解釈・参究が脈々となされ、その流れはひとつの伝統を形成しており、その立場から訳注本・解説本・提唱本などが数多く出版されている。しかしながら本訓注ではかかる日本の伝統的な理解からは一度離れ、『無門関』が成立した当時の文脈のなかで解釈することを目指した。そこで注の作成にあたっては、まずは『無門関』とその編者無門慧開の語録のなかに用例を求め、その上で無門慧開が参照した可能性の高い仏典・禅籍、および同時代の語録などへと検索の範囲を広めていった。また書き下しにあたっては、そこから得られた解釈や、伝統的な訓読では訳出し難い当時の口語表現を明示すべく、極力平易な和語をルビに附した。いずれも初歩的な試みであり、不適切な箇所も少なくないものと危惧する。読者諸賢のご叱正を乞う次第である。

なお本訓注作成の原点には、作成者が二〇〇三―二〇〇四年に聴講させていただいた駒澤大学小川隆先生の『無門関』講読があり、脱稿後も小川先生から数多くの貴重なご意見を頂戴した。この場をかりて小川先生のご指導に深く感謝申し上げます。

『無門関』三本（正応本・寛永本・大正蔵本）文字異同対照表[28]

	正応本（一二九一年）	寛永本（一六三二年）	大正蔵本（一九二八年）
習菴の序	着得這些哮本	（同上）	著得這些哮本
表文	叡筭	（同上）	叡算
目録	鬍子無鬚	胡子無鬚	（同上）
目録	芭蕉柱杖	（同上）	芭蕉拄杖
第一則評唱	法燭一点便着	（同上）	法燭一点便著

第二則本則	師令維那白槌	(同上)	師令無、維那白槌
第二則本則	将謂鬍、鬚赤、更有赤鬚鬍、	将謂胡、鬚赤、更有赤鬚胡、	(同上)
第二則評唱	着、得一隻眼	(同上)	著、得一隻眼
第四則	鬍、子無鬚	胡、子無鬚	(同上)
第四則本則	鬍、子	胡、子	(同上)
第四則評唱	鬍、子	胡、子	(同上)
第四則頌	鬍、子	胡、子	(同上)
第五則評唱	惣、用不着、	(同上)	総、用不著、
第五則評唱	亦用不着、	(同上)	亦用不著、
第五則評唱	対得着、	(同上)	対得著、
第六則評唱	誑鏬、	誑謼、	(同上)
第十則本則	清、源、白家酒	青、原、白家酒	(同上)
第十一則本則	泊舟、処	泊舡、処	(同上)
第十二則本則	惺惺着、	(同上)	惺惺著、
第十二則評唱	認着、	(同上)	認著、
第十二則評唱	惣、是野狐見解	(同上)	総、是野狐見解
第十三則本則	鏤、未鳴	鐘、未鳴	(同上)
第十五則評唱	着、到	著、到	(同上)
第十五則頌	当頭着、	当頭著、	(同上)

第十六則評唱	着、着、上妙	(同上)	著、著、上妙
第十九則本則	若真達不疑、之道	(同上)	若真達不擬、之道
第十九則評唱	更参五、十年	更参三、十年	(同上)
第二十則頌	無処着、	無処著、	(同上)
第二十則頌	請続一句、	(同上)	請続一向、
第二十二則本則	刹竿着、	刹竿著、	(同上)
第二十三則評唱	送在你、口裏、只要作、嚥一嚥	送在你、口裏、只要你、嚥一嚥	送在爾、口裏、只要爾、嚥一嚥
第二十五則本則	尊者白椎、	尊者白槌、	(同上)
第二十五則本則	乃起白椎、	乃起白槌、	(同上)
第二十六則評唱	着、得一隻眼	(同上)	著、得一隻眼
第二十七則頌	滄海□、、下に書入れ「変トモ」	滄海変、	(同上)
第二十八則本則	向孤峰頂有、	向孤峰頂上、	(同上)
第二十八則評唱	口似匾担、	(同上)	口似匾檐、
第三十則評唱	着、仏衣	著、仏衣	(同上)
第三十一則本則	与你、勘過這婆子	(同上)	与爾、勘過這婆子
第三十一則本則	与你、勘破了也	(同上)	与爾、勘破了也
第三十一則評唱	着、賊	著、賊	(同上)
第三十一則評唱	劫寨、	劫塞、	(同上)
第三十二則本則	拠坐、	拠座、	(同上)

第三十二則本則	見鞭影向、行、　下部に書込み 「而　異本ニハ」	見鞭影而、行	（同上）
第三十六則評唱	着、眼	著、眼	（同上）
第三十八則評唱	着、得一隻眼	著、得一隻眼	（同上）
第三十九則頌	貪餌者着、	貪餌者著、	（同上）
第四十一則評唱	謝三娘、	謝三郎、	（同上）
第四十一則頌	元来是你、	（同上）	元来是爾、
第四十二則本則	近彼仏座、	近彼仏坐、	（同上）
第四十二則本則	繞、女人三匝	遶、女人三匝	（同上）
第四十二則本則	四、十二億河沙国土	一、十二億河沙国土	（同上）
第四十四則本則	你、有拄杖子、我与你、拄杖子。 你、無拄杖子、我奪你、拄杖子。	（同上）	爾、有拄杖子、我与爾、拄杖子。 爾、無拄杖子、我奪爾、拄杖子。
第四十八則評唱	両箇駝、子相撞着、	両箇馳、子相撞著、	（同上）
第四十八則評唱	惣、未識路頭在	（同上）	総、未識路頭在
第四十八則頌	着、着、在機先	著、著、在機先	（同上）
後序	不従它、覓	（同上）	不従他、覓
後序	挙着、	挙著、	（同上）
禅箴	無碍、	（同上）	無礙、
黄龍三関	踏着、	踏著、	（同上）

1　無門慧開の伝記については佐藤秀孝「無門慧開の生涯と『無門関』（一）―杭州天龍寺から月林師観のもとへ―」（『駒澤大学仏教学部論集』四八、二〇一七年）に詳しい論述がある。
2　中尾良信「解題　無門慧開と無門関」（禅籍善本古注集成『無門関』、名著普及会、一九八三年）三〇九―三一〇頁。
3　石井修道「『宗門統要集』について（上）」（『駒澤大学仏教学部論集』四、一九七三年）、椎名宏雄「『宗門統要集』の書誌的研究」（『駒澤大学仏教学部論集』一八、一九八七年）。
4　石井修道「書評　西村恵信訳注『無門関』」（『花園大学文学部研究紀要』二八、一九九六年）。『宗門統要集』を一次出典とする二十則は以下の通り。二、三、六、九、一三―一五、一九、二三、二五、二八、二九、三一、三二、四〇―四四、四八。同書を二次出典とする十一則は以下の通り。一、五、七、一一、一二、一七、二二、二四、二六、二七、三七。
5　平田高士『無門関』（筑摩書房、一九六九年）二〇一頁。
6　平田注5所掲書、二二〇―二二一頁。
7　小川隆『語録の思想史―中国禅の研究―』（岩波書店、二〇一一年）二八八―二八九頁。
8　平野宗浄「狗子無仏性の話をめぐって」（『禅学研究』六二、一九八三年）一四―一五頁。
9　廣田宗玄「「狗子無仏性話」に関する考察―看話禅における「無字」にこめられたもの―」（『臨済宗妙心寺派教学研究紀要』三、二〇〇五年）。
10　平野注8所掲論文、一七頁。
11　柳田聖山「無字のあとさき―そのテキストをさかのぼる―」（『理想』六一〇、一九八四年）一九四頁。のち『禅と日本文化』（講談社、一九八五年）に再録。
12　平野注8所掲論文、一八―一九頁。
13　前川亨「「看話」のゆくえ―大慧から顔丙へ―」（『専修大学人文科学年報』三七、二〇〇七年）一〇九頁。

14 小川注7所掲書、三三七頁。

15 覚心については以下の諸研究を参照。荻須純道「法灯国師について」(『龍谷史壇』四八、一九六一年)、中尾良信「無本覚心について」(『宗学研究』二三、一九八一年)、藤牧志津「法灯円明国師 心地房覚心—鎌倉時代中期禅僧の一様相—」(『信濃』六〇—九、二〇〇八年)。

16 川瀬一馬『五山版の研究 上巻』(日本古書籍商協会、一九七〇年)四五三頁。

17 本書『無門関』訓注稿の「刊記一」参照。

18 平田注5所掲書、二〇六頁。

19 『無門関』が曹洞宗においても受容された理由として、龍谷孝道「天英祥貞講述『無門関抄』の研究—室町期曹洞禅僧による看話禅受容の実態—」(『駒澤女子大学研究紀要』二三、二〇一六年)は、「瑩山紹瑾以降、法灯派をはじめとする臨済宗との融和的な姿勢と交流によって、曹洞禅僧の中に看話禅的な思考方法を有することを許容させていった」と推測する(四二頁)。

20 柳田征司「高山寺蔵『無門関抄』について—『無門関』の抄物の中での位置を明らかにするための一作業として—」(『昭和五十七年度文部省科学研究費(総合研究A)「高山寺所蔵の典籍文書の研究並に『高山寺資料叢書』の編集」研究報告論集』)。

21 石川力山「雑学事件と近世仏教の性格」(『印度学仏教学研究』三七—一、一九八八年)、石井修道「『無門関』の成立・伝播・性格をめぐって」(『人間文化:愛知学院大学人間文化研究所紀要』一六、二〇〇一年)。なお龍谷孝道「中世曹洞宗と『無門関』—京都大学谷村文庫所蔵『無門関抄』を中心として—」(『印度学仏教学研究』六五—二、二〇一七年)は、「曹洞宗と『無門関』の関係は中世で途切れてしまったわけではない。宗統復古を経た後の近世曹洞宗においても、『無門関』の講述・註釈は続けられている」と述べている(一七八頁)。

22 平田注5所掲書、二〇九頁。

23 Heinrich Dumoulin, *Wu-men-kuan : der Pass ohne Tor*, Sophia University Press, Tokyo, 1953.

24 Sohaku Ogata, *Zen Shu Mu Mon Kwan : A Gateless Barrier to Zen Buddhism* : Chinese-Japanese-English, Hanazono College, Kyoto, 1955. またその英語の改訳が以下の書物に収められている。Sohaku Ogata, *Zen for the West*, Rider & Company, London, 1959.

25 R. H. Blyth, *Zen and Zen Classics Volume Four Mumonkan*, Hokuseido Press, Tokyo, 1966.

26 椎名宏雄『五山版中国禅籍叢刊 第十二巻』(臨川書店、二〇一八年)。

27 椎名注26所掲書、六九五―六九六頁。

28 異体字の差違は挙げていない。また寛永本は他二本と異なり「々」を多用するが、その差違も挙げていない。正応本は椎名注26所掲書の影印を、寛永本は花園大学図書館所蔵本(請求記号：W五四三五八)をそれぞれ用いた。

(柳幹康)

わ

む

め

（※明→みょう）

も

や

ゆ

よ

ら

り

れ

（※霊→りょう）

ろ

ひ

ふ

へ

ほ

ま

み

せ

そ

た

す

こ

さ

し

き

く

け

無門関

・語句は本文のみから選び、最初の漢字の音読み順に配した。
・音読みの発音は一般的なものを採用しており、呉音・漢音・唐音・慣用音が混在している。その判別が容易でないと思われる場合には、（※牛→ご）等の形で採用した読みを適宜示した。
・同音の漢字が複数ある場合は、画数順に配した。
・訓注稿は書き下しのみで原文を録さないが、索引の作成に当たっては検索の便を図り、原文の語句を挙げた。
・複数ある用例のうち一種に限定して立項した語は、その後に（疑問詞）等と採録した用例を記した。

索　引

法眼録

・本索引の項目は、訓読本文を中心に、必要に応じて注からも採録した。
・同音の漢字が複数ある場合は、画数順に配した。

訳注者紹介

土屋《つちや》太祐《たいすけ》

1976年、茨城県生まれ。中国・四川大学大学院修了。文学博士。
現在、新潟大学准教授。

柳《やなぎ》 幹康《みきやす》

1981年、栃木県生まれ。東京大学大学院修了。博士（文学）。
現在、花園大学国際禅学研究所副所長・准教授。

新国訳大蔵経・中国撰述部①—6〈禅宗部〉

法眼録・無門関

2019年3月5日　第1刷発行

訳 注 者　土屋太祐　柳 幹康
発 行 者　石原大道
発 行 所　大蔵出版株式会社
〒150-0011 東京都渋谷区東2-5-36 大泉ビル2F
TEL.03-6419-7073　FAX.03-5466-1408
http://www.daizoshuppan.jp/
装　　幀　クラフト大友
印 刷 所　三協美術印刷株式会社
製 本 所　東京美術紙工協業組合

ISBN 978-4-8043-8206-7　C3315